◎广西高校人文社会科学重点研究基地中国—东盟区域发展协同创新中心基金资助

ASEAN

中国向东盟国家
请求刑事司法协助研究

高一飞 等 著

湖南师范大学出版社
·长沙·

图书在版编目（CIP）数据

中国向东盟国家请求刑事司法协助研究 / 高一飞等著. --长沙：湖南师范大学出版社，2024.10 --ISBN 978 - 7 - 5648 - 5510 - 9

Ⅰ. D997.9

中国国家版本馆 CIP 数据核字第 20246W8T21 号

中国向东盟国家请求刑事司法协助研究

Zhongguo xiang Dongmeng Guojia Qingqiu Xingshi Sifa Xiezhu Yanjiu

高一飞 等　著

◇出 版 人：吴真文
◇责任编辑：王　璞
◇责任校对：谢兰梅
◇出版发行：湖南师范大学出版社
　　　　　　地址/长沙市岳麓区　邮编/410081
　　　　　　电话/0731 - 88873071　88873070
　　　　　　网址/https：//press. hunnu. edu. cn
◇经销：新华书店
◇印刷：长沙印通印刷有限公司
◇开本：787 mm×1092 mm　1/16
◇印张：23.5
◇字数：450 千字
◇版次：2024 年 10 月第 1 版
◇印次：2024 年 10 月第 1 次印刷
◇书号：ISBN 978 - 7 - 5648 - 5510 - 9
◇定价：78.00 元

序 言

本书是中国—东盟区域发展协同创新中心 2024 年度开放课题重大课题"中国向东盟国家请求刑事司法协助研究"的成果。

2018 年 10 月 26 日，第十三届全国人民代表大会常务委员会第六次会议通过了《中华人民共和国国际刑事司法协助法》（以下简称《国际刑事司法协助法》），该法除总则和附则外，主体内容分为七章。这七章内容每一章分为两节——"向外国请求刑事司法协助"和"向中华人民共和国请求刑事司法协助"。《国际刑事司法协助法》的本质是涉外刑事诉讼法，在一般的刑事诉讼法教科书中，往往用一章的内容来研究"国际刑事司法协助"。在《国际刑事司法协助法》出台后，我主编出版了我国第一部关于"国际刑事司法协助法"的教科书——《国际刑事司法协助法学》，这是落实党中央统筹国内法治与涉外法治要求的重要研究成果。

但上述教科书只是关于国际刑事司法协助法的概论，在实践中，国际刑事司法协助活动的正式实施需要依据两国加入的公约、签订的条约和其他合作文件，需要了解两国的法律和国情。因此，中国向外国请求刑事司法协助需要区域国别研究的成果提供理论参考。近年来，我指导多位学生将中国向美国、加拿大、澳大利亚、新西兰等国家请求刑事司法协助作为硕士论文的选题并通过答辩。

由于特殊的地理位置，涉"中国—东盟"的法治问题研究是广西大学涉外法治研究的优势和任务。因此，我从 2020 年起开始研究中国向东盟国家请求刑事司法协助问题，先后发表《中国向老挝请求刑事司法协助研究》《中国向柬埔寨请求刑事司法协助机制的评估与建议》《中国向缅甸请求刑事司法协助的障碍与发展策略》等论文。现在，我们的研究已经完成了中国向东盟十国，即中国向缅甸、老挝、泰国、柬埔寨、越南、菲律宾、文莱、新加坡、马来西亚、印度尼西亚请求刑事司法协助的内容。

自 1991 年 7 月 19 日中国与东盟开启对话进程起，伴随着中国—东盟关系先后于 1997 年、2003 年、2021 年历经睦邻互信伙伴关系、战略伙伴关系、全面战略伙伴关系三次升级，构建更为紧密的中国—东盟命运共同体理念也在时代潮流和个体能动的双重作用下实现了两次重大跃升。2011 年 11 月 18 日，温家宝总理首次使用"命运共同体"描绘双方友谊，认为中国与东盟"成为休戚相关、荣辱与共的命运共同体"。2013 年 10 月 3 日，习近平总书记首次提出"携手建设更为紧密的中国—东盟命运共同体"，构建更为紧密的中国—东盟命运共同体理念正式产生。

加强刑事司法合作是构建更为紧密的中国—东盟命运共同体的重要内容。由于地理位置相邻，政治、经济、文化交流历史悠久，东盟国家是中国公民在外国进行刑事犯罪的重要地点，如东盟国家是中国公民在外国从事网络电信诈骗、赌博犯罪的主要国家，近年来我国打击境外网络电信诈骗赌博犯罪取得重大成绩，是中国成功请求东盟国家刑事司法协助的结果。东盟国家也是我国公民遭受犯罪侵害的多发地，如 2011 年 10 月 5 日，缅甸人糯康制造震惊国际的"10·5"湄公河惨案，2012 年 5 月 10 日被抓获后由老挝依法移交中国。这个案件中中国向缅甸、老挝等国请求刑事司法协助，严厉打击了侵害我国公民的境外犯罪。研究中国向东盟国家请求刑事司法协助有共同的区域国际法基础。我国与东盟国家在刑事司法协助方面存在大量的规范实践和行动实践，签订了大量以东盟、湄公河流域、湄公河次区域为主体的国际文件，完成了与东盟一个或者几个国家的执法合作行动（如 2024 年 8 月 16 日，中国、老挝、缅甸、泰国在泰国清迈举行四方外长非正式会晤，决定联合开展一系列打击跨境犯罪活动）。

但是，我们在与东盟国家签订多边或者双边规范、合作开展执法行动的过程中，很难找到一本介绍中国向东盟国家请求刑事司法协助的参考书，本书的目的就是对中国向东盟国家请求刑事司法协助的历史和现状进行总结和反思，为未来的规范实践和执法实践提供行动指南和办案手册。

本书采纳广义国际刑事司法协助的概念，所称的国际刑事司法协助方式共有十一种，既包括《国际刑事司法协助法》规定的六种狭义刑事司法协助：送达文书，调查取证，安排证人作证或者协助调查，查封、扣押、冻结涉案财物，没收、返还违法所得及其他涉案财物，移管被判刑人；也将引渡、外国刑事判决的承认与执行、执法合作项目、以非法入境或洗钱促请他国刑事追诉、在他国追赃中的资产分享五大广义刑事司法协助内容纳入其中。

在写作体例上，本书除绪论外，第一至十章分别研究中国向某一个东盟国家请求刑事司法协助的问题。绪论部分在简单介绍国际刑事司法协助的概念、范围之外，重点介绍了东盟国家共同加入的联合国国际公约、共同签订的区域性国际公约和其他国际文件，避免在之后的国别研究中重复相关内容。本书由课题主持人高一飞负责策划、统稿和修改，写作分工如下：绪论，高一飞、李麒；第一章，郑潇瑾；第二章，王沂筠；第三章，魏秋雨；第四章，胡景翔；第五章，高榕；第六章，高一飞、李庆国；第七章，陈颖；第八章，高一飞、覃湘钰；第九章，高一飞、章丰秋；第十章，高一飞、黄勉鹏。

2024 年 8 月 18 日

第七章　中国向越南请求刑事司法协助

第八章　中国向老挝请求刑事司法协助

第九章　中国向缅甸请求刑事司法协助

第十章 中国向柬埔寨请求刑事司法协助

绪 论

一、国际刑事司法协助概述

（一）司法协助

《说文解字》曰："协，众之同和也。""助，左①也。"作为会意字，"协"的表意性一望而知，"众之同和也"意为众人共同致力于同一目标，其前提为"众"，其结果在于"同"，因而"协"的本义是众人为实现同一目标而共同发力。"左"通"佐"，"助"的本意乃是辅佐，演变至今"助"已有帮助、辅助的内涵。通过对"协""助"二字的词义考察，可以更好地理解"协助"一词的蕴意，即"协助"意为互相帮助、共同合作。"协助"有别于"帮助"，虽然两者都有着一方支持援助另一方的含义，但"协助"往往是互相的，有合作的内涵，"帮助"则不必然涵括此点。

协助的目的性显著，欲在司法领域内实现某种目的而进行的协助即为司法协助。一般而言，司法协助是指双方或多方在办理法律案件时互相给予的司法上的协助。按照公私法领域划分，司法协助可分为刑事司法协助和民事司法协助，协助涉及的案件分别是刑事案件和民事案件，所以其分别从属于刑事诉讼程序和民事诉讼程序。按照协助地域划分，司法协助可分为国际司法协助和区际司法协助。前者协助的地域跨国，协助主体是国与国或国与国际组织；后者协助的地域在一国境内但法律体制不同的地区之间，如中国内地（大陆）和港澳台地区的司法协助。

司法协助是司法领域内的协助，不同于行政协助。行政协助的概念我国现未有法律规范予以明确，对这一概念的探讨主要限于学术界，有学者也对行政协助

---

① "左"通"佐"。

的概念下了定义。① 虽然不同的学者对行政协助概念内涵的理解不同，学界也未就此形成统一确定的概念标准，但从学者们的表达中也可以大致了解行政协助这一概念的内涵。司法协助与行政协助的区别在于：第一，发生主体不同。司法协助发生在司法机关中，而行政协助发生于行政主体之间。第二，适用条件不同。司法协助在司法机关面临司法职权行使障碍时适用，行政协助适用于行政主体不能行使行政职权的情形。第三，内容范围不同。司法协助中的协助行为是司法行为，行政协助中的协助行为属于行政行为。

司法协助一词的具体内涵并不是始终确定如一的，在我国，随着司法协助实践的不断变化发展，司法协助的内涵也在丰富完善。

起先，司法协助仅指国际民事司法协助，这在我国学者相关的著作中得以体现。如董立坤在其著作《国际私法论》中对国际民事司法协助下了定义。② 此外，我国 80 年代高等院校法学教材《国际私法》对司法协助也下了定义。③ 从这些概念的定义中可以得知，我国早先对司法协助概念的理解有广义和狭义之分。狭义的司法协助仅指司法文件送达、传讯证人，而广义的司法协助还将搜集证据以及执行法院判决和仲裁裁决等司法活动囊括在内。但是无论是狭义还是广义的概念，都仅指国际司法协助，而不包含区际司法协助，而且这时司法协助仅仅限于民商事领域，一般受民事程序法调整，遵循民事诉讼程序。因此，早期意义上的司法协助的概念实际上仅指国际民商事司法协助，而且仅涉及民商事领域，并不包含刑事领域，也未提及行政法领域的司法协助，并且司法协助的主体也仅仅只有法院。

究其原因，在于当时我国刚刚实行改革开放，法制建设也刚刚进入新的阶段，国内法律制度建设尚不完善，关于涉外法律制度的规定更是寥寥无几。加之对外联系也并不密切，司法协助实践仍不够丰富，所以在对司法协助概念的理解上仍比较狭隘。而且此时，香港和澳门尚未回归，我国也不存在区际司法协助的实践需要，因而国内一般也无区际司法协助的概念。

1982 年 3 月，第五届全国人大常委会第二十二次会议通过了《中华人民共和国民事诉讼法（试行）》，于 1982 年 10 月施行，这是中华人民共和国成立后第一部民事诉讼法。《中华人民共和国民事诉讼法（试行）》第 202 条第 1 款对司法协

---

① 参见唐震：《行政协助行为基本要素解析》，《政治与法律》2013 年第 4 期，第 68 页。
② 参见董立坤：《国际私法论》，法律出版社 1988 年版，第 437 页。
③ 参见黄顺康：《论司法协助概念的重新界定》，《现代法学》1994 年第 6 期，第 26 页。

助的概念作了明确规定，这也是司法协助的概念在我国法律中首次被予以明确。①
而且，1979 年的《中华人民共和国刑事诉讼法》（以下简称《刑事诉讼法》）没有
关于司法协助的相关规定，因此可以认为，此时在法律层面上司法协助仅指国际
民事司法协助。而且此时对司法协助的规定仍较为模糊，对司法协助的表现形式
未作出具体规定，只规定司法协助的内容是代为一定的诉讼行为，司法协助的主
体也只有法院。1991 年 4 月，第七届全国人民代表大会第四次会议通过了《中华
人民共和国民事诉讼法》，第 262 条第 1 款对司法协助的概念作了规定。② 通过法
条对比可以看出，司法协助的概念发生了些许变化，主要变化是将原法条的"一
定的诉讼行为"修改为一些具体的诉讼行为，以列举的方式予以表明，这便使司
法协助的范围在法律制度的规定上更为明确和完善，因为原本"一定的诉讼行为"
的规定过于模糊，诉讼行为的种类和形式都是比较广泛的，哪些诉讼行为可以在
司法协助的过程中得以使用，哪些则不可，诸如此类的问题需得通过法律规范予
以明确，否则在实践中则难以操作。需要指明的是，此时的司法协助仍然仅指国
际民事司法协助，司法协助的主体也只有法院。通过对法条的分析，1991 年《中
华人民共和国民事诉讼法》对司法协助采取了广义概念的理解，即司法协助的内
容不仅有送达文书、调查取证，还包括其他并没有明确列举的诉讼行为，虽然此
时没有对其他诉讼行为作出具体明确的规定，但为日后丰富司法协助的内涵奠定
了条文基础。1996 年 3 月，第八届全国人民代表大会第四次会议对我国《刑事诉
讼法》进行了修订，首次在《刑事诉讼法》中提到了刑事司法协助，极大地丰富
和完善了司法协助的内涵。

通过对司法协助概念的学术史考察和法律制度变迁研究，可以比较全面清晰
地看出司法协助的内涵随着司法实践的发展而变化和丰富。我国传统上的司法协
助概念是一个具有明确指向性的概念，即司法协助就是指国际民事司法协助。然
而随着时代的变迁，全球化进程的深化是必然走向，世界各国人口流动愈加频繁，
经济往来愈加密切，在此背景下世界各国司法合作不断加深，司法协助的实践早
已超脱司法协助的传统概念，司法协助的传统内涵已经不能全面地阐释司法协助
的实际司法实践。因而可以认为如今司法协助已经不是一个具体明确的概念，应

---

① 《中华人民共和国民事诉讼法（试行）》第 202 条第 1 款规定："根据中华人民共和国缔结或者参加的国
际条约，或者按照互惠原则，人民法院和外国法院可以互相委托，代为一定的诉讼行为。"
② 《中华人民共和国民事诉讼法》（1991 年）第 262 条第 1 款规定："根据中华人民共和国缔结或者参加的
国际条约，或者按照互惠原则，人民法院和外国法院可以相互请求，代为送达文书、调查取证以及进行其他诉讼
行为。"

当明确的是，司法协助如今已经发展为一个属概念，而其下按照不同标准划分，又有国际司法协助、区际司法协助，民事司法协助、刑事司法协助等种概念。

国际司法协助与国际司法合作。国际司法合作与国际司法协助二者既有联系又有区别。从词义上来看，合作是指个人或群体之间为了达到某一共同目标，彼此相互协调形成的联合行动。在词义上，合作与协助的内涵基本相同。但是在国际司法领域，国际司法合作与国际司法协助又有不同。首先，在国家机构的设置上，司法部下设国际合作局，其下又设司法协助处，由此可见国际司法协助只是国际司法合作工作内容的一部分。其次，在有关文件的规定中也可见得两者的关系。① 在没有正式关于司法协助协定的前提下，相关的合作意向可以作为开展协助工作的根据，所以可以认为在一定意义上国际司法合作是国际司法协助的前提。总而言之，国际司法合作是上位概念，国际司法协助是下位概念或其从属概念。协助是合作的重要组成部分和重要表现方式，开展国际司法协助可以使国际司法合作的目的得以实现，国际司法合作包含了国际司法协助。

国际司法协助与外交行为。外交是一个国家在国际关系方面的活动的总和，国家与国家之间的交往、交涉为外交。外交是一个相当广泛的概念，现代外交包含政治、经济、文化、科技、体育等方方面面的对外联系。外交行为是外交的实体行为，是外交目标实现的具体手段与措施，是外交实体的具体活动。在实践中，外交行为的表现形式包罗万象，习见的有外交谈判、外交访问、外交接触、国际会议和国际调处等。外交行为的性质是独立主权国家通过官方行为对外行使国家主权。国际司法协助是一国政治制度下涉外法律程序中的一个组成部分，在一定程度上也可以视为一个国家的外交成果。外交行为中的外交谈判、国际调处等与国际司法协助都具有协商合作的意思，具有相似之处，但国际司法协助更侧重于其法律规范性，而外交行为的政治谈判性意味更浓。在主管机关上，外交活动的主管机关一般是一国的外交部门即外交部，国际司法协助的主管机关一般是一国的司法行政部门即司法部。

（二）国际刑事司法协助的概念

一般认为，在刑事法领域内进行的国际司法协助即为国际刑事司法协助，也就是主权国家之间，以双边条约、多边条约或具体打击跨国犯罪合作项目协议，

---

① 如最高人民法院在《关于人民法院为"一带一路"建设提供司法服务和保障的若干意见》中规定："要在沿线一些国家尚未与我国缔结司法协助协定的情况下，根据国际司法合作交流意向、对方国家承诺将给予我国司法互惠等情况，可以考虑由我国法院先行给予对方国家当事人司法协助，积极促成形成互惠关系，积极倡导并逐步扩大国际司法协助范围。"

请求国与被请求国国内法为依据，被请求国根据请求国提出的协助请求，进行的包括文书送达、调查取证、安排证人作证、交换法律情报及刑事通报等打击犯罪，追诉跨国罪犯的协助与合作。"国际刑事司法协助"的英文表述一般为"mutual legal assistance"①　"mutual assistance in criminal matters"②"legal assistance in criminal matters"③。

欲对国际刑事司法协助的内涵与外延有清晰明了的认识，须得探寻这一概念的蕴意。或受对这一概念英文表述不同理解的影响，国内学界对此概念的表述也各有不同，但常用的表述仍然是国际刑事司法协助。除此之外，对于这一概念的具体表述学界也存在着不同的认识。虽然不同学者对这一概念具体定义的表述不同，但对于概念内涵的理解却并未有大的差别，只是其表述各有侧重角度，有的表述侧重于开展协助的范围④，有的表述侧重于开展协助的目的⑤，有的表述侧重于开展协助的前提⑥。

从词义上看，国际刑事司法协助是由多个具有特定限定的词组成的词语，即由"国际""刑事""司法""协助"四词组成。其中，"国际""刑事""司法"可称之为"限定词"，"协助"是为主题词，四词各自都有其完整的词义。"国际"有别于"国内""区际"，限定于国家与国家之间。"刑事"有别于"民事案件""行政案件"，限定于刑案。"司法"有别于"立法""行政"，限定于法律的适用过程之中，排除了非法律领域的情形。正是多个限定词的使用，国际刑事司法协助的范围被限定于一定领域，其内涵也更加精细化、明确化。

在理论上，对国际刑事司法协助有广义和狭义之分。有的观点采取二分法，分为广义和狭义。有的观点采取三分法，分为狭义、广义和最广义。需要指明的是，这两种分类方法是对这一概念的大致分类，而不是按照其发展历程划分的，并不是说国际刑事司法协助的概念是从狭义逐渐发展到广义，直至最广义的，然而客观上国际刑事司法协助最广义的概念的确是在第二次世界大战之后才逐渐产生发展出来的。

日本学者森下忠在其著作《国际刑法入门》一书中采取了三分法，即分为狭

---

① 这是《联合国打击跨国有组织犯罪公约》第18条和《联合国反腐败公约》第46条中的表述。
② 这是《欧洲刑事司法协助公约》中的表述。
③ 这是芬兰1994年《国际刑事司法协助法》使用的表述。
④ 参见马进保：《国际犯罪与国际刑事司法协助》，法律出版社1999年版，第30－31页。
⑤ 参见黄风：《国际刑事司法及其基本原则》，《中国国际法年刊》（1997年），法律出版社1999年版，第265页。
⑥ 参见赵永琛：《国际刑法和国际刑事司法协助》，法律出版社1994年版，第152页。

义、广义和最广义。根据内容所表现形式的不同，他认为国际刑事司法协助可分为四种形态：犯罪人引渡，狭义的刑事司法协助，外国刑事判决的执行，刑事追诉的移管。[①] 狭义的刑事司法协助又名"小型刑事司法协助"，其内容主要包括调查取证、文书送达等。因而狭义的国际刑事司法协助就是指调查取证和文书送达等诉讼行为。广义的概念除了包含前述狭义概念，还包括犯罪人的引渡。引渡是一项历史极为悠久的法律制度，犯罪人的引渡自古有之，进入 19 世纪之后，引渡制度逐渐产生并发展，狭义的国际刑事司法协助和引渡是国际刑事司法协助的传统样态。最广义的国际刑事司法协助是犯罪人引渡、狭义的刑事司法协助、外国刑事判决的执行、刑事追诉的移管四者之合。因为最广义的内涵相当之丰富，因此又有观点称之为国际刑事司法合作。由于外国刑事判决的执行和刑事追诉的移管是在第二次世界大战之后逐渐出现并发展的，所以这二者可称之为新型的国际刑事司法协助。

我国学术界对国际刑事司法协助的概念主要采用了二分法，即分为狭义和广义。如黄风在其著作《国际刑事司法合作的规则与实践》一书中综合国际上有关的立法和学说，将国际刑事司法协助区分为狭义和广义。狭义国际刑事司法协助的内容主要包括：刑事诉讼文书的送达、调查取证、解送被羁押者出庭作证、移交物证和书证、冻结或扣押财产、提供法律情报等。广义国际刑事司法协助的内容包括引渡、狭义的国际刑事司法协助、相互承认和执行刑事判决和刑事诉讼移管。[②]

综合国际以及国内学说的观点，本书认为对国际刑事司法协助概念的理解以二分法为宜，即分为狭义和广义。狭义概念是指在侦查、起诉、审判程序阶段提供协助，具体包括调查取证、查封扣押、文书送达等。广义概念不仅包含狭义概念，还包括引渡、外国刑事判决的承认和执行、刑事诉讼移管。无论是二分法还是三分法，狭义概念基本是相同的，而二分法中的广义则对应三分法中的最广义。之所以以采取二分法为宜，是因为三分法的分类较为冗杂，二分法更为简要明了，而且广义与最广义的区分并没有实际意义。由于对国际刑事司法协助概念的理解是基于其具体内容和表现形式，所以在没有狭义、广义这些形容词时，可直接根据其具体内容判断其含义。

联合国在其一系列的文件中规定的国际刑事司法协助是狭义概念上的。联合

[①] 参见［日］森下忠：《国际刑法入门》，阮齐林译，中国人民公安大学出版社 2004 年版，第 128 – 129 页。

[②] 参见黄风：《国际刑事司法合作的规则与实践》，北京大学出版社 2008 年版，第 103 – 104 页。

国 1990 年通过的《联合国刑事事件互助示范条约》第 1 条对此作了规定。① 此处的互助即指国际刑事司法协助，而且该互助被明确限于调查或审判程序。《联合国刑事事件互助示范条约》第 1 条还规定互助可包括证据的调查搜集，司法文件的递送，以及相关案件材料的提供，而且明确规定《联合国刑事事件互助示范条约》不适用于引渡、外国判决的承认和执行、刑事事件诉讼的转移。根据这些规定，不难判断出此处意向所指即国际刑事司法协助，而且其内涵是狭义上的。具体到对某些犯罪的规制，联合国相关规范也仍保持此观点。例如，联合国 2000 年通过的《联合国打击跨国有组织犯罪公约》第 18 条的规定。② 该公约规定的司法协助的范围基本与《联合国刑事事件互助示范条约》所规定的相同，而且司法协助仅限于侦查、起诉和审判程序。着眼于《联合国打击跨国有组织犯罪公约》的规范体系，其第 16 条规定了引渡的相关内容，第 17 条对被判刑人的移交作了原则性的规定，第 21 条对刑事诉讼的移交也作了规定。因而从体系解释的角度而言，《联合国打击跨国有组织犯罪公约》将引渡、外国刑事判决的承认和执行、刑事诉讼的移管都排除于国际刑事司法协助之外。综合具体内容和体系安排，《联合国打击跨国有组织犯罪公约》所规定的司法协助是狭义概念上的。

《中华人民共和国国际刑事司法协助法》（以下简称《国际刑事司法协助法》）对国际刑事司法协助的概念作了明确的规定。③ 通过该法第 2 条的规定可以看出，我国法律规定的国际刑事司法协助主要包括狭义上的内容，即调查取证、文书送达等诉讼行为，不包括引渡，但又不局限于狭义的国际刑事司法协助，还包含涉案财物的处置、被判刑人的移管以及其他协助等内容。我国国际刑事司法协助的内容涉及调查、侦查、起诉、审判和执行等各个方面，因此可以认为其是广义概念上的国际刑事司法协助。

国际刑事司法协助与国际刑事司法合作。国外有学者将刑事司法合作一词表述为 "judicial assistance in criminal matters"，这是试图将国际刑事司法协助作最广义理解而使用的，然而部分学者对于这一措辞产生了疑问，所以最广义的国际刑

---

① 《联合国刑事事件互助示范条约》第 1 条规定："缔约国应按本条约规定，对于在提出协助请求时其刑罚属于请求国司法当局管辖范围的罪行，就其调查或审判程序相互提供尽可能广泛的互助。"

② 《联合国打击跨国有组织犯罪公约》第 18 条规定："缔约国应在对本公约所涵盖的犯罪进行的侦查、起诉和审判程序中相互提供最大程度的司法协助。"

③ 《中华人民共和国国际刑事司法协助法》第 2 条规定："本法所称国际刑事司法协助，是指中华人民共和国和外国在刑事案件调查、侦查、起诉、审判和执行等活动中相互提供协助，包括送达文书，调查取证，安排证人作证或者协助调查，查封、扣押、冻结涉案财物，没收、返还违法所得及其他涉案财物，移管被判刑人以及其他协助。"

事司法协助就是国际刑事司法合作的观点并未得到普遍承认。① 联合国 1990 年通过了 4 份条约②，这 4 份条约分别规定了引渡、国际刑事司法协助、外国判决的承认和执行、刑事诉讼移管四大方面的问题。这 4 份条约都提到了条约的目的是提供最广泛的合作，而且是同一天通过，所以其目的就是构建一个规范严密、体系完备的国际刑事司法合作体系，这 4 份条约也是关于国际刑事司法合作的国际法规定。联合国 2003 年通过的《联合国反腐败公约》第四章规定了"国际合作"，英文表述为"international cooperation"，这里的表述虽然没有刑事司法的限定，但结合全文这里的国际合作就是指刑事领域内的含义不言而喻。该章包含了对引渡（第 44 条）、被判刑人的移管（第 45 条）、司法协助（第 46 条）、刑事诉讼的移交（第 47 条）等的规定，其也表达了国际刑事司法协助是国际刑事司法合作的组成部分的意思。而且《联合国反腐败公约》第 46 条对司法协助的英文表述为"mutual legal assistance"，这明显与国际合作的英文表述"international cooperation"不同，这种差异性的表述充分表明两者概念并不能完全等同。综合联合国关于刑事司法协助的多部文件的不同规定和同一文件的内部规定，可以推断，在联合国看来国际刑事司法协助是国际刑事司法合作的重要组成部分。虽然根据三分法，最广义概念包含引渡、狭义的国际刑事司法协助、外国判决的承认和执行、刑事诉讼移管等四个方面，但联合国并未采取最广义理解，其采取的是狭义理解，所以在其看来国际刑事司法协助并不等同于国际刑事司法合作，前者只是后者的一个组成部分。

着眼于国内，两者同样存在着区别。我国法律对国际刑事司法协助的概念的规定与既有学说理论不同，采取了相当于广义的理解，其介于三分法中的狭义与最广义之间。根据《国际刑事司法协助法》第 1 条的规定，国际刑事司法协助是加强国际刑事司法合作的重要途径。而且从汉语语义上来看，合作其蕴含的意义要比协助更为宏大，合作放眼于宏观，协助着眼于微观，合作是目的，协助是手段。

综上所述，虽然国际刑事司法协助是整体合作的一项极其重要的制度，是合作的主要实现方式和重要手段，但这种合作并不局限于司法协助这一形式，随着全球化合作的深入开展，国际刑事司法合作的内容也必将会呈现出更为纷繁的样态。在这个意义上，国际刑事司法协助与国际刑事司法合作之间的差异就不是那

---

① 董璠舆：《关于国际刑事司法协助的一般考察》，《比较法研究》1987 年第 1 期，第 54 页。
② 这 4 份条约为：《引渡示范条约》《刑事事件互助示范条约》《刑事诉讼转移示范条约》《有条件判刑或有条件释放罪犯转移监督示范条约》。

么明显了，凡是国际刑事司法合作的事项都可以称之为国际刑事司法协助。

（三）国际刑事司法协助的基础

国际刑事司法协助的基础，简而言之，是指国际刑事司法协助为何形成，又何以存在。国际刑事司法协助作为国际刑事司法合作领域内一项极其重要的制度，其产生并不是偶然，而且经过多年的国际刑事司法实践，国际刑事司法协助的发展趋势不降反增，其制度设计与具体实践也愈发完善，这也印证国际刑事司法协助的存在有其必要性。国际刑事司法协助的基础包括国家利益和现实需要两个方面。

国家利益是国际刑事司法协助的根本基础，是国家开展国际刑事司法协助的根本前提。世界上任何一个国家国际刑事司法协助的开展绝对不会以损害国家利益为前提。

"利益"一词来源于拉丁语"lucrum"，意为"与人或事有关的，有影响的，重要的"。从汉语词义上来看，利益被解释为益处、好处。利益是一个高度概括的词语，可被广泛应用，在其前加上不同的限定词其意也有所不同。例如，个人利益就是指对个人有好处，集体利益就是指对集体有好处。国家利益通俗来讲就是指对国家有好处。国家利益的概念是舶来品，是在文艺复兴之后的思想启蒙运动过程中逐渐形成的。这一概念具体来源于17世纪初法国政治家、外交家黎塞留主教的"国家至上"理论。该理论的基本观点认为，国家至上高于所有，国家主权在国家的各项权力中最为重要且处于最高层次，国家主权是国家利益产生的基础，国家一切行为的根本目的是巩固维护和发展扩大国家利益，"国家至上"理论为国家利益概念的形成提供了早期观念形式。① 古典现实主义代表人物摩根索认为，权力是国际政治的基础，国家利益应包括领土完整、国家主权和文化完整等三个方面，而其中最重要的当数国家主权。一般来说，国家利益是指国家追求的好处、权利或收益点，这具体反映在政治、经济、文化等各个领域。由于利益一词本身就具有丰富的内涵，所以国家利益一词也被赋予了各种含义，应当认为国家利益是一个高度概括性的描述，即有利于国家的各种关系的总和。

国家间开展刑事司法协助的根本目的和最终目标是维护国家利益。根据摩根索的观点，国家利益有层次之分。② 依照他的观点，国家利益可划分为最根本、最核心的利益和直接的、现实的利益。因而在国际刑事司法协助领域，国家追求的

① 参见李刚：《现实主义传统中的"国家至上"原则》，《国际论坛》2006第6期，第6页。
② 参见刘志云：《国家利益的层次分析与国家在国际法上的行动选择》，《现代法学》2015年第1期，第140-141页。

利益在层次上也有区别。

首先，国家要谋求最根本、最核心的利益，即最高利益。所谓最高利益，是指与国家主权直接关联的利益，如领土完整、国家独立、国家安全等。国家主权是国家所固有的权力，是指一个国家能够独立自主处理内外事务，管理自己国家的最高权力。至高无上性和独立性是其最显著的特征，前者对内、后者对外，共同体现了该权力的重要性。国家主权的丧失往往意味着国家的解体、消亡，国家也会丧失在国际法上作为主体的资格，"国将不国"是对这一后果的高度概括。刑法是规定犯罪和刑罚的法律，其调整的是刑事责任关系，这一关系具有强烈的公权力色彩。犯罪的本质属性是社会危害性，犯罪行为严重损害了社会与国家利益，因而对犯罪的追究及制裁从某种角度而言是对国家利益的保护。国际刑事司法协助的开展其目的之一就在于预防和打击犯罪，因而对国家利益的保护是国际刑事司法协助产生的原生动力。在现代国家主权体系中，各国出于维护与本国主权密切关联利益之目的，如国家之平等、民族之独立、人民之自由，包含政治、经济、文化、军事在内的现代国际法律制度得以建立，成为各国获取和维持主权国家身份的工具，也缔就了各国是主权国家之事实，同时对这种国际法律制度的维护又成了各国的核心国家利益。司法主权是国家主权的重要组成部分，是国家主权在司法领域内的集中体现。司法主权是一国在司法领域内所拥有的至高无上的权力，追究犯罪分子刑事责任是维护国家司法主权的必然要求，否则就会损害司法主权的权威。对于跨国犯罪与涉外犯罪，如果无法追究其责任，不仅国家司法权威会遭受严重挑战，亦会有损国家形象，这都直接或间接地损害了国家利益。所以就国际刑事司法协助而言，如何维护国家司法主权独立平等和实现国家长治久安是其所谋求的最根本利益，而对这一利益的追求也是国际刑事司法协助制度建立的内在原因。

其次，国家要谋求直接现实的利益。直接现实的利益是会随环境变换而变化的利益，是国家维护国家利益的具体体现，所以不同的协助途径也体现了不同的利益追求。引渡罪犯所追求的是国家刑事管辖权的实现，通过引渡罪犯达到控制罪犯之目的，从而追究其刑事责任。调查取证、文书送达所追求的是国家诉讼权利的实现，通过调查取证、文书送达等方式保障国家司法机关依法履行其法定职责，从而实现特定的刑事诉讼目的；这也同样是对被追诉人权利的保障，通过这种方式告知其法定程序与其享有的权利，是程序正义的一种体现。虽然国际刑事司法协助的形式多种多样，但总的来看，其所维护的直接现实的利益是：预防和打击犯罪、保障国家和公民的合法权益、促进世界和平安稳。

国家利益的内容和形式多种多样，在不同领域国家利益呈现不同的样态。一般而言这些领域主要是指政治、经济、军事、外交等方面，国际刑事司法协助的开展以维护这些实际利益为中心。

就政治利益而言，开展国际刑事司法协助不能损害国家的政治利益，即国家体制、政治体制、政党体制不能因开展国际刑事司法协助活动而受损害。一国不能以开展刑事司法协助为借口而干涉他国内政，破坏其政局稳定，更不能从事颠覆其国家政权的行为。同样，一国也绝不会允许他国在本国境内以司法协助之名行颠覆政权之实，而且一国也绝不会以损失政治利益为代价而请求他国提供刑事司法协助。例如，出于对本国政治利益的维护，政治犯不引渡已成为世界各国所公认的一项国际法原则。

对经济利益的考量，也是国际刑事司法协助产生的一个重要原因。国际刑事司法协助的适用对象一般是涉外犯罪、跨国犯罪、犯罪嫌疑人外逃等重大复杂案件，这类案件若只有一国单独追究往往需要投入大量的人力与财力，而其成效却并不显著。国际刑事司法协助正是创造了这样一种合作方式，对于那些需要在本国境外开展的诉讼行为由他国提供协助，这样不仅会大大提高效率也可以显著降低成本。而且从各国司法实践来看，国家间的刑事互助活动坚持互惠原则，各国并不需要在这方面投入大量的经济成本，也能取得良好的成效。从法经济学的角度出发，这种以较低投入获得较高回报的合作方式为国际刑事司法协助制度的发展注入源源不断的活力，这种互利的局面也被各国所广泛认可与采纳。

对军事利益的维护也是国际刑事司法协助的追求目标。维护军事利益要求本国从军事角度考虑开展国际刑事司法协助的可行性。在现代国际社会，一国一般不会同意他国在本国境内动用军事力量以打击某些犯罪，如缉毒、缉私、反恐等，因为他国在本国境内动用军事力量本就构成对本国主权和国家安全的破坏。就算基于某些双边条约，一国得以在他国境内驻军，他国也不会允许该驻军在其境内进行司法活动。然而现实却是，贩毒、走私、恐怖活动是跨国有组织犯罪中最为常见也最难以打击的犯罪。在这种情形下，请求国通过司法协助的方式请求被请求国在其国境内给予援助，既能维护被请求国司法主权也能有效打击此类犯罪。除此之外，各国普遍规定军事犯罪不属于国际刑事司法协助的范围也是出于对军事利益的维护。

对外交利益的维护同样是国际刑事司法协助产生的原因。现代外交涉及政治、经济、文化、军事等各个方面，从逻辑关系上说，国际刑事司法协助是外交的具体内容。国际刑事司法协助的开展往往是以存在外交关系为基础的，如若两国都还未建交，则两国可能彼此互不承认其主权，基本的官方联系交流都不存在，司法协助也就无从谈起。反言之，国际刑事司法协助的开展也有利于维护外交利益，外交利益体现在多个领域，国际刑事司法合作是国家间法律利益的一种体现，通过刑事协助的途径有利于各自国家刑事诉讼目标的实现，如请求国实现追诉目的，被请求国取得预期回报利益。频繁的这种交流有助于两国关系迅速升温，这种互惠双赢的局面自然也会促使两国关系良性发展，实现外交政策的总体目的。

国家利益是抽象的，但国际刑事司法协助所维护的国家利益却是具体的。无论哪种协助形式，其所体现的都是某种具体的国家利益，如刑事诉讼移管制度所体现的就是刑事管辖权的转移，体现出司法主权的独立性。由于国家利益会因多重因素发生变化，所以国际刑事司法协助的内容也不是一成不变的，那些有损国家利益的协助形式必然会被摒弃，而那些有利于维护国家利益的协助形式也会被各国所采纳与接受。

如果说国家利益是国际刑事司法协助产生和存在的根本原因，那客观现实的需要就是其产生和存在的直接原因，这种现实的客观需求直接催生了国际刑事司法协助制度的建立。

"犯罪已不再是区域性的（local），甚至不再是一个国家内的（national）现象，而是一种国际（international）现象。"[①] 这一表述是对当今世界犯罪发展趋势的高度概括。从学术史的角度考察，一般认为国际犯罪发端于 17 世纪的海盗行为，当时海盗被认为是被放逐之人，失去了其国家的保护。国际法认为，海盗行为在任何国家都成立犯罪，因而任何国家都可以对其予以追究与惩处。[②] 自此，国际社会通常以海盗犯罪作为对照，从而界定某种罪行是否具有严重的国际危害性和严重可谴责性，进而认定其是否成立国际罪行。国际犯罪种类的增加和国际刑法的发展的一个重要因素是两次世界大战，两次世界大战使得国际社会对国际罪行有了更深刻的认识，也一定意义上推动了国际刑法的发展。从实体角度而言，两次世界大战期间的战争行为使得人们认识到不义之战和违反人道主义的行为是严重的国际罪行，屠杀种族、灭绝种族的行为也是严重的国际犯罪，所以经此之后战争罪、反人道罪、侵略罪、灭绝种族罪被规定为国际犯罪。从程序上看，两次世界大战结束后，为了惩治战争罪犯，建立了国际军事法庭用以审判战犯，这也为

[①] Task Force Report , American Bar Association, Section of International Law and Practice, Section of Criminal Justice , Report of the ABA Task Force on Teaching International Criminal Law, The International Lawyer, Summer, 1994.

[②] ［英］詹宁斯、瓦茨修订：《奥本海国际法》（第一卷第二分册），王铁崖等译，中国大百科全书出版社 1998 年版，第 174 页。

之后的国际法院的建立奠定了基础。

当今国际社会，其主题是和平与发展。然而各种不安定的因素仍普遍存在于当今国际社会，局部冲突与战争、宗教矛盾与冲突、南北差距及贫富分化、恐怖主义等因素无不冲击着世界各国，成为国际犯罪的诱因与导火索，谋杀、抢劫、走私、贩毒等种种犯罪每天在世界各地发生着。在此种背景下，不仅呈现出国际犯罪连续增加、跨国有组织犯罪持续扩大的态势，传统的国内犯罪也逐渐向外延伸，具有更多的涉外因素。当今世界各国面临严峻的国际犯罪的挑战，国际恐怖主义、国际毒品交易、走私、跨国诈骗等罪行已经严重危害到了国际社会的稳定与世界各国的发展。国际犯罪的多元因素使得一国单一的预防和打击显得力所不及，以保护全人类共同利益和维护各国自身安全为目的，各国联手合作共同打击国际犯罪和跨国犯罪已成为当下的必然趋势。

国际社会基本是由主权国家所构成的，国家主权是主权国家最为重要的权力，尊重国家主权也是被世界各国所公认的一项国际法基本原则。刑事司法权是国家主权的主要表现形式，基于国家主权原则，传统理论认为刑事司法权只能在一国境内行使，超越国家主权管辖的范围而行权被认为是霸权主义和强权政治的表现。然而，犯罪的全程并不会只在某国境内发生，主权国家对刑事司法权基于主权管辖范围的限制反而会成为犯罪分子逃避惩罚的可利用手段。由于国家主权的限制，国际犯罪的追诉不能或管辖冲突等问题往往需要通过谈判的方式解决，但谈判的方式又不具有普遍性，只能单一地解决某次问题或特殊问题，在之后又有新的问题出现时这种方式的弊端便显露出来，在此种背景下，可以普遍适用于解决国际刑事司法问题的方式——国际刑事司法协助应运而生。国际刑事司法协助在坚持尊重国家主权原则这一前提下，确定了一系列规则，这些规则既有利于提高打击国际性犯罪的成效，又能避免国家主权受到侵犯，使得一国的刑事司法权得到了有效的域外延伸。国际刑事司法协助是国际刑事司法合作的具体表现形式，它旨在克服各国因政治制度、经济制度、法律制度的差异而造成的惩治国际性犯罪的障碍，使世界各国在本国法律规范的容许范围内最大限度地抑制国际性犯罪成为可能，在国际社会防范和惩治国际性犯罪的过程中发挥着不可或缺的重要作用。

二、国际刑事司法协助的范围

国际刑事司法协助的范围，又称国际刑事司法协助的内容，即其具体表现形式。由于对国际刑事司法协助这一概念的理解不同，不同语义下这一概念的包含范围也有所差别。但综合联合国及世界各国之规定，国际刑事司法协助的内容为狭义的国际刑事司法协助、引渡、外国刑事判决的承认和执行、刑事诉讼移管、国际执法合作五种样态。

（一）狭义的国际刑事司法协助

狭义的国际刑事司法协助，即小型的国际刑事司法协助，其主要内容包括调查取证和文书送达。对小型国际刑事司法协助规定较为完善的法律文件是《联合国刑事事件互助示范条约》。① 该条约大部分协助的内容都与证据的搜集和调查有关，也有关于文书送达的规定。证据的收集范围既有书证，也有物证，证人的证言证词也在其内，也包含证人出庭作证。

近些年来，小型国际刑事司法协助的内容和形式不断丰富完善，其发展完善程度已有超过引渡这一传统协助形式的趋势与走向。以《联合国打击跨国有组织犯罪公约》和《联合国反腐败公约》为例，其各自关于司法协助的条文规定的篇幅已经超过引渡之规定，字数达三四千字之多。而在这两份公约制定之前，对国际刑事司法协助制度作出较为系统和详细的联合国文件是1988年《联合国禁止非法贩运麻醉药品和精神药物公约》，在这份公约中，引渡和司法协助各自所占篇幅和字数还大致相等、所差不大。前述三份公约中关于司法协助的规定篇幅的变化，表明小型国际刑事司法协助逐渐超越引渡等传统的协助形式，成为刑事司法合作目的得以实现的主要途径。

除此之外，《联合国打击跨国有组织犯罪公约》和《联合国反腐败公约》还加大了关于追缴犯罪所得方面的协助力度。尤其是《联合国反腐败公约》将涉及犯罪的财产处置的协助活动分为两类，这种分类主要标准是财物处置目的，一类是为取证或追缴，② 另一类是根据该公约第五章，③ 而该公约第五章正是对"资产的追回"作了规定。前述规定表明，对于犯罪财产的追回可以通过司法协助的形式开展，而且将辨认、冻结和追查犯罪所得以及返还被非法转移的资产与"资产的追回"这章相衔接，大大扩展了上述协助形式的适用范围，也使得"资产的追回"这章的有关规范成了司法协助的补充规定，填补法律规范上的漏洞与不足。《联合国反腐败公约》的这种规定扩展了司法协助的开展形式，使得追缴犯罪所得或犯罪资产成为刑事司法协助的新中心，传统的调查取证、文书送达等协助方式可以

---

① 《联合国刑事事件互助示范条约》规定的协助方式有：（1）向有关人员收集证词或供述；（2）协助提供被关押者或其他人作证或协助调查工作；（3）递送司法文件；（4）执行搜查和查封；（5）检查物件和场地；（6）提供资料和证据；（7）提供有关文件和记录的原件或经核证副本，包括银行、财务、公司或商务记录。

② 参见《联合国反腐败公约》第46条第3款g项。

③ 参见《联合国反腐败公约》第46条第3款j项和k项。

围绕这一新中心开展，由此形成了更为丰富完善的国际刑事司法协助体系。① 根据我国《国际刑事司法协助法》的条款，我们可以了解狭义国际刑事司法协助的体系和内容。

《国际刑事司法协助法》共 9 章 70 条。

第一章是"总则"，共 8 条。本章对我国与外国开展刑事司法协助作了原则性、一般性的规定。本章规定了立法目的，明确了相关基本概念，规定了协助开展的依据、原则、联系机关与联系途径、主管机关、办案机关和经费承担等基本内容。我国与外国开展刑事司法协助的主要依据是《国际刑事司法协助法》，但不局限于此，除此法之外，还可以适用《刑事诉讼法》及其他相关法律的规定。其他相关法律规定，既包括这方面的专门性双边条约，也包括内容涉及这方面的其他条约。

《国际刑事司法协助法》对国际刑事司法协助的概念作出了明确的定义。这是我国法律首次对这一概念作出阐释，主要是从内容范围及表现形式这一角度进行阐述的。在此之前我国法律并未对这一概念作出一个准确的定义，它的内容和范围主要是靠双边协议的内容确定的。在此之前确定的相关概念是民事司法协助，《中华人民共和国民事诉讼法》第 27 章专门对此作了规定。仅靠我国《刑事诉讼法》第 17 条的原则性规定，无法准确鉴别刑事司法协助的范围，造成理论与实践都没有形成一个统一的概念标准的问题，所以对这一概念下了定义可谓是一创新之举。

在理解《国际刑事司法协助法》规定的国际刑事司法协助的概念时，需要注意以下几个问题：（1）这种协助是我国与外国之间的协助。这是对发起主体的规定。即主体一般是国家，是我国与外国，而非我国内部，所以区际刑事司法协助并不受《国际刑事司法协助法》调整。但是国际法的主体并不仅限于国家，还包括一些全球性或地区性的国际组织，世界范围内也还存在着一些国际司法组织，如依据《罗马国际刑事法院规约》成立的国际刑事法院等，这些国际刑事司法组织也会进行一些刑事司法活动，一些国家可能会需要他们的帮助，他们亦会寻求国家的帮助。对此《国际刑事司法协助法》第 67 条也作出规定，我国可以与这些组织进行互助。所以说，与我国进行该类活动的协助相对方范围，不仅包括外国，还包括相关国际组织。（2）国际刑事司法协助涉及刑事案件调查、侦查、起诉、审判和执行的各个阶段。但是由于各国对刑事诉讼阶段的划分不同，某些国家的

① 参见黄风：《国际刑事司法协助制度的若干新发展》，《当代法学》2007 年第 6 期，第 11–12 页。

刑事诉讼阶段并不能和我国完全对应，所以有时候会出现在开展国际刑事司法协助的过程中刑事追诉行为没有对应的阶段的问题，但是不能以此作为拒绝协助的理由，因此不能严格依照是否属于规定的刑事诉讼阶段作为是否可以开展国际刑事司法协助的依据。应当明确的是，只要是属于需要追究刑事责任的刑事案件，不论其是否在我国《刑事诉讼法》中作出规定，只要是刑事案件，相关的调查、侦查、起诉、审判和执行等活动就属于国际刑事司法协助之范围。（3）引渡、外国刑事判决的承认、刑事诉讼移管等广义上国际刑事司法协助形式不受《国际刑事司法协助法》调整。因为我国已于 2000 年制定《中华人民共和国引渡法》，引渡内容已由该法作出专门性的规定；外国刑事判决的承认《中华人民共和国刑法》第 10 条作了原则性规定，移管被判刑人相当于是对外国判决执行的规定。

第二章是"刑事司法协助请求的提出、接收和处理"，共 2 节 11 条。本章主要规定了请求的提出、接收和处理，一是我国向外国请求的程序，二是外国向我国请求的程序，并且规定了我国拒绝提供协助的情形和结果通知等内容。

第三章是"送达文书"，共 2 节 5 条。本章规定了送达文书的类型和期限，我国向外国提出送达文书请求的程序，外国向我国提出送达文书请求在我国执行的程序，以及送达文书的要件、效力等。

第四章是"调查取证"，共 2 节 6 条。本章规定了我国向外国请求调查取证的程序和外国向我国请求调查取证的程序，调查取证请求书的要件及所附材料，以及证据材料或者物品的归还。

第五章是"安排证人作证或者协助调查"，共 2 节 8 条。本章主要是对证人的规定，规定了证人作证及协助调查的程序，也规定了外国证人、鉴定人在我国的保护和补助等权益保护内容，以及在押人员作证等。

第六章是"查封、扣押、冻结涉案财物"，共 2 节 8 条。本章规定了我国向外国提出查封、扣押、冻结涉案财物请求的程序、请求书要件，以及续冻、变更和撤销问题；规定了外国向我国提出查封、扣押、冻结涉案财物请求及其执行的程序，以及费用和赔偿等。

第七章是"没收、返还违法所得及其他涉案财物"，共 2 节 8 条。本章规定了我国向外国提出没收、返还和分享违法所得请求的程序及所需材料，以及财物移交及分享比例、财产刑的协助执行等；还规定了外国向我国提出此类请求的程序及材料，我国对外国请求予以承认与不承认的情形，以及外国财产刑的协助执行等。

第八章是"移管被判刑人"，共 2 节 12 条。本章规定了我国向外国移管被判刑人的条件和程序及所需材料、执行机关，以及被判刑人移管后的权利救济；还规定了外国向我国移管被判刑人的条件、刑罚转换程序、刑罚执行机关，以及被判刑人移管回国后的权利救济。

第九章是"附则"，共4条。本章规定了我国与国际组织的合作、协助文件和证据材料的公证和认证、刑事司法协助条约的内涵以及施行日期等。

（二）引渡

"引渡"一词的英文表述为"extradition"，源于拉丁文"extra tradere"，拉丁文"tradere"有交付、传递的意思，因此"extra tradere"一词的原意为"向外交付"。从汉语来看，"引"有引回之意，"渡"可引申为通过，"引渡"也内含将某物或某人带回的意思。

引渡制度历史源远流长，早在公元前两千多年就有关于类似引渡的相关记载，早期的引渡大都是针对士兵和政治犯的，并不在普通逃犯上适用。现代意义上的引渡制度是在格劳秀斯在其著作《战争与和平法》中提出"或引渡或起诉"原则之后逐渐丰富发展起来的。引渡制度由于其产生时间较早，立足于长期实践，经过立法与司法适用的不断完善，一度是国际司法合作最为重要的内容和最主要的形式。

就引渡的理论研究而言，其经过长足的发展已经形成了一套严密科学的理论体系，成为现代国际法学理论的重要组成部分。而且在各类有关国际刑事合作的著作之中关于引渡的论述所占篇幅之巨，也从侧面印证了引渡在国际刑事司法合作领域的重要性，是一项极为重要的国际刑事司法制度。1833年《比利时引渡法》是世界上第一部引渡法，为大陆法系国家引渡立法树立了楷模，许多大陆法系国家纷纷效法，制定自己的引渡法。1870年《英国引渡法》是普通法系引渡法的代表，其经多次修改，内容之完备、体系之严密，备受赞赏，许多普通法系国家以此为模板制定本国引渡法。19世纪中叶世界范围内的引渡立法热潮为引渡的规范化、制度化奠定了基础，引渡作为一项现代国际刑事司法制度被逐渐确立。

引渡是一项较为成熟的国际法律制度，对于引渡的具体概念，不同的学者也从不同的角度进行了阐述。现代国际法之父奥本海对现代引渡的概念在其著作中作了阐释[①]，新康德主义法学派创始人施塔姆勒也从诉讼法学的角度对引渡的概念作了定义[②]。我国也有学者较早地表述了引渡的概念，引渡是指一国应另一国的请

---

① ［英］詹宁斯、瓦茨修订：《奥本海国际法》（第一卷第二分册），王铁崖等译，中国大百科全书出版社1998年版，第338页。

② 高本义：《美国对引渡条款之实践》，载《美国月刊》1990年第5期，第133页。

求，把在其境内而请求国对其犯罪有管辖权的人，移交给该请求国审判或惩处的国际刑事合作制度。[①] 虽然不同学者对引渡的概念表述不同，各有其侧重点，但各种表述都反映出一些共同的内涵，即引渡是指一国应另一国请求，将位于本国的被请求国刑事追诉的人移交给请求国的行为。

（三）外国刑事判决的承认和执行

外国刑事判决的承认和执行是在第二次世界大战之后兴起的一种国际刑事司法协助形式，在此之前，各国普遍认为刑法所调整的社会关系涉及国家利益，基于各国对"刑法的国家性原则"的坚持，各国的刑事判决只在本国发生效力，不承认外国刑事判决的效力，也更无所谓外国刑事判决的执行了。一般而言，一国的刑事判决只在该国领域内发生效力，若想在域外发生效力，须通过国际条约、双边条约等方式实现。

前述内容包含两个方面，其一为承认，其二为执行。外国刑事判决的承认，是指本国对外国生效刑事判决的效力予以确认，后果是该判决的法律效力及于本国，对本国产生法律约束力。[②] 外国刑事判决的执行，是指在本国执行外国确定的刑事判决。[③] 一般来说，"承认"与"执行"是相互联系的，"承认"是"执行"的前提，只有被本国承认才有在本国执行的可能性，无"承认"则无"执行"。然而，"承认"与"执行"各具其意，承认指同意和认可，执行指贯彻履行，"承认"可脱离"执行"独立发挥作用，这是因为并不是所有的外国刑事判决在得到本国承认后都需要在本国执行，例如单纯宣告有罪的判决和承认外国已执行完毕的判决，这类情况通常不存在执行的问题。

这里所讲的外国刑事判决，是指经审判作出的终局判决，即已经在外国领域内发生效力的判决，既包括自由刑和财产刑，也包括保安处分和保护处分。相互承认和执行刑事判决，主要有以下几种情形：（1）相互承认和执行剥夺自由刑的判决。这是承认和执行外国刑事判决最常见的情形，主要表现形式为被判刑人的移管。（2）相互承认和执行关于财产刑的判决，包括处以罚金和没收财产的刑罚。（3）相互承认和执行关于资格刑的判决，如从业禁止、剥夺某种权利。（4）相互承认犯罪前科，此种情形下不存在执行，承认前科以用于犯罪情节的认定如累犯，或用于犯罪预防。由于刑事判决的严肃性，往往还会涉及国家主权与国家利益，所以在司法实践中各国对此有严格的条件限制。综合各国司法实践，相互承认和

---

① 陆晓光主编：《国际刑法概论》，中国政法大学出版社1991年版，第129页。
② 赵永琛：《国际刑法与司法协助》，法律出版社1994年版，第300页。
③ ［日］森下忠：《国际刑法入门》，阮齐林译，中国人民公安大学出版社2004年版，第214页。

执行判决通常需要满足以下条件：（1）符合双重犯罪规则，即判决所确定罪名被两国都规定为犯罪。（2）符合公共秩序保留规则，即承认和执行外国刑事判决不应违反本国公共秩序，也不应损害国家主权和国家利益。（3）符合一事不再罚规则，即如果承认的外国刑事判决已经在外国执行完毕，本国不应对其重复执行。

承认外国刑事判决，意味着本国对外国判决效力予以认可，无论是其中的定罪部分还是量刑部分都无异议，承认的后果则是外国判决与本国判决具有同等法律效力，对司法机关与当事人都产生法律约束力，如果判决本就涉及本国需要执行的部分，则须按判决执行。而且依照一事不再罚规则，本国对同一犯罪事实再无管辖权，不得因同一犯罪事实对犯罪嫌疑人追诉。承认外国刑事判决，并不意味对外国刑事判决的全部内容都予承认，也可对其部分内容予以承认，不承认的部分本国仍有刑事追诉权。执行外国刑事判决，也并不意味着完全按照外国判决原文一成不变执行，由于各国刑罚制度的设置不同，在具体执行上，可以对判决中的刑罚部分根据本国实际情况予以改变灵活执行。

（四）刑事诉讼移管

刑事诉讼移管又称刑事诉讼移交，其英文表述为"transfer of criminal proceedings"①。日本学者森下忠将其称为刑事追诉的移管，他认为刑事追诉的移管一般是指犯罪地国（请求国）向犯罪人的母国或者居住地国（被请求国）提出追诉犯罪人的请求，由被请求国追诉、处罚犯罪人的制度。②

综合现有观点可以看出，刑事诉讼移管是刑事追诉权的转移，是指一国将原本属于自己管辖的刑事案件移交给另一国管辖的司法协助形式。在司法实践中，被请求国根据刑事诉讼移管管辖案件，其管辖权可能存在两种情形：其一，被请求国对案件原本就拥有管辖权，通过刑事诉讼移管可以消除请求国和被请求国的管辖权冲突，由被请求国独立行使管辖权；其二，被请求国对案件原本没有管辖权，通过刑事诉讼移管请求国可以将管辖权转移给被请求国。无论是前述哪种情形，刑事诉讼移管的本质是刑事案件管辖权的转移，即请求国把案件追诉权转移给被请求国，而不是由被请求国创立案件的追诉权。刑事诉讼移管是刑事诉讼管辖权变通的一种形式，近些年来越来越受世界各国的重视，成为国际刑事司法协助的基本形态之一。

刑事诉讼移管和引渡虽然是两种不同的制度，但从某种角度而言，刑事诉讼

---

① 参见《联合国反腐败公约》第47条。
② 参见〔日〕森下忠：《国际刑法入门》，阮齐林译，中国人民公安大学出版社2004年版，第250页。

移管是对引渡制度某些"天生不足"的补救，或者说刑事诉讼移管是引渡的替代措施。例如，就引渡而言，其基本原则之一是不能引渡本国国民，但司法实践中会存在这样的情形，被请求国对其国民涉嫌的案件具有管辖权，但根据引渡的基本原则被请求国又不能同意请求国引渡请求。在此情景下，请求国可以通过刑事诉讼移管的方式要求被请求国对其境内的被请求国国民进行刑事追诉。当然，刑事诉讼移管和引渡也可以共存且同时适用。例如，一国将刑事管辖权转移给另一国后，可以将本国已经拘捕的犯罪嫌疑人通过引渡的方式将其交付给另一国，以便于他国进行追诉。这种情形应当认为是刑事诉讼移管和引渡两种制度的并存与合作，更有利于发挥国际刑事司法协助达成最广泛合作之应有之义。

刑事诉讼移管与外国刑事判决的承认和执行也是相互区别的两种制度。承认和执行外国刑事判决，不涉及刑事诉讼管辖权的转移，因为就生效的外国刑事判决而言，其审判已达成终局，刑事追诉的过程基本结束，所以也就不存在刑事追诉权。承认和执行，意味着本国对外国刑事判决的效力予以认可，也就不需要自行收集证据再行侦查审判，同时由于本国与外国刑法关于同一罪名的刑罚设置可能存在差异，所以本国在执行外国刑事判决时可能会对外国刑事判决的制裁内容进行修改与调整。但是在刑事诉讼移管方面，由于管辖权已经发生转移，对案件的追诉需要被请求国负责，被请求国自然需要进行侦查收集证据并依法作出判决，由于作出的判决的依据是被请求国的法律，所以并不需要对判决中的制裁内容作出改变。

（五）国际执法合作

作为安全领域国际合作的重要内容，国际执法合作是贯彻落实国家总体方针和顶层设计的重要举措。本书所研究的国际执法合作，限于国际刑事领域的执法合作，不包括海关、工商、税务等行政领域的国际执法合作。国际执法合作是最广义国际刑事司法协助的组成部分，是各国为应对经济全球化背景下愈发频繁活跃的跨国犯罪，立足国际刑事司法合作理论，逐渐发展选新的一种合作形式和实践经验。具言之，其是指各国职能相同或相近的执法机关、机构或部门（抑或国际刑警组织、联合国毒品和犯罪问题办公室、金融行动特别工作组等国际组织）为提升打击跨国犯罪与反腐追逃追赃执法行动的有效性，而采取的联合侦查犯罪事实、交换犯罪信息情报、开展执法人员学习交流等执法层面的合作措施。相较引渡等传统刑事司法协助方式，国际执法合作因无须诸如外交部、司法部等专门的对外联系机关参与而具有便捷、灵活等优势，故于实践中颇受各国执法机关、机构或部门的青睐，适用率可观。

国际执法合作异于国际警务合作。国际执法合作所涉领域以各国执法机关、机构或部门的刑事职能设置为据，国际警务合作则强调各国警察于工作职责范围内所开展的合作活动。因而相较国际执法合作，国际警务合作的作用和影响范围更为宽泛，既包括刑事领域，又拓展到了警察维系公共秩序时所涉足的具体领域。此外，尽管二者相互独立，但国际执法合作与国际警务合作的表现形式在一定程度上存在竞合。联合安全执法、联合执法培训等国际执法合作的部分内容以"警察外交"为主要表征，呈现一定的"警务"属性。

以《联合国打击跨国有组织犯罪公约》第 27 条至第 29 条与《联合国反腐败公约》第 48 条至第 49 条的规定为据，执法合作的范围包括但不限于情报与资料交换、联合侦查、缉捕、提供证据、人员培训交流等内容。由于经济全球化背景下愈发频繁活跃的跨国犯罪，各国之间的执法合作愈发密切，中外全球性与区域性执法合作活动名目不断增加，我们可以列举中国与东盟国家执法合作的一些著名实例。

金融行动特别工作组。金融行动特别工作组的英文名为 Financial Action Task Force on Money Laundering，简称 FATF。该组织是国际执法合作组织之一，致力于领导全球行动，以解决洗钱、恐怖主义和扩散融资等金融犯罪问题。[①] 金融行动特别工作组目前共有 39 个正式成员，其中包括 37 个成员国与 2 个区域性组织（欧盟委员会和海湾合作委员会），中国自 2007 年起成为会员。此外，俄罗斯于 2023 年2 月 24 日被暂停会员资格。《FATF40 + 9 条建议》是金融行动特别工作组制定的标志性文件，因对于其他国际组织和世界各国打击金融及其他跨国犯罪的国际执法合作具有重要的指引作用而成为国际反洗钱和反恐融资的核心文件。金融行动特别工作组还建立了多个地区性分支组织，具体包括：（1）亚洲/太平洋反洗钱小组（APG）；（2）加勒比金融行动特别工作组（CFATF）；（3）欧亚集团（EAG）；（4）东部和南部非洲反洗钱小组（ESAAMLG）；（5）中部非洲洗钱问题特别工作组（GABAC）；（6）拉丁美洲金融行动特别工作组（GAFILAT）；（7）西非政府间反洗钱行动小组（GIABA）；（8）中东和北非金融行动特别工作组（MENAFATF）；（9）反洗钱措施评估专家委员会（MONEYVAL）。中国是亚洲/太平洋反洗钱小组与欧亚集团的成员国。

国际刑事警察组织（简称"国际刑警组织"）。国际刑事警察组织的英文名为

---

① 《我们做什么》，https：//www.fatf-gafi.org/en/the-fatf/what-we-do.html，最后访问日期：2023 年 6 月 18日。

International Criminal Police Organization，简称 INTERPOL。该组织是"全球覆盖范围最大、成员数量最多、代表性最广的国际执法合作组织"[①]，其前身为国际刑警委员会。1914 年，第一次国际刑事警察会议在摩纳哥隆重举行，国际刑警组织诞生。1961 年，中国台湾以"中华民国"名义申请加入国际刑警组织，1984 年，中华人民共和国加入国际刑警组织，中国台湾退出国际刑警组织。[②] 近几年，我国公安机关每年通过国际刑警组织渠道相互协查案件约 3000 起。[③]

《大湄公河次区域禁毒合作谅解备忘录》。1993 年，为了遏制"金三角"地区以及周边大湄公河次区域国家的毒品蔓延与发展[④]，中国、泰国、缅甸、老挝四国与联合国禁毒署（现改名为联合国毒品和犯罪问题办公室，UNODC）东亚和太平洋地区中心共同签订了《大湄公河次区域禁毒合作谅解备忘录》。该合作机制系次区域禁毒合作机制，长期致力于维护签约各方的协作关系、增强签约各方的协作水平，并通过主导、引领执法合作、禁毒项目设计等多种方式为打击跨国涉毒犯罪、提升人民健康福祉作出不懈努力。

中国—东盟执法管理研讨会、首届东盟与中国（10+1）打击跨国犯罪部长级会议、第四届东盟与中日韩（10+3）打击跨国犯罪部长级会议。2007 年 7 月 17 日，由公安部国际合作局、浙江省公安厅主办，浙江警察学院承办的"中国—东盟执法管理研讨会"在中国杭州举行，东盟十国和东盟秘书处代表及中国公安部国际合作局副局长张巨峰等出席会议。[⑤] 会议旨在巩固中国与东盟各国在非传统安全领域的执法合作成果，并为各方接续加强打击跨国犯罪执法合作提供了探讨与展望的交流平台。2009 年 11 月 18 日，首届东盟与中国（10+1）打击跨国犯罪部长级会议和第四届东盟与中日韩（10+3）打击跨国犯罪部长级会议在柬埔寨暹粒召开。在首届东盟与中国（10+1）打击跨国犯罪部长级会议上，我国公安部副部长张新枫率团参加会议并代表中国政府在会上提出了今后五年为东盟国家培训1000 名执法人员的计划[⑥]；在第四届东盟与中日韩（10+3）打击跨国犯罪部长级

[①] 习近平：《坚持合作创新法治共赢 携手开展全球安全治理——在国际刑警组织第八十六届全体大会开幕式上的主旨演讲》，《人民日报》2017 年 9 月 27 日，第 2 版。

[②] 王雷：《国际警务合作研究》，中共中央党校 2021 年博士学位论文，第 23 页。

[③]《我国每年通过国际刑警组织渠道相互协查案件约 3000 起》，https://www.gov.cn/xinwen/2017-09/26/content_5227656.htm，最后访问日期：2023 年 5 月 29 日。

[④] 参见王昊魁：《地缘大国不断推进禁毒合作内容——中国积极参与大湄公河次区域禁毒国际合作》，光明日报 2016 年 4 月 21 日，第 8 版。

[⑤] 参见《中国—东盟执法管理研讨会在浙江杭州举行》，https://www.mps.gov.cn/n2253534/n4904351/c5040095/content.html，最后访问日期：2023 年 4 月 23 日。

[⑥] 参见《东盟与中国及与中日韩打击跨国犯罪部长会议召开》，http://www.gov.cn/gzdt/2009-11/19/content_1468155.htm，最后访问日期：2023 年 6 月 18 日。

会议上，中国代表团在肯定已有积极成果的基础上提出了扩大执法交流与协作的发展倡议①。

中老缅泰湄公河流域联合巡逻执法。湄公河"10·5"一案令中老缅泰四国意识到赓续加强湄公河流域执法安全合作的必要性与紧迫性。2011 年 10 月 31 日，四国于中国北京举行了湄公河流域执法安全合作会议，一致同意正式建立中老缅泰湄公河流域执法安全合作机制以有效维护湄公河流域航运安全秩序②。与会各方均主张在平等互利、互相尊重主权的基础上，立足四国湄公河流域执法安全合作机制框架，积极开展情报交流与联合巡逻执法，共同应对突发事件，力争给予危害本流域安全的犯罪集团以沉重打击。③ 同年 12 月 10 日，云南省公安边防总队水上支队联合老挝国防部人民军波乔省与南塔省军区边防部队、缅甸内政部水警局万崩水警分局、泰国警察总署第五警区组成四国联合执法力量④，对四国湄公河流域展开了首次联合巡逻执法勤务，中老缅泰湄公河联合巡逻执法行动进程正式启动。截至 2023 年 2 月 24 日，该联合巡逻执法行动已圆满告竣 126 次⑤，创造了国际执法合作的成功典范，为流域四国和平发展、合作共赢的美好愿景提供了切实的安全保障。2023 年 8 月 15 日至 16 日，中国公安部、泰国警察总署、缅甸警察总部、老挝公安部在泰国清迈联合举行针对本区域赌诈及衍生的人口贩运、绑架、非法拘禁等犯罪的专项合作打击行动启动会。各方决定，在泰国清迈共同建立专项行动综合协调中心，并针对赌诈猖獗的区域设立联合行动点，以更紧密的合作、更主动的攻势、更专业的行动，严厉打击本区域电信网络诈骗和网络赌博犯罪，坚决扭转人口贩运及绑架、拘禁等犯罪高发态势。⑥

中外双边执法合作活动不仅包括备忘录的形式，还存在多种形式的其他双边执法合作项目，现举例说明。

《中华人民共和国政府与泰王国政府关于合作预防和遏制拐卖人口的谅解备忘录》。2018 年 11 月 2 日，中国政府与泰国政府签订了《中华人民共和国政府与泰

---

① 参见《东盟与中国及与中日韩打击跨国犯罪部长会议召开》，http://www.gov.cn/gzdt/2009 – 11/19/content_ 1468155. htm，最后访问日期：2023 年 6 月 18 日。

② 参见《中老缅泰关于湄公河流域执法安全合作的联合声明》，http://www.gov.cn/govweb/gzdt/2011 – 10/31/content_ 1982676. htm，最后访问日期：2023 年 6 月 18 日。

③ 参见《中老缅泰关于湄公河流域执法安全合作的联合声明》，http://www.gov.cn/govweb/gzdt/2011 – 10/31/content_ 1982676. htm，最后访问日期：2023 年 6 月 18 日。

④ 张敏娇、张铮：《中老缅泰湄公河联合巡逻执法十周年回望》，《现代世界警察》2022 年第 1 期，第 6 页。

⑤ 云南警方：《第 126 次中老缅泰湄公河联合巡逻执法行动圆满完成》，《现代世界警察》2023 年第 3 期，第 1 页。

⑥ 董凡超：《中泰缅老四国警方启动合作打击赌诈集团专项联合行动》，《法治日报》2023 年 8 月 19 日，第 2 版。

王国政府关于合作预防和遏制拐卖人口的谅解备忘录》。[①] 该备忘录以提升中泰两国共同预防打击拐卖人口犯罪的跨国执法合作水平为要旨，强调及时解救、送返被拐卖人口，呼吁双方携手加强湄公河次区域的整体打拐能力。

中老《关于加强执法安全合作的谅解备忘录》。2018 年 5 月 12 日至 15 日，在老挝万象举行了中国公安部与老挝公安部的首届执法合作部级会晤，5 月 14 日，湖南省公安厅与老挝万象市公安局签订了《关于加强执法安全合作的谅解备忘录》。在中国公安部与老挝公安部警务合作框架内，双方建立常态化工作会谈机制和警务交流机制，进一步畅通了湖南公安与老挝公安的沟通渠道。

中外国际执法合作活动的现有依据以原则性和倡议性规定为主，实践性有限。目前，中外全球性、多边性或双边执法合作活动的法律依据主要为由联合国主持制定的含有国际执法合作的国际公约以及部分全球性、区域性或双边政治性文件。这些规定呈现原则性、倡议性等特征，强制力不足，已难以满足实践中国际执法合作的需要。即使是国际刑警组织、金融行动特别工作组等全球性或区域性组织，其首要特征也为服务性而非强制性，国家仍可在主权的保护伞下拒绝开展正常的国际执法合作。综合前述，我国宜同他国及国际组织积极推动国际执法合作的常态化、法律化、条约化，从而化国际间的友好信任为制度监督，进而在更深领域和更广范围实现国际执法合作的具体运用。

三、国际刑事司法协助法

（一）国际刑事司法协助法的概念

从对法的定义的通说观点[②]可以看出，一般意义上的法是指由国家制定或者认可的法，既包括国内法也包括国际法，但不包括非国家主体创制的规范体系。法是调整社会关系的规范，它通过规范行为而达到调整社会关系的目的。社会关系并不是单一的，根据不同的划分方式也可具化为不同的社会关系。社会关系是抽象的理论范畴，于法而言，社会关系是法的规范对象，也是法的显著标识，是此法区别于彼法的重要表现。例如，民法调整平等主体之间的人身关系和财产关系，行政法调整行政主体与行政相对人之间的法律关系，经济法调整国家宏观调控、市场规制产生的社会关系。部门法的概念一般表述为"某法是调整某某社会关系的法律规范的总称"，由此可见，在给具体的部门法下定义时，该法所调整的社会

---

① 汤瑜：《中泰签署政府间合作预防和遏制拐卖人口谅解备忘录》，《民主与法制时报》2018 年 11 月 6 日，第 1 版。

② 参见张文显主编：《法理学》（第 5 版），高等教育出版 2018 年版，第 83 页。

关系是一项极为重要的参考因素，是该法不同于它法的重要原因。

参考以社会关系为调整内容的法的定义方法，国际刑事司法协助法是指调整国际刑事司法协助法律关系的法律规范的总称。这只是大致定义，具体而言其还有广义和狭义之分。这种区分就如同刑事诉讼法也有狭义和广义之分一样，狭义的刑事诉讼法仅指刑事诉讼法典，广义的刑事诉讼法则指与刑事诉讼有关的一切法律规范。狭义的国际刑事司法协助法指专门规定这方面的法律，在法律名称上表现为"国际刑事司法协助法"，广义的则指一切有关这方面规定的法律规范，以及相关国际公约、双边条约等。

（二）国际刑事司法协助法的属性

法的分类是指从一定的角度或者按照一定的标准，将法划分为不同的类别。按照法的不同分类方式，国际刑事司法协助法属于：

（1）公法。公法和私法的划分起源于罗马法，古罗马法学家乌尔比安提出："公法是有关罗马国家稳定的法，即涉及城邦的组织结构，私法是调整公民个人之间的关系，涉及个人权益。"① 这一观点在《查士丁尼国法大全》和《法学阶梯》中均有体现，自此公法与私法的划分方式被确立下来。但是不难看出，罗马法中的公私法划分与当今的公私法划分存在很大的差异，现在一般认为，公法指有关公共权力（职权）和义务（职责）的法律规定；私法指有关私人权利和义务的规定。② 从此也可以看出，公法与私法的划分实质上是以其调整对象为标准的。在实施主体上，国际刑事司法协助的实施主体一般为国家的司法机关；在实施内容上，以向他国请求提供帮助或向他国提供帮助为基本内容；在调整对象上，有关犯罪活动的追究程序是公共权力与义务的体现。由此充分表明，国际刑事司法协助是一种公对公的公权力活动，而国际刑事司法协助法作为规范这方面的法律，以刑事追诉权力和义务作为规定内容，其也体现出强烈的公法色彩，因此属于公法。

（2）程序法。以法律规范的规定内容和价值取向为标准，可将法划分为实体法和程序法。一般认为，实体是以规定和确认权利和义务以及职权和责任为主要内容的法律，例如宪法、刑法、民法等都属于实体法。而程序法一般以保障权利和义务的实现以及职权和责任的履行为主要内容，例如刑事诉讼法、民事诉讼法等。实体法调整权利义务关系，法律责任的标准是确定的，一般处于相对静止的状态；而程序法则是为了实现实体权利义务而制定的法律，程序法围绕着实体法

---

① 参见［意］彼德罗·彭梵得：《罗马法教科书》，黄风译，中国政法大学出版社 1996 年版，第 9 页。
② 参见张文显主编：《法理学》（第 5 版），高等教育出版 2018 年版，第 92 页。

的标准而运作，一般表现为运动着的渐进过程。在价值追求方面，实体法追求结果公正，程序法追求过程公正，但这种价值选择只是相对而言的，实体法中也蕴含着对过程正当性的追求，而追求结果的正当性也是程序公正的应有之义。刑事诉讼法的独立价值与工具价值正是对实体公正与程序公正追求下的产物。在一定意义上而言，国际刑事司法协助法属于刑事诉讼法的内容，是刑事诉讼法律体系的组成部分，因为它们都是规范刑事追诉程序的法律，只不过前者是关于域外刑事追诉的规范罢了，其整体仍属于广义的刑事诉讼法的范围。就内容而言，国际刑事诉讼法所规定的调查取证、文书送达、引渡、外国刑事判决的承认和执行、刑事诉讼移管等具有明显的程序法色彩，关于部分内容的规定在国内刑事诉讼法中也有所体现，而且总体上国际刑事司法协助法以保障刑事追诉权力的实现为主要内容，当属于程序法。

作为国家立法活动的结果，国际刑事司法协助法一般被认为是国内法。虽然开展协助是国际合作行为，并多以双边条约为合作依据，但国内立法毕竟不同于国际条约、国际习惯这些国际法渊源，还是应当将其视为国内法，因为它的法律效力一般仅限于国内。同样作为国内法，它还不同于国内刑法、民法等诸多法律，国际刑事司法协助法的一个显著特征就是吸收了大量国际法的内容。国际刑事司法协助法要解决的是域外行使刑事司法权的问题，其具体表现为国家之间互相提供协助行为，因此该法要解决的是域外问题而不是域内问题，与这点有明显区别的就是国内的刑法与民法。国内的刑法与民法即使与国际通行的某些规则有所区别，因其要调整的法律关系一般发生在国内，所以也能够很好地解决国内的刑事问题或民事问题，而同为程序法的刑事诉讼法，即使一国刑事诉讼法的规定与国际通行规则有出入，其也能够保障刑事诉讼活动的顺利进行。对国际刑事司法协助法而言，其所规定的内容须被其他各国所认可或接受才有达成协助之可能，而要达到被世界各国广泛接受之可能，则国际刑事司法协助法需要体现大量国际法的内容，或是国际习惯，或是国际原则，总之需要是被世界各国所广泛认可的规则。《联合国刑事事件互助示范条约》是一项国际公约，为国家之间签订刑事司法协助条约提供了范本，也可为各国制定国际刑事司法协助法所借鉴。《联合国刑事事件互助示范条约》中规定的协助范围也成为各国国际刑事司法协助法所包含的内容。同时大量的国际法原则也被各国国际刑事司法协助法所采纳，如国家主权原则、平等互惠原则、政治犯军事犯例外原则等都在国际刑事司法协助法中有所体现。但是，在吸收借鉴国际法的同时，国际刑事司法协助的开展又绝不能与国内的刑事法律规范相冲突，否则就会造成对国家主权的侵犯。所以在一定程度上而言，国际刑事司法协助法是国际法与国内法融合协调的产物。

国际刑事司法协助法规定国际刑事司法协助的一般规则，这种总体性规定的显著特点就是普遍适用性。但是在具体司法实践中，协助的开展是具体到某两个或多个国家之间的。从现有司法实践来看，开展协助的法律规范依据是国际条约或互惠原则，受条约前置主义影响，以国际条约为依据而开展协助成为常态。而且因为这种司法活动一般发生在两国之间，所以这类国际条约多以双边条约为主。然而一国与不同国家的双边条约可能内容不一致，不同国家之间的互惠基础也可能有所差异，但国际刑事司法协助法一般作为成文法其内容是固定的，这种总体性规定在具体的实践中并不具有较强的可操作性。在司法实践中，国际刑事司法协助的具体开展还需要依靠签订的国际条约或根据互惠原则，因为这是被两国所广泛认可的。法规范也明确规定在有刑事互助条约的情形下应当依据条约规定。① 而且这类条约并不局限于专门性的协助条约，其他相关协议也可以作为合作的依据。② 这同样有别于其他法律，一般的刑事、民事问题只依靠刑法与民法已经能够解决，而有关司法解释只不过是对刑法与民法的规则的解释，而不是除刑法民法以外的其他依据，同样，一般的刑事追诉问题只需要《刑事诉讼法》及其解释就可以解决。所以国际刑事司法协助法的另一个显著特征便是国际刑事司法协助的开展不仅需要依靠作为国内立法结果的国际刑事司法协助法，还需要依据具体的双边或多边条约与互惠基础。

四、中国向东盟国家请求刑事司法协助的法律渊源

东南亚国家联盟（Association of Southeast Asian Nations, ASEAN，简称"东盟"），于1967年8月8日在泰国曼谷成立，秘书处设在印度尼西亚首都雅加达。截至2019年，东盟有10个成员国：文莱、柬埔寨、印度尼西亚、老挝、马来西亚、菲律宾、新加坡、泰国、缅甸、越南。联盟成员国总面积约449万平方公里，人口约6.6亿。东盟先后与中国、韩国、日本等六个国家建立了自由贸易区，中国、日本、韩国、印度、俄罗斯、澳大利亚、新西兰、美国等国先后加入了《东南亚友好合作条约》，建立了围绕东盟的"10＋1""10＋3""10＋8"机制。此

---

① 《中华人民共和国国际刑事司法协助法》第13条规定："外国向中华人民共和国提出刑事司法协助请求的，应当依照刑事司法协助条约的规定提出请求书。"

② 《中华人民共和国政府和美利坚合众国政府关于刑事司法协助的协定》第21条规定："本协定规定的协助和程序不妨碍任何一方通过其他可适用的国际协议中的条款或通过本国法律的条款向另一方提供协助。双方也可根据任何其他可适用的安排、协议或惯例提供协助。"

外，东盟分别与联合国、欧盟、海湾阿拉伯国家合作委员会、南方共同市场等积极发展合作关系。东盟是亚洲第三大经济体和世界第六大经济体。2017 年，东盟经济增长 5.2%，经济总量超过 2.7 万亿美元。2023 年为"中国—东盟农业发展和粮食安全合作年"。

1961 年 7 月 31 日，马来西亚、菲律宾和泰国在曼谷成立东南亚联盟。1967 年 8 月 7—8 日，印度尼西亚、泰国、新加坡、菲律宾四国外长和马来西亚副总理在曼谷举行会议，发表了《曼谷宣言》（《东南亚国家联盟成立宣言》），正式宣告东南亚国家联盟成立。1976 年，《东南亚友好合作条约》在印度尼西亚巴厘岛签订。同年 8 月 28—29 日，马来西亚、泰国、菲律宾三国在吉隆坡举行部长级会议，决定由东南亚国家联盟取代东南亚联盟。1984 年 1 月 7 日，文莱加入东南亚国家联盟。1995 年 7 月 28 日，越南加入东南亚国家联盟。1997 年 7 月 23 日，老挝、缅甸加入东南亚国家联盟。1999 年 4 月 30 日，柬埔寨加入东南亚国家联盟。2007 年 11 月 20 日，参加第 13 届东盟首脑会议的东盟成员国领导人签署了《东盟宪章》。2008 年 12 月，《东盟宪章》正式生效。2015 年 12 月 31 日，东盟共同体正式成立。2019 年 8 月 8 日，东盟秘书处新大楼落成。2022 年 11 月 11 日，第 40 届和第 41 届东盟峰会在柬埔寨首都金边开幕，东盟国家领导人在第 40 届和第 41 届东盟峰会上宣布，东盟接纳东帝汶为第 11 个成员国。东盟原则上同意东帝汶加入东盟，但仅是作出表态，根据东盟官网成员国一栏的最新数据，东帝汶依旧不是东盟的正式成员国。

2013 年 10 月 3 日，习近平主席提出"携手建设更为紧密的中国—东盟命运共同体"①。由于东盟十国与我国或领土接壤，或隔海相望，呈现相互毗邻的天然格局，互为周边地区。研究中国向东盟国家请求刑事司法协助的制度、机制、策略，对于中国国际刑事司法协助制度的实施具有重要的意义。

国际刑事司法协助的主要法律依据表现为国际公约、多边文件、双边条约及请求国与被请求国的国内法律规范。

（一）由联合国主持制定的国际公约

由联合国主持制定的国际公约为缔约国间开展刑事司法协助活动提供了权威的国际法依据。联合国于 1945 年 10 月 24 日成立，是具有代表性和权威性的政府间国际组织。《联合国宪章》第 1 条介绍了联合国之宗旨，其中提道："促成国际合作，以解决国际间属于经济、社会、文化、人类福利性质之国际问题。"截至

---

① 习近平：《习近平谈治国理政》（第一卷），外文出版社 2014 年版，第 292 页。

2023 年 6 月，联合国共有 193 个会员国，中国是联合国的创始会员国。① 《联合国禁止非法贩运麻醉药品和精神药物公约》《联合国打击跨国有组织犯罪公约》《联合国反腐败公约》等一系列含有刑事司法协助内容的部分代表性公约也对缔约的联合国会员国之间的刑事司法协助活动作出了引导和规制。

《1971 年精神药物公约》。《1971 年精神药物公约》于 1971 年 2 月 21 日在奥地利维也纳通过并开放给各国签字、批准和加入，于 1976 年 8 月 16 日正式生效。截至 2023 年 6 月 15 日，《1971 年精神药物公约》共有 34 个签字国，184 个缔约国，中国于 1985 年 8 月 23 日加入该公约。《1971 年精神药物公约》第 21 条第 5 款要求缔约国之间以迅捷方式向各方指定的机关送达司法案件的法律文书，以此提升联手取缔精神药物非法产销行动的效率效果。

《关于防止和惩处侵害应受国际保护人员包括外交代表的罪行的公约》（以下简称《防止和惩处侵害应受国际保护人员的罪行的公约》）。《防止和惩处侵害应受国际保护人员的罪行的公约》于 1973 年 12 月 14 日在美国纽约通过并开放给各国签字、批准和加入，于 1977 年 2 月 20 日正式生效。截至 2023 年 6 月 15 日，《防止和惩处侵害应受国际保护人员的罪行的公约》共有 25 个签字国，180 个缔约国，中国于 1987 年 8 月 5 日加入该公约。《防止和惩处侵害应受国际保护人员的罪行的公约》第 10 条倡议各缔约国就针对侵害应受国际保护人员包括外交代表的罪行所提起的刑事诉讼彼此提供最大限度的司法协助。

《反对劫持人质国际公约》。《反对劫持人质国际公约》于 1979 年 12 月 17 日在美国纽约制定并于 1979 年 12 月 18 日开放给各国签字、批准和加入，于 1983 年 6 月 3 日正式生效。截至 2023 年 6 月 15 日，《反对劫持人质国际公约》共有 39 个签字国，176 个缔约国，中国于 1992 年 12 月 28 日决定加入该公约，1993 年 1 月 26 日对中国生效。《反对劫持人质国际公约》第 11 条呼吁各缔约国就针对劫持人质的罪行所提起的刑事诉讼互相给予最大限度的司法协助，包括为他国提供己方所掌握的证据。

《禁止酷刑和其他残忍、不人道或有辱人格的待遇或处罚公约》（以下简称《禁止酷刑公约》）。《禁止酷刑公约》于 1984 年 12 月 10 日在美国纽约通过并开放给各国签字、批准和加入，于 1987 年 6 月 26 日正式生效。截至 2023 年 6 月 15 日，《禁止酷刑公约》共有 83 个签字国，173 个缔约国，中国于 1986 年 12 月 12 日签署并于 1988 年 10 月 4 日批准该公约。《禁止酷刑公约》第 9 条规定，对于因酷刑

---

① 参见联合国网站：https://www.un.org/zh/about-us/member-states，最后访问日期：2023 年 5 月 31 日。

而引起的刑事诉讼活动，各缔约国间需尽量相互协助，携手应对。

《联合国海洋法公约》。《联合国海洋法公约》于1982年12月10日在牙买加蒙特哥湾通过并开放给各国签字、批准和加入，于1994年11月16日正式生效。截至2023年6月15日，《联合国海洋法公约》共有157个签字国，169个缔约国，中国于1982年12月10日签署并于1996年6月7日批准该公约。《联合国海洋法公约》第223条要求各缔约国设置便利司法程序的措施，如便利他国当局提交证据、参与对证人的听询。

《联合国禁止非法贩运麻醉药品和精神药物公约》（以下简称《禁止非法贩运麻醉药品和精神药物公约》）。《禁止非法贩运麻醉药品和精神药物公约》于1988年12月20日在奥地利维也纳通过并开放给各国签字、批准和加入，于1990年11月11日正式生效。截至2023年6月15日，《禁止非法贩运麻醉药品和精神药物公约》共有87个签字国，191个缔约国。我国于1988年12月20日签署《禁止非法贩运麻醉药品和精神药物公约》，并于1989年10月25日向联合国秘书长递交批准书。该公约第6条、第7条分别对引渡和一般形式的刑事司法协助作出了规定，第9条对缔约国之间的国际刑事领域执法合作活动提供了建设性意见，旨在指导缔约国联合取缔国际非法贩运麻醉药品和精神药物的犯罪活动。

《制止恐怖主义爆炸的国际公约》（以下简称《制止恐怖主义爆炸公约》）。《制止恐怖主义爆炸公约》于1997年12月15日在美国纽约通过并开放给各国签字、批准和加入，于2001年5月23日正式生效。截至2023年6月15日，《制止恐怖主义爆炸公约》共有58个签字国，170个缔约国，中国于2001年11月13日加入该公约。《制止恐怖主义爆炸公约》第7至13条均涉及了有关制止恐怖主义爆炸罪行的刑事司法协助的相关事项，旨在提升缔约国间携手反恐的积极性和有效性。

《〈儿童权利公约〉关于买卖儿童、儿童卖淫和儿童色情制品问题的任择议定书》（以下简称《〈儿童权利公约〉任择议定书》）。《〈儿童权利公约〉任择议定书》于2000年5月25日在美国纽约通过并开放给各国签字、批准和加入，于2002年1月18日正式生效。截至2023年6月15日，《〈儿童权利公约〉任择议定书》共有121个签字国，178个缔约国，中国于2000年9月6日签署并于2002年12月3日批准该公约。《〈儿童权利公约〉任择议定书》第6条第1款规定："对第3条第1款所述罪行进行调查或提起刑事诉讼或引渡程序时，各缔约国应当相互给予最大程度的协助，其中包括协助获取它们掌握的对进行这种程序所必要的证据。"

《制止向恐怖主义提供资助的国际公约》（以下简称《制止向恐怖主义提供资

助公约》）。《制止向恐怖主义提供资助公约》于 1999 年 12 月 9 日在第 54 届联合国大会获得通过，于 2002 年 4 月 10 日正式生效。截至 2023 年 6 月 15 日，《制止向恐怖主义提供资助公约》共有 132 个签字国，189 个缔约国，中国于 2001 年 11 月 13 日签署并于 2006 年 4 月 19 日批准该公约。对于因向恐怖主义提供资助而进行的刑事调查、提起的刑事诉讼或引渡程序，《制止向恐怖主义提供资助公约》第 12 条要求缔约国之间互相提供最大程度的协助，且不得以银行保密为由而拒绝司法协助的请求。

《联合国打击跨国有组织犯罪公约》。《联合国打击跨国有组织犯罪公约》于 2000 年 11 月 15 日在美国纽约通过并开放给各国签字、批准和加入。截至 2023 年 6 月 15 日，《联合国打击跨国有组织犯罪公约》共有 147 个签字国，191 个缔约国。我国于 2000 年 12 月 12 日签署《联合国打击跨国有组织犯罪公约》，并于 2003 年 9 月 23 日向联合国秘书长递交批准书。《联合国打击跨国有组织犯罪公约》于 2003 年 9 月 29 日正式生效，于 2003 年 10 月 23 日对我国生效。为促进预防和打击跨国有组织犯罪的国际合作，《联合国打击跨国有组织犯罪公约》于第 16 条、第 17 条、第 18 条、第 19 条分别就引渡、被判刑人的移交、一般形式的刑事司法协助和联合调查作出了规定。《联合国打击跨国有组织犯罪公约》为缔约国携手打击跨国犯罪提供了行动指南，为区域乃至世界整体安全的提升贡献了可观增益。

《联合国反腐败公约》。《联合国反腐败公约》于 2003 年 10 月 31 日在美国纽约通过并开放给各国签字、批准和加入。截至 2023 年 6 月 15 日，《联合国反腐败公约》共有 140 个签字国，189 个缔约国。我国于 2003 年 12 月 10 日签署《联合国反腐败公约》，2005 年 10 月 27 日批准加入该公约，该公约于 2005 年 12 月 14 日正式生效。《联合国反腐败公约》"关注腐败对社会稳定与安全所造成的问题和构成的威胁的严重性"①，致力于推动各国通过开展国际合作以预防、控制、打击腐败，从而保护世界的可持续发展和法治。《联合国反腐败公约》第四章对国际刑事司法协助的相关事宜作出了详细规定，其中第 44 条规定了引渡，第 45 条规定了被判刑人的移管，第 46 条规定了狭义的刑事司法协助，第 47 条规定了刑事诉讼的移交，第 48 条规定了国际刑事领域的执法合作，第 49 条规定了联合侦查。

《制止核恐怖主义行为国际公约》。《制止核恐怖主义行为国际公约》于 2005 年 4 月 13 日在第 59 届联合国大会一致通过，于 2007 年 7 月 7 日正式生效。截至

---

① 《联合国反腐败公约》序言。

2023 年 6 月 15 日，《制止核恐怖主义行为国际公约》共有 115 个签字国，120 个缔约国，中国于 2005 年 9 月 14 日签署并于 2010 年 8 月 28 日批准该公约。《制止核恐怖主义行为国际公约》第 14 至 17 条均包含了针对核恐怖主义行为的刑事司法协助的相关内容。例如，该公约第 14 条第 1 款规定："对于就第二条所述犯罪进行的调查和提起的刑事诉讼或引渡程序，缔约国应相互提供最大程度的协助，包括协助取得本国所掌握的诉讼或引渡程序所需证据。"

（二）中国—东盟间区域性国际文件

我国与东盟国家同为亚太经济合作组织（以下简称亚太经合组织）的成员经济体。1991 年 11 月 22 日，中国与东盟正式开启对话进程，建立了对话关系。1991 年 11 月，我国加入亚太经合组织。亚太经合组织是亚太地区具有可观影响力的经济合作论坛和多边合作组织，致力于支持亚太地区的可持续发展与繁荣，进而推动"建立一个充满活力和和谐的亚太共同体"①。1996 年，中国成为东盟全面对话伙伴；1997 年，双方建立睦邻互信伙伴关系；2003 年，中国与东盟通过签订《中国—东盟面向和平与繁荣的战略伙伴关系联合宣言》建立了战略伙伴关系。2003—2020 年期间，为深化和巩固中国—东盟的战略伙伴关系，双方陆续签署并发表了三份行动计划并予以落实，中国—东盟的合作关系日益深化和紧密。2020 年，双方制定了第四份《落实中国—东盟面向和平与繁荣的战略伙伴关系联合宣言的行动计划（2021—2025）》，以加强打击跨国犯罪和应对其他非传统安全问题。②③ 2021 年，中国和东盟建立对话 30 周年之际，中国—东盟合作关系升级为"全面战略伙伴关系"，双方共同制定了《中国—东盟全面战略伙伴关系行动计划（2022—2025）》，对未来一段时期中国—东盟深化重点领域的务实合作作出新的指引、规划及承诺。④ 当前，中国和东盟就执法和司法合作全面开展深度交流和密切合作，已形成多层面、多渠道、多样化的良好局面，签订了一系列文件、条约和其他国际文件，具体包括以下执法和司法合作文件。

---

① 《使命宣言》，https://www.apec.org/about-us/about-apec/mission-statement，最后访问日期：2023 年 8 月 22 日。

② 《落实中国—东盟面向和平与繁荣的战略伙伴关系联合宣言的行动计划（2021—2025）》，http://switzerlandemb.fmprc.gov.cn/wjb_673085/zzjg_673183/yzs_673193/dqzz_673197/dnygjlm_673199/zywj_673211/202011/t20201112_7605657.shtml，最后访问日期：2023 年 8 月 31 日。

③ 《中国—东盟合作事实与数据：1991—2021》，http://new.fmprc.gov.cn/web/wjbxw_673019/202201/t20220105_10479078.shtml，最后访问日期：2023 年 8 月 24 日。

④ 《中国—东盟建立对话关系 30 周年纪念峰会联合声明——面向和平、安全、繁荣和可持续发展的全面战略伙伴关系》，https://www.fmprc.gov.cn/web/gjhdq_676201/gj_676203/yz_676205/1206_677004/1207_677016/202111/t20211122_10451473.shtml，最后访问日期：2023 年 8 月 31 日。

1. 《中国、缅甸和联合国禁毒署三方禁毒合作项目》和《泰国、缅甸和联合国禁毒署三方禁毒合作项目》

1991 年 5 月，第一次中国、泰国、缅甸和联合国禁毒署（现联合国毒品和犯罪问题办公室，UNODC）会议在北京举行，就开展禁毒多边合作进行商议。① 该会议为下一步的三方禁毒合作项目奠定了基础。1992 年 6 月，三方在缅甸仰光举行会议，分别签署《中国、缅甸和联合国禁毒署三方禁毒合作项目》和《泰国、缅甸和联合国禁毒署三方禁毒合作项目》。②

2. 《大湄公河次区域禁毒合作谅解备忘录》

为遏制"金三角"地区及周边大湄公河次区域国家的毒品蔓延与发展，中国、泰国、缅甸、老挝四国与联合国禁毒署东亚和太平洋地区中心共同签署了《大湄公河次区域禁毒合作谅解备忘录》（MOU）。③ 作为大湄公河次区域禁毒合作机制，MOU 致力于维护、提高签约方间协作水平，并通过主导、引领次区域执法合作、禁毒项目设计等方式为打击跨国涉毒犯罪、提升人民健康福祉作出积极贡献。

3. 《北京宣言》和《大湄公河次区域禁毒行动计划》

1995 年 5 月，第一届 MOU 部长级会议在北京举行，接纳越南和柬埔寨为签字国，并通过《北京宣言》和《大湄公河次区域禁毒行动计划》，确定以联合国援助禁毒合作项目的形式开展区域合作。④ MOU 机制是世界上较早成立的次区域禁毒合作机制，《大湄公河次区域禁毒行动计划》是世界上第一个次区域禁毒合作行动计划。⑤ 在 MOU 机制框架之下，中国积极地与柬埔寨、老挝、缅甸等次区域国家开展禁毒执法交流，加强联合扫毒执法合作，有效地打击了跨国涉毒犯罪。

4. 《曼谷政治宣言》和《东盟和中国禁毒合作行动计划》

2000 年 10 月，第一届东盟和中国禁毒合作国际会议通过《曼谷政治宣言》和《东盟和中国禁毒合作行动计划》，宣告将成立预防教育、减少需求、缉毒执法、替代发展等四个工作组。会议决定每年召开年度会议，回顾上年度在各个禁毒领域取得的成果，制定下年度的合作计划。⑥ 2001 年 1 月，中国访问老挝和缅甸，分

---

① 参见《中国的禁毒》，《新华每日电讯》2000 年 6 月 27 日，第 5 版。
② 参见《开展合作交流——服务禁毒工作》，《人民公安报》2002 年 5 月 23 日，第 6 版。
③ 参见王昊魁：《地缘大国不断推进禁毒合作内容——中国积极参与大湄公河次区域禁毒国际合作》，《光明日报》2016 年 4 月 21 日，第 8 版。
④ 参见张璁：《中国积极参与大湄公河次区域禁毒国际合作》，《人民日报》2016 年 4 月 19 日，第 3 版。
⑤ 参见张璁：《中国积极参与大湄公河次区域禁毒国际合作》，《人民日报》2016 年 4 月 19 日，第 3 版。
⑥ 《公安部召开东盟和中国禁毒合作国际会议新闻会》，http://news.sina.com.cn/s/2005-10-12/15467156751s.shtml，最后访问日期：2023 年 7 月 12 日。

别签署禁毒合作的谅解备忘录，① 旨在探讨中缅、中老在打击毒品犯罪等方面的合作细节，是对《东盟和中国禁毒合作行动计划》的有力补充。

5. 《南海各方行为宣言》

2002 年 11 月 4 日，在金边举行的中国与东盟领导人会议期间，中国与东盟各国外长及外长代表签署了《南海各方行为宣言》②，该宣言中明确表示，在全面和永久解决争议之前，有关各方可针对打击跨国犯罪，包括但不限于打击毒品走私、海盗和海上武装抢劫以及军火走私等领域进行探讨或开展合作。在具体实施之前，有关各方应就双边及多边合作的模式、范围和地点取得一致意见。2022 年 11 月 11 日在柬埔寨金边，中国和东盟成员国一同发表纪念《南海各方行为宣言》签署二十周年的联合声明，明确表示将继续在打击跨国犯罪等领域探讨和开展海上实务合作。

6. 《中国与东盟关于非传统安全领域合作联合宣言》

2002 年 11 月 4 日，朱镕基总理与东盟国家领导人在柬埔寨金边发表了《中国与东盟关于非传统安全领域合作联合宣言》③，呼吁中国与东盟重点关注跨国犯罪对国际和地区和平与稳定所构成的威胁与挑战，鼓励双方加强非传统安全问题的地区和国际合作。合作重点体现在打击贩毒、偷运非法移民包括贩卖妇女儿童、海盗、恐怖主义、武器走私、洗钱、国际经济犯罪和网络犯罪等领域。

7. 《中国—东盟面向和平与繁荣的战略伙伴关系联合宣言》《东南亚友好合作条约》

2003 年 10 月，第七次中国—东盟领导人会议期间，各方签署了《中国—东盟面向和平与繁荣的战略伙伴关系联合宣言》。在这次会议上，中国正式加入《东南亚友好合作条约》，双方政治互信进一步增强。④

8. 《东盟第二协约宣言》

2003 年 10 月 7 日至 8 日，在印尼巴厘岛召开了第九届东盟首脑会议。会议通过了《东盟第二协约宣言》（亦称《第二巴厘宣言》）。宣言提出，东盟共同体内应当在东盟共同体内部加大对恐怖主义犯罪、毒品犯罪的打击力度，维护东盟共同体政治、经济等地区安全。此后，东盟国家开启司法协助相关会议讨论，提出签署刑事司法协助相关规约。东盟内部打击跨国犯罪，预防国际犯罪刑事司法协

---

① 参见《"金三角"区域禁毒合作大事记》，《人民日报》2001 年 8 月 28 日。

② 参见外交部网站：http://www1.fmprc.gov.cn/web/wjb_673085/zzjg_673183/yzs_673193/dqzz_673197/nanhai_673325/201108/t20110812_7491674.shtml，最后访问日期：2023 年 8 月 28 日。

③ 参见《中国与东盟发表联合宣言》，《人民日报》2002 年 11 月 14 日。

④ 《背景资料：中国与东盟关系发展历程》，http://www.xinhuanet.com/world/2014 - 11/13/c_1113239889.htm，最后访问日期：2024 年 8 月 5 日。

助进入新的历史征程。

9. 《中国与东盟非传统安全领域合作谅解备忘录》

2004 年 1 月 10 日，首届 10 + 3 打击跨国犯罪部长级会议举行，东盟各国与中日韩主管部门领导人及东盟秘书长与会。中国与东盟两域领导人于泰国曼谷签署了《中国与东盟非传统安全领域合作谅解备忘录》，着力于落实非传统安全领域合作的实质性活动与重点项目。作为第一个与东盟签署的国家，为落实备忘录规定，中国又制定了 5 年规划和 2004 年合作计划。① 该备忘录是在《中国与东盟关于非传统安全领域合作联合宣言》基础上，进一步细化了中国与东盟在非传统安全领域具体合作计划及具体协助，对双方开展刑事司法协助的实施机构、经费安排、保密事项、争端解决、修改补充等事项作出细化规定，是对《中国与东盟关于非传统安全领域合作联合宣言》的后续发展。②

10. 《中国—东盟成员国总检察长会议联合声明》

2004 年 7 月 7 日，第一届中国—东盟成员国总检察长会议在云南举办，2004 年 7 月 9 日，东盟成员国总检察长签订了《中国—东盟成员国总检察长会议联合声明》。③ 该联合声明表达了中国与东盟各国对打击跨国有组织犯罪，加强司法合作的重视，标志着中国同东盟国家检察机关交流合作机制的正式建立，极大地促进了各国在打击跨国犯罪过程中加强情报交流、侦查及抓捕协助、追逃追赃司法协助的积极性。声明明确了协作的具体方式，包括调查取证、缉捕和引渡罪犯、涉案款物追缴返还等，相互依法提供最大限度的协助。每一届总检察长会议以具体主题和领域的合作为目标开展交流。

11. 《大湄公河次区域反对拐卖人口区域合作谅解备忘录》

2004 年 10 月 29 日，中国、柬埔寨、老挝、缅甸、泰国和越南六国政府代表团在仰光召开湄公河次区域反对拐卖人口问题部长级磋商会，并签署《大湄公河次区域反对拐卖人口区域合作谅解备忘录》。④ 这是亚太地区第一个打击拐卖人口

---

① 参见《落实中国—东盟面向和平与繁荣的战略伙伴关系联合宣言的行动计划》，http：//new. fmprc. gov. cn/ziliao_ 674904/zt_ 674909/ywzt_ 675099/wzzt_ 675579/zgcydyhz_ 675671/200412/t20041221_ 7961961. shtml，最后访问日期：2023 年 2 月 25 日。

② 参见《中国与东盟非传统安全领域合作谅解备忘录》，http：//switzerlandemb. fmprc. gov. cn/web/gjhdq_ 676201/gjhdqzz_ 681964/lhg_ 682518/zywj_ 682530/200412/t20041221_ 9386056. shtml，最后访问时间 2023 年 6 月 9 日。

③ 参见《第十一届中国—东盟成员国总检察长会议联合声明（2018）》，http：//www. ca-pgc. org/xdxy/201809/t20180927_ 2370625. shtml，最后访问日期：2023 年 8 月 24 日。

④ 参见《湄公河次区域合作反拐，六国高官齐聚南昌》，https：//mp. weixin. qq. com/s/DX_ _ 36cgVN-wP0D7C44uNw，最后访问日期：2023 年 9 月 7 日。

犯罪的合作文件，自该谅解备忘录签署以来，六国制定并执行反对拐卖人口国家行动计划，全面强化了对拐卖犯罪的防范打击力度，取得了引人注目的成果。

12. 《东盟安全共同体行动纲领》

2004 年 11 月 29 日至 30 日，第十届东盟峰会上，东盟安全领域通过了《东盟安全共同体行动纲领》（以下简称《行动纲领》）。《行动纲领》提到，东盟共同体安全的维护在东盟内部应形成预防和解决冲突的机制，并在冲突解决后采取合作行动共同建设，和平发展。《行动纲领》规定了东盟安全"活动范围"，在附件中规定了东盟应致力于推动包括中国在内的有核国家尽快同意并签署《东南亚无核武器区议定书》，提出东盟内部通过《刑事司法协助协定》和《东盟引渡条约》。①

13. 《北京宣言》《东盟和中国禁毒合作行动计划》《东盟和中国在 2006 年开展打击苯丙胺类毒品犯罪联合行动的倡议》

2005 年 10 月 18 日，由中国政府、联合国毒品和犯罪问题办公室、东盟共同主办的第二届东盟和中国禁毒合作国际会议在北京召开。会议的主题是，总结回顾第一届东盟和中国禁毒合作国际会议五年来本地区各国禁毒工作情况和经验，分析当前毒品形势，确定新的禁毒战略和行动计划，完善本地区禁毒合作机制。②会议通过了《北京宣言》《东盟和中国禁毒合作行动计划》《东盟和中国在 2006 年开展打击苯丙胺类毒品犯罪联合行动的倡议》，旨在推动东盟和中国禁毒合作在原有的《联合国禁止非法贩运麻醉药品和精神药物公约》和《打击贩毒合作协议》上进一步加深。

14. 《亚太经合组织第十四次领导人非正式会议河内宣言》

2006 年 11 月 19 日，《亚太经合组织第十四次领导人非正式会议河内宣言》明确提出有效实施亚太经合组织反腐败和增强透明度倡议，以打击腐败和建设清廉社会，并同意在司法协助、引渡腐败分子和资产返还领域密切合作。③

15. 《东盟反恐公约》

在 2007 年 1 月 13 日至 14 日举行的第十二届东盟首脑会议上，东盟国家签署了本地区首份在安全领域有法律约束力的文件《东盟反恐公约》。④公约对恐怖主

---

① 周士新：《东盟管理争端规范及其作用》，《东南亚纵横》2013 年第 6 期，第 15 页。
② 参见《第二届东盟和中国禁毒合作国际会议在京举行》，http://www.gov.cn/govweb/yjgl/2005 - 10/19/content_ 79561. htm，最后访问日期：2023 年 2 月 22 日。
③ 《亚太经合组织第十四次领导人非正式会议河内宣言》，https://www.mfa.gov.cn/web/zyxw/200611/t20061119_ 292194. shtml，最后访问日期：2023 年 8 月 31 日。
④ 王薇、许钺乃：《东盟首脑会议签署起草东盟宪章等系列宣言》，http://news. sohu. com/20070114/n247596258. shtml，最后访问日期：2024 年 8 月 5 日。

义行为作了详细的界定，凡属于 1963 年《东京公约》、1970 年《海牙公约》、1971 年《蒙特利尔公约》、1979 年《核材料实物保护公约》、1999 年《制止向恐怖主义提供资助的国际公约》等文件规定的犯罪行为均属于恐怖主义行为。东盟国家领导人重申将在反恐领域进一步加强合作，呼吁东盟国家执法部门和其他相关部门扩大合作，加强情报信息的共享和交换，有效展开边境巡逻，利用先进技术进行侦查和审讯，并建立地区数据库，以遏制一切形式的恐怖行为。

16.《湄公河次区域合作反对拐卖人口进程联合宣言》

2007 年 12 月 14 日，中国和柬埔寨、老挝、缅甸、泰国、越南 6 个国家签署了《湄公河次区域合作反对拐卖人口进程联合宣言》，该联合宣言重申了区域反拐谅解备忘录中的原则精神，强调了以次区域六国签署的有关联合国文件的原则和方针为指导，积极履行承诺，加强部门合作，促进国际合作。① 该文件规定了签署国在交流信息、遣返受害人、移交犯罪嫌疑人等方面进行协作的态度。

17. 修订《中国与东盟非传统安全领域合作谅解备忘录》

2009 年 11 月 17 日至 18 日，首届东盟与中国（10 + 1）打击跨国犯罪部长级会议在柬埔寨举行，该会议修订了《中国与东盟非传统安全领域合作谅解备忘录》，要求中国与东盟各成员国就共同涉及的跨国犯罪在证据收集、逃犯缉捕和遣返、犯罪收益的追缴与返还等方面通力合作。中国与东盟国家执法合作不断加强，联合侦破了一批跨国绑架、贩毒、拐卖妇女儿童案件②，至 2022 年 9 月，东盟与中国（10 + 1）打击跨国犯罪部长级会议已举办至第九届，中国与东盟执法合作实现了跨越式发展。

18.《关于落实〈谅解备忘录〉的行动计划》

2011 年 10 月 12 日，在第二届中国与东盟打击跨国犯罪部长级会议上，中国与东盟共同签署了《关于落实〈谅解备忘录〉的行动计划》，③ 该行动计划的签订深化了中国与东盟之间的互信互助，并为推动中国与东盟打击跨国犯罪执法合作作出了贡献。④ 除传统安全领域外，中国与东盟重点加强在反腐败领域的合作。

---

① 《中国等六国部长共同签署〈反拐进程联合宣言〉》，https://www.chinanews.com/tp/shfq/news/2007/12 - 14/1105487. shtml，最后访问日期：2023 年 1 月 6 日。

② 参见《首届东盟与中国和第四届东盟与中日韩打击跨国犯罪部长级会议召开》https://www.mps.gov.cn/n2253534/n2253535/c4127802/content. html，最后访问日期：2023 年 8 月 28 日。

③ 《东盟与中国和中日韩打击跨国犯罪部长级会议举行》，http://www.gov.cn/gzdt/2011 - 10/13/content_1968062. htm，最后访问日期：2023 年 8 月 31 日。

④ 《中国与东盟执法安全合作综述》，http://www.gov.cn/xinwen/2015 - 10/22/content_ 2951832. htm，最后访问日期：2023 年 8 月 31 日。

19. 《中老缅泰关于湄公河流域执法安全合作的联合声明》

2011 年 10 月 31 日，中老缅泰代表在北京出席四国湄公河流域执法安全合作会，并签订《中老缅泰关于湄公河流域执法安全合作的联合声明》。本次声明的内容包括：彻查 "10·5" 案，建立湄公河流域执法安全合作机制，开通情报交流渠道，开展联合巡逻执法，建立共同应对突发事件合作机制，水上执法部门间建立直接联络窗口。① 湄公河惨案发生后，各国警务人员之间缺少信息沟通，合作机制落后，也没有区域间跨国犯罪的应急措施，案件一直没有突破口，办案进度曾一度停滞。湄公河流域属于犯罪高发地区，凡有密切利益关系的国家均无法置身事外，共同建立一套执法机制是遏制犯罪源头和震慑地方势力的关键举措。

20. 《巴厘宣言》

2011 年 11 月 17 日，出席第十九届东盟峰会的各国领导人在印尼巴厘岛共同签署了《巴厘宣言》。② 这部主题为 "全球共同体中的东盟共同体" 的《巴厘宣言》，旨在推动东盟在国际事务中发挥更大作用，以迎接日益复杂的国际新形势下的挑战。宣言认为，未来东盟将继续致力于东盟政治安全一体化、经济一体化和社会文化一体化。在政治安全领域加强合作，尊重各国独立和主权，在国际法律框架下和平解决争端。支持区域无核化，和平利用核能；打击跨国犯罪，加大反腐败力度，保护人权促进社会公平。

21. 《2015 年建立东盟无毒品区宣言》

2012 年 4 月 3 日至 4 日，第二十届东盟峰会在柬埔寨首都金边举行，本届峰会深入讨论了《东盟共同体路线图宣言（2009—2015）》、东盟安全共同体、东盟经济共同体和东盟社会文化共同体建设、实现地区互联互通、劳动力自由流动、自然灾害管理和粮食安全等问题。大会通过了《东盟金边宣言：一个共同体，共同的命运》《东盟共同体建设金边议程》《2015 年建立东盟无毒品区宣言》《东盟全球温和派行动组织概念文件》等文件。其中《2015 年建立东盟无毒品区宣言》是关于禁毒协作的重要文件。③

---

① 《中老缅泰关于湄公河流域执法安全合作的联合声明》，http://www.gov.cn/gzdt/2011-10/31/content_1982676.htm，最后访问日期：2023 年 8 月 26 日。

② 顾时宏、周兆军：《东盟峰会十国领导人签署通过〈巴厘宣言〉》，http://news.sohu.com/20111118/n326004079.shtml，最后访问日期：2014 年 8 月 5 日。

③ 王慧：《东盟峰会重申南海宣言 西方媒体欲干扰会议主题》，http://mil.news.sina.com.cn/2012-04-05/0925686699.html，最后访问日期：2012 年 4 月 5 日。

22.《北京反腐败宣言》

2014年11月8日在北京，亚太经合组织第二十六届部长级会议通过了《北京反腐败宣言》。《北京反腐败宣言》提出各方应当加强在打击腐败方面的国际协作，具体表现在加强腐败犯罪外逃人员的引渡及提供其他刑事司法协助、加强关于腐败犯罪外逃人员跨境信息共享、促进各国间双边条约签订、加强亚太经合组织反腐败多边网络协作等。① 反腐败的国际追逃追赃是《北京反腐败宣言》的核心内容。②《北京反腐败宣言》充分展现了各国在反腐败国际合作方面达成的共识及打击国际贪污腐败犯罪、追逃追赃的决心。

23.《湄公河次区域合作反对拐卖人口进程联合宣言》（《金边宣言》）

2015年4月28至30日，中国、柬埔寨、老挝、缅甸、泰国、越南六国政府代表和联合国发展计划署亚太中心参加了湄公河次区域合作反拐进程第四届部长级会议暨第十次高官会议，签署了《湄公河次区域合作反对拐卖人口进程联合宣言》（《金边宣言》）。③ 自2004年10月湄公河次区域六国在缅甸仰光签署《湄公河次区域合作反对拐卖人口谅解备忘录》以来，在联合国发展计划署支持下，六国政府紧密合作，定期进行双边、多边会晤，不断交流、探讨防范和打击拐卖犯罪的经验，共同解决面临的困难和挑战，先后召开了3届部长级磋商会和9次高官会，共同制定了3个次区域反拐行动计划，发布了北京和河内反拐联合宣言，全面加大了对拐卖犯罪的防范打击力度，加强了对拐卖受害人的保护、救助工作。会上，中国提议应不断推进打击跨国拐卖犯罪合作机制建设，倡议不断提升各国打拐反拐能力和水平，为维护地区社会稳定作出新的贡献。缅甸是拐卖犯罪猖獗的重点区域，中缅签订协定表明双方将长期合作打击跨国人口贩运犯罪，保护群众的生命健康安全。

24.《二十国集团反腐败追逃追赃高级原则》

2016年9月5日，二十国集团④领导人杭州峰会通过了《二十国集团反腐败追

---

① 《〈北京反腐败宣言〉搭建最大反腐国际追逃追赃平台》，https：//www.chinanews.com/fz/2014/11 - 13/6769847.shtml，最后访问日期：2023年6月8日。

② 《北京反腐败宣言》，https：//www.ccdi.gov.cn/toutiaon/201411/t20141109_90727.html，最后访问日期：2023年8月31日。

③ 《湄公河次区域合作反拐进程第四届部长级会议暨第十次高官会在柬埔寨金边举行》，http：//www.gov.cn/xinwen/2015 - 04/30/content_2855858.htm，最后访问日期：2023年9月7日。

④ 二十国集团（G20）由七国集团财长会议于1999年倡议成立，由阿根廷、澳大利亚、巴西、加拿大、中国、法国、德国、印度、印度尼西亚、意大利、日本、韩国、墨西哥、俄罗斯、沙特阿拉伯、南非、土耳其、英国、美国以及欧盟20方组成，其中东盟国家包括中国和印度尼西亚。

逃追赃高级原则》。① 该原则是继《北京反腐败宣言》之后，由我国主导发起的又一项具有世界影响力的反腐败国际性多边文件，分为三部分，共 10 条。该原则第1 条、第 2 条申明对于腐败的"零容忍"态度，第 3 ~ 5 条呼吁构筑"零漏洞"的反腐败体系，第 6 ~ 10 条强调为反腐败措施创造"零障碍"的执行环境。

25. 《东盟关于保护和提高移民劳工权利的共识》《东盟关于预防和打击网络犯罪的宣言》

2017 年 11 月，第三十一届东盟峰会在菲律宾马尼拉举行，签署了《东盟关于保护和提高移民劳工权利的共识》，通过了《东盟关于预防和打击网络犯罪的宣言》等有关东盟内部成员之间对特定跨国犯罪预防和打击的文件。② 该宣言将网络犯罪和电子证据相关法律的协调问题列为优先事项，鼓励东盟各国利用现有的地区工具和国际工具来打击网络犯罪。

26. 《东盟领导人关于网络安全的声明》《中国—东盟全面加强反腐败有效合作联合声明》

2018 年在第三十二届东盟峰会上发表的《东盟领导人关于网络安全的声明》，为双方关系持续发展和开展司法合作提供了重要动力。此外，反腐败合作也成为中国—东盟关注的重要问题，2017 年 11 月 13 日中国与东盟国家领导人签署《中国—东盟全面加强反腐败有效合作联合声明》③，倡议中国与东盟成员国"在《联合国反腐败公约》、亚太经合组织反腐败工作组等国际法律文书和多边机制下加强协调与合作；基于上述文书和机制的宣言和决议的有关双边司法协助条约，推动务实合作"。中国与东盟国家达成以下共识：加强执法合作，促进反腐败合作与援助；依据《联合国反腐败公约》在引渡、双边司法协助、追回腐败资产和犯罪所得等方面规定的义务，加强预防和打击腐败的合作与援助；促进各国分享经验和最佳实践，就道德、价值观、良政和廉洁文化交流看法，促进公私领域反腐败活动及落实本国预防和打击腐败相关立法和规定；鼓励中国和东盟各国金融情报机构或相关主管部门就收集、分析和分享潜在的腐败相关洗钱行为信息开展合作；

---

① 《二十国集团反腐败追逃追赃高级原则和 2017—2018 年反腐败行动计划》，http：//world. people. com. cn/n1/2016/1006/c1002 - 28757400. html，最后访问日期：2016 年 10 月 06 日。

② 《东盟马尼拉通过打击恐怖主义和跨国犯罪宣言》，https：//www. 163. com/dy/article/D1HLHGFU05159H47. html，最后访问日期：2024 年 8 月 7 日。

③ 《中国—东盟领导人会议就加强反腐败国际合作达成重要共识》，https：//www. ccdi. gov. cn/yaowen/201711/t20171114_ 150698. html，最后访问日期：2023 年 8 月 24 日。

加强能力建设合作，提高预防及侦查腐败相关洗钱案件效率，为各领域反腐败官员提供专门的培训项目等。

27.《第十一届中国—东盟成员国总检察长会议联合声明》

2018 年 8 月 15 日，第十一届总检察长会议以"加强能力建设，共同打击网络犯罪"为主题，并发表联合声明①，为中国—东盟开展区域性刑事司法协助提供指引。此外，中国与东盟成员国家之间的非官方机构开展的活动，也为深化中国与东盟各国警方的执法警务合作，推动共同打击跨国犯罪搭建新平台。例如，自 2014 年起每两年举办一届的中国—东盟警学论坛。

28.《廉洁丝绸之路北京倡议》

2013 年 9 月和 10 月，国家主席习近平分别提出建设"新丝绸之路经济带"和"21 世纪海上丝绸之路"的合作倡议，中国和马来西亚于 2017 年 5 月签署了《关于通过中方"丝绸之路经济带"和"21 世纪海上丝绸之路"倡议推动双方经济发展的谅解备忘录》，②马来西亚持续支持并和中国共同推进"一带一路"合作。2019 年 4 月 25 日，第二届"一带一路"国际合作高峰论坛期间，中国与有关国家、国际组织以及工商学术界代表共同发起《廉洁丝绸之路北京倡议》，倡导以有关国际公约和双边条约为基础，鼓励缔结双边引渡条约和司法协助协定，构筑更加紧密便捷的司法执法合作网络；鼓励各方加强反腐败相关机构人员交流、信息沟通和经验分享，促进能力建设和人才培养，在反腐败追逃追赃、反贿赂等领域开展全天候、多层次、高效能的合作，拒绝成为腐败人员和腐败资产的避风港。③截至 2023 年 6 月，中国已经同 152 个国家和 32 个国际组织签署 200 余份共建"一带一路"合作文件。④

29.《刑事司法协助条约》

2016 年 9 月 1 日，东盟通过《东盟成员国刑事司法协助协定》。该协定旨在加强东盟成员国之间的刑事司法合作和刑事司法协助，从而提高成员国之间在预防

---

① 参见《第十一届中国—东盟成员国总检察长会议联合声明（2018）》，http://www.ca-pgc.org/xdxy/201809/t20180927_2370625.shtml，最后访问日期：2023 年 8 月 24 日。

② 《中国同马来西亚的关系》，https://www.mfa.gov.cn/web/gjhdq_676201/gj_676203/yz_676205/1206_676716/sbgx_676720/，最后访问日期：2023 年 8 月 31 日。

③ 《廉洁丝绸之路北京倡议》，https://www.yidaiyilu.gov.cn/zchj/zcfg/88598.htm，最后访问日期：2023 年 8 月 31 日。

④ 《已同中国签订共建"一带一路"合作文件的国家一览》，https://www.yidaiyilu.gov.cn/xwzx/roll/77298.htm，最后访问日期：2023 年 8 月 31 日。

和打击国际犯罪上的效率和能力。该协定是东盟成员国之间达成的第一个有关刑事司法互助的多边国际条约，是东盟诞生以来最具分量的多边法律文书之一，体现了其在打击犯罪和维护安全方面的共识和决心。① 该条约与国际现有的国际刑事公安警务合作机制不重合，互相配合与补充成为打击国际犯罪国际法律文件。② 2019 年，该协定升级为《刑事司法协助条约》，并成为东盟的正式法律文件。③

30. 《联合宣言》

2019 年 11 月，中国最高人民检察院检察长张军与东盟各国与会代表团团长共同签署了《联合宣言》。④ 《联合宣言》强调，中国和东盟各国检察机关除了通过引渡等正式的途径进行合作之外，还应拓展其他形式，合力打击人口贩运犯罪。在遵守各国平等以及相互尊重国家主权、管辖和法律的原则下，中国和东盟各国检察机关要加强合作，既要通过引渡以及中国和东盟各成员国中央机关之间的正式合作，也可以通过非正式途径、直接联系机制、指定负责国际合作的特定人员协助推进等方式，着力将人口贩运犯罪分子绳之以法。为密切在打击人口贩运方面的工作联系，各方同意建立特别小组，快速有效交换信息和办案经验。

31. 《落实中国—东盟面向和平与繁荣的战略伙伴关系联合宣言的行动计划（2021—2025）》

2020 年 11 月 12 日，中国和东盟各国制定了《落实中国—东盟面向和平与繁荣的战略伙伴关系联合宣言的行动计划（2021—2025）》⑤，这份行动计划表明：打击跨国犯罪和应对其他非传统安全问题的合作范围正在被扩大，增加了共同解决野生动植物走私和非法木材贸易问题，依然强调要通过中国—东盟总检察长会议加强法律事务合作、反腐有效合作。该行动计划中指出中国与东盟各国间持续开展执法安全对话与合作，继续举行 10＋1、10＋3 打击跨国犯罪部长会和高官会、10＋1 禁毒合作协调会议以及其他东盟主导的机制会议，不断开展司法执法合作交

---

① 付琴雯：《东盟刑事司法合作的法律框架建构：挑战与进路》，《湖北警官学院学报》2022 年第 6 期，第 90 页。

② 参见 Lay V, Treaty on Mutual Legal Assistance in Criminal Matters between ASEAN Member States, Journal of East Asia and International Law, 2010, 3（1），pp. 213 – 215.

③ 付琴雯：《东盟刑事司法合作的法律框架建构：挑战与进路》，《湖北警官学院学报》2022 年第 6 期，第 90 页。

④ 参见《第十二届中国—东盟成员国总检察长会议闭幕：张军与东盟各国与会代表团团长共同签署联合宣言》，《检察日报》2019 年 11 月 8 日，第 1 版。

⑤ 参见《落实中国—东盟面向和平与繁荣的战略伙伴关系联合宣言的行动计划（2021—2025）》，https://www.mfa.gov.cn/web/zyxw/202011/t20201112_ 348692.shtml，最后访问日期：2023 年 8 月 26 日。

流。同时中国与东盟各国根据各自在犯罪调查和起诉方面的法律、政策法规和适用条约，在取证、调查犯罪所得去向、资产追缴、缉捕调查逃犯等领域推进合作，鼓励相互间达成双边法律安排。

32.《中国—东盟建立对话关系 30 周年纪念峰会联合声明》

2021 年 11 月 22 日，中国—东盟建立对话关系 30 周年纪念峰会在北京召开，并发表《中国—东盟建立对话关系 30 周年纪念峰会联合声明》①，宣告中国—东盟将在东盟防长扩大会、东盟地区论坛等现有合作框架和机制下，加强防务交流与安全合作。各国要继续落实《中国与东盟非传统安全领域合作谅解备忘录》及其行动计划，共同应对恐怖主义、跨国犯罪等非传统安全威胁和挑战。中国与东盟有"共同诉求""共同目标""共同传统""共同基因"，中国与东盟各国只有不断深化刑事司法合作，才能坦然面对变幻莫测的非传统安全威胁和挑战。

33.《曼谷宣言》

2022 年 11 月 19 日，亚太经合组织第二十九次领导人非正式会议发布的《曼谷宣言》再次强调腐败对经济增长和发展的危害性，呼吁成员国共同打击跨境腐败，拒绝为腐败分子及其非法财产提供避风港。② 亚太经合组织历来对腐败问题极为重视，目前已形成了成熟有效的反腐运作机制，如成立了专门的"反腐败工作组"（ACTWG），并在此工作组框架下成立执法合作网络（ACT-NET），以促进《联合国反腐败公约》和《北京反腐败宣言》的实施。③ 尽管该工作组为非正式平台，但以该工作组为依托，为我国与其他成员国签订正式的人员引渡协议、资产返还协定以及其他相关的条约提供了便利。

（三）中国与东盟国家的双边条约及其他双边文件

请求国与被请求国之间缔结的双边条约确认并增进了双方开展刑事司法协助活动的有效法律手段，是国际刑事司法协助的重要法律渊源。以目前中国同外国缔结的有关刑事司法协助的双边条约为研究对象，可将这些条约划分为一般形式的刑事司法协助条约、引渡条约、移管被判刑人条约、其他双边法律性文件四类。中国与东盟各国双边协议的情况存在很大差距，中国与有些东盟国家签订了各类协议，而与有些国家，双边协议处于空白状态。（见表 0 - 1）

---

① 《中国—东盟建立对话关系 30 周年纪念峰会联合声明——面向和平、安全、繁荣和可持续发展的全面战略伙伴关系（全文）》，http：//www. gov. cn/xinwen/2021 - 11/23/content_ 5652616. htm，最后访问日期：2023 年 8 月 26 日。

② 《2022 年亚太经合组织领导人宣言（摘要）》，https：//www. mfa. gov. cn/web/zyxw/202211/t20221119_ 10978136. shtml，最后访问日期：2023 年 8 月 31 日。

③ 桂田田：《王岐山参与 APEC 反腐系列会方案审定》，《北京青年报》2014 年 11 月 14 日，第 A05 版。

表 0 - 1　中国与东盟国家签订双边协议情况表

国家	一般刑事司法协助条约	引渡条约与移管被判刑人条约
印度尼西亚	2000 年 7 月 24 日签订《中华人民共和国和印度尼西亚共和国关于刑事司法协助的条约》（2006 年 7 月 28 日生效）	2009 年 7 月 1 日签订《中华人民共和国和印度尼西亚共和国引渡条约》（2018 年 1 月 19 日生效；条约不适用于香港和澳门）
马来西亚	2015 年 11 月 23 日签订《中华人民共和国政府和马来西亚政府关于刑事司法协助的条约》（2017 年 2 月 19 日生效）	无
菲律宾	2000 年 10 月 16 日签订《中华人民共和国和菲律宾共和国关于刑事司法协助的条约》	2001 年 10 月 30 日签订《中华人民共和国和菲律宾共和国引渡条约》
新加坡	无	无
泰国	2003 年 6 月 21 日签订《中华人民共和国和泰王国关于刑事司法协助的条约》	1993 年 8 月 26 日签订《中华人民共和国和泰王国引渡条约》；2011 年 12 月 22 日签订《中华人民共和国和泰王国关于移管被判刑人的条约》
文莱	无	无
越南	1998 年 10 月 19 日签署《中华人民共和国和越南社会主义共和国关于民事和刑事司法协助的条约》（1999 年 12 月 25 日生效）	2015 年 4 月 7 日在中国北京签订了《中华人民共和国和越南社会主义共和国引渡条约》（2019 年 12 月 12 日生效）
老挝	1999 年 1 月 25 日签订《中华人民共和国和老挝人民民主共和国关于民事和刑事司法协助的条约》（2001 年 12 月 15 日生效）	2002 年 2 月 4 日签订《中华人民共和国和老挝人民民主共和国引渡条约》（2003 年 8 月 13 日生效）
缅甸	无	无
柬埔寨	无	1999 年 2 月 9 日签订《中华人民共和国和柬埔寨王国引渡条约》

（四）请求国与被请求国的国内法律规范

国际刑事司法协助，系请求国与被请求国合力开展的国际间协作活动，既受请求国域内法律规范调整，也受被请求国域内法律规范调整。下文拟总结包含我国在内的部分国家的国际刑事司法协助国内法律规范。

中国同外国开展刑事司法协助的国内法律规范主要由以下法律和规范性文件组成。

《中华人民共和国国际刑事司法协助法》①。我国国际刑事司法协助起步较晚。就法律规范而言，长期以来，国际刑事司法协助未见诸我国法律规范之中。寻其原因，其一，我国早期法律制度建设并不完善，中华人民共和国成立之后的三十余年中，我国并没有出台一部现代意义上的刑事诉讼法典，国内刑事法制尚不完善，更不必说国际刑事司法协助法的制定了。其二，我国早期对外开放的程度并不高，我国刑事治理过程中较少出现国际犯罪、跨国犯罪、涉外犯罪等问题，无制定国际刑事司法协助法的现实客观需要。

1979 年，我国的第一部《刑事诉讼法》制定出台，但其中未有国际刑事司法协助之规定。1987 年 6 月，我国与波兰签订了《中华人民共和国和波兰人民共和国关于民事和刑事司法协助的协定》，这是我国与外国签订的第一个含有刑事司法协助内容的双边条约。1996 年《刑事诉讼法》修订时首次在改法中对刑事司法协助作出规定。2018 年《刑事诉讼法》在保持原刑事司法协助原则的基础上，新增了第 292 条的规定，对司法协助的提出方式和文书送达作了规定。需要指明的是，2018 年《刑事诉讼法》修改与《国际刑事司法协助法》通过是在同一会议②上，《刑事诉讼法》第 292 条的增加只不过是为了保持法律规范的一致性，《国际刑事司法协助法》的内容并非以这条规定为依据，两部法律的修改与制定具有同步性。所以在《国际刑事司法协助法》实际制定以前，《刑事诉讼法》对该方面内容就只有一条原则性的规定。

在《国际刑事司法协助法》制定之前，我国在该法律领域存在法律上的困境。就立法而言，该领域存在立法缺失的问题。从国内法律规范而言，我国这方面的法律规范纷繁复杂，缺少一部标准统一、体系完备、内容翔实的国际刑事司法协助法。

党的十八大以来，以习近平同志为核心的党中央，全力推进反腐倡廉建设工作，其中的追逃追赃工作促进了《国际刑事司法协助法》的制定与施行。顺应法治中国建设的时代洪流，《国际刑事司法协助法》于 2018 年 10 月 26 日通过、公布并施行。《国际刑事司法协助法》的制定，是"为了保障国际刑事司法协助的正常进行，加强刑事司法领域的国际合作，有效惩治犯罪，保护个人和组织的合法权益，维护国家利益和社会秩序"③。《国际刑事司法协助法》共 9 章 70 条，就一般形式的国际刑事司法协助和移管被判刑人的立法目的、联系机关、主管机关、办

---

① 2018 年 10 月 26 日第十三届全国人民代表大会常务委员会第六次会议通过，自公布之日起施行。
② 指第十三届全国人民代表大会常务委员第六次会议。
③ 《中华人民共和国国际刑事司法协助法》第 1 条。

案机关、请求流程、具体办理等事项作了详细规定，搭建了我国刑事司法协助国内法基础的"四梁八柱"。

《国际刑事司法协助法》是我国第一部对国际刑事司法协助作出系统规定的法律，其出台的意义如下：

第一，有利于完善中国特色社会主义法律体系。诉讼与非诉讼程序法是中国特色社会主义法律体系的组成部分，其具体包括刑事诉讼法、民事诉讼法、行政诉讼法、仲裁法等法律。《国际刑事司法协助法》主要规定了我国与外国开展刑事司法协助的法律程序，属于程序法的范畴，其出台丰富了刑事程序法的内容，对完善中国特色社会主义法律体系有积极意义。

第二，有利于完善我国国际刑事司法协助制度体系。我国之前关于这方面的法律规定，仅见于《刑事诉讼法》中的一条原则性规定，具体协助内容、操作程序等均未有规定，甚至存在概念不明、范围不清的问题。虽然双边条约在个案上有可行性，但各个条约之间的冲突在执行层面也存在问题。同样作为国际刑事司法协助内容的引渡，早已在 2000 年通过施行。因而，长久以来我国并没有关于国际刑事司法协助的系统完备的国内立法，这一法律的出台填补了此方面的立法空白，对完善该项制度具有重要意义。

第三，有利于加强刑事领域内的国际合作。在当今时代背景与世界格局下，国际合作已经成为世界各国维护国家利益所广泛采取的方式。我国在《国际刑事司法协助法》制定之前，开展这类活动的主要依据是国际条约，缺失相应的国内法依据，这在一定程度上阻碍了工作的开展。制定这样一部法律，能够从制度层面上解决我国履行国际条约时国内法律基础不足的问题。刑事司法协助工作涉及刑事案件调查、侦查、起诉、审判和执行等各个阶段，还涉及对外联系，所以参与国际刑事司法协助工作的部门甚多，最高人民法院、最高人民检察院、公安部、司法部、外交部等都在此内，在《国际刑事司法协助法》制定之前，由于国内法律依据的缺失和缔结条约规定的不同，各个部门的职责划分、相互衔接存在规范上的缺失，制定国际刑事司法协助法有利于从法律规范层面上明确相关部门在国际刑事司法协助中的职权和责任，有利于解决职责划分不清、工作衔接不畅的问题，有利于加强各部门联系合作以及显著提高工作成效。同时该法的制定是国际刑事司法协助制度化的体现，这种制度上的完善在我国请求他国给予刑事司法协助时他国也更倾向于接收。而且，《国际刑事司法协助法》的制定也能从一定意义上表明我国对这项制度的重视，有利于我国与更多国家刑事司法协助条约的签订，并且该法内容之翔实也为之后我国与其他国家签订国际刑事司法协助条约提供了范本。刑事领域内的国际合作主要是司法上的合作，规范的出台能够给实践以指引，以往我国在这方面存在的最突出问题就是国内法律规范缺失，所以这部法律的制定必然使我国对外刑事司法合作跨上一个新的高度。

《中华人民共和国引渡法》①（以下简称《引渡法》）。该法共 4 章 55 条，其中第二章和第三章分别就外国向我国与我国向外国请求引渡的相关事宜作出了明确规定，以确保我国有关部门履行引渡工作中的相关职责时有法可依。在《引渡法》实施的二十余年进程中，域外引渡制度探索出了值得借鉴的立法和司法经验，我国的引渡实践也映现了现行引渡流程烦琐、低效等问题，故而宜对《引渡法》进行适当的补充和完善，以提升引渡于我国同外国开展刑事司法协助活动中的适用率，助力其回归本位。

《刑事诉讼法》②、《最高人民法院关于适用〈中华人民共和国刑事诉讼法〉的解释》③、《人民检察院刑事诉讼规则》④、《公安机关办理刑事案件程序规定》⑤。《刑事诉讼法》第 18 条规定："根据中华人民共和国缔结或参加的国际条约，或者按照互惠原则，我国司法机关和外国司法机关可以相互请求刑事司法协助。"此外，"全国人大常委会法工委会同有关部门，对在我国建立刑事缺席审判制度的必要性进行了深入研究"⑥，并决定于 2018 年修订《刑事诉讼法》时增设缺席审判程序章节，规定人民法院既可对包括贪污贿赂犯罪，以及需要及时进行审判且经最高人民检察院核准的严重危害国家安全犯罪和恐怖活动犯罪在内的三类案件的境外犯罪嫌疑人、被告人进行开庭审判，也可对三类案件的违法所得及其他涉案财产作出处理。该法第 292 条法律效果的实现与中国向他国请求刑事司法协助的形式之一——请求送达文书相关联，映现了国际刑事司法协助于追赃领域的工具属性和程序意义。《最高人民法院关于适用〈中华人民共和国刑事诉讼法〉的解释》与《人民检察院刑事诉讼规则》均以《刑事诉讼法》第 18 条之规定为基，分别于第二十章第二节、第十六章详细规定了我国人民法院、我国人民检察院于刑事司法

---

① 由中华人民共和国第九届全国人民代表大会常务委员会第十九次会议于 2000 年 12 月 28 日修订通过，自 2000 年 12 月 28 日起施行。

② 根据 2018 年 10 月 26 日第十三届全国人民代表大会常务委员会第六次会议《关于修改〈中华人民共和国刑事诉讼法〉的决定》第三次修正。

③ 2020 年 12 月 7 日由最高人民法院审判委员会第 1820 次会议通过，自 2021 年 3 月 1 日起施行。

④ 2019 年 12 月 2 日最高人民检察院第十三届检察委员会第二十八次会议通过，自 2019 年 12 月 30 日起施行。

⑤ 2020 年 7 月 4 日第 3 次公安部部务会议审议通过，自 2020 年 9 月 1 日起施行。

⑥ 臧铁伟：《十八大以来刑事诉讼法律制度的发展及贯彻二十大精神的思考》，《中国刑事诉讼法学研究会2022 年学术年会主题研讨大会论文集》，第 2 页。

协助活动中所需承担的职能及履行职能时所应遵循的程序。《公安机关办理刑事案件程序规定》第 13 条赋予了我国公安机关同外国警察机关开展刑事司法协助的权力，第十三章对我国公安机关进行刑事司法协助的职权范围、具体流程、处理时限等问题作出了明确规定，成为地方各级公安机关乃至公安部办理中国向外国请求的刑事司法协助的重要法律基础。

《中华人民共和国监察法》① 与《中华人民共和国监察法实施条例》②。《中华人民共和国监察法》第 51 条赋予了国家监察委员会组织协调反腐败执法、引渡、司法协助、移管被判刑人等领域合作的统筹职能。《中华人民共和国监察法实施条例》则于第六章第一节明确了我国监察机关对外开展反腐败国际合作时的工作职责和领导体制，并于第二、三节分别规定了其于域内、域外进行协助活动时所需承担的各类职责。

《中华人民共和国反洗钱法》③、《中华人民共和国反恐怖主义法》④、《中华人民共和国反有组织犯罪法》⑤、《中华人民共和国反电信网络诈骗法》⑥。《中华人民共和国反洗钱法》第五章规定了反洗钱国际合作的相关内容，其中第 29 条规定："涉及追究洗钱犯罪的司法协助，由司法机关依照有关法律的规定办理。"《中华人民共和国反恐怖主义法》第七章规定了反恐国际合作的相关内容，其中第 70 条规定："涉及恐怖活动犯罪的刑事司法协助、引渡和被判刑人移管，依照有关法律规定执行。"《中华人民共和国反有组织犯罪法》第六章就我国同外国开展情报交流、执法合作、警务合作、一般形式的刑事司法协助、引渡等反有组织犯罪合作的相关事宜作出了规定。《中华人民共和国反电信网络诈骗法》第 37 条呼吁："国务院公安部门等会同外交部加强国际执法司法合作，与有关国家、地区、国际组织建立有效合作机制。"

---

① 　由中华人民共和国第十三届全国人民代表大会第一次会议于 2018 年 3 月 20 日通过并公布，自公布之日起施行。

② 　2021 年 7 月 20 日国家监察委员会全体会议决定，自 2021 年 9 月 20 日起施行。

③ 　《中华人民共和国反洗钱法》于 2006 年 10 月 31 日由第十届全国人民代表大会常务委员会第二十四次会议通过，自 2007 年 1 月 1 日起施行。

④ 　《中华人民共和国反恐怖主义法》于 2015 年 12 月 27 日由第十二届全国人民代表大会常务委员会第十八次会议通过，自 2016 年 1 月 1 日起施行，根据 2018 年 4 月 27 日第十三届全国人民代表大会常务委员会第二次会议《关于修改〈中华人民共和国国境卫生检疫法〉等六部法律的决定》修正。

⑤ 　《中华人民共和国反有组织犯罪法》于 2021 年 12 月 24 日由第十三届全国人民代表大会常务委员会第三十二次会议通过，自 2022 年 5 月 1 日起施行。

⑥ 　《中华人民共和国反电信网络诈骗法》于 2022 年 9 月 2 日由第十三届全国人民代表大会常务委员会第三十六次会议通过，自 2022 年 12 月 1 日起施行。

《中华人民共和国禁毒法》①。该法共 7 章 71 条，其中第五章对追究毒品犯罪的司法协助、禁毒执法合作等禁毒国际合作所含内容作出了规定。

上述一系列涉及国际刑事司法协助的重要立法，与《国际刑事司法协助法》共促我国刑事司法协助国际合作的法律制度日趋完善，共为中国国际刑事司法协助的国内法律规范。

外国国际刑事司法协助法律规范是指各国国内的刑事司法协助法律规范。本书将在中国向东盟特定国家请求刑事司法协助的具体章节加以说明。

小结

党的二十大报告中，构建人类命运共同体理念是习近平外交思想的重要内容，是党的十八大以来我国外交理论和实践创新成果之集大成。构建人类命运共同体，既助力中华民族实现伟大复兴，又推动整个世界和平发展。② 构建更为紧密的中国—东盟命运共同体，是习近平总书记构建人类命运共同体理念在中国—东盟关系中的具体化，是我国"深化同周边国家友好互信和利益融合"③ 的生动体现，更是"促进世界和平发展，推动构建人类命运共同体"④ 外交实践的鲜活例证。

2023 年是中华人民共和国成立七十四周年，是东盟成立五十六周年，也是双方建立对话关系三十二周年。1991 年 7 月 19 日，我国与东盟开启对话进程。自此，中国与一衣带水的东盟邻居携手踏上了良性互动、互利共赢的和平发展道路。几十年来，中国与东盟国家精确内化两域领导人提出的合作精神和互助逻辑，渐次革新中国—东盟自贸区运行模式，推进互联互通建设，加深经济融合水平，提高人文交流频率。在双方共同的励精图治之下，中国—东盟关系取得了里程碑式成就，成为亚太区域合作的生动范本。

2023 年是更为紧密的中国—东盟命运共同体理念产生十周年。2013 年 10 月 3 日，习近平主席提出"携手建设更为紧密的中国—东盟命运共同体"⑤ 倡议，并于此后以构建更为紧密的中国—东盟命运共同体为主题发表了系列讲话、作出了重

---

① 《中华人民共和国禁毒法》于 2007 年 12 月 29 日由中华人民共和国第十届全国人民代表大会常务委员会第三十一次会议通过，于 2008 年 6 月 1 日颁布施行。

② 参见耿可欣、李包庚：《人类命运共同体思想的世界意义》，《中国矿业大学学报（社会科学版）》2022 年第 3 期，第 34 页。

③ 习近平：《高举中国特色社会主义伟大旗帜　为全面建设社会主义现代化国家而团结奋斗——在中国共产党第二十次全国代表大会上的报告》，《人民日报》2022 年 10 月 26 日，第 1 版。

④ 习近平：《高举中国特色社会主义伟大旗帜　为全面建设社会主义现代化国家而团结奋斗——在中国共产党第二十次全国代表大会上的报告》，《人民日报》2022 年 10 月 26 日，第 1 版。

⑤ 习近平：《习近平谈治国理政》（第一卷），外文出版社 2014 年版，第 292 页。

要指示、提出了明确要求。加强中国—东盟刑事司法协助,是"携手建设更为紧密的中国—东盟命运共同体"在刑事司法领域的体现。本书以发起和加入东盟的先后为序,分别研究中国向印度尼西亚、马来西亚、菲律宾、新加坡、泰国、文莱、越南、老挝、缅甸、柬埔寨请求刑事司法协助问题,以我国2018年《国际刑事司法协助法》为基础进行国别、分问题研究,期待为东盟区域刑事司法协助进行开拓性理论研究,为中国向东盟国家请求刑事司法协助的执法司法人员提供工作手册和行动指南。

第一章
中国向印度尼西亚请求刑事司法协助

　　印度尼西亚共和国（Republic of Indonesia），以下简称"印尼"，面积1913578.68平方公里，人口2.81亿（2023年12月），是世界第四人口大国。印尼是世界第四人口大国，也是穆斯林人口最多的国家。在政治制度方面，印尼实行三权分立，人民协商会议为印尼国家最高权力机关，由人民代表会议和地方代表理事会共同组成。其中，人民代表会议即印尼国会，为印尼国家立法机构，负责制定和修改除宪法外的其他法律；审核国家预算；监督政府工作，行使质询权、调查权；批准对外重要条约；选举国家机构负责人等。地方代表理事会成立于2004年10月，负责参与制定并向国会提交有关地方自治、合并和扩建新区以及自然资源开发管理等方面的法案；参与讨论并监督预算、税收、教育、宗教等法律的实施情况等。印尼实行总统制，总统既是国家元首，也是政府首脑，同时掌管三军。最高法院独立于立法和行政机构。在经济方面，印尼是东盟最大的经济体。农业、工业、服务业均在国民经济中发挥重要作用。印尼总统佐科执政后，提出建设"全球海洋支点"构想，大力发展海洋经济和基础设施，经济保持稳步增长。2023年，印尼国内生产总值20892.4万亿印尼盾（约合1.37万亿美元）；人均国内生产总值4920美元；对外贸易总额4807.1亿美元。在文化和外交方面，印尼有300多个民族，其中爪哇族占人口总数的45%、巽他族占14%、马都拉族占7.5%、马来族占7.5%。印度尼西亚的民族意识与强烈的区域认同感并存。近年来印尼社会秩序总体稳定，地区分离主义情绪得到缓解，民族宗教冲突逐步减少。印尼奉行积极独立的外交政策，以东盟为外交基石，积极推进东盟共同体建设。印尼主张大国平衡，重视同美、中、日、俄、澳、印以及欧盟的关系，重视不结盟运动和南南合作。①

　　自1990年8月8日中国和印尼复交以来，两国关系持续向好发展，并以此为

---

① 《对外投资合同国别（地区）指南：印度尼西亚（2023年版）》，http：//www. mofcom. gov. cn/dl/gbdqzn/upload/yindunixiya. pdf，最后访问日期：2024年8月8日。参见《印度尼西亚国家概况》，https：//www. mfa. gov. cn/web/gjhdq_ 676201/gj_ 676203/yz_ 676205/1206_ 677244/1206x0_ 677246/，最后访问日期：2024年8月8日。

起点不断拓宽合作领域。1992年，两国签署《中华人民共和国政府和印度尼西亚共和国政府关于法律事务合作的谅解备忘录》，主要目的在于解决两国移民问题，其中对交换法律资料、互派司法官员及专业人员考察、互派法律专家研究或讲学、举办法律培训活动等法律合作事项作初步规划。两国新时期的法律事务合作由此开始。

进入21世纪，促进地区和国际的和平发展成为国际交流与合作的主题。中国和印尼迎来两国改善和发展关系的契机。在全球化和犯罪类型复杂化的背景下，两国共同发表了2000年的《中华人民共和国和印度尼西亚共和国关于未来双边合作的联合声明》，将"司法协助"列入合作领域的规划框架，强调在尊重法律制度的基础上密切司法交流，加强在重点犯罪领域如跨国有组织犯罪、贩毒、走私、计算机犯罪、经济犯罪的执法合作。由此，国际刑事执法和司法合作成为21世纪以来两国法律事务合作的重点方向。

2005年，《中华人民共和国与印度尼西亚共和国关于建立战略伙伴关系的联合宣言》的发表标志着两国在政治与安全、经济、社会文化和民间交往领域的合作发展得以全面铺开。在政治与安全合作方面，一是针对非传统安全问题，鼓励两国深化执法合作与情报交流合作并完善相应的磋商机制，不断开拓法律合作领域；二是加强海上合作；三是强化打击恐怖主义方面的合作。此次合作反映出两国意愿加强刑事司法协助与警务合作，通过创新多样化的方式有效打击犯罪和追逃追赃。为深化打击刑事犯罪，两国政府已在海上合作和禁毒合作领域签署了谅解备忘录。①

2012年以来，中国开启了大国外交的新局面；2013年10月2日—3日，国家主席习近平对印尼进行国事访问，开辟了两国关系新纪元。双方达成一致，将升级两国的双边关系为全面战略伙伴关系，并发布《中印尼全面战略伙伴关系未来规划》以加强重点领域的合作。该规划针对非传统安全问题，一是拓宽了合作领域，包括司法和执法；二是针对性地提出合作打击的犯罪类型，包括跨国犯罪、非法移民、恐怖主义、人口贩卖、网络犯罪、经济犯罪及毒品犯罪；三是完善协作实现形式，包括情报信息交流、案件协查、缉捕和遣返犯罪嫌疑人、追缴犯罪资产等方面。此外还强调在构建双边反恐磋商机制过程中两国中央主管机关的对接合作与交流事项。

2018年5月6日—8日，中国国务院总理李克强对印尼进行正式访问期间，两国领导人就双边关系以及地区和国际问题达成重要共识，并为此发表了《中华人

---

① 《中华人民共和国政府与印度尼西亚共和国政府海上合作谅解备忘录》于2005年签订。《中华人民共和国政府与印度尼西亚共和国政府关于加强禁毒合作的谅解备忘录》于2012年签订。

民共和国政府和印度尼西亚共和国政府联合声明》。其中，为了维护两国共同安全，双方同意在防务、执法、禁毒、反恐、反腐、司法协助、引渡、网络安全等领域提升合作并深入发展，尽快签署预防和打击跨国犯罪及能力建设合作协议。2022年11月16日，两国元首就加强中印尼全面战略伙伴关系和共建中印尼命运共同体达成新的重要共识，并为此共同发表了《中华人民共和国和印度尼西亚共和国联合声明》。

可以看出，政治交往活动为经济、文化和社会领域的交流合作提供有利的机会，有助于巩固两国政治、经济、人文和海上合作的"四轮驱动"新格局。2023年是两国建立全面战略伙伴关系10周年，也是中国加入《东南亚友好条约》20周年，这将为中国—东盟与中印尼实现高层交往和各领域往来提供新的契机，有利于增强政治互信和增加贸易文化往来，为深化国际刑事司法协助与警务合作带来新的机遇。

国家高层日益频繁的交往活动为两国具体部门的合作提供宏观政策指导并营造良好环境。两国开展刑事司法协助既依赖于宏观框架下的政策合作和框架指导，同时还要借助于两国相关部门在具体领域的交流与合作。我国最高人民检察院与印尼检察机关的合作由来已久，1995年1月11日，我国最高人民检察院检察长和印尼总检察长在司法合作会谈纪要中指出，双方愿在互利基础上进行司法方面的合作，并提出两国通过外交途径开展刑事方面的司法合作。① 中国与东盟成员国总检察长会议为开展司法合作提供良好的机遇，借助国际反贪局联合会、总检察长会议等一系列国际或地区合作机制平台，两国检察机关得以充分了解对方的检察制度，从而加强两国检察机关的了解互信和友好合作。我国最高人民检察院积极同印尼有关机关加强合作，分别于2013年6月与印尼反腐败委员会签署合作谅解备忘录②，2014年9月与印尼总检察院签署合作谅解备忘录③。以上两份合作谅解备忘录旨在为两国之间的信息、技术和司法经验交流合作构建合作框架。

一、中国向印尼请求刑事司法协助的历史与成绩

回顾两国在具体领域的合作历史，可以梳理出如下关于开展刑事司法协助具

---

① 参见《中华人民共和国最高人民检察院检察长与印度尼西亚共和国总检察长司法合作会谈纪要》，http://www.ca-pgc.org/xdxy/201612/t20161212_1910283.shtml，最后访问日期：2023年8月24日。

② 参见《中华人民共和国最高人民检察院与印度尼西亚共和国反腐败委员会合作谅解备忘录》，http://www.ca-pgc.org/xdxy/201612/t20161216_1912667.shtml，最后访问日期：2023年8月24日。

③ 参见《中华人民共和国最高人民检察院和印度尼西亚共和国总检察院合作谅解备忘录》，http://www.ca-pgc.org/xdxy/201612/t20161216_1912676.shtml，最后访问日期：2023年8月24日。

有针对性和现实性的合作基础。（1）禁毒合作领域。《联合国禁毒公约》是国际法合作依据。2016 年 11 月，第十届中国—东盟成员国总检察长会议在老挝万象召开。本届会议的主题是"加强国际合作，有效打击跨国犯罪"，其中各国检察机关表明加强关于惩治贩卖毒品、拐卖人口犯罪的检察合作的共同意愿，与会各国总检察长共同签署《第十届中国—东盟成员国总检察长会议联合声明》。2017 年 10 月 24 日，首届中国和印尼禁毒合作双边会议在雅加达举行。会议中梳理两国禁毒部门合作的实践成果，主要体现在建立年度会晤机制、建立联络热线、情报交流、联合办案、毒品检测、易制毒化学品管控、反洗钱、援助培训以及印尼在押的中国籍毒贩权益保护等方面，其中情报交流与联合办案是两国开展禁毒合作的主要方式。同时，为强化合作机制，双方共同签署了《中华人民共和国公安部禁毒局和印度尼西亚共和国国家禁毒委员会关于加强禁毒合作的实施方案》，为两国禁毒机构顺利开展合作交流奠定基础。① （2）打击跨境人口贩卖领域。中国参与了大量关于国际合作打击跨境人口贩卖的项目和具体行动，其中，中国公安部与印尼警务部门签订了双边警务合作协议，将打击拐卖妇女儿童犯罪活动确定为合作的重要领域，并依此开展警务合作，及时破获拐卖妇女、强迫妇女卖淫的跨国案件，解救被拐卖妇女。② 此外，中国持续推动建立"一带一路"框架下国际反拐合作机制，具体合作形式包括依靠双边、多边机制和国际刑警组织加强国际警务合作；开展犯罪联合执法行动；加强案件情报信息交流，充分利用边境反拐警务联络机制等。③ （3）网络安全领域。2021 年 1 月，中国国家互联网信息办公室与印尼国家网络与密码局签署《关于发展网络安全能力建设和技术合作的谅解备忘录》，双方一致同意进一步加强在网络安全领域的合作，深化两国网络安全领域合作伙伴关系，为打击跨境网络犯罪合作提供技术支持。

（一）"天网"行动下的刑事司法协助成果

2014 年 6 月，中央反腐败协调小组决定成立国际追逃追赃工作办公室（简称"中央追逃办"）；2015 年 3 月，中央追逃办组织开展"天网"行动。2014 年，"猎狐"行动启动，自 2015 年起"猎狐"行动被纳入"天网"行动。"天网"行动由多项专项行动组成，为了推进反腐败国际追逃追赃和跨境腐败治理工作，我国启

---

① 参见《首届中国印尼禁毒合作双边会议在雅加达举行》，《人民日报》2017 年 10 月 25 日，第 5 版。

② 参见罗艳华：《打击贩卖人口：中国是国际合作的积极践行者》，《人民日报（海外版）》2017 年 7 月 13 日，第 2 版。

③ 参见《国务院办公厅关于印发中国反对拐卖人口行动计划（2021—2030 年）的通知》，国办发〔2021〕13 号，2021 年 4 月 9 日发布。

动"天网2023"行动，推进一体构建追逃防逃追赃机制，具体包括由国家监委牵头开展的职务犯罪国际追逃追赃专项行动，由公安部开展的"猎狐"专项行动，由中国人民银行会同公安部开展的预防、打击利用离岸公司和地下钱庄向境外转移赃款专项行动，由最高人民法院会同最高人民检察院开展的犯罪嫌疑人、被告人逃匿、死亡案件追赃专项行动以及中央组织部会同公安部等开展的违规办理和持有证件专项治理等工作。①

"猎狐"专项行动是中国公安部为了缉捕在逃的境外经济犯罪嫌疑人而部署开展的专项行动。在"猎狐"专项行动背景下，中国与印尼开展了多次国际执法合作，实现有效追逃。具体如下：（1）"猎狐2014"专项行动向泰国、菲律宾、马来西亚、越南、老挝、缅甸、印度尼西亚等国派出30余批次工作组，抓获在逃犯罪嫌疑人229名，占缉捕总人数的34%。② 其中，"上海张某案"③ 即为中印尼打击犯罪的合作成果。（2）2015年6月21日，在中国驻印度尼西亚大使馆和印尼警方的大力支持和密切配合下，公安部"猎狐2015"赴境外缉捕工作组将6名境外在逃经济犯罪嫌疑人从印尼押解回国。④（3）"百名红通"38号人员黄水木因涉嫌诈骗犯罪，可能潜逃至印尼或新加坡，后国际刑警组织发布"红色通缉令"，黄水木于2015年被劝返回国。⑤（4）2019年6月3日，潜逃在印度尼西亚犯罪嫌疑人魏某在印尼落网，由印尼海关扣留；6月6日，经广东省公安厅协调，魏某由公安部驻印尼警务联络官及印尼移民局官员押解回广州白云机场并移交湛江海关缉私局。⑥

（二）打击电信网络诈骗犯罪的刑事司法协助成果

近年来，电信网络犯罪呈现出技术性、复杂性和跨国性等特点，严重侵害人民群众财产权益。中国针对打击和治理电信网络诈骗犯罪持高压严打态势，通过

① 参见赵成：《一体构建追逃防逃追赃机制"天网2023"行动正式启动》，《人民日报》2023年3月21日，第7版。
② 参见《公安部："猎狐"行动已抓获外逃经济犯680人》，《中国新闻》2015年1月9日，第2版。
③ "上海张某案"：2011年9月，国际刑警组织对犯罪嫌疑人发布红色通报；"猎狐2014"专项行动启动后，经侦查发现张某藏匿在印尼；8月中旬，公安部工作组赴印尼开展缉捕。中国警方在印尼警方的协助下将张某抓获，并将其押解回国。参见《"猎狐2014"专项行动二十大经典案例》，《人民公安报》2015年1月9日，第6版。
④ 参见《"猎狐行动"再获进展6名嫌犯缉拿归案》，《北京青年报》2015年6月22日，第A06版。
⑤ 参见《"百名红通人员"30人到案，都是怎么追回来的？》，https://www.ccdi.gov.cn/toutiao/201606/t20160625_124877.html，最后访问日期：2023年8月24日。
⑥ 参见袁增伟、湛关宣：《湛江一特大走私案疑犯在印度尼西亚落网》，《羊城晚报》2019年6月11日，第A08版。

国家间的司法与执法协作，在打击跨国网络诈骗活动方面尽可能地实现有效的追逃追赃挽损，维护人民合法权益。协助成果具体如下：（1）2011年"3·10"跨境电信诈骗案。2011年3月10日，中国警方与柬埔寨、印尼、马来西亚、泰国等地警方合作，抓获犯罪嫌疑人、捣毁犯罪窝点并缴获大批作案工具，开创国际警务合作的范例。①（2）2013年"5·16"跨国电信诈骗案。侦查机关通过组织专案侦查，查明犯罪窝点设在印尼；2013年7月5日，公安部组成工作组赴印尼开展工作，工作组利用外交、国际警务合作渠道和社会等各种资源，克服语言、法律、民俗等障碍，与印尼警方密切配合，最终查明该犯罪团伙在印尼的话务窝点地址，并收集固定了相关犯罪证据；7月22日，工作组与印尼警方联合开展抓捕行动，捣毁犯罪窝点4处并抓获犯罪嫌疑人63名。"据了解，这是中国警方自2011年以来第5次赴印尼打击电信诈骗犯罪。两年多来，两国警方密切配合，共捣毁在印尼的电信诈骗窝点43个，抓获大陆和台湾犯罪嫌疑人426名，并将192名大陆犯罪嫌疑人押解回国。"②（3）2014年跨国电信诈骗案。30余人组成的诈骗团伙在印尼通过电信技术手段，冒充社保及司法工作人员，以被害人身份信息被冒用、涉嫌犯罪需要配合司法机关办案为由骗取被害人钱财，涉案金额70余万元。经侦查发现，电信诈骗窝点在印度尼西亚，2014年7月，专案组根据线索在犯罪窝点抓获犯罪嫌疑人30余人（其中台湾籍10余人），当场查获电脑、手机等作案工具；同年7月24日，王某、钱某等17名中国籍犯罪嫌疑人被押解回国。③（4）2017年跨国电信诈骗案。2017年，中国公安机关侦查人员在我国驻印尼大使馆的支持下，通过加强与印尼警方警务执法合作，得以深挖犯罪线索、获取可靠证据，查清和捣毁犯罪窝点，抓获犯罪嫌疑人153名并缴获相关作案工具，其中143名押解回中国，10名由印度尼西亚作进一步审查处理，缴获电脑、银行卡等一大批作案工具。④（5）2018年跨国电信诈骗案。2018年5月，在中国公安部统一组织指挥下，天津公安机关打击电信网络诈骗工作组赴印尼，与当地警方展开执法合作，捣毁3个境外电信网络诈骗窝点，抓获中国籍犯罪嫌疑人105名，查获电脑、语音网关、手机、电话机、银行卡、诈骗剧本等大量作案工具和涉案物品。在中国驻印尼使

---

① 参见《公安部专案组负责人揭秘"3·10"特大跨境电信诈骗案》，《上饶日报》2011年6月18日，第4版。

② 参见《中国印尼警方联手侦破"5·16"跨国电信诈骗案》，《人民日报》2013年8月1日，第9版。

③ 参见许修尧、艾家静：《一线二线三线　只为把戏份做足　跨国电信诈骗是如何让受害人"蒙圈"的》，《人民法院报》2017年8月1日，第3版。

④ 参见《143名电信诈骗犯罪嫌疑人从印度尼西亚被押解回国》，《法制日报》2017年8月5日，第6版。

领馆的大力支持下，印尼有关部门将 105 名犯罪嫌疑人全部移交我国处理。[①]（6）2020 年跨国电信诈骗案。2019 年，中国四川省警方经侦查确定犯罪窝点位于印尼；2019 年 11 月，在印尼警方的协助下，中国警方配合印尼警方捣毁跨国设点并冒充公检法实施电信诈骗的犯罪窝点并抓获犯罪嫌疑人，随后押解其回国并采取刑事拘留的强制措施。[②]

可以发现，近年来中印尼开展刑事司法协助活动，主要集中于打击电信网络诈骗犯罪活动领域。由于电信网络诈骗犯罪涉众性，警务合作成为两国实际开展刑事司法协助的有效方式之一，警务合作的内容与国际刑事司法协助内容存在交叉部分。

（三）中国与印尼开展警务合作的成果

由于国家间司法体系的差异、语言障碍以及执法权的限制等，跨国追逃遭遇重重阻碍，寻求国际刑警组织协助或者与当地执法机构联合办案成为破除跨国追逃困境的重要思路。随着国际犯罪活动的日益猖獗及犯罪手段的技术化，开展国家间的警务合作是解决单个国家或地区的警察力量难以有效维护社会治安秩序的重要途径。结合前文对国际刑事司法协助与国际刑事司法合作的分析与阐述，国际刑事司法合作并不局限于司法协助这一形式。虽然警务合作在相关国际公约或者法律文件的分类中并不属于严格的国际刑事司法协助范畴，但从具体内容上看，警务合作内容与国际刑事司法协助存在交叉之处，二者在打击跨境犯罪活动中共同发挥作用，都属于国际刑事司法合作范畴。将警务合作同国际刑事司法协助有机结合，有利于形成高效的国际打击犯罪合力。

警务合作是警察机关在侦查阶段的协助活动，从警务合作的内容和类型看，可以具体划分为两种类型：一是由当事国刑警之间直接合作的涉及面小且案情简单的案件；二是由国际刑警组织居间协助的较复杂案件，其协助形式包括初级协助形式、委托他国协查、通缉并拘捕、引渡等。[③] 其中，委托协查（侦查）强调尊重和遵守被请求国国内法及其侦查机关的管辖权限，在执行请求过程中，被请求国的有关人员作为请求国侦查人员与被调查人或被调查物品的桥梁，依法获取请

---

① 参见《天津公安押解 105 名电信诈骗犯罪嫌疑人回国》，《新疆法制报》2018 年 6 月 8 日，第 B06 版。

② 参见《冒充公检法跨国电信诈骗　四川警方赴印尼捣毁诈骗窝点》，https://cbgc.scol.com.cn/news/274480，最后访问日期：2023 年 8 月 24 日。

③ 学者马进保依据实施协助的诉讼主体不同，将协助形式划分为国际组织居间的协助和当事国司法当局之间直接进行的协助，这是一种关于国际刑事司法协助形式新的划分理论。参见马进保：《国际犯罪与国际刑事司法协助》，法律出版社 1999 年版，第 138 - 140 页。

求国请求协助获得的信息和材料。《中华人民共和国和印度尼西亚共和国关于刑事司法协助的条约》（以下简称《中印尼刑事司法协助条约》）第10条第4款①也体现了委托协查所遵循的互相尊重国家主权原则和司法管辖权原则。联合侦查是国际协助合作的形式之一，《联合国反腐败公约》明确缔约国可以建立联合侦查机构。不同于委托协查，国际协助实践中的联合侦查是有限度的联合侦查，以尊重国家主权和司法管辖权为前提，典型如国际刑警组织发布的红色通缉令。"国际刑警组织可在世界范围相关的各成员国内发布红色通缉令，组织有关成员国共同缉拿逮捕在逃的犯罪人。这种红色通缉令虽然是一种临时授权性的法律诉讼文件，但是一旦发出，意味着其国内当局将逮捕某一特定犯罪人的权力让渡于国际刑警组织的有关成员国，其他国家不应以各种借口予以阻拦或者设置障碍。"② 联合侦查可能会受到来自司法管辖权的质疑，当然，也有学者认为，实践中经国家间协商同意开展跨境侦查合作或者通过国际刑警组织开展跨境犯罪调查，已经成为国家间开展调查取证合作过程中灵活而简单的渠道方式，这并未违反国家司法主权原则，相反，为了实现打击现实犯罪有效性，联合侦查是国家间基于协商一致而达成的高效取证方式，是两国在刑事司法协助领域合作纵深化的重要体现。③ 同时也有学者在区分联合侦查和国际协查时认为，联合侦查强调各国行动的及时、统一和协调性，即当事国需要及时互通情报以便适时调整侦查方向和措施，典型如国际刑警组织；而国际协查依委托关系而确立，请求国与被请求国之间的权利义务关系较为明确，被请求国（协查国）独立依法进行侦查活动而无需随时同请求国交流情报信息。④ 依此，"国际协查"与"委托侦查"相同，均具有委托、请求的内涵。结合联合侦查与委托侦查两种形式，或许可以对中印尼刑事司法协助提出未来展望，必要情况下，两国合作也可以在《中印尼刑事司法协助条约》的委托式侦查基础上，经协商同意，有限度地采用联合侦查方式。灵活便捷的侦查协作更有利于有效追逃追赃。

回顾中国与印尼开展警务合作的实践经验可以发现，随着犯罪类型和犯罪手

---

① 《中华人民共和国和印度尼西亚共和国关于刑事司法协助的条约》第10条第4款规定："被请求国应在其法律允许的范围内并根据请求，向请求国通报执行请求的时间和地点，以便请求国国内法授权的有关人员在执行请求期间到场，并通过被请求国的有关人员提问。"

② 杨宇冠、吴高庆主编：《〈联合国反腐败公约〉解读》，中国人民公安大学出版社2004年版，第419页。

③ 参见成良文：《刑事司法协助》，法律出版社2003年版，第113–114页。

④ 参见杨宇冠、吴高庆主编：《〈联合国反腐败公约〉解读》，中国人民公安大学出版社2004年版，第406页。

段的多样化发展，两国开展警务合作打击犯罪领域不断扩大，警务合作显得愈发重要。两国开展警务合作，既可以通过双边合作协议或刑事司法协助直接向印尼请求协助，也可以借助国际刑警组织平台，开展诸如追捕"红通"人员、"天网"或者"猎狐"等行动。具体如下：

1. 两国刑警之间直接合作

随着电信网络诈骗的兴起，其逐渐成为世界范围内普遍存在的犯罪类型，在中国、东南亚、欧美甚至非洲均以不同形式存在。中国办案机关对网络诈骗活动持严打和严惩的高压态势，这使得一些犯罪集团将犯罪窝点转移至境外，如印尼、柬埔寨、菲律宾等犯罪运营成本相对较低的东南亚国家，甚至是一些与中国尚未建交的国家。这些国家逐渐成为诈骗犯罪集团集中和青睐的犯罪窝点。针对电信诈骗犯罪的特点、性质和发展趋势，侦查机关打击跨国诈骗犯罪活动时更倾向于采用灵活、程序简单的警务合作这一国际合作方式，从而开展跨国侦查、调查取证并抓捕犯罪嫌疑人。不过，在跨境侦查电信诈骗犯罪案件中，基于司法主权原则，侦查机关在境外缺乏相应的侦查权，同时受限于国家间法律、文化及风俗等的差异，犯罪集团核心难觅和赃款难追同样成为侦查电信诈骗案件的难点。

2. 国际刑警组织居间协助

国际刑警组织，是一个拥有 194 个成员国，以全球范围内国际警务合作和打击跨境犯罪为宗旨的政府间国际组织，也是唯一的全球性警察合作组织。信息共享平台是国际刑警组织的最主要功能，各成员国警务机构既可以相互分享情报信息，传输指纹、照片等，还可以通过该组织的数据库系统查询相关犯罪信息以查验某人是否为国际刑警红色通缉令的具体对象。此外，其主要功能还包括借助该组织的指挥和合作中心提供刑警行动支援和为成员国警察提供职业培训。[1] 自 2014 年起，中国持续开展"猎狐"专项行动，中国警方积极借助国际刑警组织平台与他国警方开展联合侦查、沟通警务信息、分享情报，配合他国警方协查、追缉在逃人员，调查核实居住在海外的中国籍人员的身份信息或者外国籍人员在我国的违法犯罪情况等执法合作。当前，我国各地方相继设立国际刑警组织中国国家中心局地方联络机构，有利于强化与国际刑警组织务实合作的刑警力量，一方面积极参与国际刑警组织的执法工作，另一方面得以通过国际刑警组织平台开展及时有

---

① 参见［英］本·鲍林：《全球化背景下的跨国警务合作》，倪铁译，《青少年犯罪问题》2013 年第 1 期，第 44－45 页。

效的信息交流。

回顾中国和印尼警务合作的实际成效可以发现，追逃走私案犯罪嫌疑人魏某是中国借助国际刑警组织居间协助并联合印尼警方追逃的典型案例。中国侦查机关对犯罪嫌疑人魏某追逃的过程具体如下：（1）将犯罪嫌疑人列为重点追逃人员并向公安部申请将其列为"猎狐2019"行动目标，密切关注犯罪嫌疑人境外动态。（2）地方警方成立专案组，动员犯罪嫌疑人家属对其劝返，同时向省级公安厅申请协调外交部和公安部，开展国际警务遣返工作。（3）与印尼警方开展警务协助。2019年6月3日，犯罪嫌疑人在印尼落网，由印尼海关扣留，后将其移送至中国驻印尼大使馆（依法至多暂扣24小时）。由于中国与印尼两国司法体制差异，中国警方未能及时派人前往印尼押解，而后犯罪嫌疑人于24小时届满时被释放。（4）经中国公安机关与中国驻印尼大使馆协调，犯罪嫌疑人由公安部驻印尼警务联络官及印尼移民局官员押解回国。① 回顾本案的追逃过程，侦查机关一方面善于运用多样化追逃方式，包括劝返和警务合作跨境抓捕，另一方面通过灵活的警务合作方式、借助警务联络官等推进遣返工作。此外，本案也是中印尼警务合作中实施"缉捕和递解犯罪嫌疑人"协助事项的典例，由此展现警务合作相较于刑事司法协助更具灵活性和程序简单的特点。引渡、缉捕和递解犯罪嫌疑人、被告人或者罪犯是公安机关参与刑事司法协助和警务合作的法定职责②。"移管被判刑人"与"缉捕"都属于公安机关的缉捕、递解措施范畴，都是国际刑事协作国使被限制或剥夺人身自由的人由一国境内转移至另一国境内的事项。而二者不同点在于采取措施的对象和阶段，被缉捕和递解人包括犯罪嫌疑人、被告人或者罪犯，可能发生于刑事诉讼全过程；而移管的被判刑人是经过法院审判的罪犯，处于执行刑罚阶段，相当于对外国判决的承认和执行，属于广义上的国际刑事司法协助形式。公安机关的缉捕和押解措施，不受限于严格的刑事司法协助程序，弥补了追逃工作在侦查、审查起诉等阶段的现实需要，成为警务合作灵活追逃的优势所在。

追逃犯罪嫌疑人是国际刑事司法协助的重要内容，通过有效追逃犯罪嫌疑人，有利于进一步查明犯罪事实，获取案件证据，还有利于实现高效追赃。然而，各国法律制度或司法体制的差异往往容易成为追逃协助的阻碍性因素。例如中国法定剥夺人身自由的强制措施包括拘留和逮捕；而参照域外国家的立法，"拘留在很

---

① 参见《茂名警方与印尼警方首度境外追逃合作，成功移交"猎狐"对象》，https://www.sohu.com/a/321148877_117916，最后访问日期：2023年8月24日。参见袁增伟、湛关宣：《湛江一特大走私案罪犯在印度尼西亚落网》，《羊城晚报》2019年6月11日，第A08版。

② 参见公安部《公安机关办理刑事案件程序规定》（2020年）第375条。

多国家不是一个刑法规定的强制措施，强制效力较低，适用条件差异很大"①，逮捕在许多国家被确定为法定措施，其强制效力更高。因此，当我国向外国提出与拘留有关的协助请求时，对方可能会以拘留非其国内法定强制措施为由拒绝提供协助，相较之下，尽管在中国法下逮捕的适用条件较拘留更严格、对外逃犯罪嫌疑人的罪行严重性程度要求更高，但由于逮捕犯罪嫌疑人的协助请求具有双边法律依据而更容易为被请求协助国所认可和执行。同样，警务合作是当前中印尼有效追逃犯罪的重要方式，协助追逃时需要注意两国的法律制度差异，否则容易致使协助追逃受限。参照印尼法律制度，《印尼刑事诉讼法》明确五种强制性措施，分别是逮捕、羁押、搜查、扣押与文件的审查，逮捕和羁押是剥夺人身自由的强制性措施。其中，逮捕期限最长不得超过一日，逮捕的条件是"根据充分的初步证据合理怀疑嫌疑人实施了犯罪"。羁押的条件是"有充分证据合理怀疑嫌疑人或被告人实施了犯罪行为且有逃跑、损坏、毁灭实物证据或再次犯罪的可能"；同时，具体羁押类型可以依据羁押地点划分为在拘留所的羁押、在住处的羁押或者在居住城市执行的羁押。② 比较可知，两国法律差异下具体强制措施的适用情形不一，因此制作协助请求材料时需注意印尼法下逮捕、羁押与中国法下拘留、逮捕的区别，在必要且合法的情况下请求印尼协助实施中国《刑事诉讼法》意义上的"逮捕"，尽可能避免法律制度差异性对协助请求有效性和可操作性的不利影响，促进协助请求的有效性和追逃工作的顺利开展。

综上，虽然两国政府共同签订了一系列包含刑事司法协助内容的国际公约和双边条约，但是两国依据条约开展的刑事司法协助的实践却很少。具体案件类型影响两国开展国际合作的具体协作方式，相较之下，警务合作呈现出法律依据充分、灵活性和效率高的特点，同时也反映出国际刑事司法协助较少、对相关国际条约资源利用率较低的现状。结合境外追逃经验可以发现，中国国际刑事司法协助的主管机关更倾向于通过警务合作查找、缉捕和遣返逃犯，而不大善于借助双边协助条约开展国际合作。

二、中国向印尼请求刑事司法协助的依据

除了两国参加的中国—东盟区域性国际文件（参见绪论）以外，还有以下内容作为中国与印尼开展刑事司法协助的依据。

---

① 黄风、赵琳娜主编：《境外追逃追赃与国际司法合作》，中国政法大学出版社 2007 年版，第 80 页。
② 参见张吉喜主编：《东盟国家刑事诉讼法研究》，厦门大学出版社 2019 年版，第 93 - 94 页。

（一）两国共同签署的国际公约

两国共同加入的国际公约见下表。

表1-1 中国与印尼共同加入的国际公约

序号	公约名称	中国加入时间	印尼加入时间
1	《联合国打击跨国有组织犯罪公约》	2003年9月23日	2000年12月15日
2	《联合国打击跨国有组织犯罪公约关于预防、禁止和惩治贩运人口特别是妇女和儿童行为的补充议定书》	2009年12月26日	2000年12月15日
3	《联合国反腐败公约》	2005年10月27日	2000年12月18日 制定2006年第7号法律即《联合国反腐败公约批准法》

注：表中资料来源于联合国公约网：https：//treaties. un. org。

（二）两国签订的双边条约及其他双边文件

科技发展对治理犯罪具有双重影响，其消极影响主要体现在跨国犯罪超越刑事法以地域管辖权为界限的管辖模式，对传统刑事司法治理提出挑战，国家间形成打击犯罪合力具有现实必要性。同时，由于两国日益密切的双边关系，尤其是经济贸易领域及两国之间的人口流动和民间交往不可避免地产生跨国犯罪行为或者域外追逃追赃工作，为了维护两国的良好关系，必须对影响两国友好往来的消极因素予以妥善解决。中国与印尼现已达成《中印尼刑事司法协助条约》、《中华人民共和国和印度尼西亚共和国引渡条约》（以下简称《中印尼引渡条约》）。两国当前并未达成关于移管被判刑人的双边协定。

中印尼两国于2000年7月24日在雅加达共同签署了刑事司法协助的双边条约，即《中印尼刑事司法协助条约》。具体而言，中国于2001年2月28日通过全国人大常委会的决定批准该条约；印尼依据该双边条约制定国内法2006年第8号法律，即批准《中华人民共和国和印度尼西亚共和国关于刑事司法协助的条约》的法律①。中国政府与印尼政府已于2009年7月1日在北京签署了《中印尼引渡条约》。具体而言，中国于2010年4月29日通过全国人大常委会的决定批准该条约；印尼依据该双边条约制定国内法2017年第13号法律，即批准《中华人民共和国和印度尼西亚共和国引渡条约》的法律。

---

① 此外，在2006年第33号《印度尼西亚法规汇编》中，印度尼西亚颁布了《印度尼西亚共和国2006年第8号法律的解释》。

（三）两国国内法

国际刑事司法协助法律制度是保障和规范国际刑事司法协助活动的法律规范的总和，为打击跨国犯罪、推进反腐败国际追逃追赃合作提供基本依据和制度保障。中国国内法的情况已在本书绪论进行了说明，在此不再赘述。

印尼的相关法律文件及规定也是中印尼两国有效开展协助的重要依据。依据规定内容的一般性或特殊性，可以将相关规定划分为两类：一是与国际刑事司法协助相关的一般性规定，集中体现在印尼的刑事司法协助法和引渡法规定；二是特殊犯罪领域下与国际刑事司法协助相关的补充性规定，零散于不同的部门法中。印尼涉及国际刑事司法协助的国内法有以下内容：

1. 与国际刑事司法协助相关的一般性规定

（1）就一般性刑事司法协助事项开展协助，主要的法律依据包括印度尼西亚2006年第1号法律：《刑事事项互助法》（以下简称《印尼刑事司法协助法》）；印度尼西亚2006年第8号法律：批准《中华人民共和国和印度尼西亚共和国关于刑事司法协助的条约》。（2）就引渡事项开展协助，主要包括印度尼西亚1979年第1号法律：《引渡法》及其解释（以下简称《印尼引渡法》）；印度尼西亚2017年第13号法律：批准《中华人民共和国和印度尼西亚共和国引渡条约》。值得注意的是，《印尼刑事司法协助法》排除了"移管被判刑人"的事项，同时规定"承认和执行外国刑事判决"的协助事项（尤其是协助执行财产刑）。这与中国《国际刑事司法协助法》有所不同，中国《国际刑事司法协助法》明确"移管被判刑人"为法定刑事司法协助事项，并对"承认和执行外国刑事判决"的事项持消极立场。

2. 特殊犯罪领域下与国际刑事司法协助相关的补充性规定

依据犯罪领域可以划分为以下几个方面：（1）关于反腐败犯罪及有组织犯罪的规定，如《联合国打击跨国有组织犯罪公约》、《联合国反腐败公约》、印度尼西亚1999年第31号法律：《根除腐败犯罪及其解释》[①]，以及印度尼西亚2002年第30号法律：《消除腐败委员会法》。上述两国际公约包括实体和程序性规定，既为印尼与外国开展特定犯罪的国际执法与司法合作提供了参照与依据，也为认定诸如腐败行为、洗钱行为等犯罪情形提供参考。印度尼西亚1999年第31号法律和印度尼西亚2002年第30号法律是关于印尼预防和惩治腐败行为的程序性规定，明确可以通过国际合作实现对腐败犯罪的追逃追赃。（2）关于打击恐怖主义犯罪的规定，主要体现在印度尼西亚2018年第5号法律：《反恐怖主义犯罪法》关于国际

---

① 参见印度尼西亚1999年第31号法律：《根除腐败犯罪及其解释》第16条。

合作的规定①，印度尼西亚 2013 年第 9 号法律：《防止和消除资助恐怖主义罪行法》②，以及印度尼西亚 2012 年第 5 号法律：批准《东盟反恐怖主义公约》。（3）关于打击贩运人口行为的规定，如印度尼西亚 2009 年第 14 号法律：批准《联合国打击跨国有组织犯罪公约关于预防、禁止和惩治贩运人口特别是妇女和儿童行为的补充议定书》，印度尼西亚 2017 年第 12 号法律：批准《东盟打击贩运人口特别是妇女和儿童公约》。

此外，印度尼西亚关于批准《中印尼刑事司法协助条约》的 2006 年第 8 号法律还明确强调，中印尼双方认定刑事犯罪应参照双重犯罪原则。因此，中国向印尼请求刑事司法协助认定刑事犯罪时，还应以《印尼刑法典》为参考依据。

三、中国向印尼请求刑事司法协助的程序

《中印尼刑事司法协助条约》是两国开展刑事司法协助最主要的法律依据。基于尊重国家主权和司法管辖权原则，在刑事司法协助中，请求国不仅要遵守国际条约的规定，还要尊重被请求国法律的相关规定。中国向印尼请求刑事司法协助，要在遵守国内法和国际条约的基础上关注印尼相关法律的具体规定，只有切实了解被请求国关于刑事司法协助的具体规定，才能更有针对性地提出刑事司法协助请求，促使印尼方及时有效地审查并执行我国提出的请求协助事项，以此顺利推进我国相关犯罪案件的追逃追赃进程。

依据请求事项的内容不同，中国和印尼开展刑事司法协助的具体程序有所差异。而不论请求国提出何种具体的协助事项，均可以将请求协助程序大体划分为两个阶段，一是请求国提出协助请求即制作请求书，二是被请求国接收和处理协助请求。

（一）中国向印尼请求刑事司法协助的提出

提出协助请求是中印尼开展合作的第一步，中国向印尼提出一般刑事司法协助请求，依据和参考的法律规范主要包括《中印尼刑事司法协助条约》第 8 条，中国《国际刑事司法协助法》第 9～10 条以及《印尼刑事司法协助法》第 27～30 条。

首先，中方办案机关制作刑事司法协助请求书并附相关材料。在制作请求书过程中，若《中印尼刑事司法协助条约》同中国《国际刑事司法协助法》的要求

---

① 参见印度尼西亚 2018 年第 5 号法律：《反恐怖主义犯罪法》第 43 条。
② 参见印度尼西亚 2013 年第 9 号法律：《防止和消除资助恐怖主义罪行法》第 41～46 条。

不一，依据《中印尼刑事司法协助条约》处理。① 中方提出协助请求后，由被请求国印尼依法接收并行使审查权。为了提高司法协助请求的效率、及时实现有效的追逃追赃，中方在制作请求书时还应注意同《印尼刑事司法协助法》第28条第1、2款规定相适应，充分考虑被请求国关于请求书的程序性要求如请求书的内容、拒绝请求的理由，规范制作请求书，在法定范围内最大限度符合印尼法定书面审查要求。因此，中方制作请求书时需兼顾《中印尼刑事司法协助条约》及《印尼刑事司法协助法》的特殊规定，具体包括以下几点②：第一，载明请求所涉及人员的信息及有助于确定其身份的其他材料。条约中"请求所涉及人员"的规定较为笼统，结合印尼相关规定，除涉案人员外，可能还包括与该请求有关的调查、起诉或审判的国家工作人员、证人、鉴定人等。③ 第二，请求被请求国采用特定程序时，应载明该程序的细节和采用理由，包括关于要求获得的证据是否需要宣誓或承诺的信息。④ 第三，需要对请求事项进行保密时，说明具体要求及理由。⑤

其次，中方办案机关将请求书及材料交由所属主管机关审核同意。依照中国《国际刑事司法协助法》及相关规定，我国刑事司法协助的主管机关包括国家监察委员会、最高人民法院、最高人民检察院、公安部、国家安全部等部门。

最后，由对外联系机关（司法部等）及时向外国提出请求。特殊情况下，我国司法机关需通过外交途径向外国提出请求的，由外交部作为对外联系机关，具体要求参照我国公安部《通过外交途径办理刑事司法协助案件的若干程序》（1999年）规定。

（二）中国向印尼请求刑事司法协助的受理和处理

中国向印尼请求刑事司法协助时，受理和处理协助请求所涉及的法律规范主要包括《中印尼刑事司法协助条约》第4条，第8条第2款；《国际刑事司法协助法》第11～12条；《印尼刑事司法协助法》第8条，第28条第3款，第29～

---

① 《国际刑事司法协助法》第3条第3款规定："对于请求书的签署机关、请求书及所附材料的语言文字、有关办理期限和具体程序等事项，在不违反中华人民共和国法律的基本原则的情况下，可以按照刑事司法协助条约规定或者双方协商办理。"

② 以下三点是《国际刑事司法协助法》未规定但《中华人民共和国和印度尼西亚共和国关于刑事司法协助的条约》《印尼刑事司法协助法》已明确规定的关于制作请求书的程序要求，其中，《印尼刑事司法协助法》相关规定可以为进一步解释《中华人民共和国和印度尼西亚共和国关于刑事司法协助的条约》提供依据。

③ 参见《中华人民共和国和印度尼西亚共和国关于刑事司法协助的条约》第8条第1款第3项；《印尼刑事司法协助法》第28条。

④ 参见《中华人民共和国和印度尼西亚共和国关于刑事司法协助的条约》第8条第1款第6项；《印尼刑事司法协助法》第28条第1款第f项。

⑤ 参见《中华人民共和国和印度尼西亚共和国关于刑事司法协助的条约》第8条第1款第9项；《印尼刑事司法协助法》第28条第1款第g项。

30 条。

中方对外联系机关向印尼递交请求书及相关材料后，由印尼方作为接收主体并审查相关请求材料，作出补正请求材料、同意或者拒绝请求的处理决定。印尼对外联系机关是印度尼西亚共和国法律和人权部，被请求国印尼收到协助请求后，相关部门应依法审查协助请求书及相关材料。一般情况下，请求书及所附材料不属于可以拒绝协助的情形和理由的，可以作出同意按照请求国的请求提供刑事司法协助的决定。其他具体情况分别作出以下处理：其一，拒绝提供协助的决定。若符合条约"可以拒绝提供协助"的情形，被请求国应及时通知请求国拒绝执行请求的决定，并说明理由。其二，要求请求国补正材料的决定。若协助请求中的信息被认为不足以提供刑事司法协助，部长可以要求请求国补充信息。其三，同意协助的决定，可以分为直接同意提供协助和附条件同意提供协助两种情形。后者是指被请求国的对外联系机关部长考虑同意协助时，还需附加必要程序或条件，该附加的条件由请求国履行；否则被请求国应拒绝为请求国提供协助。若请求国愿意接收来自被请求国所附加必要条件的协助，应严格履行前述的附加条件要求。同时，中方在决定是否接受被请求国所附条件时，对于不损害中国主权、安全和社会公共利益的附加条件，可由外交部或者对外联系机关作出承诺；附加条件要求中方作出限制追诉或者量刑承诺的，分别由最高人民检察院和最高人民法院决定。

被请求国印尼同意提供协助后，由印尼法律和人权部的部长将协助请求转交给其国内的警察局局长或总检察长（执行协助请求的机关），并在履行请求前与相关机构协调，以便采取进一步行动。同时，请求国中国的对外联系机关收到印尼方有关处理决定的通知后，应当将通知结果及时转交或者转告有关主管机关。

四、中国向印尼请求刑事司法协助的内容

当前，国际追逃追赃面临的困境之一即因缺乏对国际刑事司法协助的规则和被请求国法律的准确掌握，导致司法合作请求材料不合国际规范或者支持请求的证据材料存在明显漏洞，最终致使相关请求被外国主管机关拒绝，难以有效开展刑事司法协助工作。规范制作协助请求书成为向印尼申请刑事司法协助的重要环节，决定着后续的协助工作能否顺利进行。制作请求书最主要的法律依据是《中印尼刑事司法协助条约》。当中国向印尼请求刑事司法协助时，被请求国印尼作为审查主体，其在审查的过程中不可避免地适用有关《印尼刑事司法协助法》的具体规定，这促使中方制作刑事司法协助请求书时一方面要以《中印尼刑事司法协

助条约》为依据，另一方面也需要以《印尼刑事司法协助法》《印尼刑事诉讼法》《印尼刑法典》等其他印尼国内法规定为参考依据，否则容易导致请求效率低下，难以有效发现与案件有关的事实并追逃追赃。此外，在执行协助请求国面，《中印尼刑事司法协助条约》就"被请求国在执行请求时适用其本国法律"① 达成一致，这在一定程度上反映了"请求"的内涵，同时也是尊重国家司法主权原则的体现。

中印尼两国在《中印尼刑事司法协助条约》中就刑事司法协助事项达成共识，具体包括调查取证、安排证人作证或协助调查、移交犯罪所得和其他涉案财物、送达文书以及提供法律文件和有关司法记录等。国际合作打击犯罪的过程往往呈现出两个方面的重点：一是追逃，即抓捕犯罪嫌疑人、被告人或者罪犯；二是追赃，涉及查封、扣押、冻结涉案财物以及没收犯罪嫌疑人或者被告人的违法所得的协助事项，追赃对于打击跨国犯罪尤其是反腐败犯罪和网络诈骗犯罪而言尤为重要。因此，根据请求内容的不同，可以将狭义的刑事司法协助事项分为两个方面讨论：一方面主要涉及与送达文书、调查取证及证人出庭相关的协助事项，主要目的在于查明案件事实；另一方面集中在与涉案财物及犯罪违法所得相关的协助事项，主要目的在于实现有效的追赃挽损。此外，《中印尼刑事司法协助条约》约定的"提供法律文件和其他有关司法记录"协助事项，可以对应至中国《国际刑事司法协助法》规定的"其他协助事项"。②

正如本书绪论所述，引渡、外国刑事判决的承认等广义上国际刑事司法协助形式不受中国《国际刑事司法协助法》调整。具体而言，《国际刑事司法协助法》虽然将移管被判刑人列入一般刑事司法协助事项中，但由于中印尼并未就移管被判刑人达成协议，移管被判刑人也就成为现有协助事项以外的待约定的特殊协助事项。我国已于 2000 年制定专门性规定即《中华人民共和国引渡法》，引渡内容已由该法作出专门性的规定，且与印尼达成《中印尼引渡条约》。

（一）送达文书

送达文书是促进和保障刑事诉讼顺利进行的程序性事项，在送达文书时需要严格依照法律规定实施送达，才能产生相应的法律效力，从而推进刑事诉讼活动的进程。结合《中印尼刑事司法协助条约》第 5 条规定③，当印尼方作为被请求国

---

① 参见《中华人民共和国和印度尼西亚共和国关于刑事司法协助的条约》第 5 条第 1 款。

② 参见《中华人民共和国和印度尼西亚共和国关于刑事司法协助的条约》第 1 条第 3 款第 2 项、第 20~21 条；《国际刑事司法协助法》第 2 条。

③ 《中华人民共和国和印度尼西亚共和国关于刑事司法协助的条约》第 5 条关于司法协助适用的法律的规定："一、被请求国在执行请求时适用其本国法律。二、请求国可要求以某种特定方式执行请求，被请求国应在与其国内法相符的情况下采用该方式。"

时，在执行送达文书的请求事项过程中适用印尼的相关法律规定，包括《印尼刑事司法协助法》《印尼刑事诉讼法》等。由于"在狭义的国际刑事司法协助中，送达文书只是一般的司法行为，并不涉及实体的执行部分"①，根据印尼有关协助送达文书的规定，中方向印尼方提交请求书时，通常无需描述或告知涉嫌犯罪的行为或情况。②

中方请求印尼执行送达文书的协助事项时，依据和参考的法律规范主要包括《中印尼刑事司法协助条约》第9条、第23条；中国《国际刑事司法协助法》第20~21条；《印尼刑事司法协助法》第48~50条。

送达的文书一般包括传票、通知书、起诉书、判决书和其他司法文书，送达对象是在印尼境内的人。依据中国《国际刑事司法协助法》第20条，中方制作送达文书的请求书时，应当载明受送达人的姓名或者名称、送达的地址以及需要告知受送达人的相关权利和义务。同时，依据《印尼刑事司法协助法》规定，向印尼请求送达文书，应保证相关请求及文书内容符合下列条件：（1）该请求与在中国进行的调查、起诉和审判有关；（2）受送达人在印尼境内；（3）印尼方提供协助前，中方应就《印尼刑事司法协助法》第49条关于与协助请求有关的人的权利保障事项作出保证；（4）协助请求包含请求相关人员在请求国提供证据的事项，涉及相关传票的，协助请求必须在需要被传唤者到场的日期前至少45天提交，且中方应当就《印尼刑事司法协助法》第36条关于出庭证人的权利保障事项作充分保证，同时被送达传票的对象不具有依法被传唤的义务。前三项是必要条件，第四项是针对特殊情形的附加条件。协助请求符合上述条件的，印尼方将批准提供送达文书的协助并应尽快执行中方送达文书的请求，印尼方警察局局长负有送达文书的义务。送达回证是送达成功的具有法律效力的证明文件，送达回证应载明受送达人的签名、签收日期、送达机关的印章、送达人的签名以及送达的方式和地点③。若文书送达成功，印尼警察局局长应将送达回证送交部长以便将其转交给中方对外联系机关；若文书无法送达，警察局局长应将文书退回给部长并说明理由，以便将执行请求的情况通知请求国。

此外，中方请求送达文书还可以通过外交和领事官员送达文书实现，即中方可以通过中国派驻在印尼的外交或领事官员，向在印尼境内的中国国民送达文书，但送达不能违反印尼法律且不能采取任何强制措施。

---

① 杨宇冠、吴高庆主编：《〈联合国反腐败公约〉解读》，中国人民公安大学出版社2004年版，第350页。
② 参见《印尼刑事司法协助法》第28条第1款d项。
③ 参见《中华人民共和国和印度尼西亚共和国关于刑事司法协助的条约》第9条第2款。

（二）调查取证

调查取证即在法定框架下通过采取特定手段调查和获取证明材料，获得与案件有关的证明犯罪嫌疑人有罪或无罪的信息，查清案件事实。调查取证作为一个概括性的泛化概念，既涉及查找和获取证据材料（包括实物证据和言词证据），也涉及查找和抓捕犯罪嫌疑人。当然，印尼方作为被请求国在审查协助调查取证的请求书时，需根据《印尼刑事诉讼法》及相关的证据规定，依法取证并保证证据的合法性和完整性。印尼法定证据种类包括证人证言，专家证言，书证，迹象证据，嫌疑人、被告人的供述、辩解五种。[①] 其中，证人证言，专家证言以及嫌疑人、被告人的供述、辩解均属于言词证据；书证属于实物证据。由于迹象证据"是一种与其他事实相呼应的行为、事件或情景，仅可从证人证言、书证、被告人陈述中获取"[②]，不宜将其简单划分为言词证据或实物证据。在五种法定证据种类的基础上，相应地构建起了收集和审查判断证据的方法即证据规则，包括意见证据规则和补强证据规则。[③] 可以看出，在法定取证方式和证据审查标准方面，中国和印尼现行法律规定存在差异，这就要求我国向印尼请求协助调查取证时应注意两国相关证据制度的衔接，以提高请求事项的准确性和合法性。

两国执法司法人员依据各自国内法开展协作，是国家主权原则和司法主权原则的体现，但由于法律制度和具体规定的差异，调查取证在不同的法律文件中呈现不同的语词表述并对应不同的条款内容，因而需要关注到，"调查取证"的刑事司法协助事项主要对应中国《国际刑事司法协助法》关于调查取证、安排证人作证或协助调查的协助事项规定；同时对应《中印尼刑事司法协助条约》关于调取证据和获得有关人员的陈述，查找和辨认人员，执行搜查和扣押请求，征询有关人员同意作证或协助请求国进行的调查，进行鉴定人鉴定并通报刑事诉讼结果的协助事项规定；此外，还对应《印尼刑事司法协助法》关于协助获取资源的陈述、文件和其他证据，协助查找和辨认人员以及协助安排在印尼境内的人员到被请求国作证的协助事项规定。根据中国《国际刑事司法协助法》，其中规定的"安排证人作证或协助调查"应当内涵于"调查取证"概念，然而立法上将"调查取证"与"安排证人作证或者协助调查"这两项刑事司法协助事项区分开来。若确要探

---

① 参见印度尼西亚 1981 年第 8 号法律：《印尼刑事诉讼法》第 184 条。参见张吉喜主编：《东盟国家刑事诉讼法研究》，厦门大学出版社 2019 年版，第 103 – 105 页。此外，《印尼刑事诉讼法》第 184～189 条是关于证据种类的详细规定。
② 张吉喜主编：《东盟国家刑事诉讼法研究》，厦门大学出版社 2019 年版，第 104 页。
③ 参见张吉喜主编：《东盟国家刑事诉讼法研究》，厦门大学出版社 2019 年版，第 105 页。

究二者的不同点，结合中国向印尼请求刑事司法协助的实践经验，二者主要区分点如下：一是地点不同。协助"调查取证"①的地点一般是印尼境内；而协助"安排证人作证或协助调查"是指印尼方协助安排在印尼境内的有关人员自愿到中国作证或者协助调查。二是内容不同。协助"调查取证"既包括获取法定种类所对应的证据，还包括查找和辨认有关人员，包括在逃的犯罪嫌疑人以及能为调查、起诉、审判相关刑事犯罪案件提供协助的其他人员。其中，就查找和辨认在逃犯罪嫌疑人而言，多出现于警务合作请求协助查找证据从而确定犯罪所在地及犯罪嫌疑人的过程中；而协助"安排证人作证或协助调查"主要针对有利于查清案件事实的证人及有关人员，通过安排证人作证或协助调查，获得相应的证据材料。正是由于"安排证人作证或协助调查"协助事项的取证地点特殊，一般情况下需要由证人从被请求国前往请求国作证，证人需要跨越国家地域管辖区域才能作证，其所涉及的程序较一般作证程序更为复杂，因而需要分别规定"调查取证"与"安排证人作证或者协助调查"事项的程序要求。综上，遵循中国《国际刑事司法协助法》的体系分类，本章在阐述中国向印尼请求协助调查取证时主要限于调取证据和获得有关人员的陈述、查找和辨认人员等其他协助事项，另行讨论"安排证人作证或协助调查"的协助事项。

调取证据和获取有关人员的陈述。中国基于《中印尼刑事司法协助条约》请求印尼协助调取证据和获取有关人员的陈述时，需要注意以下两个方面：第一，制作协助请求书。请求书内容除应符合《中印尼刑事司法协助条约》的一般性规定，还应参照《印尼刑事司法协助法》相关规定②，即请求国请求印尼方协助获取有关人员的自愿陈述、文件或其他证据时，协助请求材料除符合《印尼刑事司法协助法》第 28 条要求外，还应阐明以下内容：（1）协助请求的关联性条件，即需说明协助请求与请求国的调查、起诉和审判有关，并说明所涉人员作为犯罪嫌疑人或证人的身份。（2）详细列出需要向证人调查的事项（包括提问纲要）。（3）可以在印尼境内获取到所涉人员的陈述，或者请求获取的文件或其他证据在印尼境内。其中，《印尼刑事司法协助法》第 1 条明确了"陈述"（印尼语"pernyataan"）的内容和形式，即由证人、专家、被告人以书面形式或以电子方

---

① 中国向印尼请求"调查取证"主要涉及和对应以下法律条款：《中华人民共和国和印度尼西亚共和国关于刑事司法协助的条约》第 1 条第 3 款第 1 ~ 2 项，第 10 条，第 14 ~ 16 条；《国际刑事司法协助法》第 25 ~ 27 条；《印尼刑事司法协助法》第 31 ~ 34 条。中国向印尼请求"安排证人作证或者协助调查"主要涉及和对应以下法律条款：《中华人民共和国和印度尼西亚共和国关于刑事司法协助的条约》第 1 条第 3 款第 6 项，第 11 ~ 13 条；《国际刑事司法协助法》第 31 ~ 35 条；《印尼刑事司法协助法》第 35 条。

② 参见《印尼刑事司法协助法》第 32 ~ 34 条。

式，如磁带、录音带、录像带或其他类似形式，就已知、所见、所闻或所经历的事情所作的陈述。印尼方依《中印尼刑事司法协助条约》协助获取有关人员的陈述，具体对应印尼法下的"证人证言""嫌疑人、被告人的供述、辩解"两种法定证据①。第二，执行调查取证协助请求的义务和权限。首先，请求国与被请求国互负义务。被请求国印尼应当对调取证据的协助请求作出必要安排，并尽力调取证人证据，以便移交给中方；中方也应当具体列明请求调查的事项，其中包括由印尼方司法人员实施询问的问题大纲。② 依据《中印尼刑事司法协助条约》第 10 条第 4 款，虽然被请求国印尼方负有告知义务，即告知请求国相关人员调查取证的时间和地点，但被请求国有关人员仅享有到场权，具体的调查取证事项应当由被请求国有关人员执行，由印尼方司法人员提问被调查取证的有关人员。有学者提出，请求国司法机关的到场权限于到提供协助的被请求国境内配合调查取证，而非独立到被请求国行使司法权，这是基于对被请求国行使其司法主权和刑事案件管辖权的尊重，符合大多数国家有关刑事司法协助条约的惯例，即不规定他国司法人员到本国调查取证和行使侦查权等。③ 在尊重司法主权原则的基础上，我国授权派出的司法人员在他国境内开展调查取证的协助活动，似乎面临着侦查权受限而无法高效调查取证的现实困境，同时又凭借"司法机关到场权"而获得及时有效参与印尼方侦查的机会。因此，一般的刑事司法协助活动中，中国依据《中印尼刑事司法协助条约》请求印尼协助调查取证，符合委托协查中委托和请求的内涵，行使侦查权所遵循和强调的国家司法主权原则也体现了国际协查的国家管辖权特征。比较之下，通过警务合作或国际刑警组织开展跨境侦察和调查取证工作，可以有限度地采取联合侦查方式④，由此具有灵活、便捷的优势，得以替代通过依据《中印尼刑事司法协助条约》请求印尼方协助调查取证的复杂程序选择。

查找和辨认人员。印尼提供查找和辨认人员的协助，除需满足一般性请求协助要求制作协助请求书外，中方还需制作有关声明，该份声明需阐明以下几点：⑤

---

① 由于印尼法定证据包含"专家证人"，并未明确鉴定人，而《中华人民共和国和印度尼西亚共和国关于刑事司法协助的条约》明确了鉴定人鉴定的协助事项，因而需要对专家证人与鉴定人进行梳理和区分。依据《印尼刑事诉讼法》第 186 条，专家证言是由专家证人在审判过程中，经宣示或确认，就其专业领域中擅长的知识如实作证所形成的证据材料（关于专家证人的规定，可参见张吉喜主编：《东盟国家刑事诉讼法研究》，厦门大学出版社 2019 年版，第 104 页）。依此理解，专家证人作出的证据材料不符合陈述的对象要件即"已知、所见、所闻或所经历的事情"，不属于"陈述"。

② 参见《中华人民共和国和印度尼西亚共和国关于刑事司法协助的条约》第 10 条第 2 ~ 3 款。

③ 参见成良文：《刑事司法协助》，法律出版社 2003 年版，第 113 – 114 页。

④ 具体参见前文关于"委托协查"与"联合侦查"的阐述。

⑤ 参见《印尼刑事司法协助法》第 32 条第 2 款。

（1）协助请求与特定刑事案件的相关性，即需证明协助请求与特定刑事案件的侦查、起诉、审判有关。（2）被请求查找和辨认的人员与该案件的相关性，即需证明所涉人员被怀疑或有理由相信与刑事犯罪有关或者能够为侦查、起诉或审判该案提供协助。（3）被查找和辨认的人员在印尼境内，这就要求我国相关部门人员对于犯罪嫌疑人或其他人员的去向持有相关线索。符合协助要求的，由印尼法律和人权部部长交由印尼警察局局长执行并向部长提交执行结果，后续由其部长将协助请求的执行结果通知中方。

进行鉴定人鉴定，通报刑事诉讼结果。鉴定人出具的鉴定意见同印尼法定证据"专家证言"相对应。① 《中印尼刑事司法协助条约》约定协助事项"进行鉴定人鉴定，以及通报刑事诉讼结果"，当中国请求印尼协助对在印尼境内的证据材料实施鉴定并获得鉴定意见时，一并请求印尼方将鉴定意见内容通报给中方，即此条约中"通报刑事诉讼结果"之意。

此外，印尼方协助执行中方调查取证请求过程中，有时需要在印尼境内的有关人员作证，作证人员的权利与义务是一体的，其既有作证的义务，在请求国或者被请求国法律允许的情况下也享有拒绝作证权。②

（三）安排证人作证或者协助调查

请求协助安排证人作证或者协助调查，主要是指请求国需要外国协助安排证人、鉴定人来中华人民共和国作证或者通过视频、音频作证，或者协助调查的情形。相较于请求印尼方在其境内调查取证，请求印尼协助安排证人到中国作证或协助调查，大致包括请求、审查、安排人员作证或协助调查、送回人员四个环节，程序复杂，由此所耗费的调查取证成本也更高。其中，《印尼刑事司法协助法》注重保护执行过程中被请求国的相关人员人身自由等权利，主要体现在对被送达人参与诉讼环节的义务豁免，对拒绝作证权的保障，以及证人或鉴定人出庭的人身自由及免受诉累的保护，被请求国的相关法律规定明确要求请求国对相关人员的相关权利保障予以充分保证，并以此作为被请求国批准协助请求并协助执行的重要前提。《中印尼刑事司法协助条约》第1条第3款规定"征询有关人员同意作证或协助请求国进行的调查；若该人员在押，安排将其临时移交给请求国"的协助

---

① 《印尼刑事诉讼法》并不区分"鉴定人"与"专家证人"。依据《印尼刑事诉讼法》第186条，专家证言是由专家证人在审判过程中，经宣示或确认，就其专业领域中擅长的知识如实作证所形成的证据材料。并且，印尼法下"证人证言"与"专家证言"都是"在审判过程中作出的"。（关于专家证人的规定，可参见张吉喜主编：《东盟国家刑事诉讼法研究》，厦门大学出版社2019年版，第104页。）

② 参见《中华人民共和国和印度尼西亚共和国关于刑事司法协助的条约》第10条第5~6款。

事项，其中"有关人员"主要指证人或者鉴定人。

在制作请求材料文书方面，中方请求证人或鉴定人本人到中国作证并出庭的，应附加"请求送达传票"的协助事项，并在送达传票的请求中对请求作证的情况予以说明。[1] 一般情况下，应在提交期限届满前将请求送达传票的事项提交给印尼方，但紧急情况下印尼方可以放弃该期限要求。中国作为请求国在制作请求协助安排证人作证或协助调查的请求书时，除依据《中印尼刑事司法协助条约》以及中国《国际刑事司法协助法》制作请求材料外，还可以结合《印尼刑事司法协助法》第 35 条予以参照，具体可以补充以下内容：（1）说明该协助请求的相关性和必要性，即该请求与请求国就相关案件进行侦查、起诉或审判有关；（2）说明被请求出庭的证人或鉴定人所能提供或出示的信息，且这些信息与请求国相关刑事案件的侦查、起诉或审判阶段有关；（3）保证对相关人员的权利予以充分保障，其中关于权利保障的具体依据是《印尼刑事司法协助法》第 36 条。另外，还应在请求材料中说明可支付给证人或鉴定人的费用。因为印尼方接收请求材料后负有相应的转达和告知义务，即将中方的请求事项转达给有关的证人或鉴定人，并告知可支付的费用、津贴和报酬。[2]

当请求书载明的内容符合前述条件，相关证人或鉴定人在没有压力的情况下答复同意出席，且印尼法律和人权部部长从请求国获得依据《印尼刑事司法协助法》第 36 条关于相关作证人员的人身自由等权利事项的保证时，执行该协助请求的条件才得以满足，并由印尼方将批准协助请求的答复通知中方。

特殊情况下，当被请求协助作证或者调查的对象是在押人员时，请求协助在押人员来华作证需要满足两个前提：一是该在押人员本人同意；二是中印尼双方对外联系机关就暂时移交该在押人员至请求国协助作证的条件事先达成协议。[3] 其中，由印尼警方制定护送在押人员至中国的工作方案。[4] 被移交人依照印尼法律应当被羁押的，中方应当羁押被移交人；请求协助的事项终结后，中方应及时将被移交人押送回印尼，特定条件下可以延长被移交人停留在华的期限。

（四）处置涉案财物

搜查、扣押属于侦查措施，目的在于搜集证据、查明案件事实，从而追诉犯

---

① 参见《中华人民共和国和印度尼西亚共和国关于刑事司法协助的条约》第 11 条第 1~2 款。
② 参见《中华人民共和国和印度尼西亚共和国关于刑事司法协助的条约》第 6 条第 1 款第 1 项，第 11 条第 1 款。
③ 参见《中华人民共和国和印度尼西亚共和国关于刑事司法协助的条约》第 12 条。
④ 参见《印尼刑事司法协助法》第 35 条第 4 款。

罪。然而，经搜查或扣押所获得的书证物证，既可以作为定案依据，也可以认定为涉案财物和犯罪所得的赃款赃物。中国向印尼请求协助搜查或扣押，一方面是为了调查取证，获取能够证明犯罪嫌疑人有罪或无罪的线索和证据材料，查清案件事实，关注搜查扣押对象的证据属性①；另一方面是为了防止犯罪嫌疑人销毁或者转移涉案财物，也有利于后续关于移交犯罪所得及其他涉案财物请求的有效执行，弥补犯罪人对国家、社会和个人财产造成的损失，尽可能实现有效的追赃挽损，强调涉案财物的财产属性②。由此，关于搜查、扣押的请求，既属于调查取证的重要组成部分，也属于刑事司法协助追赃挽损的重要环节。中国《国际刑事司法协助法》在立法体系上分列"查封、扣押、冻结涉案财物"与"没收、返还违法所得及其他涉案财物"两项协助事项；而《中印尼刑事司法协助条约》分列"执行搜查和扣押请求，并移交书证物证"与"采取措施移交犯罪所得"两项协助请求。因此，中印尼两国可协助移交的对象有二：一是因执行搜查和扣押请求而获得的书证物证，二是犯罪所得。同时，《中印尼刑事司法协助条约》第 15 条规定，中方向印尼请求移交因执行搜查和扣押而获得的书证物证时，除非被请求国印尼放弃对书证物证的归还要求，否则中方应尽快将相关书证物证返还给印尼方。请求国可以请求移交书证物证，但同时也负有证据材料使用完结后及时返还证据材料的义务。相比之下，当中方请求印尼协助移交前述证据材料范围内属于"犯罪所得"的涉案财物时，不承担返还义务，由此得以有效追赃。当然，涉案财物的分享机制逐渐成为国际通行做法，中国向印尼请求协助采取措施移交犯罪所得，也可能会面临印尼方提出分享犯罪所得及其他涉案财物请求的情形，以此为前提方能有效实现移交犯罪所得的请求。显而易见，《中印尼刑事司法协助条约》意在区分书证物证与犯罪所得，即在移交协助事项中，依据移交客体证据属性与财产属性的不同，强调移交证据材料与移交犯罪所得的程序差异性，不同类型的移交请求会产生不同的法律后果，主要表现在中方是否负有对相关物品的返还义务。但我们也需要清楚地认识到，移交书证物证与移交犯罪所得所指向的客体对象有可能是重合的，经搜查、扣押获取的书证、物证（尤其是物证）兼具涉案财物证据属性和财产属性。

1. 搜查、扣押涉案财物并移交书证、物证

两国法律制度之间的差异性不可避免。《印尼刑事诉讼法》规定了五种强制性

---

① 参见陈卫东：《涉案财产处置程序的完善——以审前程序为视角的分析》，《法学杂志》2020 年第 3 期，第 44 页。

② 参见陈卫东：《涉案财产处置程序的完善——以审前程序为视角的分析》，《法学杂志》2020 年第 3 期，第 44 页。

措施，包括逮捕、羁押、搜查、扣押和文件的审查。[①] 中国 2018 年《刑事诉讼法》第 108 条第 1 项规定："侦查是指公安机关、人民检察院对于刑事案件，依照法律进行的收集证据、查明案情的工作和有关的强制性措施。"侦查活动中可以采取的措施可分为两类：其一是因收集证据、查明案情而采取的特定工作，具体包括法定侦查措施如搜查和扣押；其二是"有关的强制性措施"，包括两类：一类是法定强制措施（包括拘传、取保候审、监视居住、拘留和逮捕），另一类是在收集证据、查明案情的工作中采用的强制性方法，如强制搜查和强制扣押。[②] 由此可见，因调查取证而采取的侦查措施中，搜查和扣押均为两国法定的侦查措施，属于可依法采用的措施，同时其他诸如勘验、检查等依中国国内法具有合法性的侦查措施而并非印尼的刑事法定措施，不宜适用于中印尼刑事司法协助请求中。

两国就某些具体犯罪领域开展刑事司法协助时，具有诸如《联合国打击跨国有组织犯罪公约》《联合国反腐败公约》等内容具体而全面的国际法基础，但由于印尼执行协助请求时以其国内法为主要依据，因而中国在向印尼请求协助搜查、扣押尤其是制作请求书时，应注意两国的差异性规定。尊重他国法律是刑事司法协助的重要原则，尽管搜查和扣押均为两国开展刑事诉讼活动的法定措施，但由于法律制度的差异化，仍有必要对中印尼关于搜查和扣押的具体规定作比较分析，以此更好地把握两国在请求和执行协助事项中的权限范围。通过比较印尼法定的"搜查"和"扣押"措施[③]与中国《刑事诉讼法》的"搜查"和"扣押"规定[④]发现，两国关于搜查的规定大体相同，但关于扣押的客体范围有所不同。《印尼刑事司法协助法》第 19 条规定的"扣押"包括冻结（freezing）[⑤] 或限制（restrain），同时《印尼刑事诉讼法》第 39 条正面列举五类可扣押的对象，强调相关物品、文

[①] 《印尼刑事诉讼法》第 1 条明确了扣押、搜查住宅、搜查人身、逮捕和羁押的含义。其中，扣押是指侦查人员为了在侦查、起诉和审判中作为证据而接管或控制动产或不动产、有形或无形物品的一系列行为（关于扣押程序规定，参见《印尼刑事诉讼法》第 38~45 条）。搜查住宅是指侦查人员在本法规定的情况下，根据本法规定的程序，进入住宅和其他封闭场所，进行检查或没收或逮捕的行为；搜查人身是指侦查人员对犯罪嫌疑人的身体和/或衣物进行检查，以寻找怀疑在其身上或随身携带的物品，并予以没收的行为（关于搜查程序规定，参见《印尼刑事诉讼法》第 32~37 条）。

[②] 参见陈光中主编：《刑事诉讼法》（第 7 版），北京大学出版社 2021 年版，第 302 页。

[③] 参见《印尼刑事诉讼法》第 32~37 条关于搜查的规定，第 38~46 条关于扣押的规定。

[④] 《刑事诉讼法》（2018 年修正）第 136~140 条是关于搜查的规定，第 141~145 条是关于查封、扣押的规定。根据体系解释，中国《刑事诉讼法》将查封、扣押、查询、冻结几种措施统称为"查封、扣押"，因而笔者认为，尽管《中华人民共和国和印度尼西亚共和国关于刑事司法协助的条约》中表述为"搜查、扣押"，其中的扣押应涵盖查封、扣押、查询、冻结四种具体措施。

[⑤] 《印尼刑事司法协助法》第 1 条明确冻结的定义，即冻结是指为调查、起诉或在法庭审理而暂时冻结资产，目的在于防止转移或转让，使特定人或所有人不能处理因实施刑事犯罪行为而获得或可能获得的资产。

件与犯罪行为的关联性。相比之下，中国《刑事诉讼法》第 141 条明确扣押对象是"在侦查活动中发现的可用以证明犯罪嫌疑人有罪或者无罪的各种财物、文件"，将扣押对象大体分为财物和文件两种类型，关于扣押对象范围的规定似乎更笼统。另外，印尼建立了司法审查制度①，当侦查人员采取搜查和扣押等强制性措施时，须以地区法院院长的批准为前提，印尼的侦查机关是强制性措施（搜查、扣押）的执行机关，但其并不具备决定权；相比之下，依照中国《刑事诉讼法》，搜查、（查封）扣押属于强制性的侦查措施，尚未涉及限制或剥夺人身自由，侦查机关直接享有对侦查措施的决定权和执行权。

中国请求印尼协助执行搜查、扣押涉案财物的事项时，依据和参考的法律规范主要包括《中印尼刑事司法协助条约》第 17 条、中国《国际刑事司法协助法》第 39～41 条、《印尼刑事司法协助法》第 41～47 条②。

《中印尼刑事司法协助条约》第 17 条规定，中方为调查取证而向印尼提出采取搜查、扣押措施并移交书证物证协助请求时，请求材料应列明协助请求书的一般性内容，同时还应注意以下几个方面：其一，请求事项在印尼法律许可范围内。《印尼刑事诉讼法》明确了搜查和扣押的对象范围，《印尼刑事司法协助法》亦明确了协助搜查、扣押的程序性规定，即中方须在请求材料（包括协助请求的补正材料）中证明印尼方采取搜查、扣押措施的法定理由，还应当附上由中方的主管机关签发的搜查令和扣押决定书③。其二，搜查、扣押涉案财物时，不得侵害相关财物第三人的合法权益。

印尼警察或检察官执行协助请求完毕后，应及时将执行结果报送印尼法律和人权部部长，部长应向请求国提供由警察局局长或总检察长执行没收工作的进展情况，包括中方可能需要的有关搜查结果、扣押地点、扣押状况和被扣押物品的监管方面的情况。④

请求移交书证物证的过程中还应注意证据的存在形式、证据载体等，应尽可能地符合我国关于审查证据的规定，以便获取有效的证据材料，查明案件事实，实现对犯罪嫌疑人的妥当追诉和惩罚。

---

① 参见张吉喜主编：《东盟国家刑事诉讼法研究》，厦门大学出版社 2019 年版，第 108 页。
② 《印尼刑事司法协助法》第 51～54 条包含协助执行请求国法院判决过程中采取扣押措施的具体规定，但由于承认和执行外国判决并不属于《中华人民共和国和印度尼西亚共和国关于刑事司法协助的条约》约定的可协助事项，因而在此便不赘述执行法院判决中有关扣押的规定。
③ 参见《印尼刑事司法协助法》第 41 条第 2 款。
④ 参见《中华人民共和国和印度尼西亚共和国关于刑事司法协助的条约》第 17 条第 2 款。

2. 没收、返还违法所得及其他涉案财物

不同于传统的重追逃轻追赃理念，追逃与追赃并重逐渐成为打击犯罪和国际合作的普遍共识。因此，研究国际刑事司法协助中涉案财物的追缴和处置问题具有重要意义。

"涉案财物"的概念等同于"赃款赃物"，与《中华人民共和国刑法》（以下简称《刑法》）第 64 条的"犯罪物品"范围相同。[①] 2012 年《刑事诉讼法》新增特殊的违法所得没收程序，其中最高人民法院的司法解释将其表述为"违法所得及其他涉案财产"，中国《国际刑事司法协助法》也规定了"没收、返还违法所得及其他涉案财物"一章。虽然《刑事诉讼法》仅针对特殊犯罪下的违法所得没收程序予以明确规定，但由此可知中国《刑事诉讼法》同《国际刑事司法协助法》的违法所得及其他涉案财物（产）具有对象范围的一致性。可以认为，中国《国际刑事司法协助法》中的没收适用《刑事诉讼法》依违法所得没收程序作出没收裁定的规定。当然，依据中国《刑法》，"没收财产"属于刑罚附加刑种类之一，没收往往以有罪判决为前提，属于"定罪后的没收"；不同于法院关于定罪量刑的刑事裁决，依据没收违法所得的裁定而采取的没收措施属于"未定罪的没收"。[②]相较于借助刑事判决实现没收、返还涉案财物的协助请求，依据没收违法所得的裁定请求移交涉案财物这一做法在国际社会上更具有现实可操作性和效率性，成为国际刑事司法协助活动中追回赃款赃物的常见方式。

中国《国际刑事司法协助法》关于"没收、返还违法所得及其他涉案财物"协助事项，大致对应《中印尼刑事司法协助条约》关于"采取措施移交犯罪所得"的协助事项，"移交犯罪所得"强调涉案财物的财产属性，其目的多倾向于通过防止犯罪嫌疑人销毁或者转移涉案财物，弥补犯罪所造成的损失，尽可能实现有效的追赃挽损。结合《印尼刑事司法协助法》关于没收（印尼语"perampasan"[③]）的定义，没收措施是有关机关根据印度尼西亚或外国的法院裁决，剥夺罪犯通过

---

① 参见陈卫东：《涉案财产处置程序的完善——以审前程序为视角的分析》，《法学杂志》2020 年第 3 期，第 42 页。

② 学者何帆对刑事没收措施进行分类，包括"未定罪的没收"和"定罪后的没收"。参见何帆：《刑事没收研究——国际法与比较法的视角》，法律出版社 2007 年版，第 208 页、第 239 页。

③ 印尼语"perampasan"一词在印尼国内法中具有不同的含义。其一，在《印尼刑事司法协助法》中，"perampasan"一词理解为没收（涉案财物/财产），由于《印尼刑法典》中规定没收财产属于附加刑刑罚种类之一，因此《印尼刑事司法协助法》中的没收是以法院作出关于定罪量刑的刑事判决为前提，与"没收财产"的刑罚相对应。（参见梅传强主编：《东盟国家刑法研究》，厦门大学出版社 2017 年版，第 197 - 200 页）其二，在《印尼刑事诉讼法》中，"perampasan"一词理解为剥夺（人身自由），主要见于《印尼刑事诉讼法》第 177 条、第 205 条、第 214 条。

其所实施的犯罪行为获得或者可能获得财产或者利润的权利①。《印尼刑事司法协助法》与中国《国际刑事司法协助法》均规定没收措施，都注重涉案财物的财产属性。值得注意的是，依据《印尼刑事司法协助法》实施没收，必须以印尼或外国法院的有效判决为执行依据②，没收财产以刑罚附加刑形式呈现并在判决执行阶段得以实现。由此，请求印尼协助没收涉案财物时应以印尼或者请求国法院的有罪判决为前提，审查并执行没收财产的协助请求。协助没收财产作为印尼法定协助事项之一，是以承认和执行外国法院刑事判决为前提的，属于"定罪后的没收"。相比之下，回顾中国《国际刑事司法协助法》及相关规定，首先，"承认和执行外国刑事裁决"并非我国法定协助事项，没有明确的国内法依据；其次，虽然我国《刑法》明确没收为"定罪后的没收"类型，对"承认和执行外国刑事裁决"持消极承认的立场，但我国《刑事诉讼法》也明确了"未定罪的没收类型"，体现在依据违法所得没收程序采取没收措施，违法所得没收程序在一定程度上弥补了我国因缺乏"承认和执行外国刑事裁决"的协助事项而无法请求协助处置违法所得及涉案财物的制度缺憾。据此可以得出以下结论：依据我国刑事法实施没收财产，并不以法院有罪判决为前提，包括未定罪的没收与定罪后的没收两种类型。由于定罪后的没收涉及对外国刑事判决的承认和执行，不属于中国《国际刑事司法协助法》的法定协助事项，因而依据中国法向外国提出协助采取没收时，"未定罪没收"具有国内法基础，而"定罪后的没收"因立法上消极承认的立场而暂无明确的国内法依据。与此同时，《中印尼刑事司法协助条约》亦并未明确规定将"没收"列入刑事司法协助事项中，"没收"协助事项亦无国际法依据。因此，若依据中国《国际刑事司法协助法》请求印尼协助没收、返还违法所得及其他涉案财物，需要注意两国刑事司法协助法关于"没收"的差异性规定，只有依据中

---

① 参见《印尼刑事司法协助法》第1条第5项。此外，该条第6项是关于"犯罪所得（印尼语 hasil tindak pidana）"的定义，即犯罪收益是指直接或间接从犯罪行为中获得的任何财产，包括随后将其转换、更改或与直接从犯罪中产生或获得的财富相结合的财富，包括自犯罪发生以来不时从这些财富中获得的收入、资本或其他经济利益。

② 《印尼刑事司法协助法》第51条第1款规定如下："请求国可向部长提出协助请求，以跟进以下判决：a. 扣押和没收财产；b. 施加罚款；c. 支付赔偿金。"根据《印尼刑法典》第10条，法定刑分为主刑和附加刑，其中主刑包括死刑、徒刑（监禁）、轻徒刑以及罚金；附加刑包括剥夺公民权利、没收财产和公开司法判决。（关于《印尼刑法典》第10条的规定，可参见梅传强主编：《东盟国家刑法研究》，厦门大学出版社2017年版，第197页）据此，《印尼刑法典》的没收财产属于定罪后的没收。结合《印尼刑事诉讼法》，印尼并未建立起关于未定罪的没收的特殊程序，印尼的缺席审判程序适用于违反道路交通法律案件的快速审判程序。（关于印尼缺席审判程序的适用条件，可参见张吉喜主编：《东盟国家刑事诉讼法研究》，厦门大学出版社2019年版，第96－103页）因此，笔者认为，基于法律适用理解的统一性原则，印尼关于"没收财产"的适用仅限于定罪后的没收宣告，是以附加刑刑罚的形式存在并运用于判决执行阶段，不能扩大适用为"未定罪的没收"。

国法向印尼提出的"定罪后的没收"请求时，印尼法下才具有相关合法依据。由此，中国请求印尼协助采取"定罪后的没收"措施时，两国直接开展"没收违法所得及其他涉案财物"的协作并无国内法和国际法依据，同时，我国消极承认外国判决的立场也不利于中印尼基于互惠原则开展此类协助。而这或许也是《中印尼刑事司法协助条约》采用"采取措施"模糊表述的原因，在符合两国法律框架的前提下采取有助于实现移交犯罪所得、没收和返还的可行措施，以此实现"没收违法所得及其他涉案财物"的实体处理效果，但本质上仍属于没收行为，关乎涉案财物所有权的转移。

中国《国际刑事司法协助法》规定的没收和返还不仅具有程序法意义，还具有实体性处置后果的意味，没收涉案财物意味着将涉案财物上缴国库，返还涉案财物给被害人或者请求国意味着"物归原主"，均具有将涉案财物所有权予以明确的效果。结合我国《刑事诉讼法》及相关规定可知，查封、扣押、（查询）冻结涉案财物是没收财产的一般前置措施。由于中国《国际刑事司法协助法》的没收措施并不以法院有罪判决为前提，中国依据《中印尼刑事司法协助条约》请求印尼方通过"采取措施"移交犯罪所得时，采取措施的方式并不限于没收措施。措施的种类和方式可以适当扩大解释为搜查①、扣押，主要原因在于中国向印尼请求移交书证物证时，一般要以请求执行搜查和扣押请求为前置程序，再加上请求移交书证物证与请求移交犯罪所得所指向的客体具有重合性，因而出于高效和便利的考虑，中方请求印尼执行搜查和扣押请求，并移交书证物证时，可以附带请求移交犯罪所得，此时《中印尼刑事司法协助条约》中因移交犯罪所得而采取的措施便包含搜查、扣押等方式。再者，《印尼刑事司法协助法》也明确规定了搜查和扣押、没收犯罪所得是两种不同的刑事司法协助事项，关于扣押（印尼语"penyitaan"）和没收适用范围有所不同，扣押被规定于"协助搜查和扣押货物、物品或财产""协助跟进请求国法院判决"两项协助事项中，而没收集中规定于"协助跟进请求国判决"的协助事项中；但二者似乎又"殊途同归"，中国向印尼请求采取搜查、扣押或者没收措施，都能实现移交相关材料的结果，只不过需要注意请求移交书证物证与移交犯罪所得时，请求国是否负有返还相关材料的义务。

---

① 学者何帆认为，虽然搜查措施应属于对财产的强制处分的初始环节之一，但搜查与刑事没收并无直接关联（参见何帆：《刑事没收研究——国际法与比较法的视角》，法律出版社2007年版，第174页）。印尼五种法定强制性措施包括逮捕、羁押、搜查、扣押和文件的审查，其中扣押包括冻结和限制人身自由措施，印尼法下似乎并不存在类似于"查封"的法定强制性措施。由于对物的搜查、扣押与没收措施在程序和环节上具有连续性，笔者在此处将搜查措施视为没收的前置程序。

结合中国《国际刑事司法协助法》规定，对于没收请求和返还请求，既可以一并提出，也可以单独提出①，在提出相关请求时，需注意"没收"在中国语境下与印尼刑事司法协助中的差异性，尤其体现在中方请求没有相关法院裁决时，以"没收"为请求材料的具体表述，可能面临不符合印尼法规定并被拒绝协助的窘境，因而需要依据个案情况具体分析。请求印尼采取"没收"或"搜查和扣押"措施，并移交犯罪所得，提出恰当而具体的请求措施变得尤为重要。

除了上述关于请求没收、返还犯罪所得的特殊方面，还需遵循移交犯罪所得的一般性前提：（1）移交的客体是罪犯在请求国境内犯罪时非法获得的、在被请求国境内发现的钱款和物品；（2）移交行为不得损害被请求国或第三人对上述财物的合法权利。移交犯罪所得是被请求国的一项义务，但特殊情况下被请求国可以迟延履行该义务，即当犯罪所得中的钱款和物品对被请求国境内的未决刑事诉讼是必不可少的，被请求国可推迟移交并及时通知请求国。

中国向印尼请求处置涉案财物是一个复杂的问题。移交的物品和材料因请求侧重点不同而分别呈现证据属性或财产属性的倾向性，决定着请求国在现实协助活动中的义务多少和程序繁简。在笔者看来，无论是移交物证书证还是移交犯罪所得，其中所涉物品和材料都具有较高的重合性，又因为两项协助请求对于刑事诉讼活动均具有不同方面的重要意义，中国向印尼请求移交上述物品和材料时，可以考虑将两项请求结合在一起，提高协助请求的效率。

此外，中国向印尼请求移交相关物品或材料，需要注意"没收"在中国法和印尼法语境下的差异，不宜将中国法下"未定罪的没收"等同于《印尼刑事司法协助法》的没收措施，否则容易造成法律适用冲突。承认和执行外国判决作为国际刑事司法协助的重要内容，中国《刑事诉讼法》违法所得没收程序正是适应了这一国际合作潮流，同时基于新时期反腐败工作的现实需要确立缺席审判制度，缺席审判程序下的"定罪后的没收"弥补了违法所得没收程序"未定罪没收"的不足。然而，虽然移管被判刑人相当于是对外国判决执行的规定，但中国《刑法》第10条对承认外国判决作了消极承认的原则性规定，同时通过承认和执行外国判决实现对涉案财物的没收事项，仍属于中国《国际刑事司法协助法》规定的空白

---

① 参见《国际刑事司法协助法》第47条。此外，有学者提出："一般来说，我国法院裁决没收违法所得及其他涉案财物的，应一并请求没收和返还；我国没有裁决没收的，可以先向外国提出没收，再提出返还，也可以一并提出；外国依其国内法已经没收的，我国可提出返还的请求。这里规定的返还包含两个方面的意思：一是对被没收的违法所得及其他涉案财产的返还，属于对第一款规定的没收程序的自然延续；二是包括对被害人合法财产的返还。"（参见王爱立主编：《中华人民共和国国际刑事司法协助法释义》，法律出版社2019年版，第162页）

领域，由此可能会对中国与他国实施刑事司法协助造成一定程度的阻碍。具体而言，虽然《印尼刑事司法协助法》中明确了"协助跟进请求国法院判决"协助事项及相关程序性规定，表面上看这为中国请求印尼承认和执行法院判决提供条件，但由于中国法定的消极承认立场，可能会使得外国在审查我国有关承认和执行法院刑事裁决的协助请求时，产生一定程度的不信任感，基于互惠原则拒绝我国的相关协助请求；再者，由于承认和执行法院裁决并非《中印尼刑事司法协助条约》正面列举的协助事项范围，中国并不具有请求印尼承认和执行中国法院判决的国内法和国际法依据，对中国请求协助处置涉案财物的效率产生不利影响。

（五）移管被判刑人

移管被判刑人有利于保护本国国民的合法权益，当前世界多数国家均达成移管被判刑人的双边条约，主要包括以下几种确立形式：一是国家以国内立法的形式确定移管被判刑人的制度；二是国家在与他国签订双边刑事司法协助条约时增设移管被判刑人的条款；三是国家之间专门签订的移管被判刑人双边条约。[①] 通过回顾中国、印尼刑事司法协助的国内法依据可知，中国以国内立法的形式规定了移管被判刑人的制度[②]，并根据实际需要与外国签订了专门的移管被判刑人双边条约，如《中华人民共和国和泰王国关于移管被判刑人的条约》。比较之下，由于印尼尚未构建起移管被判刑人的法律制度，中印尼之间开展移管被判刑人合作缺乏相应的法定依据。具体而言，《印尼刑事司法协助法》明确将移管被判刑人排除在协助事项范围外[③]，也并未在其他法律中确立移管被判刑人制度，既阻碍了其他国家以移管被判刑人的形式向印尼提出的合作请求，也导致印尼难以为其在他国服刑的国民提供全面而有效的法律保护。据统计，印尼境外的印尼公民活动频繁，不可避免地与当地社区积极互动，并参与社会、经济和法律生活的各个方面，印尼公民在国外犯罪数量也持续增长。有关数据显示，印尼公民在国外参与法律诉讼的人数逐渐增加，其中有四千多名印尼公民在他国被定罪并处以监禁刑；截至2013 年 3 月 1 日的数据显示，印尼的外国囚犯人为 682 人，其中主要涉及毒品犯罪。这样的现实境况促使印尼以外的国家基于人道主义向印尼政府表示愿意开展移管被判刑人的合作，但往往因缺乏相应的法律依据而阻碍了合作的开展。[④]

---

① 参见杨宇冠、吴高庆主编：《〈联合国反腐败公约〉解读》，中国人民公安大学出版社 2004 年版，第 330 页。

② 参见《国际刑事司法协助法》第八章"移管被判刑人"。

③ 参见《印尼刑事司法协助法》第 4 条。

④ Badan Pembangunan Hukum Nasional, Naskah Akademik RUU tentang Pemindahan Narapidana, Jakarta：Badan Pembangunan Hukum Nasional，2014，hal. 1 - 8.

移管被判刑人可能涉及国家或地区之间的刑事司法管辖权让渡，国家之间相对而言较难达成协议。实践中请求移管被判刑人往往以双边条约或协定为国际法依据，并依据严格的刑事司法协助程序开展协助请求、审查和执行活动。然而，由于国家间达成移管被判刑人的双边条约依据不多，请求协助移管被判刑人往往会面临请求依据不足、程序复杂、效率低等现实困境。

（六）中国向印尼请求批准、执行引渡

《联合国打击跨国有组织犯罪公约》和《联合国反腐败公约》是重要的国际法基础。由于处理引渡请求过程中，被请求国以其本国法律规定为处理请求的法定程序依据，因此中国和印尼的相关刑事实体法和程序法规定也是双方处理引渡协助事项的重要国内法基础。研究中国向印尼请求引渡的相关法律制度，参考法律文件主要包括：（1）《中印尼引渡条约》，2018 年生效；（2）全国人大常委会关于批准《中华人民共和国和印度尼西亚共和国引渡条约》的决定；（3）印度尼西亚 2017 年第 13 号法律：批准《中华人民共和国和印度尼西亚共和国引渡条约》及其解释；（4）中国《引渡法》；（5）《印尼引渡法》。

两国开展引渡合作，首先要以双重犯罪原则为衡量可引渡犯罪的原则性标准；其次，可引渡的犯罪类型范围是有限的，主要体现在《印尼引渡法》关于可引渡犯罪的列举式规定上。首先，根据《中印尼引渡条约》，开展协助引渡事项应当遵循有关原则或条件。双重犯罪原则是中印尼开展引渡的首要原则。实践中，为了避免由于各个国家的法律制度和立法技术上的差异从而导致双重犯罪的理解分歧，"国家间的刑事司法协助条约中一般都订立相应条款以表明：在适用双重犯罪原则时被请求国的主管机关独立地根据本国法律对有关犯罪事实的性质和罪名做出判断，只审查有关实施根据本国法律是否构成犯罪，而不问自己所认定的犯罪类型和罪名同请求国所作的认定是否完全相同"[1]，以提高引渡的可实践程度和有效性。《中印尼引渡条约》第 2 条第 3 款对此达成共识，并以两国可引渡的具体犯罪行为为指引，其中包括《印尼引渡法》所明确列举的"可引渡犯罪人的罪行清单"（包括 32 种犯罪行为）[2]。其次，在双重犯罪的前提下，具体考虑以下情形：（1）引渡请求旨在执行司法程序，根据双方法律，该犯罪行为应处以 1 年以上监禁或更严重的刑罚。（2）引渡请求旨在执行已判处的刑罚，被请求引渡人仍必须服刑的刑期至少为自提出引渡请求之日起 6 个月。双方的法律是将该行为归入同一类犯罪

---

① 杨宇冠、吴高庆主编：《〈联合国反腐败公约〉解读》，中国人民公安大学出版社 2004 年版，第 291 页。
② 参见《印尼引渡法》附录部分。

行为，还是用相同的术语拟订犯罪行为，都无关紧要。（3）对被请求移交的人指控的全部行为，在审议时，不应参照双方法律所确定的刑事犯罪的要件。（4）引渡因与税收、海关、外汇监督或其他收入事项有关的刑事犯罪而被通缉的人，不能以被请求国法律不征收相同类型的税收或关税，或者不包含与请求国法律相同的税收、海关或外汇条例为由予以拒绝。（5）政治犯不得被准予引渡。（6）在下列情况下，可以拒绝引渡：被请求国有权根据本国法律对要求引渡的刑事犯罪进行起诉，并且正在或准备对被通缉的犯罪人提起起诉。（7）在不引渡公民的情况下，每一方有权拒绝引渡其公民。①

不同于一般性的刑事司法协助方式，中印尼开展引渡协助时应当通过外交途径联系。② 中国向印尼请求引渡，由外交部作为对外联系机关。引渡请求主要包括两类：一是旨在执行司法程序的引渡请求；二是旨在执行已判处刑罚的引渡请求。就旨在执行已判处刑罚的引渡请求而言，通过引渡执行刑罚判决，涉及限制和剥夺被请求引渡人的人身自由，既顺应跨境追逃追赃的现实需要，也在一定程度上弥补了我国一般性的刑事司法协助事项中对请求协助执行生效法院判决的立法空白。同时，依《中印尼引渡条约》第 15 条及中国《引渡法》第 51 条可知，可引渡对象有二：一是被请求引渡人；二是特定范围内可以请求移交的财物，即请求国提出引渡协助请求时，可以附加请求被请求国协助移交扣押的犯罪所得、犯罪工具以及可作为证据的其他财物，被请求国在同意引渡的情况下移交相关财物给请求国。条约中规定引渡相关财物的，强调相关财物的证据属性，其应归属为执行司法程序的引渡请求，而不属于执行刑罚的引渡请求内容。由此可以看出，通过引渡执行相关刑罚，强调执行限制或者剥夺人身自由的刑罚，而忽略执行财产刑罚，是对判决"有限度的"承认和执行。然而，在执行生效判决的财产刑罚方面，两国刑事司法协助依旧面临立法空白的缺憾，不利于办案机关在追逃的同时实现有效追赃。

五、中国向印尼请求刑事司法协助的障碍

（一）经济发展水平差异

中国和印尼经济发展水平差异程度影响两国间跨境犯罪的类型。以高发的跨国潜逃犯罪类型为例，首先是腐败犯罪。中国涉嫌贪污腐败犯罪的外逃人员往往

---

① 参见《印尼引渡法》第 3~5 章，第 8 章。
② 参见《中华人民共和国和印度尼西亚共和国引渡条约》第 6 条。

不会考虑以印尼为逃往国。究其原因，一方面，印尼相较于新西兰、美国、加拿大等国家经济水平较低，难以成为贪腐外逃者携款外逃"奢靡享乐"的最佳目的地；另一方面，由于中印尼政治互信基础较好、协助体系较为完善，再加上两国的地理距离并不遥远，办案机关前赴印尼侦查抓捕的难度较前述发达国家较小，外逃人员反倒容易被抓捕或者遣返。中国经济发展水平较高，可能成为印尼贪污腐败犯罪外逃人员的出逃国。因此，印尼往往不会成为涉嫌贪腐犯罪外逃人员的首要目的地，但也不意味着没有外逃者潜逃至印尼。其次是电信网络诈骗犯罪在我国国内和跨境犯罪中均呈现高发性态势。其中，电信网络诈骗的跨境犯罪活动中，我国周边的东南亚国家如缅甸、柬埔寨、印尼等成为我国电信诈骗犯跨境犯罪的重要犯罪窝点。不同于实施贪污腐败犯罪后外逃的情形，跨境电信诈骗犯罪强调实施犯罪行为在时间和空间上的跨境，即在境外的犯罪分子依靠现代化技术对我国境内的公民实施诈骗行为，且由于电信诈骗通过技术、成熟的诈骗流程和多层级诈骗人员体系，该犯罪行为具有高度隐蔽性，其实施犯罪行为已经具备相对成熟程度的"技术保障"，因此，犯罪嫌疑人基本上只需要考虑选择犯罪运营成本低的跨境犯罪地点并实施犯罪，即可获得高额犯罪收益。当然，这只是跨境电信诈骗以印尼为犯罪窝点的部分影响因素。以贪腐犯罪和电信网络诈骗犯罪两种犯罪类型为例分析，可以发现，经济发展水平是影响犯罪类型的重要因素，从而可能对刑事司法协助的实践选择具体形式和内容产生影响。

（二）法律制度差异

法律制度差异性是影响协助请求有效性和可操作性的主要因素。结合前文关于两国刑事司法协助程序的分析，将两国刑事司法协助中可能会遇到的法律差异性问题归纳为以下几个方面：

第一，法律概念不一，协助双方容易因对域外国家法律制度的了解不足而产生认知偏差，难以提出既符合对方国家法律概念又能准确实现本国协助请求目的的措施请求。例如，追逃时不可避免地适用限制或者剥夺人身自由的措施，但印尼法的"拘留、逮捕"强制性措施与中国法的"逮捕、羁押"强制措施显然不同。当然，《中印尼刑事司法协助条约》的模糊性规定也为两国落实协助请求提供可磋商空间，只不过在国家主权和司法管辖权基础上，互相协商同样也是对两国法律双向理解的过程，了解协作国的法律制度成为开展刑事司法协助的必要前提和条件。

第二，两国法律体系存在结构性差异。主要体现在两个方面。一方面，历史上长期受荷兰殖民影响，印尼现行国内法律体系主要呈现多元化的特点，既具有大陆法系统一性的传统，也有印尼本土习惯法的因素，同时还包含宗教色彩，并没有建立统一的法律体系。① 举例而言，现行有效的 1999 年《印尼刑法典》在其前言强调了国家和区域之间合作打击犯罪的必要性，符合国际刑事司法协助的时代潮流，然而，通过回溯《印尼刑法典》的发展历史也可以发现，《印尼刑法典》在极大程度上沿袭了荷兰殖民时期的规定，反映出与当下印尼发展所不匹配的文化和价值观，法律多元主义环境下的《印尼刑法典》在修订道路上亦是步履维艰②。再如，随着犯罪活动呈现出复杂化、多样化、技术化和隐蔽化的特点，1981 年《印尼刑事诉讼法》逐渐无法适应当下治理犯罪的需要，因此印尼针对不同犯罪领域陆续出台相关法律，但是均呈现出零碎化的特点，缺乏系统性。犯罪治理离不开系统完善的法律制度建设，打击犯罪并不是独立的执法司法活动，需要多方面的协调统一配合。印尼法律多元主义与其零碎性是并存的，对于其法律适用的统一性和普遍性产生消极影响，也对刑事司法协助的法律理解和法律适用造成一定的困难。

此外，通过观察印尼反腐败领域的犯罪治理和改革可以发现，印尼刑事领域的执法司法效果仍存在较大的进步空间。严峻的腐败现实促使印尼几十年来致力于反腐败治理，从印度尼西亚 1980 年第 31 号法律：《贿赂犯罪行为》到印度尼西亚 1999 年第 28 号法律：《廉洁无腐败、串通和裙带关系的国家组织者法及其解释》、印度尼西亚 1999 年第 31 号法律：《根除腐败犯罪及其解释》以及印度尼西亚 2001 年第 20 号法律：《关于根除腐败的第 31–1999 号法律修正案》，再到印度尼西亚 2002 年第 30 号法律：《消除腐败犯罪行为委员会法》，印尼政府还陆续在其他领域出台关于反腐败的特殊规定，同时还建立反腐败法院、设立治理腐败犯罪的专门机构——反腐败委员会（简称"KPK"）。然而，结合印尼近年来的反腐败成果来看，似乎收效甚微。CPI 发布的清廉报告显示，印尼清廉指数依旧处在较低水平。③ 同时据相关报道，印尼政治、法律和安全事务统筹部长表示印尼正在寻

---

① 黄树标：《中国—东盟反腐败国际追逃追赃的困境与出路》，《社会科学家》2021 年第 7 期，第 114 页。

② 2022 年 12 月初，印尼议会全票通过新的刑法修正案，意图对现行有效的印度尼西亚 1999 年第 27 号法律：《关于危害国家安全罪的刑法修正案》修改，此次印尼刑法修正案的出台也引发了印尼国内的广泛争议。

③ 清廉指数（Corruption Perceptions Index，CPI）在一定程度上反映出国家的公共部门腐败指标。通过观察近三年来印尼的清廉指数可以发现，2023 年、2022 年、2021 年和 2020 年的清廉指数等级分别为 34/100、34/100、38/100 和 37/100，在样本国家中分别位列第 115/180，第 112/180，第 102/179，第 85/180。多年来，全球清廉指数平均水平等级维持在 43 不变，与之相比，过去印尼反腐败领域的努力尚不足以使该国的清廉等级进入全球平均水平之列，反倒有略微倒退和滞后的趋势。参见：https://transparency.am/en/cpi，最后访问日期：2024 年 8 月 8 日。

求司法制度的改革途径，以消除腐败。① 印尼的腐败犯罪治理效果在一定程度上反映出其治理犯罪的薄弱方面。腐败犯罪的系统性使得治理腐败不能仅限于国内治理，还需要在国际合作层面采取全面、系统、可持续的预防和根除措施，将支持政府管理与国际合作共同推进。当前，印尼已经与其他国家建立了相应的反腐败国际合作机制。② 在反腐败领域展开合作，可能成为加强中印尼刑事司法协助的有利契机。

另一方面，因某一方国家缺乏相关协助事项的国内法基础，协助法律依据尚无法满足现实的刑事司法协助需求。例如，我国规定违法所得的特殊没收程序，刑事没收的适用范围不限于刑法关于"没收财产刑"和"没收违禁品"的适用；但印尼现行法并未建立相关制度。又如，《印尼刑事司法协助法》规定"协助和跟进法院判决"是法定协助事项；但中国《国际刑事司法协助法》并未明确将"承认和执行外国判决"纳入刑事司法协助事项中，并且，刑事司法协助事项中虽然存在"承认和执行外国判决"的因素，但也只是有限度的承认和执行，财产刑罚的执行依然处于法律规制的空白领域，体现出我国消极承认外国判决的立场，即虽然允许外国承认和执行我国法院判决，但原则上否认我国对外国法院判决的承认和执行。由此，不利于中印尼在互惠原则的基础上开展协助，容易导致协作请求被拒绝。再如，关于移管被判刑人的协助事项，我国有相应的国内法依据，但印尼并无相关的国内法依据，再加上双边协助条约并未约定该事项，该协助事项也就缺乏了国际法和印尼国内法依据。

（三）双边协助条约的可利用性不高

两国开展刑事司法协助活动的主要国际法依据是《中印尼刑事司法协助条约》，该条约签订于 2000 年，并于 2006 年生效。随着跨国犯罪渐趋多样化，国际追逃追赃的工作也面临更严峻的挑战，两国开展刑事司法协助的频次逐渐增加，国际协助的实践中也反映出一些问题，主要体现在以下两个方面：

第一，双边协助条约内容缺位。具体包括两方面：一是《中印尼刑事司法协助条约》的模糊、概括性规定无法为两国协助执法、司法机关提供具体详细的执行规定，再加上两国法律制度的差异，协助事项缺乏可实践性。二是本应顺应刑

---

① 参见《印尼寻求通过制度改革以消除司法腐败》，https：//www.chinanews.com.cn/gj/2022/09 - 27/9861935.shtml，最后访问日期：2023 年 8 月 24 日。

② "印尼反腐败委员会设有资产追查与返还小组，与美国联邦调查局、英国严重欺诈调查办公室、澳大利亚总检察长办公室等 20 余家外国反腐败机构签署了合作协议，参加了 30 余种反腐败国际合作机制。"参见冉刚、辛美庆：《反腐败需要国际间通力合作》，《中国纪检监察报》2019 年 4 月 28 日，第 4 版。

事司法协助潮流而存在协助事项的现实缺位。例如，追捕犯罪嫌疑人时，可以采取哪些限制人身自由的强制性措施；又如，为了移交书证、物证或犯罪所得，采取搜查、扣押等措施的程序性规定；再如，协助采取措施移交犯罪所得时，具体可以采取哪些措施，被请求国能否就犯罪所得提出资产分享。可以说，条约协助内容的宽泛性看似为中印尼协助进一步提供了空间，但协助实践中往往会借由缺乏具体法律依据而拒绝协助请求。因此，《中印尼刑事司法协助条约》的内容滞后于两国刑事司法协助的现实需要，要么是尚未规定和涉及相关协助事项内容，要么是有规定但缺乏具体可操作化的内容。适时更新双边协助条约，将已有协助事项具体化，有利于减少协助双方因法律制度差异而产生的认知偏差，提高双边协助条约的可利用性和可实践度，这是促进和深化两国刑事司法协助的应然方向。

第二，协助程序繁杂。这是将一般刑事司法协助程序与警务合作程序比较而言的，主要体现在请求协助的程序和侦查方式多样性两个方面。其一，一般刑事司法协助程序主要包括申请、审查和执行三大环节，其中层层上报审批和移交外国审查的程序过于繁杂。以条约协助事项的"查找和辨认人员"为例，该协助事项主要涉及侦查机关通过调查取证找到犯罪嫌疑人所在地、犯罪窝点并抓捕犯罪嫌疑人。一般情况下，办案机关依据中国《国际刑事司法协助法》关于请求协助一般事项的程序规定，由办案机关准备申请协助材料上呈至对外联系机关，并由对外联系机关交由印尼的法律和人权部审查请求材料，对是否应补正材料或者是否提供协助予以回复，若同意执行协助请求的，交由相关执行机关"查找和辨认人员"；当然，办案机关也可以通过警务合作的信息平台分享机制向印尼警务机构提出合作事项，查找和辨认有关人员并获取其有效信息。从获取相关人员信息的效率上看，警务合作借助警务机构的信息共享平台及时获取信息，从而避免了一般刑事司法协助中因涉及多部门审批和移交而带来的复杂程序（主要体现在申请阶段的向上审批和对外移交请求环节），国家间开展刑事司法协助的沟通渠道也得以拓展。其二，国家之间实施一般刑事司法协助，侦查方式受限于委托协查，办案机关难以有效采取措施调查取证和追逃追赃。依据一般刑事司法协助条约开展刑事司法协助，基于互相尊重国家主权和司法管辖权的原则，一般采取委托侦查方式调查取证，办案人员仅具有"在场权"。而在警务合作中，侦查机关可以视具体情况采取委托协查或者联合侦查的方式，其中，联合侦查是在国家协商同意的前提下，有限度地在他国直接开展联合侦查活动，办案机关得以在必要情形下及时采取侦查措施。警务合作机制下协作方式具有多元和灵活的特点，其请求程序较一般刑事司法协助也更为简单，相应地，警务合作更符合跨境调查取证和追逃犯罪嫌疑人的现实需要。

六、中国向印尼请求刑事司法协助的完善建议

结合两国经济发展水平、法律制度、社会文化的客观差异，要坚持多种合作渠道理念，通过拓宽多方面合作渠道，为刑事司法协助提供协调统一、多方位的合作条件和长效机制。具体而言，国内制度与国际合作机制的衔接是基础和前提，从而在系统完善的宏观框架下讨论相应具体对策。

（一）完善我国国内法律

完善刑事司法协助体系，需要协调个案协助攻坚与长效机制建立同步推进，国内法律基础应当及时紧跟相关国际条约进程，以实现国际法律依据同国内法律依据的有效衔接，国内制度与国际合作机制内外并举，有效打击犯罪和追逃追赃。我国国内法律制度体系要紧跟双边协作机制的步伐，通过明确建立承认和执行外国判决的刑事司法协助制度，弥补现有制度下追缴和没收违法所得及其他涉案财物的缺憾，构筑起系统完善的刑事司法协助体系。

首先，根据没收财产二分法理论（划分为"未定罪的没收"和"定罪后的没收"），我国违法所得没收程序指向"未定罪的没收"；而"定罪后的没收"涉及对刑事判决的承认和执行，在我国并无明确的国内法依据。回顾我国违法所得没收程序的立法背景，2011 年因"李华波案"[①] 中国与新加坡开展了刑事司法协助，为了追缴犯罪嫌疑人在海外的大量违法所得创设了国外作证和违法所得没收程序等国际追逃追赃的协助制度。就违法所得没收这一特殊程序的创设背景而言，个案追逃追赃的现实需要似乎是推进违法所得没收程序的重要动力，"因案立法"的刑事司法协助制度完善路径反映出法律条文的制定相对滞后于实践需要。此后，在国家大力"打虎拍蝇"的反腐败斗争中，一些腐败分子为逃脱法律和纪律制裁，潜逃境外，给司法机关追究其刑事责任和没收其违法所得造成现实困难。相应地，缺席审判程序适应了新时期反腐工作的必然要求，以我国法院刑事判决为依据向外国提出没收违法所得及其他涉案财物的请求，得以回避依违法所得没收程序在未确定刑事责任的前提下没收涉案财产的程序正当性质疑，适当分离境外追逃与境外追赃两个实践难题，以便最大限度地实现打击犯罪的目的。由此可知，特殊犯罪的违法所得没收程序指向"未定罪的没收"，在中印尼刑事司法协助中缺乏双

---

① 参见《李华波被遭遣返细节曝光：检察官首次在国外刑事法庭作证》，http://news.jcrb.com/jxsw/201505/t20150510_1504164.html，最后访问日期：2023 年 8 月 24 日。

边协助的国际法依据和印尼国内法依据；缺席审判程序所涉及的财产没收属于"定罪后的没收"，虽然弥补了违法所得没收程序的正当性质疑，但在中印尼刑事司法协助中，只有存在明确的承认和执行外国判决的中国国内法依据，两国才可能基于互惠原则实现对涉案财物的有效处置。

其次，我国具备承认和执行外国判决的规范基础和价值导向，但同时消极承认的立场并不利于我国开展相关合作，尤其体现在财产刑罚方面。具体而言，通过前文对引渡与移管被判刑人的阐述，可以发现，引渡和移管被判刑人在不同程度具备承认和执行外国判决的因素。一方面，旨在执行已判处刑罚的引渡请求虽然倾向于对罪犯人身自由的限制与剥削，但实质上是对外国判决的有限的承认和执行。另一方面，移管被判刑人可以被简单概括为将被判刑人从判刑国移交到接收国的刑事司法协助活动，被判刑人的服刑地由判刑国转移到接收国，执行国对被判刑人执行刑罚体现了执行国对于判刑国刑事判决的有限度的承认和执行。中国《国际刑事司法协助法》虽然未明确将"承认和执行外国判决"列入我国的狭义刑事司法协助的事项范围中，但第55至66条关于我国与外国双向移管被判刑人的规定足以体现出中国《国际刑事司法协助法》在一定程度上允许"对外国判决的承认和执行"因素的存在，并允许适用于我国与外国开展刑事司法协助的过程中。与此同时，回顾印尼关于没收财产的规定，印尼明确将定罪后的没收确定为法定刑事协助事项，并以刑事判决为前提。因此，我国认可外国对我国刑事判决的承认和执行但消极承认和执行外国刑事判决的立场，不利于中印尼在互惠原则下开展涉及承认、执行刑事判决内容的协助活动。

基于《中印尼刑事司法协助条约》尚未约定关于承认和执行外国判决的协助事项，当中国确有必要请求印尼承认和执行中国法院判决时，两国可以基于互惠原则，通过进一步协商开展有效合作，但同时该请求能够依法提出和执行的必要前提是我国有相应的国内法依据。由此，我国建立与财产刑罚有关的承认和执行外国刑事判决的刑事协助制度具有必要性。在不修改《中印尼刑事司法协助条约》的基础上，承认和执行外国刑事判决不属于法定协助事项，并不会因此而被滥用，反而有利于坚持消极承认和执行外国判决的立场，即我国在必要时不通过双边协助条约，而是基于互惠原则向印尼提出相关协助请求，同时也能够掌握启动承认和执行刑事判决程序的选择权与主动权。

（二）完善双边协助条约

及时更新和细化《中印尼刑事司法协助条约》内容，以符合跨境追逃追赃的现实需要。坚持协助条约务实化是基于提出协助请求的有效性不高、现有双边协助条约可利用性不高的具体现实问题而提出的完善方向。为了增强条约的可利用性和可执行性，需要以完善和细化执行标准为目标。具体而言包括以下几个方面：其一，双方通过协商确定条约中尚未规定的事项内容。该措施的实现难度较大，主要原因在于一些没有被确定为协助事项的内容，同时还缺乏相应的国内法依据，如承认和执行外国法院刑事判决（中国无明确的国内法依据）和移管被判刑人制度（印尼无明确的国内法依据）。其二，针对条约中已有约定但约定内容较为笼统，缺乏具体指导的事项，双方可展开进一步磋商，将概括性条约具体化。由于这类事项具有良好的协商基础，只需要通过双方国家在各自国内法框架下共同将抽象规定具体化，以避免法律认识的混乱。由此，针对将概括性条约事项具体化这一完善方向，有两种可行模式：一是及时修改和更新《中印尼刑事司法协助条约》内容；二是在现有双边协助条约框架下，针对具体犯罪领域，在现有的刑事执法司法合作和交流机制下另行达成具体化合作协议。

　　加强执法司法机关间的具体协作也是完善双边协助条约的重要路径。在双边协助条约的框架基础上，将协助事项的具体规定具象化，这是提高和促进条约可利用性的重要环节。一方面需要两国统筹式协商，结合中国刑事法体系和印尼刑事法体系，对具体程序性措施的执行标准作进一步解释规定，也可以针对具体犯罪领域签订相关深化合作的双边协议；另一方面，依据刑事诉讼不同阶段的协助事项内容，两国相应的办案机关可以就协助条约事项的执行措施具象化，提高执行规定的可操作性，必要时还可以在互相信任的基础上达成简化协作程序的约定，主要以合作谅解备忘录或双边合作协议的形式出现。有学者针对不同司法机关之间直接协助的形式作理论划分①，笔者认为可以在此理论基础上，结合中印尼刑事司法实践需要，通过推进中国与印尼司法机关交流合作积累司法协助的实践经验，办案机关由此达成直接协作的具体协议依据。其一，审判机关之间的直接合作主要涉及送达文书和征询有关人员同意作证或协助请求国进行调查两种协助事项。其二，检察机关之间的直接合作主要涉及调取证据和获得有关人员的陈述、送达文书、执行搜查和扣押请求，并移交书证物证、征询有关人员同意作证或协助请求国进行调查等协助事项。其三，公安机关（警察机关）之间的直接协作事项范围极其广泛，既要调查取证又要追逃追赃。此外，还有监察机关、国家安全机关等办案机关所涉及的协助事项，在此便不一一罗列。

---

① 参见马进保：《国际犯罪与国际刑事司法协助》，法律出版社 1999 年版，第 138－140 页。

（三）简化协助程序

为了促进协助条约务实化，既要以完善条约具体执行标准为导向提高条约的可利用性；也要提高其在刑事司法协助中的利用率，即辅之以制度保障，通过简化协助程序促进条约的实际运用，而不至于使其被"束之高阁"。通过借鉴警务合作模式，尝试建立区域性执法司法协助机制，简化协助程序。具体而言，针对一般刑事司法协助申请、审批程序繁杂的问题，考虑在中国—东盟层面建立区域性的执法司法协助机制，在一般刑事司法协助基础上善用警务合作，更好地融合运用两种执法司法合作机制。不同于全球范围的协作机制（如国际刑警组织），区域性的协作机制涵盖范围较小，相应地，容易达成协作意向。必要情况下开展符合中国—东盟跨境犯罪现实情况和追逃追赃的具体领域合作，如电信网络诈骗犯罪、拐卖人口犯罪和毒品犯罪。由此形成区域性的协调合作机制，并简化区域内刑事司法协助程序。

具体到警务合作领域，可以以区域警务为例，即以"联合侦查"理论为基础，建立中国与东盟的联合侦查或执法机构。"联合侦查是由两个或两个以上国家共同进行侦查活动，尽管在执行过程中各国各司其职，但目标是一致的。不同于国际协查中协查国独立依法进行侦查活动，联合侦查由各国共同进行。"[1] 在警务合作深度全球化的背景下，有针对性地针对区域内跨国犯罪活动的具体犯罪类型建立合作机制，简化协作程序，提升行动效率，针对特殊犯罪领域形成打击犯罪的深度合力，维护区域安全稳定，为促进经济文化交流营造良好的区域环境。当前，东盟地区已建立起东南亚警长协会、东南亚国家警察协会，可以考虑适时与东盟区域警务机构构建起相应的中国—东盟的区域警务合作机制。借助此平台，一方面，信息共享和情报交换更为准确和及时；另一方面，区域性合作的程序得以简化，提高追逃追赃效率。当然，以联合侦查为基础开展区域性的协作机制具有一定的现实难度，还可以在个案协作的基础上逐步探索联合侦查的协作模式，适当地突破一般刑事司法协助中的委托协查，借助深度合作平台简化协助程序。

本章小结

法律制度实体或者程序上的差异容易导致被请求国因对请求国法律制度和法律问题了解不清或存在误解而拒绝协助请求；或者，请求国因在制作请求协助材

---

[1] 杨宇冠、吴高庆主编：《〈联合国反腐败公约〉解读》，中国人民公安大学出版社2004年版，第406页。

料时不了解被请求国法律制度和特殊规定而导致请求事项难以实现。① 这是两种因法律制度差异化致使在请求国与被请求国之间可能存在的"双向认识障碍"。为了避免前述问题的出现，需要准确把握前文关于中国向印尼请求刑事司法协助的具体程序事项内容，既要从请求国的角度出发准确了解印尼相关法律文件和特殊规定，提高请求文书的准确性和请求事项可执行性；还要从被请求国印尼的角度考虑两国法律制度的差异性，在提出协助请求时尽可能对我国相关法律制度做好补充、解释工作，以免被请求国对我国法律制度及具体请求产生认识偏差，提高协助请求的有效性。本章梳理了中国和印度尼西亚开展刑事司法协助的宏观背景、协助经验成就、法律制度基础，以及双边刑事司法协助的程序性规定。其中，关于中国向印尼请求刑事司法协助的程序分析是本章的主体部分。其目的是试图发现中国向印尼请求刑事司法协助过程中的特殊方面的特殊规定，以此减小因两国法律制度差异而造成的双方法律制度及特殊规定的认知偏差，提高刑事司法协助请求的准确性和有效程度。

通过中印尼刑事司法协助现状可以发现，受跨境犯罪类型、条约自身局限性以及警务合作优势等多重因素的影响，警务合作是中印尼跨境追逃追赃的重要合作方式，当然，警务合作与一般刑事司法协助是相辅相成的，只有将两种机制融合运用才能更好地实现打击犯罪的目标，尤其需要激活一般刑事司法协助的可利用性，发挥一般刑事司法协助在跨境追逃追赃的活力，因此需要坚持国内制度与国际合作机制内外并举的实施策略，还要坚持促进《中印尼刑事司法协助条约》务实化的完善方向。

---

① 参见陈磊：《国家监察体制改革背景下职务犯罪境外追逃追赃长效机制构建》，《刑法论丛》2018 年第 4 卷，第 129 页。

第二章
中国向马来西亚请求刑事司法协助

　　马来西亚（Malaysia）位于亚洲大陆和东南亚群岛的衔接地带，国土被南海分隔成东、西两部分。西马位于马来半岛南部，北与泰国接壤，南与新加坡隔柔佛海峡相望，东临南海，西濒马六甲海峡。东马位于加里曼丹岛北部，与印尼、菲律宾、文莱相邻。人口3300万（2023年），其中马来裔70%，华裔22.7%，印度裔6.6%，其他种族0.7%。马来语为国语，通用英语，华语使用较广泛。伊斯兰教为国教，其他宗教有佛教、印度教和基督教等。①

　　马来西亚历史上曾受多种外族文化统治，先后由葡萄牙、荷兰、英国、日本统治，因此是多元文化的国家。二战后英国殖民政府欲建立马来亚联合邦，1946年马来人成立巫统组织进行反对运动，1948年成立马来亚联合邦，1957年8月马来亚联合邦宣布独立。直至1963年9月16日，马来亚联合邦同新加坡、沙捞越、沙巴合并组成马来西亚（1965年8月9日新加坡退出）。受英国殖民统治影响，马来西亚国家体制基本仿效英国的制度，实行议会内阁制，是君主立宪联邦制国家。②

　　1974年5月31日，两国共同发表了《中华人民共和国政府和马来西亚政府关于两国建立外交关系的联合公报》，正式建立外交关系。③ 自建交后，两国在平等、互信、互利的基础上，在政治、经济、文化、教育、防务及其他领域建立了友好和实质性的关系。高层互访和接触频繁。

　　1999年5月31日，两国在北京签署《中华人民共和国政府和马来西亚政府关于未来双边合作框架的联合声明》。在21世纪即将来临之际，两国在相互信任、

---

① 《马来西亚国家概况》，https：//www.mfa.gov.cn/web/gjhdq_676201/gj_676203/yz_676205/1206_676716/1206x0_676718/，最后访问日期：2023年8月31日。

② 米良编著：《东盟国家宪政制度研究》，云南大学出版社2006年版，第169-170页。

③ 《中华人民共和国政府和马来西亚政府联合公报》，https：//www.mfa.gov.cn/web/gjhdq_676201/gj_676203/yz_676205/1206_676716/1207_676728/200011/t20001107_7985405.shtml，最后访问日期：2023年9月17日。

相互支持的基础上建立全方位的睦邻友好合作关系，扩大在相关领域的友好互利合作，如促进双方执法机关之间的合作和相互协助，在交换刑事信息和预防、打击有组织跨国犯罪、经济犯罪、走私毒品和精神药物、走私武器和炸药、贩卖人口以及其他犯罪活动方面建立更密切的联系。①

2004 年 5 月 31 日，在两国建交三十周年之际，应时任国务院总理温家宝的邀请，马来西亚时任总理阿卜杜拉·艾哈迈德·巴达维于 2004 年 5 月 27 日至 31 日对中国进行了正式访问，两国共同发表了《中华人民共和国与马来西亚联合公报》，进一步发展中马关系，积极推进两国战略性合作关系。②

应马来西亚时任最高元首阿卜杜勒·哈利姆陛下邀请，国家主席习近平于 2013 年 10 月 3 日至 5 日对马来西亚进行国事访问。2013 年 10 月 5 日，两国在吉隆坡发表《中华人民共和国和马来西亚联合新闻稿》，一致同意将中马战略性合作关系提升为全面战略伙伴关系，两国在各领域合作迈上新台阶。③

2023 年 3 月 31 日，马来西亚总理安瓦尔来华访问期间，两国就共建中马命运共同体达成共识，开启两国关系新的历史篇章。④

近年来，中国有不少贪腐官员逃往马来西亚，该国已逐渐成为我国犯罪分子出逃的目的地或中转地；亦有不少犯罪分子通过境外网络诈骗，侵犯我国公民的合法利益。双方合作打击跨国犯罪的重要性和紧迫性不断提升。2015 年 11 月 23 日，两国签署了《中华人民共和国政府和马来西亚政府关于刑事司法协助的条约》，这是中国向马来西亚请求刑事司法协助的重要法律依据。在此之前，两国还共同加入了多项包含刑事司法协助条款的国际公约，共同发表了地区性联合声明，但研究发现两国的刑事司法协助水平并不高，合作成果也不突出。当前两国正处于追求实现更加紧密的命运共同体的新时期，需要打造更为细致的刑事司法协助体系，以促进两国的稳定发展及维护本国的司法权威。

---

① 《中华人民共和国政府和马来西亚政府关于未来双边合作框架的联合声明》，https://www.mfa.gov.cn/web/gjhdq_676201/gj_676203/yz_676205/1206_676716/1207_676728/200011/t20001107_7985403.shtml，最后访问日期：2023 年 9 月 17 日。

② 《中华人民共和国与马来西亚联合公报》，https://www.mfa.gov.cn/web/gjhdq_676201/gj_676203/yz_676205/1206_676716/1207_676728/200405/t20040531_9298172.shtml，最后访问日期：2023 年 9 月 17 日。

③ 《中华人民共和国和马来西亚联合新闻稿》，https://www.mfa.gov.cn/web/gjhdq_676201/gj_676203/yz_676205/1206_676716/1207_676728/201310/t20131005_9298175.shtml，最后访问日期：2023 年 9 月 17 日。

④ 《习近平会见马来西亚总理安瓦尔》，https://www.mfa.gov.cn/web/gjhdq_676201/gj_676203/yz_676205/1206_676716/xgxw_676722/202303/t20230331_11052760.shtml，最后访问日期：2023 年 9 月 17 日。

一、中国向马来西亚请求刑事司法协助的历史与成绩

两国在打击跨国犯罪和境外追逃追赃等刑事司法合作领域有着共同的目标，在双方共同签订的国际公约和双边条约以及国际文件基础上，鼓励两国互信互利、加强合作。目前，在互相尊重国家主权的前提下，两国之间的刑事司法协助取得了较多成果。公开信息显示，两国之间的刑事司法协助实践主要集中在禁毒、打击电信诈骗、经济犯罪和和追逃追赃等领域。

（一）两国禁毒合作成果

毒品是人类公害，毒品问题威胁人类健康、安全、福祉及社会发展进步。在2002年11月4日通过的《中国与东盟关于非传统安全领域合作联合宣言》中，两国已经意识到加大打击贩毒力度的重要性，并将打击贩毒作为非传统安全领域合作的重要内容。通过大数据分析，出境的贩毒路线八成集中在深圳至东南亚航线，马来西亚已成为毒品出境主要目的国。[1] 两国加强禁毒合作有现实必要性。

2010年4月，根据中国台湾地区警方的协查请求，中国公安机关经过海量的数据分析比对，协助中国台湾地区和马来西亚警方成功查获毒品"一粒眠"184万粒。该案成为中国台湾地区和马来西亚历年（截至2010年4月）打击毒品走私之最。[2]

2012年5月5日，在马来西亚警方和国内有关部门配合下，福建、广东两地公安机关禁毒部门成功破获了"JDB1102"走私贩毒案，抓获犯罪嫌疑人12名（其中马来西亚3名、香港3名），缴获冰毒26千克，查扣奔驰、宝马等高档轿车5辆，缴获毒资50多万元，成功摧毁了一条跨中马两国走私贩毒的通道。[3] 该案为国家禁毒委公布的2012年全国禁毒十大案件。

2016年11月30日，广州海关与马来西亚海关开展跨国联合查缉行动，成功侦破一宗代号"BW377"走私毒品大案，摧毁以郑某、李某为首的"以贩养吸"一体的走私毒品犯罪团伙，查获涉嫌走私的甲基苯丙胺（冰毒）18公斤，抓获涉案人员8名。此案的告破是海关开展国际禁毒执法合作并与地方公安禁毒部门联合办案的成功案例，实现了"全链条"打击毒品犯罪，[4] 具有很强的典型意义。

2017年5月3日，广州海关以及地方公安部门与马来西亚、印度尼西亚海关

---

[1] 吕绍刚、汪绍文：《缉毒"鹰眼"让毒品无处藏身》，《人民日报》2015年6月25日，第17版。

[2] 张年亮：《缉毒民警必须要有直面生死的胆魄》，《人民公安报》2015年6月29日，第7版。

[3] 唐琳：《国家禁毒委公布2012年全国禁毒十大案件》，《人民公安报》2013年1月15日，第4版。

[4] 《广州海关侦破跨国走私毒品大案》，http://www.nncc626.com/2017-04/26/c_129574446.htm，最后访问日期：2023年8月31日。

开展禁毒国际执法合作，破获一起跨国走私毒品系列案，一举打掉一个西非籍跨国走私贩毒团伙，缴获冰毒近 56 公斤，抓获境内外嫌疑人 16 名。① 该案中三国开展国际执法合作、信息互通是案件得以顺利侦破的关键所在。

解决毒品问题非一国之力所能为，禁毒国际合作是我国对外执法安全合作中起步较早、合作较深、成果较丰硕的领域，是禁毒工作的重点和亮点之一。② 两国之间的禁毒合作加强了双方的政治互信，为双方进一步开展其他领域的合作奠定了基础。

（二）两国打击电信诈骗成果

信息通信技术给社会带来诸多便利，在管理、经济、商贸以及社会福利等领域发挥重要作用的同时，也被不法分子用作犯罪的手段。随着《区域全面经济伙伴关系协定》的签署和生效，两国经贸合作的不断推进，双方人员、经济的往来也日益频繁，导致中马之间跨境电信诈骗频发。两国之间必须加大打击电信诈骗力度，维护两国的社会秩序和人民群众的财产权益。

2012 年 5 月 23 日，在公安部的直接指挥下，中国大陆和台湾两岸警方联手泰国、马来西亚、印尼、柬埔寨、斯里兰卡、斐济等 6 国采取集中统一行动，成功摧毁了一特大跨国跨两岸电信诈骗犯罪集团。在泰国、马来西亚抓获的 126 名大陆地区犯罪嫌疑人于 2012 年 5 月 24 日分两批被押解回国。这次集中统一行动在两岸及东盟、南亚和大洋洲 6 国同时开展，成功摧毁境外电信诈骗窝点 35 处，进一步巩固了两岸和 6 国警务合作的基础，扩大了联手打击犯罪的领域和范围，拓展了警务合作的深度和广度。③

2013 年 4 月，中国公安部赴马来西亚工作组联手马来西亚警方，在吉隆坡成功打掉了一个实施跨国网络交友、婚骗的诈骗犯罪团伙，抓获尼日利亚籍犯罪嫌疑人 14 名，缴获手机、笔记本电脑、银行卡等作案工具一批，相关犯罪嫌疑人由马来西亚进行审查起诉工作。④ 该案犯罪分子主要的犯罪对象为中国大陆、台湾及澳大利亚女性，通过联合执法充分维护了我国公民的人身和财产权利。

2014 年 12 月 16 日，两国警方联手对电信诈骗窝点实施捣毁和抓捕行动，共

---

① 《中、马、印尼三国海关联手捣毁一跨国走私贩毒团伙》，http：//www.nncc626.com/2017 - 06/15/c_129633537.htm，最后访问日期：2023 年 8 月 31 日。

② 《禁毒国际合作：起步早　合作深　成果丰》，http：//www.nncc626.com/2014 - 11/18/c_127225242.htm，最后访问日期：2023 年 8 月 31 日。

③ 《"11·29"特大跨国跨两岸电信诈骗犯罪集团第三批犯罪嫌疑人今日被押解回国》，https：//www.mps.gov.cn/n2253534/n2253535/c4142410/content.html，最后访问日期：2023 年 8 月 31 日。

④ 《中马两国警方联手行动成功摧毁特大跨国网络交友、婚骗犯罪团伙　抓获尼日利亚籍犯罪嫌疑人14名，捣毁诈骗窝点4个》，https：//www.mps.gov.cn/n2253534/n2253535/c4232636/content.html，最后访问日期：2023 年 8 月 31 日。

摧毁电信诈骗窝点 5 个，抓获犯罪嫌疑人 57 人（台湾 32 人、大陆 25 人），现场缴获了大量诈骗用网关、路由器、电话机、诈骗剧本等作案工具。马来西亚警方将 57 名犯罪嫌疑人分别移交中国大陆和台湾警方，同时，马方派出警力协助陕西省工作组押解犯罪嫌疑人到达中国境内。这是陕西公安首次出境打击电信诈骗犯罪。①

2016 年 3 月，在公安部指挥协调下，广东省珠海市公安机关通过国际警务合作渠道，与马来西亚警方联手，成功捣毁在马来西亚的 5 个针对我国公民的电信诈骗窝点，共计抓获境内外犯罪嫌疑人 117 人，其中从马来西亚遣返 97 人。该系列案件主要作案手法是冒充公、检、法机关工作人员进行电信诈骗，涉及案件 100 余起，涉案金额巨大，被害人遍及 20 余个省区市。② 该案被最高人民检察院列为检察机关加强侦查监督典型案例。

2016 年 8 月，湖北襄阳公安机关在侦办一起电信网络诈骗案时发现，多个以台湾人为主的电信网络诈骗团伙在马来西亚设立窝点，冒充大陆公检法机关等疯狂对我国大陆群众实施诈骗。该案得到公安部高度重视，将其列为全国打击治理电信网络新型违法犯罪专项行动挂牌督办案件。③ 在中国驻马来西亚大使馆的积极协调下，专案组联手马来西亚警方先后采取三次联合行动，共抓获 74 名犯罪嫌疑人（其中台湾 21 人、大陆 53 人），缴获电话座机、电脑、语音网关、对讲机、诈骗剧本等一批作案工具，初步核实犯罪嫌疑人冒充公检法机关等进行电信诈骗 500 余起。④ "荆盾二号"电信诈骗案是中华人民共和国成立以来，湖北警方抓获台湾籍犯罪嫌疑人最多的一次执法行动，也是湖北查获的最大一起跨国系列电信诈骗案。⑤ 该案是由公安部指挥，在马来西亚警察总署配合下破获的跨国系列电信网络诈骗案，是一起比较有代表性的台湾电信网络诈骗案件。

2017 年 5 月，根据中方提供的线索，马来西亚警方在马六甲州抓获电信网络诈骗犯罪嫌疑人 21 名。2017 年 7 月 13 日，在中国驻马来西亚大使馆的全力协调和马来西亚警方的支持下，两国警方开展集中收网行动，一举捣毁电信网络诈骗犯罪窝点 2 个，抓获犯罪嫌疑人 27 名，缴获涉案银行卡、电脑等一大批作案工具，破获冒充公检法类电信诈骗案件 70 余起，涉案金额 100 余万元人民币。2017 年 8 月 24 日，44 名中国籍犯罪嫌疑人由我国公安机关押解回国，其他 4 名犯罪嫌疑人

① 姜峰：《25 名犯罪嫌疑人从境外押解回陕》，《人民日报》2015 年 1 月 3 日，第 4 版。
② 《检察机关加强侦查监督典型案例》，《检察日报》2016 年 11 月 7 日，第 3 版
③ 《湖北警方跨国端掉 4 个电信诈骗团伙》，《法制日报》2017 年 9 月 4 日，第 3 版。
④ 《74 名电信网络诈骗犯罪嫌疑人从马来西亚被押解回国》，https://app. mps. gov. cn/gdnps/pc/content. jsp？id=7442579，最后访问日期：2023 年 8 月 31 日。
⑤ 《湖北侦破特大跨国系列电信诈骗案》，https://www. mps. gov. cn/n2255079/n4876594/n5104076/n5104080/c5560919/content. html，最后访问日期：2023 年 8 月 31 日。

由马来西亚作进一步审查处理。①

电信网络诈骗严重侵害人民群众财产权益，影响社会秩序。两国始终保持对电信诈骗犯罪的高压打击，不断加强国际合作，坚决把犯罪分子绳之以法，维护人民群众的合法权益。

（三）两国打击经济犯罪和追逃追赃成果

2014 年 1 月 15 日，《中国共产党第十八届中央纪律检查委员会第三次全体会议公报》要求"加大国际追逃追赃力度"②。2014 年 10 月 28 日，《中共中央关于全面推进依法治国若干重大问题的决定》再次强调，要"加强反腐败国际合作，加大海外追逃追赃、遣返引渡力度"③。2015 年 11 月 25 日，第九届中国—东盟成员国总检察长会议以"国际追逃追赃合作"为主题在南宁开幕，④ 会中两国就遣返腐败犯罪嫌疑人和资产返回等领域务实合作问题进行了深入的讨论。开展国际追逃追赃合作，大力打击经济犯罪，已经是两国的共识。

2010 年 6 月，经过中国警方和马来西亚警方的执法合作，潜逃境外两年多的重大经济犯罪嫌疑人龚印文、范洁聪在马来西亚落网并被押解回国。⑤ 龚、范二人被成功缉捕回国，是中国打击外逃重大经济案犯的又一成果，表明中国与其他国家和地区之间国际执法合作更加密切。任何企图逃避惩罚的犯罪嫌疑人，无论躲到哪里，都难逃法律的制裁。⑥

2013 年 9 月，在中国外交部门和马来西亚等国执法部门的大力协助下，公安部部署开展赴马来西亚缉捕外逃经济犯罪嫌疑人境外集中缉捕行动，先后在马来西亚抓获涉嫌诈骗犯罪潜逃长达 13 年之久的辽宁逃犯李某、边某，涉嫌贷款诈骗 3.5 亿元的河北逃犯李某，涉嫌骗取国家出口退税的江苏逃犯张某等 8 人，在泰国、菲律宾分别抓获从马来西亚潜逃而来的山东逃犯刘某、甘肃逃犯张某，10 名重大外逃经济犯罪嫌疑人均被遣返回国。此次境外集中缉捕行动充分展示了国际执法合作的成效，表明了中国警方境外追逃的坚定信心和决心。⑦

---

① 《44 名电信网络诈骗嫌疑人被警方从马来西亚押解回国》，https://www.chinacourt.org/article/detail/2017/08/id/2981653.shtml，最后访问日期：2023 年 8 月 31 日。

② 《中国共产党第 18 届中央纪律检查委员会第三次全体会议公报》，《人民日报》2014 年 1 月 16 日，第 1 版。

③ 《中共中央关于全面推进依法治国若干重大问题的决定》，《人民日报》2014 年 10 月 29 日，第 1 版。

④ 李阳：《第九届中国—东盟成员国总检察长会议在南宁开幕》，《人民法院报》2015 年 11 月 26 日，第 1 版。

⑤ 郭世锋：《重大经济犯罪嫌疑人龚印文、范洁聪被抓捕归案》，《济南日报》2010 年 6 月 26 日，第 2 版。

⑥ 林靖：《国际刑警组织发布红色通缉令 两名嫌疑人被缉捕回国》，《北京晚报》2010 年 6 月 27 日，第 4 版。

⑦ 《公安部"境外追逃"重拳出击 我警方组织开展赴马来西亚缉捕经济犯罪外逃嫌疑人集中行动取得重大战果抓获重大外逃经济犯罪嫌疑人 10 名 涉案金额累计 5 亿元》，https://www.mps.gov.cn/n2253534/n2253535/c4233247/content.html，最后访问日期：2023 年 8 月 31 日。

非法集资类犯罪严重扰乱正常金融秩序,严重危害国家经济安全,极易引发社会风险。2015年5月,陕西省西安市公安局经侦专案组在中国驻马来西亚大使馆、警务联络官以及马来西亚警方的密切配合下,将非法集资、诈骗敛财涉案金额近30亿的犯罪嫌疑人施某缉拿归案。[①] 2016年3月,公安部"猎狐"行动工作组在马来西亚成功将重大经济犯罪外逃人员时某缉捕归案。[②]

中国贪官较为集中的逃往地除美国、加拿大、澳大利亚等西方发达国家外,泰国、缅甸、柬埔寨、马来西亚等周边国家也是不少外逃人员的首选地。2015年4月22日国际刑警组织中国国家中心局集中公布的"百名红通人员名单",2012年12月外逃至马来西亚的詹再生位列其中。[③] "百名红通人员名单"发布后,在马来西亚当地警方的密切配合下,詹再生于2015年10月2日被缉捕到案。[④] 缉捕分为国外缉捕和国内缉捕。国外缉捕通常需要在外交部、公安部和驻外使馆的协调配合下,与逃犯发现地国家的司法执法部门通力合作。[⑤] 该案被公安部列为"猎狐2015"10大典型案例。

(四) 两国打击其他跨国犯罪成果

在打击其他类型跨国犯罪中,两国通力合作,同样取得了相应成果。

2015年4月,连云港警方经过长达半年的缜密侦查、跨国追踪、严密布控,成功抓获马来西亚籍犯罪嫌疑人陈某(化名),破获公安部经侦局2015年1号督办的连云港"10·10"特大网络传销案,刑事拘留传销组织高层领导人员10名,冻结涉案资金2600余万元,缴获大量银行卡、网银U盾、笔记本电脑等作案工具。[⑥]

2018年6月至7月,按照公安部"云端行动"和广东省公安厅"利剑行动"工作部署,在公安部经侦局统一指挥下,广东公安机关出动200余名警力组成10个行动组展开统一收网行动,在马来西亚、广东、福建和山东等地同步破案、同步抓捕。行动全链条摧毁了运营已久的跨境窃取银行卡磁条信息犯罪和非法从事跨境支付业务的犯罪网络,共抓获犯罪嫌疑人47名,查获被窃取的银行卡磁条信

---

① 魏哲哲:《"驻外警务联络官"在行动》,《人民日报》2016年2月3日,第19版。

② 《公安部"猎狐"行动成功抓获2名重大经济犯罪外逃人员》,http://www.gov.cn/xinwen/2016-03/24/content_5057455.htm,最后访问日期:2023年8月31日。

③ 赵立荣:《百名红通人员名单》,《方圆》2019年第3期,第34-35页。

④ 《从68个国家和地区追回外逃人员863人 "百名红通"19人到案》,https://www.ccdi.gov.cn/special/lcqh/jjqh_lcqh/201601/t20160111_72484.html,最后访问日期:2023年8月31日。

⑤ 《"百名红通人员"30人到案,都是怎么追回来的?》,https://www.ccdi.gov.cn/toutiao/201606/t20160625_124877.html,最后访问日期:2023年8月31日。

⑥ 《连云港破获公安部2015年1号督办传销大案 虚拟货币发展会员超3.6万名 马来西亚籍传销头目被抓获》,《中国防伪报道》2015年第6期。

息 105 万余条、作案电脑 5 台、境外 POS 机 38 个、新型银行卡磁条信息侧录器 5600 余个，据初步估算涉案金额 10 亿余元。[①]

2018 年 8 月，在"净网 2018"专项行动中，山东济宁成功侦破"12·15"跨境特大网络传播淫秽物品牟利案。通过深挖"九月直播"色情网络直播平台犯罪事实，警方抓获犯罪嫌疑人 62 人。犯罪嫌疑人分布在全国 16 个省份及马来西亚、缅甸、泰国等国家。[②]

2018 年 11 月至 2019 年 12 月，邹某等人共同出资招募李某等多人在马来西亚设立窝点，实施网络荐股诈骗活动。邹某系主犯，李某是重要同案犯。在案件办理过程中，检察机关通过对邹某适用认罪认罚从宽制度，打开案件办理突破口，邹某向检察机关提供李某在马来西亚的联系方式，并最终促成劝返李某主动回国投案。[③] 该案体现了劝返在案件办理过程中的具体运用。

（五）两国加强执法合作机制的构建

两国建立禁毒合作机制。两国禁毒部门签订了部门间禁毒合作文件，并建立了年度专题禁毒会晤机制。同时，中国积极参与建立和完善了东亚次区域"六国七方"禁毒合作谅解备忘录（MOU）、东盟＋中国禁毒合作机制（ACCORD 机制）等多边机制。[④] 2015 年签署《中华人民共和国公安部禁毒局和马来西亚皇家警察肃毒局合作议定书》以来，两国禁毒部门始终保持密切配合，在情报线索核查、调查取证、执法合作等方面不断取得务实进展。[⑤]

两国建立警务联络官合作机制。自 1998 年公安部经批准首次向中国驻美使馆派出警务联络官（截至 2016 年 2 月），公安部在驻美国、加拿大、泰国、马来西亚、德国、英国等共计 31 个国家、36 个驻外使领馆派驻了 62 名警务联络官。在维护国家安全和社会稳定、打击跨国犯罪及保护中国公民海外安全利益等方面，警务联络官发挥着至关重要的作用，提高了两国的国际执法合作水平。[⑥]

两国建立部级执法会晤机制。自 2002 年中国与东盟共同发表《关于非传统安全领域合作联合宣言》以来，中国公安部与东盟各国执法部门携手并进，不断深

---

① 王清波、李喆：《广东打掉特大跨境窃取银行卡磁条信息团伙》，《人民公安报》2018 年 7 月 24 日，第 4 版。

② 王沛：《山东济宁破获跨境特大网络传播淫秽物品牟利案》，《人民日报》2018 年 8 月 21 日，第 11 版。

③ 卢志坚、任留存、葛明亮：《南通崇川：主犯认罪后，劝返境外同案犯》，《检察日报》2021 年 2 月 27 日，第 2 版。

④ 张年亮：《利剑出鞘，"黄金水道"再现昔日繁荣——中国和东盟各国禁毒执法安全合作成效显著》，《人民公安报》2015 年 10 月 24 日，第 4 版。

⑤ 《第四届中马禁毒合作会议在宁夏举行》，http://www.nncc626.com/2018－08/08/c_129929140.htm，最后访问日期：2023 年 8 月 31 日。

⑥ 魏哲哲：《"驻外警务联络官"在行动》，《人民日报》2016 年 2 月 3 日，第 19 版。

化各领域务实合作，为促进地区和平、稳定与繁荣发挥了积极作用。中国与马来西亚等东盟国家建立了年度部级执法会晤机制，并与马来西亚签订了部门间打击跨国犯罪合作文件，① 提高了国际执法合作的效率。随着中国国际地位的提高，国际警务合作也越来越顺畅。②

虽然近年来两国在国际刑事司法协助实践方面取得了一些成果，但是由于两国经济、文化水平及制度等存在差异，两国的刑事司法协助实践仍有较大完善空间。

二、中国向马来西亚请求刑事司法协助的依据

除了两国参加的中国—东盟区域性国际文件（参见绪论）以外，还有以下内容作为中国与马来西亚开展刑事司法协助的依据。

（一）两国共同加入的国际公约

两国共同缔结的国际公约详见下表。

表 2-1　中国和马来西亚共同缔结的国际公约

序号	名称	中国加入时间	马来西亚加入时间
1	《关于在航空器内的犯罪和犯有某些其他行为的公约》	1978 年 11 月 14 日	1985 年 3 月 5 日
2	《关于制止非法劫持航空器的公约》	1980 年 9 月 10 日	1985 年 5 月 4 日
3	《关于制止危害民用航空安全的非法行为的公约》	1980 年 9 月 10 日	1985 年 5 月 4 日
4	《关于防止和惩处侵害应受国际保护人员包括外交代表的罪行的公约》	1987 年 8 月 5 日	2003 年 9 月 24 日
5	《反对劫持人质国际公约》	1992 年 12 月 28 日	2007 年 5 月 29 日
6	《联合国海洋法公约》	1996 年 6 月 7 日	1996 年 10 月 14 日
7	《联合国禁止非法贩运麻醉药品和精神药物公约》	1989 年 10 月 25 日	1993 年 5 月 11 日
8	《制止恐怖主义爆炸的国际公约》	2001 年 11 月 13 日	2003 年 9 月 24 日
9	《制止向恐怖主义提供资助的国际公约》	2006 年 4 月 19 日	2007 年 5 月 29 日
10	《联合国打击跨国有组织犯罪公约》	2003 年 9 月 23 日	2004 年 9 月 24 日
11	《联合国打击跨国有组织犯罪公约关于预防、禁止和惩治贩运人口特别是妇女和儿童行为的补充议定书》	2009 年 12 月 26 日	2009 年 2 月 26 日
12	《联合国反腐败公约》	2005 年 10 月 27 日	2008 年 9 月 24 日

注：表格中资料来源于国际民航组织官网：https：//www. icao. int/secretariat/legal/List% 20of% 20Parties/Tokyo_ EN. pdf；联合国公约网：https：//treaties. un. org/Pages/Home. aspx？ clang =_ en。

---

① 周斌：《猎狐 2015 从东盟抓获 190 名嫌犯》，《法制日报》2015 年 10 月 23 日，第 5 版。
② 秦珍子：《猎狐行动》，《中国青年报》2014 年 9 月 17 日，第 12 版。

（二）两国签署的双边条约和其他双边文件

为巩固中国和马来西亚之间的友好合作关系及进一步深化两国在司法领域的合作，中国政府和马来西亚政府于 2012 年 8 月 2 日在北京签订了《中华人民共和国政府和马来西亚政府关于打击跨国犯罪的合作协议》（以下简称《协议》）。① 《协议》共计 18 条，分别规定了合作范围、协议主管机关、交换情报信息、交流经验、执法合作、技术装备合作、人员培训合作、费用承担、知识产权保护、保密措施、合作请求的拒绝等事项。《协议》的规定虽然缺乏针对性及具体性，但是它为中国和马来西亚开展刑事司法协助工作奠定了制度基础。

为了进一步拓展中国和马来西亚之间在跨境犯罪领域的刑事司法合作，中国和马来西亚以尊重双方主权和平等互利的原则为前提，于 2015 年 11 月 23 日两国正式签订了《中华人民共和国政府和马来西亚政府关于刑事司法协助的条约》（以下简称《中马刑事司法协助条约》）。② 《中马刑事司法协助条约》共计 26 条，分别规定了中马刑事司法协助的范围、协助的限制、协助请求的内容与执行、协助的拒绝、协助的费用等内容。《中马刑事司法协助条约》第 1 条列举了刑事司法协助的范围，主要包括获取相关证据、查找并就有关人员作证作出必要安排、对相关涉案物品及场所进行勘验或检查、对犯罪所得及犯罪工具采取查封或扣押等强制措施、送达文书及其他不违背被请求国法律的其他形式的协助事项。③ 与此同时，《中马刑事司法协助条约》分别在第 10~20 条中详细规定了上述司法协助事项的具体开展方式。《中马刑事司法协助条约》的签订为中国向马来西亚请求刑事司法协助提供了具体化指引，这将有利于提升两国刑事司法协助效率并将有效推进两国间的刑事司法协助进程。

在 2018 年 8 月 20 日中马两国发表的联合声明中，明确表示两国均致力于建设廉洁社会，双方同意加强反腐倡廉合作，继续提升在执法安全和反恐领域的合作水平等。④ 虽然两国政府之间联合发表的声明或者公报不具有法律约束力，但却具有鲜明的政策导向，为两国之间建立刑事司法协助体系奠定了政治基础。

---

① 《中华人民共和国政府和马来西亚政府关于打击跨国犯罪的合作协议》，http：//treaty. mfa. gov. cn/web/detail1. jsp? objid =1531877000222，最后访问日期：2023 年 8 月 31 日。

② 《中华人民共和国政府和马来西亚政府关于刑事司法协助的条约》，http：//treaty. mfa. gov. cn/web/detail1. jsp? objid =1535421495664，最后访问日期：2023 年 8 月 31 日。

③ 《中马刑事司法协助条约》第 1 条第 2 款。

④ 《中华人民共和国政府和马来西亚政府联合声明》，https：//www. mfa. gov. cn/web/gjhdq_ 676201/gj_ 676203/yz_ 676205/1206_ 676716/1207_ 676728/201808/t20180821_ 9298177. shtml，最后访问日期：2023 年 8 月 31 日。

（三）两国国内法

本书绪论已经对中国国内法进行统一论述，此处不再赘述。马来西亚涉及国际刑事司法协助的国内法有以下内容。

相较于其他东盟国家，马来西亚已经建立起相对完善的刑事司法协助法律体系。① 马来西亚比较高发的跨境犯罪主要包括贩毒、武器、贩卖妇女和儿童、非法移民、海盗和恐怖主义犯罪等。为了打击这些训练有素且组织严密的跨境犯罪分子，马来西亚议会通过了一系列单行立法，这些法律中均有涉及国际刑事司法协助的内容。马来西亚于1984年通过的《航空犯罪法》第16条提到了国际刑事法律援助事项；1988年通过的《危险药品法》规定了对涉案财产进行没收的程序事项；1992年通过的《引渡法》，较为全面地规定了引渡措施。

1992年《马来西亚引渡法》共十个部分：第一部分对本法涉及的专有名词进行了解释，第二部分对引渡罪行进行解释，第三部分规定了引渡的条件，第四部分规定了引渡程序，第五部分规定了文莱、新加坡的特别引渡程序，第六部分规定了对在审逃犯的引渡，第七部分规定对外国请求引渡，第八部分规定人身保护令和复审，第九部分附则，第十部分明确旧引渡法律的废止。

为了推进国际刑事司法协助的有效进行，马来西亚议会对国际刑事司法协助进行了专项立法。2002年，马来西亚颁布了《马来西亚刑事司法协助法》（第612号法），该法案分为三部分：第一部分对本法涉及的专有名词进行了解释，第二部分规定了马来西亚向外国请求刑事司法协助的具体事项，第三部分规定了外国向马来西亚请求刑事司法协助时，马来西亚如何进行审查的相关问题。该法律旨在规范马来西亚与其他国家之间进行刑事司法协助的具体事项。2003年，马来西亚出台了《刑事司法互助条例》，意在促进《马来西亚刑事司法协助法》的有效实施。

三、中国向马来西亚请求刑事司法协助的程序

中国向马来西亚请求刑事司法协助，首先应了解马来西亚对他国提出刑事司法协助的程序要求，这对于满足我国办案机关的预期至关重要。引渡请求的提出应当依据《马来西亚引渡法》，其他请求的提出应依据《马来西亚刑事司法协助法》和《中马刑事司法协助条约》的规定。

---

① Baizura Kamal, International Cooperation Mutual Legal Assistance and Extradition, Sixth Good Governance Seminar for Southeast Asian Countries, 2012, p. 85.

（一）引渡请求的提出、接收和处理

1992 年《马来西亚引渡法》为马来西亚引渡程序提供了法律依据。马来西亚内政部部长是引渡事务的主管机关，总检察长审查引渡请求并向内政部部长请求咨询意见。[①]《马来西亚引渡法》第 6 条对"引渡罪行"有着明确规定：包括财政犯罪（fiscal offences）在内的根据他国和马来西亚法律可处一年有期徒刑或死刑的行为；犯罪行为为故意犯罪、教唆犯罪。从上述规定可以看出，马来西亚严格遵守双重犯罪标准。

《马来西亚引渡法》第 8 条对应当拒绝引渡的情形进行了规定，主要包括：政治犯不引渡；引渡请求基于种族、宗教、国别、政治见解；被请求引渡人可能因种族、宗教、国别、政治见解、性别或者身份等方面原因遭受不公正待遇；根据请求国法律，罪行已过追诉时效等。马来西亚在遵守政治犯不引渡的同时，对政治犯的范围进行了限制。《马来西亚引渡法》第 9 条列举了下列罪行不得视为政治性质的犯罪：对国家元首或者其直系亲属人身及生命构成的犯罪；根据刑事司法协助多边条约或者双边条约的规定不视为政治性质的罪行；以上罪行的教唆犯及共犯。

马来西亚法院对引渡案件的审理是根据当事人提交的宣誓书及请求国提交的证据进行的，且开庭法院有权接受任何其他证据，以证明逃犯不应被移交。[②] 在开庭法院发出拘押令后，逃犯可向高等法院申请人身保护令。[③] 上述申请将由高等法院法官审理，根据高等法院法官的决定，受害方可就上述决定向联邦法院提出上诉，并由联邦法院作出最终裁决。[④] 引渡请求应以书面形式提出，并通过外交途径发出。一份完整的引渡请求书应当包括请求国针对逃犯签发的逮捕证、逮捕逃犯的细节、该逃犯被指控或被定罪的证据、依据的法律等内容。

（二）其他刑事司法协助请求的提出、接收和处理

《马来西亚刑事司法协助法》第 17 条第 1 款规定了如果外国与马来西亚签订了刑事司法协助条约，则马来西亚应当接收该司法协助申请。第 19 条第 1 款和第 2 款规定了外国向马来西亚提出刑事司法协助的请求应当通过外交渠道向马来西亚总检察长提出。第 3 款规定了刑事司法协助请求应当包括：（1）请求的目的及所需协助事项的性质；（2）提出请求机关的名称；（3）如果该项请求涉及严重犯罪的相关人员或者涉及追缴跨境犯罪有关的财产问题，应当注明相关人物或者财产

---

① 《马来西亚引渡法》第 5 条。
② 《马来西亚引渡法》第 19 条第 2 款。
③ 《马来西亚引渡法》第 36 条。
④ 《马来西亚引渡法》第 37 条。

的具体信息并且应当陈述对此产生怀疑的理由。

具体而言，对具体刑事犯罪的描述，应当说明其最高刑罚；说明请求国希望马来西亚在执行司法协助请求时应当遵循的程序细节；对于签发没收令的事项，应当注明具体的起诉时间；说明请求国对于马来西亚关于司法协助请求保密性的要求及理由；如果请求涉及从马来西亚出境的个人，应当说明该个人有权获得的补贴及其在请求国内住宿安排及安全保障；马来西亚与请求国之间签订的司法协助条约的其他补充性规定。但该条强调，请求国不遵守以上规定的行为不得作为马来西亚方拒绝协助请求的理由。因此，我国向马来西亚提出刑事司法协助请求时应当遵循《马来西亚刑事司法协助法》的相关要求，即我国相关机关制作的司法协助请求书应当涵盖以上内容，否则不论是形式上还是内容上的缺失，都将影响马来西亚对该项司法协助请求的执行。

国际刑事司法协助有利于打击跨境犯罪，但在国际间进行刑事司法协助时也应当将尊重国家主权原则和保障人权原则贯彻到底。《马来西亚刑事司法协助法》第20条规定了马来西亚拒绝提供司法协助的具体情形包括以下几种情况：（1）请求国违背双方司法协助条约规定的内容；（2）请求事项根据马来西亚立法涉及政治犯罪；（3）请求事项根据马来西亚立法构成军事犯罪；（4）有充分的证据表明该项司法协助请求是请求国基于种族、宗教、性别、民族、国籍歧视而对相关人员提起的；（5）该项请求对某人涉及的侦查、起诉、审判活动已经被外国司法机关起诉、定罪、处罚或者赦免的；（6）该项请求针对某人作为或者不作为的侦查、起诉及审判，根据马来西亚法律不构成犯罪的；（7）请求所涉及的犯罪事实未达到严重性程度的；（8）所请求的事项可以通过其他途径获得的；（9）提供司法协助将对马来西亚主权、安全、公共秩序及社会利益造成损害的。除此之外，本条还规定了若马来西亚总检察长认为提供该项司法协助将会威胁他人安全或者对马来西亚造成过多的司法资源浪费时，总检察长可以拒绝执行该项刑事司法协助请求。① 为了维护国家主权及保护社会公共利益，被请求国可以拒绝提供司法协助是国际刑事司法协助的一项普遍原则。

《马来西亚刑事司法协助法》第21条列举了下列罪行不得视为政治性质的犯罪：（1）对国家元首或者其直系亲属人身及生命构成的犯罪；（2）根据刑事司法协助多边条约或者双边条约的规定不视为政治性质的罪行；（3）以上罪行的教唆

---

① 《马来西亚刑事司法协助法》第20条。

犯及共犯。① 因此，我国向马来西亚提出司法协助请求时应当根据《中马刑事司法协助条约》及《马来西亚刑事司法协助法》的规定准备请求书，尽可能地降低被马来西亚相关机关拒绝执行请求的概率。需要作出特别说明的是，此处的"政治犯"是指根据请求国法律或者被请求国法律所请求的司法协助事项涉及政治性质的犯罪。为了打击跨境犯罪，促进社会和平与稳定，各个国家间愿意针对普通刑事犯罪进行协助，但是由于各国经济发展水平及政治形态的不同，"政治犯不引渡"已经成为国际刑事司法协助的一项普遍原则。为防止被请求国以"政治犯不引渡"为借口而拒绝进行司法协助，我国与他国签订的司法协助条约中都对"政治犯"的概念进行了明确说明。

虽然我国与马来西亚缔结的双边刑事司法协助条约中对中国向马来西亚请求刑事司法协助的请求书应当载明的事项作出了相关规定，但是在具体的刑事司法请求实践中，为了便于被请求国马来西亚方对于请求书的审查，我国应当尽可能地满足被请求国对于请求书的要求。请求书的制作与提出是中国向马来西亚请求刑事司法协助的第一关，因此规范制作请求书具有重要意义。

根据马来西亚中央机关总检察长的要求，中国向马来西亚请求刑事司法协助的请求书应当由请求机关证明其已取得国内有效授权且该司法协助请求是根据《中马刑事司法协助条约》向马来西亚总检察长提出的。

首先，请求书应当表明请求的性质及请求的目的。具体而言，请求书应当说明此项请求涉及的具体协助事项并对申请对象的个人详情如出生日期、年龄、职业、护照号码、该申请对象涉及的犯罪可能被判处的最高刑罚及适用的法律条文作出完整表述。通过阐述司法协助请求的具体类型来说明该项请求的目的，比如该项请求旨在对犯罪嫌疑人提起刑事诉讼或者是为执行没收令而需要获取相关证据等。

其次，提出请求时请求机关应当作出承诺。请求机关应当承诺该项请求所涉及的侦查、起诉行为并非针对政治犯罪、军事犯罪；承诺该项请求并非基于种族、宗教、血统、民族偏见而提起；承诺该项请求涉及的当事人并非已经被请求国赦免、宣布无罪或者已经受到刑事处罚。

最后，提出请求时请求机关应当说明所需要的具体帮助并对以下事项予以明确。第一，请求马来西亚总检察长落实对证人宣誓的审查确认。第二，请求机关应当详细说明所要搜查、扣押物品的特征及属性并提出对该物证采取强制措施的理由。第三，请求机关应当说明所需书证的详细情况及所在位置，并说明该项书证

---

① 《马来西亚刑事司法协助法》第 21 条。

证对于该项请求的重要价值。第四，请求机关应当对来自马来西亚的证人及嫌疑人在中国期间的安全与住宿问题等作出承诺。第五，请求机关应当承诺对证人采取不公开作证的方式，因为不公开作证有利于保障证人的合法权益。

四、中国向马来西亚请求刑事司法协助的内容

我国向马来西亚请求刑事司法协助时，不但要遵守国际条约的规定，而且要根据被请求国马来西亚相关法律的规定承担权利义务。因此，在讨论中国向马来西亚请求刑事司法协助的主要内容时，应当一分为二地进行。一方面应当满足我国国内立法要求，另一方面应当全面考察马来西亚相关法律，只有切实了解被请求国对于刑事司法协助的相关规定，才能更有针对性地提出刑事司法协助请求书，以应对被请求国的审查。

（一）送达文书

刑事诉讼法的任务是惩罚犯罪和保障人权，而这二者的实现都需要犯罪嫌疑人、被告人及诉讼参与人的配合。司法行政机关为了查清犯罪事实，必须取得案件相关人员的配合。因此，司法行政机关只有及时向犯罪嫌疑人、被告人及诉讼参与人送达文书，才能保障当事人的诉讼权利和义务，才能有效推进刑事诉讼法的进程。根据司法主权原则，一个国家的法律仅在本国领域内有效，一个国家的办案机关不能到其他国家执法。送达诉讼文书属于执法行为，如果需要向本国领域外的当事人送达文书，则需要向外国办案机关请求司法协助。

《马来西亚刑事司法协助法》第48条规定了对他国送达文书司法协助请求的审查机关及具体执行程序。[①] 外国的有关当局可以请求马来西亚司法部部长协助其向在马来西亚的人送达诉讼文书。司法部部长在收到司法协助请求后，如符合以下情况，可授权按照本条送达法律程序：（1）该请求涉及在规定的外国发生的刑事事项；（2）有合理的理由相信被送达的人在马来西亚境内；（3）规定的外国机关已注明了关于不遵守该程序的后果的充分细节，且如果请求涉及送达传票在规定的外国出庭作为证人，该规定的外国已承诺，该人不会因为不接收传票而受到任何处罚或责任，不论传票中是否有相反的规定。

（二）请求调查取证

犯罪事实清楚，证据确实充分，是我国刑事案件的证明标准。为了查清案件事实，办案机关获取的证据必须符合客观性、关联性、合法性。在国际刑事司法协助案件中，由于犯罪嫌疑人或者诉讼参与人及相关证据在境外，因此我国需要

---

① 《马来西亚刑事司法协助法》第48条。

向外国请求调查取证。

相较于我国国际刑事司法协助立法，马来西亚对于协助外国进行调查取证的事项并未在其立法中予以总括性的规定，但其规定了马来西亚协助调查取证的相关程序及具体协助事项应当遵循的规范。

根据《马来西亚刑事司法协助法》第22条第1款，由马来西亚总检察长对来自外国适当机构提出的关于协助调查取证的请求进行审查。如果总检察长根据第1款作出协助请求国调查取证的授权，则具体执行法官应该按照以下程序执行请求：（1）证人宣誓：保证其所陈述的证言与在违反马来西亚法律情况下所提供的证据一致；（2）在证人宣誓后，将其所作证言形成书面形式并提交总检察长；（3）无论请求国规定的诉讼当事人或其法定代表人在场还是缺席，诉讼均可进行；（4）根据第2项进行诉讼时，涉外刑事案件嫌疑人、诉讼参与人及请求国有关机关均可以委托律师代为诉讼；（5）第2项所述的证明书应当载明涉外刑事诉讼当事人或其法定代表人是否出席法庭；（6）强制相关人员出庭提供证据、回答问题或者提供涉案物品的程序应当符合本法规定；（7）根据本条进行的诉讼程序中，可以将经证明的外国法律豁免书作为证明书中所列事项的初步证据；（8）根据本条所进行的诉讼程序中所取得的任何证据不得用于其他程序，但对该证据作伪证或者涉嫌藐视法庭罪的情形除外。由此可知，马来西亚对于国际刑事司法协助的主管机关是总检察长，但对于获取、固定证据等具体执行事项，由马来西亚总检察长授权相关法官根据马来西亚的刑事诉讼程序执行。

根据《马来西亚刑事司法协助法》第39条，马来西亚可以协助请求国定位或者识别涉案人员。马来西亚收到请求国提出的请求后，司法部部长可根据本法授权提供书面协助。司法部部长应将该请求提交马来西亚的有关当局。有关当局应尽其所能，定位或识别与该请求有关的人，并应将所采取行动的结果通知司法部部长。司法部部长收到有关信息后，应当通知规定的外国的有关机关。本条所述的涉案人员是指犯罪嫌疑人、被告人、被害人、刑事附带民事诉讼的当事人及证人等相关诉讼参与人。我国在向马来西亚提出请求调查取证的司法协助请求时，应当尽可能地明确相关人员的身份、外貌特征，并辅以照片、视频等，以便马来西亚相关机关准确定位及识别。此处涉及的有关机关是指马来西亚警察机关，因此，我国参与调查取证的相关人员应当尽量熟悉《马来西亚警察条例》，以便更高效地同马来西亚警方进行沟通交流。

（三）请求安排证人作证或者协助调查

惩罚犯罪、保障人权是刑事诉讼的基本价值，而刑事诉讼基本价值的实现应当以查明案件真相为前提，查明案件事实的过程也就是对案件相关证据进行审查判断的过程。我国刑事诉讼立法将证据分为物证、书证、证人证言、鉴定意见等种类，其中证人证言及鉴定意见对于查清案件事实具有重要的作用。根据我国刑事诉讼立法，证人、鉴定人主要通过提供书面意见、远程协助、到庭作证三种方式参与刑事诉讼。我国与马来西亚签订的双边刑事司法协助条约中规定了安排人员去请求国作证①、移送在押人员去请求国作证②、视频会议取证③三种作证或协助作证的方式。

《马来西亚刑事司法协助法》第 27 条规定了向马来西亚请求相关人员出境作证或者协助调查的有关事宜。④ 外国执行请求的具体机构可以请求其司法部部长协助安排马来西亚人在规定的外国出席，以便就规定的外国的刑事事项提供证据或协助。如律师认为该司法协助请求已经满足以下条件时，司法部部长可根据请求国的请求协助安排该人前往规定的外国。具体如下：（1）请求涉及外国严重犯罪的犯罪事项；（2）有合理的理由相信，有关人员有能力提供与犯罪事项有关的证据或协助；（3）与会者已按要求自由同意参加；（4）有关当局已就第 3 款所指的事项作出充分的承诺。有关当局应作出的承诺的事项是：（1）不得就该当事人因涉嫌在离开马来西亚之前犯的违反外国国家法律的罪行而被拘留、起诉或处罚；（2）不得就该人在离开马来西亚之前发生的任何作为或不作为而提起任何民事诉讼；（3）不得对请求涉及的刑事事项以外的外国犯罪事项提供证据或者协助；（4）作证或者协助调查的有关事宜完成后，该人将按照司法部部长同意的安排返回马来西亚。

《马来西亚刑事司法协助法》第 28 条规定了马来西亚请求囚犯或者被拘留人员出境作证或者协助调查的具体程序。马来西亚司法部部长可协助安排将相关人员转移到特定的场所羁押，以便将该人员从马来西亚运往规定的外国，并由规定的外国有关当局拘留，并要求该人员出庭作证。在外国有关当局进行完司法程序后，该人员应当立即由外国的有关工作人员羁押到马来西亚境内，并由授权的马来西亚司法人员接替监管，该人员应继续接收转移羁押之前被判处的监禁或拘留。与此同时，外国的有关当局应当作出承诺：（1）承担并负责转移监管权的所有费用；（2）在移交期间保持合法羁押；（3）在其出席规定的外国庭审后，立即将其送回马来西亚羁押。

---

① 《中马刑事司法协助条约》第 13 条。
② 《中马刑事司法协助条约》第 14 条。
③ 《中马刑事司法协助条约》第 16 条。
④ 《马来西亚刑事司法协助法》第 27 条。

（四）请求查封、扣押、冻结涉案财物

在刑事诉讼中，查封、扣押、冻结涉案财产是为了查清案件事实，证明犯罪人有罪、无罪或者罪轻而采取的一项重要的强制性措施。中国《国际刑事司法协助法》对我国向外国请求查封、扣押、冻结涉案财物的程序性事项作出了明确规定，意在根据属人管辖原则、属地管辖原则及保护管辖原则，打击中国公民在国内犯罪脱逃至国外、在外国领域内对我国及我国公民犯罪以及将在境内的违法所得转移至国外等跨国犯罪情形，以及时固定证据、查清案件事实并防止犯罪嫌疑人、被告人转移、隐匿财产而逃避赔偿责任。

《马来西亚刑事司法协助法》第35条规定了马来西亚协助外国进行搜查、扣押涉案财物的具体程序。司法部部长可根据请求国的要求，通过搜查或扣押的方式协助取得任何物品。凡在收到刑事司法协助的请求后，司法部部长确信：请求涉及外国严重犯罪的刑事司法协助事项；有合理的理由相信，该请求所涉及的物品与刑事司法协助事项有关，并且位于马来西亚，司法部部长或其指示的授权人员，可根据第36条，就司法部部长所指明的物品，向法院申请发出搜查令。外国对由马来西亚金融机构监管的任何物品提出第36条所指的搜查令申请，均须向高等法院提出。

根据第35条所指的司法协助请求，法院可发出搜查令，授权相关人员进入并搜查司法部部长指定的处所。但需要符合以下前提条件：（1）有合理理由怀疑请求中指定的人已犯下或已受益于外国请求协助的严重罪行。（2）有合理的理由相信该项申请所涉及的事项不论其本身或者与其他事项一起，都可能对提出请求的刑事司法协助事项具有重大价值；但不得包括受法律特权约束的物品；且法院确信，签发逮捕令并不违反公众利益与善良风俗。① 凡获授权人员在执行根据第36条发出的搜查令进入处所时，其可扣押并保留搜查令所指明的任何物品，但享有法律特权的物品除外。获授权的人员可拍摄或复制扣押的任何物品。除非司法部部长另有指示，否则须立即将该物品或该照片或副本送交有关请求国当局。

（五）请求没收、返还违法所得及其他涉案财物

《马来西亚刑事司法协助法》第31条对协助强制执行外国没收令作出了规定。规定的外国有关当局可请求司法部部长协助执行在规定的外国针对马来西亚财产提起的任何司法诉讼中作出的外国没收令；或在规定的外国国家已经或将要提起的司法程序中，可以发出外国没收令，以协助限制任何有合理理由相信的违法财

---

① 《马来西亚刑事司法协助法》第36条。

产交易位于马来西亚，该命令可以被反对强制执行。

《马来西亚刑事司法协助法》第 32 条规定了马来西亚对外国没收令的登记程序。司法部部长或经其授权的人可向高等法院申请登记外国没收令。高等法院可根据请求国的申请，登记外国没收令。没收令生效后，请求国不得对该当事人再次提出上诉（通过撤销判决而提起的任何法律程序，以及要求重新审判或暂缓执行）。如该没收令所涉当事人需要在请求国的刑事诉讼程序中出庭，则在其收到有关该法律程序的通知时应该为其预留足够的时间，以充分保障其辩护权且保证在马来西亚执行该命令不会损害司法公正。如果高等法院认定该当事人已经通过执行监禁刑或者通过其他方式接受了惩罚，高等法院可以撤销对外国没收令的执行。

因此，根据马来西亚以上法律要求，我国向马来西亚请求执行没收令时应当在请求书中声明：（1）我国已经在规定的外国境内提起司法诉讼，但尚未结束，或者应当提起司法诉讼；（2）外国没收令已生效，不受上诉的约束；（3）根据外国没收令应支付的全部或一定数额在规定的外国仍未支付，或者根据外国没收令可收回的其他财产在规定的外国仍未收回。

（六）中国向马来西亚请求批准、执行引渡

外国向马来西亚请求批准、执行引渡请求的程序是：马来西亚内政部部长收到临时逮捕令的请求或者引渡请求后，向皇家警察通报该项请求，并通过皇家警察找到逃犯。在确认逃犯所在地点后，逃犯将被皇家警察送交治安法院，继而由治安法院将案件移交给开庭法院进行审理。通过法庭审理，确定移交命令后，由总检察长办公室向请求国通知该移交决定，负责接收逃犯的请求国工作人员应当提供详细的授权资料。总检察长办公室收到上述材料后，通知内政部部长发出移交令。在收到内政部部长下达的移交命令后，总检察长办公室将与皇家警察及请求国共同协商移交的时间、地点。协商一致后，总检察长办公室将协助请求国进行逃犯移交（图 2-1）。

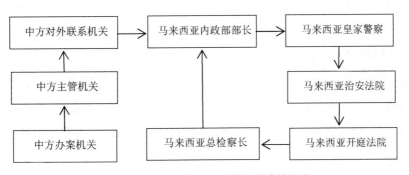

图 2-1　中国向马来西亚请求引渡的程序

五、中国向马来西亚请求刑事司法协助的障碍

虽然两国之间签订了双边刑事司法协助条约，并开展了较为丰富的刑事司法协助实践，但中国向马来西亚请求刑事司法协助在理论层面和实践层面上仍存在障碍。主要表现在以下几个方面：

（一）两国刑事司法协助条约内容不完善

中国向马来西亚请求刑事司法协助面临的首要问题是两国之间签订的刑事司法协助条约内容欠缺完备性。笔者将通过整理理论上国际刑事司法协助涉及的主要事项及《国际刑事司法协助法》规定的刑事司法协助事项，对《中马刑事司法协助条约》规定的刑事司法协助事项作出对比分析。

表 2 - 2　中国与马来西亚刑事司法协助内容对比

对比事项	具体内容
理论上国际刑事司法协助涉及的主要事项	1. 协助提供犯罪情报；2. 协助逮捕犯罪嫌疑人；3. 协助进行特殊侦查措施；4. 协助获取证人证言；5. 协助提供物证、书证、鉴定意见；6. 协助辨认犯罪嫌疑人；7. 协助进行勘验、检查；8. 协助查询、扣押、冻结财产；9. 协助没收犯罪所得；10. 刑事诉讼移管；11. 协助交换法律文件；12. 外国证人保护；13. 协助送达文书；14. 移管被判刑人；15. 引渡；16. 承认和执行外国判决
《国际刑事司法协助法》规定的刑事司法协助事项	1. 协助送达文书；2. 协助调查取证；3. 协助安排证人作证或协助调查；4. 协助查封、扣押、冻结涉案财物；5. 协助没收、返还违法所得及其他涉案财物；6. 移管被判刑人
《中马刑事司法协助条约》规定的刑事司法协助事项	1. 协助获取证据；2. 查找和辨认相关人员；3. 协助作证或者协助刑事侦查；4. 协助搜查和扣押涉案物品；5. 协助对物品、人身、场所等进行勘验检查；6. 查找、限制、辨认、扣押及没收违法所得及犯罪工具；7. 协助送达文书；8. 不违背被请求国法律的其他形式的协助
中国与马来西亚缺失的刑事司法协助内容	1. 协助提供犯罪情报；2. 协助进行特殊侦查措施；3. 移管被判刑人；4. 引渡

1. 缺乏刑事犯罪情报协作的规定

为强化对跨境犯罪的预防和控制，中国和马来西亚政府间必须加强跨境情报合作。跨境情报合作是指各国情报及警务机构通过交换彼此所掌握的情报信息，促进情报信息在国际间的流通，以实现各国对涉及本国案件的他国犯罪情报更新。[1] 由于

---

① 金强：《打击跨国犯罪情报协作机制研究》，《犯罪研究》2017 年第 5 期，第 49 页。

中国和马来西亚在政治体制、文化传统、司法习惯等方面存在差异，故而两国之间的刑事司法协助进程仍不够深化。中国与马来西亚虽然签订了双边刑事司法协助条约，但是在条约中并未对双边情报交流合作作出规定，因此两国之间的情报协作工作缺乏稳定性。

根据中国和马来西亚两国之间的刑事司法协助现状，两国之间情报共享机制的构建仍存在较大阻碍，这在一定程度上阻碍了中马两国刑事司法协助的进程。一方面，由于中国和马来西亚两国在经济水平及科研能力等方面参差不齐，因此两国在大数据、人工智能、云计算等高新尖科技领域的发展水平存在差距，这些因素都将制约两国情报共享及情报研判机制的构建。另一方面，情报信息的时效性与司法协助请求提出与执行的滞后性相矛盾。具体而言，中国向马来西亚提出刑事司法协助请求需要经过办案机关及其主管机关和对外联系机关的层层审批，若马来西亚方与我国提出的刑事司法协助请求没有直接的利害关系，其很难投入足够的司法资源帮助我国搜集刑事情报并及时与我国司法部门共享。

虽然目前中国与马来西亚在警务合作范围内针对部分刑事案件也展开情报协助工作，但是如果不能从法律层面予以明确国际刑事情报协助事项，中国与马来西亚的刑事司法协助工作势必交流受限，这将影响两国刑事司法协助的深入发展。因此，为了提高中国向马来西亚请求刑事司法协助的被执行效率，我国应当及时总结两国警务合作中关于情报协作的积极经验，尽快将刑事情报协作事项纳入刑事司法协助的国内法及国际条约中，为国际刑事情报合作奠定法律基础。

2. 缺乏协助进行特殊侦查措施的规定

跨境犯罪表现形式多样灵活，已经对各国的社会稳定构成严重威胁。跨境犯罪具有组织化、高科技化、智能化等特点，而传统的侦查手段存在滞后性、低效性，因此为了有效打击跨境有组织犯罪，中国与马来西亚等国的国内法都规定了特殊侦查手段。然而，在《中马刑事司法协助条约》中，并没有规定相互提供控制下交付和秘密侦查等刑事司法协助事项。《联合国打击跨国有组织犯罪公约》第20条明确规定了控制下交付、电子监控、特工行动等特殊侦查手段，这为两国刑事司法协助条约中加入该项内容提供了法律基础。中国与东盟展开的警务合作司法实践中，也曾采取过诸如秘密侦查等特殊侦查措施，但运用特殊侦查措施可能会破坏法治、侵犯人权，甚至涉及政治敏感性等问题。因此，在《中马刑事司法协助条约》中规定特殊侦查措施的协助是必要的，这样既可以尽量做到保障人权、惩罚犯罪，也可以为中马两国协助进行特殊侦查措施提供稳定的立法支撑。

中国与马来西亚都未针对特殊侦查措施制定特别法律或者单行条例，但中国

《刑事诉讼法》授权检察机关或者公安机关可以根据相关部门法律实施特殊侦查措施，马来西亚在《1951 年打击绑架法》《1988 年危险药物（没收财产）法》《1997 年反腐败法》中也规定了经检察官批准可以进行电子监听，这就为中马展开特殊侦查措施协作奠定了国内法基础。控制下交付和特工行动被认为是打击跨境贩卖毒品最有效的措施，但由于中国和马来西亚在法律制度及司法实践方面存在较大差异，因此两国执法机构之间应当就协助进行特殊侦查措施展开深度交流与协作。电子监听无疑是打击跨境犯罪最有效的手段，但是电子监听所涉及的侵犯隐私权、缺乏合宪性等问题导致其在国际刑事司法协助中很难被允许使用。

总而言之，中国和马来西亚为了共同打击跨境有组织犯罪，将协助进行特殊侦查措施加入《中马刑事司法协助条约》是非常必要的。从各国国内适用特殊侦查措施打击刑事犯罪的效果而言，特殊侦查手段确为侦破刑事案件的必要手段。当然，如何将协助进行特殊侦查措施列入中马刑事司法协助双边条约，仍需要克服证据是否具有可采性、执法人员的水平不一、来自普通民众的质疑等问题。因此，中马双方应当就此事项展开积极协商，为相关司法行为确立行动准则，从而加大中马刑事司法协助的合作力度。

（二）两国刑事司法合作形式单一

中国与马来西亚开展刑事司法协助的方式较为单一，主要表现在中国与马来西亚之间尚未签订移管被判刑人条约和引渡条约，这将阻碍两国推进刑事司法协助的进程。

1. 缺少移管被判刑人条约

移管被判刑人是刑事司法协助的重要内容，《联合国反腐败公约》第 45 条①和《联合国打击跨国有组织犯罪公约》第 17 条均规定了移管被判刑人的内容，且我国《国际刑事司法协助法》第八章和《马来西亚刑事司法协助法》也对其作出了具体规定。中国和马来西亚作为这两个公约的缔约国，开展移管被判刑人的司法协助既具有国际法基础也具有国内法基础，但中国和马来西亚并未签订移管被判刑人双边条约，这既跟不上立法要求，也无法满足两国之间联合打击跨境犯罪的迫切需要。

移管被判刑人与遣返、引渡相比，具有更为独特的司法价值。首先，遣返主要是因为遣返国为了保障自身国内安全利益而作出的单方行政管理行为，因此遣

---

① 《联合国反腐败公约》第 45 条规定："缔约国可以考虑缔结双边或者多边协定或者安排，将因实施根据本公约确立的犯罪而被判监禁或者其他形式剥夺自由的人移交本国服满刑期。"

返最大的受益主体是遣返国；引渡主要是请求国为了捍卫司法主权而实施的刑事司法协助方式，因此引渡的最大的受益主体是请求国；而移管被判刑人的实施需要请求国、被请求国以及被判刑人三方的一致同意，因此移管被判刑人对三方主体都有益，尤其有利于保障被判刑人的人身权利发展权。其次，对于判刑国而言，移管被判刑人是一种对犯罪分子"裁而不监"的司法行为，既有利于捍卫判刑国自身的司法主权又有利于释放监管压力、缓解社会矛盾。最后，移管被判刑人是一种将请求国属人管辖原则和被请求国属地管辖原则进行折中的司法协助方式，通过移管被判刑人可以保障请求国刑罚执行权的实现。

以东盟国家为研究视角，中国目前仅与泰国签订了移管被判刑人条约。湄公河"10·5"案件中，无国籍人扎波和扎拖波的经常居住地在缅甸，但由于中国与缅甸尚未签署移管被判刑人条约，因此，中国政府无法将扎波和扎拖波移管至缅甸。中国和马来西亚开展的刑事司法协助中，若出现移管被判刑人的协助需求，也会因为两国之间缺乏移管被判刑人的双边条约而无法展开此类型的司法协助。

2. 缺少引渡条约

根据《马来西亚引渡法》的规定，对于尚未与马来西亚签订引渡条约的国家可以依据互惠原则提出引渡请求，马来西亚治安法官也可以就国际刑警组织所发出的逃犯信息，以决定是否针对该逃犯发出临时逮捕令。[①] 与双方签订双边引渡条约相比，根据互惠原则提出引渡请求缺乏明确的程序性规定，可操作性不强，不利于中国和马来西亚持续稳定地开展刑事司法协助。

（三）两国刑事司法协助实施效能低下

中国向马来西亚请求刑事司法协助的过程中，除了制度层面存在问题，实践层面亦存在刑事司法协助程序过于复杂、司法工作人员专业性欠缺等问题。

1. 刑事司法协助程序过于复杂

中国向外国请求刑事司法协助的司法实践中，还暴露出司法协助请求程序及执行程序复杂的问题，这在一定程度上影响了刑事案件的有效侦破。根据我国《国际刑事司法协助法》及《马来西亚刑事司法协助法》的规定，从我国向马来西亚提出刑事司法协助请求到马来西亚接收、执行请求需要经过图 2-2 所示的程序。

图 2-2 中国向马来西亚请求刑事司法协助的程序

---

① 《马来西亚引渡法》第 3 条。

由上图可知，中国向马来西亚请求刑事司法协助需要在中方办案机关撰写刑事司法协助请求书后，交由其主管机关进行审核，并经主管机关审核同意后，转交中方对外联系机关向马来西亚总检察长提出。因此，中方向马来西亚请求刑事司法协助的过程可能要经过中国各级公安机关、人民法院、人民检察院、司法部、外交部、监察委员会及国家安全部门等机关。由于涉及的司法行政部门众多，因此国际刑事司法协助程序复杂、效率低下。具体而言，表现在以下两方面。

第一，我国司法行政机关存在职权配置不够妥善的问题。在国际刑事司法协助的实践中，多是由公安机关主导的，以侦查活动为核心的协助事项。刑事案件的侦破对侦查效率的要求极高，侦查人员只有行动迅速才能更有效地开展辨认犯罪嫌疑人、保护犯罪现场、固定证据、寻找证人等侦查工作。因此，国际刑事司法协助程序的过于复杂化，可能会影响跨境刑事案件的侦破效率。以"10·5"湄公河案件为例，中方赴老挝工作组的工作人员提到：中方工作组在老挝通过外交途径第一次提审犯罪嫌疑人就耗时一个月之久。[1] 鉴于公安机关在刑事司法协助过程中所处的关键地位，我国应当充分优化各级公安机关的职权配置，以提升刑事司法协助的效率。

第二，两国在处理刑事司法协助事项时存在工作迟延问题。一方面是因为我国向马来西亚提出刑事司法协助请求时涉及的司法行政机关较多，且目前对于各司法行政机关处理司法协助事项的时间并无明确规范，这都会导致工作人员对于待办事项拖延或者不作为。另一方面，我国作为刑事司法协助请求国地位较为被动。[2] 这主要是指我国作为司法协助的请求国，无法有效地掌握被请求国对于我国请求的接收及执行进展。换言之，请求接收方是否能够及时将该项请求转交于具体执行机关，将影响该项请求的执行效果。国际刑事司法协助在本质上是一种国家之间基于互信关系而催生的委托代办行为，因此是否能够有效地执行请求取决于双方是否具有利益牵连以及两国的友好互信程度。

2. 司法人员的专业性有待提高

第一，我国司法行政机关对于马来西亚立法及刑事政策的变化了解不足。一方面是因为我国有关部门对涉外事项的重视程度不够，相关司法行政人员未能定期对马来西亚的立法动向进行审查。另一方面是因为我国相关机构未能建立有效的长期学习机制，司法工作人员缺乏系统地学习马来西亚法律法规的专业平台。

---

① 周栋梁、陈显君：《警务合作不断迈向务实高效》，《人民公安报》2012 年 9 月 18 日，第 4 版。
② 陈伟强：《从形式、问题到完善：中国与东盟国家刑事司法协助探究》，《昆明理工大学学报（社会科学版）》2019 年第 1 期，第 15 页。

第二，两国双方开展刑事司法协助的实质能力欠缺。一方面是因为国内司法行政机关缺少关于刑事司法协助的工作指引，这在一定程度上限制了各级司法行政机构有效开展刑事司法协助。另一方面是因为我国向马来西亚请求刑事司法协助的过程中，不仅需要司法工作人员了解中国和马来西亚的刑事司法协助立法，而且需要司法工作人员可以将英语作为工作语言。由于我国经济发展水平不均衡，导致各区域间司法工作人员的专业水平存在差距，且偏远地区的司法工作人员缺乏关于刑事司法协助事项的交流学习机会。

第三，我国参与国际刑事司法协助的工作人员缺乏保密性培训。对于司法工作人员来讲，严守司法工作的保密性是其践职履责的重要支撑。中国向马来西亚提出的刑事司法协助请求多数跟毒品犯罪、走私犯罪、恐怖活动犯罪、拐卖妇女儿童等犯罪有关，这些犯罪均呈现出有组织化、高科技化等特征。为了有效打击此类跨境刑事犯罪，我国有关机关应当加强对司法行政人员的保密教育，以确保刑事司法协助程序的顺利推进。

六、中国向马来西亚请求刑事司法协助的完善建议

中国和马来西亚进一步加强在刑事司法领域的协作既是现实的需要，也是维护两国共同利益的所在，更是提高两国国际刑事司法协助执法司法水平的必然要求。中国和马来西亚自1974年建立外交关系以来，长期保持着在政治、经济、文化等领域的友好合作，因此，中国和马来西亚之间具有互信基础。为了有效打击两国跨境犯罪，维护本地区的稳定发展，中国和马来西亚应当在互相尊重国家主权的原则下，践行平等互惠原则，通过友好协商，着力解决两国在开展刑事司法协助过程中出现的问题，尽可能地推进两国刑事司法协助进程。

（一）完善两国刑事司法协助双边条约

中国与马来西亚之间虽然签订了双边刑事司法协助条约，但对比国际刑事司法协助事项，仍存在诸多不完善之处。为了促进中国向马来西亚请求刑事司法协助的发展进程，两国刑事司法协助条约中应当增加协助交换犯罪情报的规定及协助进行特殊侦查措施的规定。

1. 增加协助交换犯罪情报的规定

中国和马来西亚签订的双边刑事司法协助条约中尚未将刑事情报协作纳入具体的司法协助范围，这在一定程度上制约了中国向马来西亚请求刑事司法协助的执行进程。中国与马来西亚应当加强沟通互信，总结刑事情报共享经验，将刑事情报协助事项列入中马刑事司法协助条约，以完善中马刑事司法协助条约。中马

刑事情报协助体制的构建应当在两国国内法的基础上形成中马办案机关对于跨境情报互通、交流、共享、协作的良性循环体系。具体而言，中国和马来西亚应当在双边刑事司法协助条约中将跨境情报协助的宗旨、内容、形式及具体执行环节的措施作出较为具体的规定，以促进中马刑事情报体系规范、高效运转及可持续性发展。

两国刑事司法协助条约中应当明确刑事情报协作的基本框架。跨境犯罪具有互渗性、共通性，因此建立中马刑事情报协作机制的关键在于构建有效的磋商机制，以确保面对日常刑事情报及紧急警务事项时，国家间能够及时沟通并采取行动，实现共同打击跨境犯罪的目标。中马刑事情报协作框架应当包括情报共享、跨境案件协同破案、案件相关人互监共控、警务资源优势互补等内容。中马刑事情报协作机制的建设应当以共同侦破案件为指引，立足于案件实际需要，着力推进决策指挥、执法联动、资源共享、争议解决等内容的优化部署，以满足中马刑事情报合作的本质需求。因此，建立中马刑事情报协作机制应当确立"情报主导警务"的理念，[①] 通过搭建情报交流平台，完善中马刑事情报共享的基础建设，实现跨境情报资源的共享互通。

总之，将协助交换犯罪情报纳入《中马刑事司法协助条约》是非常必要的。有效实施交换犯罪情报的重点在于促进中马双方互信共通，以避免延误侦破案件的最佳时机。因此，中国和马来西亚的司法行政机构应当共同制定实施准则并加强对相关司法行政人员的培训，从而确保中马协助交换刑事情报的有效性。

2. 增加协助进行特殊侦查措施的规定

第一，增加协助控制下交付规定。控制下交付是指在刑事犯罪主管机关知情且由其监控的情形下，准许非法物品或可疑物品运出、途经或者转运至某国或者多国领域的做法。[②] 中国和马来西亚都属于《联合国禁止非法贩卖麻醉药品和精神药物公约》的缔约国，该公约要求各缔约国在不违背其国内基本法律的原则下应当允许适用控制下交付。[③] 采用控制下交付的刑事犯罪侦查手段，可以更高效地查明所涉刑事案件的主犯、从犯等相关人员，对于中国和马来西亚来讲，此项规定可以成为中马两国之间展开个案合作的法律基础。随着跨境犯罪类型的日益复杂

---

① 张慧德：《论情报主导警务理念下的外国人管理》，《中国人民公安大学学报（社会科学版）》2011 年第 6 期，第 105 页。

② 《联合国反腐败公约实施立法指南（2012 年版）》第 647 节，https：//www. unodc. org/documents/treaties/UNCAC/Publications/LegislativeGuide/UNCAC_ Legislative_ Guide_ C. pdf，最后访问日期：2023 年 8 月 31 日。

③ 《联合国禁止非法贩卖麻醉药品和精神药物公约》第 11 条。

化，要想中马两国的执法司法机构可以便捷高效地实施控制下交付，一方面需要将协助控制下交付明确列入《中马刑事司法协助条约》，另一方面需要中国和马来西亚根据本国国情，从国际和国内层面完善情报交流系统，为控制下交付的成功实施奠定体制基础。

第二，增加协助电子监控规定。电子监控的字面含义是指在信息发出方和信息接收方不知情的情况下，在二者的通信工具上安装监听设备，以达到可以及时获悉双方交流内容的目的。为了协调隐私权保护与电子监听适用之间的关系，应当强调只有在穷尽其他侦查手段亦无法获取信息时，才可以在有关当局的批准下进行电子监听。允许中马两国之间协助进行电子监听可以有效地打击通过电信设施实施的洗钱、贩毒、拐卖妇女儿童、绑架、非法买卖枪支、电信诈骗等跨境犯罪。与此同时，应当注意实施电子监听协助的可行性和实效性，具体而言，该项规定应当尽量减少主管机关审查批准实施的时间，并明确相关电子设备供应商应当配合侦查机关行动，从而为开展电子监听协助提供充足的实施时间，以有效打击和预防跨境刑事犯罪。

总之，基于特殊侦查措施所涉及的法律严格性及政治敏感性，中国和马来西亚两国的司法行政机关应当对其使用手段的合法性及其允许使用的案件范围作出审慎的评估，以保障采用特殊侦查措施所获取证据的可采性。若涉及中马双方联合行动，还需谨慎处理情报共享问题。在制度设计中可以考虑将来自请求国的执法人员派驻到被请求国展开特殊侦查措施，以尽可能地保证证据的可采性。

（二）拓宽两国刑事司法协助方式

目前，中国和马来西亚之间尚未签订移管被判刑人条约和引渡条约。基于马来西亚刑事立法的特殊性，中国和马来西亚之间签订移管被判刑人条约和引渡条约不但具有理论必要性，而且具有现实可行性。

1. 签订移管被判刑人条约

基于中国和马来西亚的刑事司法协助现状，增加被判刑人移管这种新的司法协助方式，已成为现实所需。一方面，中马双方增加被判刑人移管的协助形式具有必要性。首先，我国在与外国开展的被判刑人移管实践中，"移入"被判刑人的数量远大于"移出"被判刑人的数量，造成这一差异的主要原因在于我国司法机关过于重视监狱对犯罪分子的惩罚功能而忽视监狱对犯罪分子的改造及特殊预防功能。[①] 其

---

① 周凌、赵金金：《论我国适用被判刑人移管制度之现实困境及路径选择》，《时代法学》2016 年第 3 期，第 27 页。

次，我国监狱的医疗费用大部分会花在无法保外就医的外籍人员身上，[①] 这对我国本就不充足的监狱资源而言无疑是雪上加霜。最后，中国与马来西亚在饮食习惯、宗教信仰等方面均存在较大差异，被判刑人在他国执行刑罚多有不便。因此，为了缓解我国监狱资源的紧张程度，也为了促使被判刑人可以更好地进行改造，有必要在两国之间确立移管被判刑人制度。

另一方面，两国双方增加被判刑人移管的司法协助形式具有可行性。在国际条约层面，中国和马来西亚均签署了《联合国反腐败公约》，该公约第 45 条明确规定了移管被判刑人事项。再者，截至 2023 年 8 月 31 日，中国已经与乌克兰、俄罗斯、韩国、巴基斯坦、泰国等 15 个国家签署了被判刑人移管双边条约。[②] 在国内立法层面，我国的《国际刑事司法协助法》及《马来西亚刑事司法协助法》中均规定了被判刑人移管事项。在司法实践层面，我国于 1997 年首次"移出"一名乌克兰籍被判刑人，并于 2016 年首次"移入"一名在俄罗斯被判刑的中国籍罪犯。自 1997 年至 2016 年，我国共向外国移管 80 名被判刑人。[③] 由此可见，中国和马来西亚之间增加移管被判刑人的刑事司法协助方式，不仅在理论上有国际条约及国内立法支撑，而且在实践中也有较多移管被判刑人的成功经验以供借鉴。

总之，从移管被判刑人制度发展的规律来看，国际社会间多是以个案合作开始，继而发展到国家与国家间签订被判刑人移管双边条约。[④] 移管被判刑人符合互惠原则，有利于保障三方权益，促进互利共赢，因此中国和马来西亚应当积极展开个案合作，并及时总结实践经验、签订被判刑人移管双边条约，以拓宽两国刑事司法协助的方式。

2. 签订引渡条约

中国与马来西亚签订引渡条约，不仅具有现实必要性，而且具有一定的理论及实践基础。目前我国有大量的犯罪分子潜逃至马来西亚，犯罪分子潜逃至马来西亚的主要原因在于，相较于西方发达国家，马来西亚距离较近，出入境手续办理相对简单，花费的经济成本较低；相较于其他东盟国家，马来西亚华人众多，生活习惯差异较小，便于犯罪分子融入当地生活。从马来西亚的刑事立法来看，

---

① 黄风：《检察机关实施〈国际刑事司法协助法〉若干问题》，《国家检察官学院学报》2019 年第 4 期，第 172 页。

② 《中华人民共和国和泰王国关于移管被判刑人的条约》，http://treaty.mfa.gov.cn/web/detail1.jsp?objid =1531876959614，最后访问日期：2023 年 8 月 31 日。

③ 《我国首次移管境外被判刑人回国服刑》，https://www.chinacourt.org/article/detail/2016/04/id/1848307.shtml，最后访问日期：2023 年 8 月 31 日。

④ 商希雪：《关于移管被判刑人法律适用问题的思考》，《公安学研究》2019 年第 1 期，第 84 页。

中国向马来西亚请求引渡犯罪嫌疑人，存在着得天独厚的优势。

首先，马来西亚并非严格遵守条约前置主义的国家。条约前置主义原则是指两国之间引渡犯罪分子必须以签订了双边条约为前提。英美法系国家多严格遵守这一原则，但是根据《马来西亚引渡法》的规定，对于尚未与马来西亚签订引渡条约的国家可以依据互惠原则提出引渡请求。① 由此可知，马来西亚允许请求国根据互惠原则请求引渡，这将有利于促进中马之间开展引渡的个案合作，也为后续两国之间正式签订双边引渡条约奠定了基础。

其次，马来西亚并非严格限制死刑犯不引渡的国家。虽然死刑犯不引渡并不属于一项国际引渡法的基本原则，但西方国家经常以此为由，为我国的引渡请求设置障碍。《马来西亚引渡法》规定当请求所涉犯罪可能被处以一年以上有期徒刑或者死刑时，马来西亚才能受理该项引渡请求。② 由此可知，马来西亚的国内引渡立法并未将死刑作为拒绝引渡的理由，且根据我国《引渡法》的规定，最高人民法院可以决定是否作出不适用死刑的量刑承诺。③ 因此，中国和马来西亚签订引渡条约时，可以就死刑犯引渡问题进行充分磋商，以协调"死刑不引渡"原则与我国"罪刑责相适应"原则之间产生的冲突。

最后，马来西亚对政治犯的范围作出了排除性列举。虽然我国《引渡法》明确规定了政治犯不引渡原则，但是在立法中却未明确界定政治犯的范围。再者，中国与他国签订的引渡条约中也并未对政治犯的范围进行统一。但《马来西亚刑事司法协助法》列举了下列罪行不得视为政治性质的犯罪：（1）对国家元首或者其直系亲属人身及生命构成的犯罪；（2）根据刑事司法协助多边条约或者双边条约的规定不视为政治性质的罪行；（3）以上罪行的教唆犯及共犯。④ 因此，中国与马来西亚就此问题展开磋商时，应当对两国之间的政治、经济、文化等差异进行充分考量，合理界定政治犯，以减少中国向马来西亚请求引渡的阻碍。

（三）提高刑事司法协助的实施效能

针对中国向马来西亚请求刑事司法协助实施效能低下的问题，我国司法行政机关除了在理论层面上完善相关规章制度，还应当在实践层面上简化两国开展刑事司法协助的程序并通过多重手段提升司法工作人员的专业素养。

1. 简化中马开展刑事司法协助的程序

第一，优化刑事司法协助有关机关的职权配置。一方面，我国可以将公安部

---

① 《马来西亚引渡法》第 3 条。
② 《马来西亚引渡法》第 32 条。
③ 《中华人民共和国引渡法》第 50 条。
④ 《马来西亚刑事司法协助法》第 21 条。

增设为对外联系机关，因为在中马刑事司法协助的实践中，多是由公安机关主导的以调查取证为核心的司法协助内容。若是将公安部增列为对外联系机关，则可以简化我国公安机关开展刑事司法协助时必须经过司法部转达协助请求的程序。另一方面，我国相关法律可以授权中级以上人民法院，在经其上级人民法院备案的情况下，可以在需要时与马来西亚的相关法院直接开展刑事司法协助事项。① 刑事案件的取证具有时效性，如果可以授权中级以上人民法院同马来西亚的相关法院直接开展刑事司法协助，则可以简化复杂的刑事司法协助程序，也有利于减少诉讼迟延。

第二，减少刑事司法协助有关机关的工作迟延。一方面，为了提高两国刑事司法协助所涉办案机关、主管机关以及对外联系机关的工作效率，笔者建议我国相关部门出台刑事司法协助工作指南。工作指南应当对各司法行政机关处理刑事司法协助事项的时间作以明确限制，以敦促各机关及时、有效地采取行动，确保主管机关收到办案机关的司法协助请求后积极履行审查义务，并在规定时间内转交对外联系机关。另一方面，中国政府与马来西亚政府应当积极开展对话合作，鼓励国内的司法行政机关处理来自外国的刑事司法协助请求时，应当与国内的侦查、起诉、审判程序予以同样的重视。与此同时，中国政府和马来西亚政府还应当互相作出承诺，确保国内司法行政机关不会无故拖延对国际刑事司法协助事项的处理。

2. 提升司法协助工作人员的专业素养

第一，及时关注马来西亚关于刑事司法协助的立法动向。一方面，我国司法行政机关有必要定期对马来西亚立法及刑事政策进行审查，以确保我国向马来西亚提出的刑事司法协助请求符合马来西亚的立法规范。另一方面，我国有关机关应当积极探索建立国际刑事司法协助的学习机制，以便能够向国内的行政司法机关普及关于司法协助的法律规定、操作程序以及司法惯例等。比如我国有关部门可以组织专业人员撰写关于我国向马来西亚请求刑事司法协助的工作指南，并分发给相关司法行政单位，以促进司法工作人员对刑事司法协助事项的学习。与此同时，我国有关机关也应当重视向马来西亚提供关于我国刑事司法协助的国内立法和程序准则。比如我国可以通过在网上公布或者直接传递的方式向马来西亚执法当局提供这些资料，以保障马来西亚执行我国的刑事司法协助请求时有章可循。

---

① 陈伟强：《从形式、问题到完善：中国与东盟国际刑事司法协助探究》，《昆明理工大学学报》2019 年第1 期，第 16 页。

第二，强化对我国刑事司法协助工作人员的专业技能培训。一方面，我国的办案机关、主管机关及对外联系机关都应当配备专业的法律人员，因为只有专业的刑事司法人员，才能够有效地规划、起草、接收、执行刑事司法协助请求。另一方面，我国应当组织开展多种形式的刑事司法协助专业技能培训活动。一则可以由相关部门开设关于国际刑事司法协助事项的专项培训课程，以供各级公安干警、检察官、法官等司法工作人员学习；二则有关机关可以组织开展关于不同级别、不同地域之间的特别讲习班或研讨会，以促进司法行政工作人员之间的交流学习。

第三，提高对刑事司法协助参与人员的保密性要求。在我国向马来西亚请求刑事司法协助的过程中，要特别重视对程序推进保密性的要求，请求的保密性是能够顺利执行请求的重要因素。无论是请求国还是被请求国不当地泄露调查事项，都有可能导致犯罪嫌疑人脱逃，这将会在很大程度上影响刑事司法协助程序的推进。因此，我国在加强对本国司法工作人员保密性培训的同时，也应当积极与马来西亚展开对话，建议被请求国马来西亚在接到具体的刑事司法协助请求时，采取适当的保密措施，确保维护请求的机密性。在难以保密的情况下，被请求国应当尽早通知请求国，以便请求国决定是否可以在不保密的情况下继续执行请求。

本章小结

中国向马来西亚请求刑事司法协助的研究，具有两方面的意义：一方面有利于健全我国涉外法治，推进我国国际刑事司法协助的发展进程；另一方面本章通过梳理中国与马来西亚的刑事司法协助法律，可以为相关司法、执法工作人员提供较为完备的办案手册。但对相关制度的构建缺乏理论和实践支撑，还有待在长期的刑事司法协助实践中予以完善。

第三章
中国向菲律宾请求刑事司法协助

　　菲律宾共和国（Republic of the Philippines，以下简称"菲律宾"），位于亚洲东南部，共有大小岛屿 7000 多个，其中吕宋岛、棉兰老岛、萨马岛等 11 个主要岛屿占全国总面积的 96%。海岸线长约 18533 公里，总面积 29.97 万平方公里。菲律宾现为东盟主要成员国，也是亚太经合组织的 24 个成员国之一。菲律宾全国划分为吕宋、维萨亚和棉兰老三大部分。全国设有首都地区、科迪勒拉行政区、棉兰老穆斯林自治区等 18 个地区，下设 81 个省和 117 个市，首都为大马尼拉市。2022 年，菲律宾人口约 1.1 亿。经过多年发展，菲律宾经济快速成长，已成为东南亚重要的新兴工业国家以及世界的新兴市场之一。[①] 菲律宾曾先后沦为西班牙和美国的殖民地，由于该特殊的历史因素，其现行的法治体系也同时受到了英美法系和大陆法系的影响，成为了两大法系融合的典范。从 1565 年西班牙征服菲律宾到 1898 年美西战争结束，西班牙统治菲律宾长达三个多世纪。在此期间，西班牙殖民统治者在菲律宾强制推行西班牙法（西班牙法属于罗马法系），即使现在从菲律宾的成文法中也能看到西班牙法的影子。美西战争后，美国代替西班牙成为了新的殖民统治者，美国殖民统治者将美国法引入菲律宾，保留了部分西班牙法。因此，现在的菲律宾宪法、程序法、公司法、劳动法等是以美国法为模型的。除此之外，在十四世纪由于马来西亚的伊斯兰教徒大量移居菲律宾，因此在菲律宾也适用伊斯兰法，现在的棉兰老岛仍然实行伊斯兰法。[②]

　　1975 年 6 月 9 日，周恩来总理和菲律宾总统马科斯在北京签署《中华人民共和国政府和菲律宾共和国政府建交联合公报》，标志着中菲两国正式建交。中国奉

---

　　① 参见《菲律宾国家概况》，https：//baike. baidu. com/reference/138857/9e719kjz3v4oE7LpDat LWWkR-9nGO2kz9MKLfy-xRura2lZ4vZuaVq5WQJHUBTpMm63mMJX2BWjV＿r6VKG2u9gM4gUVaii＿ZnuamKhUTve＿zKL-9qxOH2g78K49S26-UZDQAQ461JTOZhffy2fKNeWF6CwR2，最后访问日期：2023 年 6 月 5 日。

　　② 张卫平：《菲律宾的法律制度》，《东南亚研究资料》1985 年第 4 期，第 77 页。

行的独立自主的外交政策和对外开放政策为中菲两国友好关系打下了坚实基础。1996 年江泽民主席对菲律宾进行国事访问期间，两国领导人同意建立中菲面向 21 世纪的睦邻互信合作关系。2000 年 5 月，菲律宾总统埃斯特拉达对华进行国事访问，与江泽民主席在北京共同签署《中华人民共和国政府和菲律宾共和国政府关于 21 世纪双边合作框架的联合声明》，确定在睦邻合作、互信互利的基础上建立长期稳定的关系。① 2005 年胡锦涛主席对菲律宾进行国事访问期间，双方发表《中华人民共和国与菲律宾共和国联合声明》，就积极推进中菲关系进一步发展达成重要共识，一致同意建立致力于和平与发展的战略性合作关系。中菲双方还签署了多项合作协议和文件，涉及金融、贸易投资、经济技术、交通、青年交流和能源等领域，展现了两国互利合作的广阔前景。② 2018 年 11 月，习近平主席对菲进行国事访问，两国领导人一致决定建立全面战略合作关系，加强两国元首对双边关系的战略引领，推动各层级往来，增强战略互信。中方坚定支持菲律宾禁毒和反恐事业，将继续在力所能及范围内向菲律宾提供支持。双方就深化"一带一路"倡议，加强基础设施建设等领域合作达成一致。2023 年 1 月，菲律宾总统马科斯对中国进行国事访问。中菲双方就加强两国政府部门、立法机构、政党之间的交流互鉴，深化发展战略对接发表看法，同意在各自现代化进程中交融互促，更好助力两国发展繁荣；并强调双方已经确立农业、基建、能源、人文四大重点合作领域，是支撑中菲全面战略合作关系的四梁八柱，要下大力气培育增长点、打造新亮点。③

建交以来，中菲关系总体发展顺利，各领域合作不断拓展。中菲之间也签署了许多双边条约和协议，其中一些涉及刑事司法合作，这些协议为两国开展刑事司法协助提供了法律依据和框架。尤其在打击跨国犯罪上面，中菲两国都面临着跨国犯罪的威胁，例如毒品犯罪、贩卖人口、电信诈骗等，为了共同打击这些犯罪活动，两国互相合作、共享情报和信息，在追捕逃犯和引渡犯罪嫌疑人等方面都签订了双边条约。总体而言，中菲在刑事司法协助领域的合作是建立在友好外交关系、共同面临跨国犯罪威胁以及签订双边协议的基础之上的。本章旨在梳理中国向

---

① 参见《中国同菲律宾的关系》，https：//www.fmprc.gov.cn/web/gjhdq_ 676201/gj_ 676203/yz_ 676205/1206_ 676452/sbgx_ 676456/，最后访问日期：2023 年 9 月 15 日。

② 参见《胡锦涛同菲律宾总统阿罗约会谈》，https：//www.fmprc.gov.cn/web/gjhdq_ 676201/gj_ 676203/yz_ 676205/1206_ 676452/xgxw_ 676458/200504/t20050427_ 7977393.shtml，最后访问日期：2023 年 9 月 15 日。

③ 参见《习近平同菲律宾总统马科斯举行会谈》，https：//www.fmprc.gov.cn/web/gjhdq_ 676201/gj_ 676203/yz_ 676205/1206_ 676452/xgxw_ 676458/202301/t20230104_ 11000794.shtml，最后访问日期：2023 年 9 月 15 日。

菲律宾提出刑事司法协助请求的基础和程序，并探究中国向菲律宾请求刑事司法协助的过程中存在的障碍及完善对策，以期增强两国在刑事司法协助领域的合作。

一、中国向菲律宾请求刑事司法协助的历史与成绩

（一）中国向菲律宾请求刑事司法协助的历史

1946 年 7 月 4 日，美国同意菲律宾独立，从此菲律宾获得完全独立。此后，自由党和国民党轮流执政。[①] 菲律宾与中国均在 1945 年加入联合国，属于联合国 51 个创始会员国之一，这也为中菲建交以及中菲开展刑事司法协助奠定了一定的基础。

2015 年 11 月 25 日，第九届中国—东盟成员国总检察长会议以"国际追逃追赃合作"为主题在南宁开幕。[②] 会中双方就遣返腐败犯罪嫌疑人和资产返回等领域务实合作问题进行了深入的讨论。在多边国际条约、双边司法协助条约的指导之下，中国与东盟各国应"因案施措"，根据案件的不同情况，采取不同的追逃追赃方案，深入开展国际追逃追赃司法合作。中方还就工作制度的创新、重点协查案件磋商、遣返和追赃快速通道等平台的设立问题发表了意见，努力促进中国—东盟成员国之间的刑事司法合作。

2016 年 9 月 7 日，国务院总理李克强在老挝万象出席东亚合作领导人系列会议期间，同菲律宾总统杜特尔特进行了交谈。杜特尔特表达了希望改善对华关系的积极愿望。[③] 中国外交部表示愿与菲律宾加强在禁毒领域的合作，理解并支持菲政府在杜特尔特总统领导下优先打击毒品犯罪的政策，愿与菲方加强在禁毒领域的合作，为两国及本地区人民创造健康安宁的生活环境。

2016 年 11 月 3 日，中国—东盟反腐败研讨班在云南开幕，研讨班是在"10 + 1"框架下，中国和东盟在反腐败领域的首个合作项目，来自中国和东盟成员国反腐败机构的代表和有关国际组织围绕"反腐败与可持续发展"的主题进行了交流研讨。[④] 中国和东盟国家都是发展中国家，面临着相同的发展任务和反腐败形势，面临着共同的问题和挑战。作为友好近邻，需要共同应对和打击跨国腐败行为。

---

① 参见《菲律宾国家概况》，https://baike.baidu.com/reference/138857/9e719kjz3v4oE7Lp DatLWWkR-9nGO2kz9MKLfy-xRura2lZ4vZuaVq5WQJHUBTpMm63mMJX2BWjV _ r6VKG2u9gM4gUVaii _ ZnuamKhUTve _ zKL-9qxOH2g78K49S26-UZDQAQ461JTOZhffy2fKNeWF6CwR2，最后访问日期：2023 年 6 月 5 日。

② 参见《第九届中国—东盟成员国总检察长会议在南宁开幕》，http://www.ca-pgc.org/ljhy/201610/t20161024_ 1882657.shtml，最后访问日期：2022 年 6 月 20 日。

③ 参见《李克强同菲律宾总统杜特尔特交谈》，http://www.gov.cn/premier/2016 - 09/09/content _ 5106680.htm，最后访问日期：2023 年 2 月 23 日。

④ 参见《凝聚共识 携手出发——中国—东盟反腐败研讨班综述》，https://www.ccdi.gov.cn/yaowen/201611/t20161107_ 144312.html，最后访问日期：2020 年 2 月 24 日。

中方建议，中国和东盟根据本地区实际情况，相互尊重、协商一致，不断扩大反腐败合作共识；着手务实行动，拓宽区域反腐合作途径，携手推动国际反腐议程更多反映发展中国家诉求；建设长效机制，探讨打造区域反腐合作框架；加强能力建设，共同研究打击商业贿赂、开展追逃追赃等双方都关心的议题，提升区域反腐整体水平。

2016年11月9日至10日，第十届中国—东盟成员国总检察长会议在老挝万象召开。① 本届会议的主题是"加强国际合作，有效打击跨国犯罪"，体现了与会各方对该类跨国犯罪现实危害的深刻认识，表明了各国检察机关加强惩治贩卖毒品、拐卖人口犯罪检察合作的共同意愿。此次会议有助于中菲两国更深一步加强毒品犯罪合作。

2016年11月17日，菲律宾国警七区警署召开专门通报会，② 向各国驻宿务领事机构介绍维萨亚地区的安全形势，中国驻宿务领事也在其中，通报了菲国警、军队及海岸防卫队针对可能的安全威胁采取的防范措施，表示宿务地区安全形势已得到加强。

2016年12月14日，外交部就"中方愿向菲律宾提供援助以打击恐怖主义和贩毒行为"进行了问答，耿爽部长表示："随着中菲关系的改善，中方愿同菲方恢复并加强在各个领域的交流与合作。军事交流与合作是两国关系的重要组成部分。中方支持杜特尔特总统依法在国内采取的反恐和打击毒品犯罪的行动。"③

2018年7月23日，菲律宾总统杜特尔特在发表年度国情咨文时表示，当前中菲联合打击毒品犯罪方面已经到了"前所未有的高度"。④ 中菲两国有关部门通力协作，通过情报交流，联合破获了跨国制毒贩毒案，捣毁制毒工厂并抓捕了犯罪嫌疑人，不断加深跨国犯罪司法合作。

2018年12月11日，中央纪委副书记、国家监委副主任李书磊在北京会见菲律宾总统反腐败委员会主席丹地。⑤ 李书磊表示，在以习近平同志为核心的党中央

---

① 参见《第十届中国—东盟成员国总检察长会议情况》，http://www.ca-pgc.org/ljhy/201612/t20161209_1909601.shtml，最后访问日期：2023年2月23日。

② 参见《驻宿务总领事施泳出席菲律宾国警七区警署安全情况通报会》，https://www.mfa.gov.cn/web/zwbd_673032/wshd_673034/201611/t20161123_5798616.shtml，最后访问日期：2023年2月23日。

③ 参见《就中方愿向菲律宾提供援助以打击恐怖主义和贩毒行为等答问》，http://www.gov.cn/xinwen/2016-12/14/content_5148141.htm，最后访问日期：2023年2月23日。

④ 参见《菲律宾总统称赞菲中打击毒品犯罪合作水平高》，http://www.gov.cn/xinwen/2018-07/24/content_5308668.htm，最后访问日期：2023年2月23日。

⑤ 参见《李书磊会见菲律宾总统反腐败委员会主席丹地》，https://www.ccdi.gov.cn/toutiaon/201812/t20181211_94384.html，最后访问日期：2023年2月16日。

坚强领导下，中国夺取了反腐败斗争压倒性胜利。中方愿同菲方共同落实两国领导人达成的重要共识，加强反腐败经验交流，深化追逃追赃等领域务实合作。丹地高度评价中方全面从严治党和反腐败斗争成效，表示愿与中方互学互鉴，加强菲中反腐败合作。

2019 年 4 月 25 日，在北京举行的第二届"一带一路"国际合作高峰论坛廉洁丝绸之路分论坛上，中国与有关国家、国际组织以及工商学术界代表共同发起了《廉洁丝绸之路北京倡议》。① 论坛以"共商共建共享廉洁丝绸之路"为主题，旨在加强经验分享，凝聚各方共识，建设风清气正的营商环境，提升企业廉洁合规经营能力，共建"一带一路"反腐败和法治交流合作平台。论坛期间，中国国家监察委员会还与菲律宾总统反腐败委员会、泰国反腐败委员会分别签署合作谅解备忘录，推进双方反腐败合作机制化建设。

2020 年 9 月 25 日，18 名来自东盟国家的驻华使节齐聚一堂，就深化中国—东盟国家反腐败追逃追赃等务实合作、推进廉洁丝绸之路建设等议题，与国家监委有关负责同志展开深入交流。② 新冠疫情突如其来，但这并没有阻碍反腐败国际追逃追赃的脚步。数据显示，2020 年 1—8 月，追逃追赃"天网 2020"行动共追回外逃人员 799 人，其中，从东盟国家追回 292 人。菲律宾驻华大使罗马纳认为，东盟与中国应展望未来，寻求更多利益共同点，进一步拓宽反腐败合作领域。

（二）中国向菲律宾请求刑事司法协助的成绩

自 2014 年起，中菲之间的刑事司法合作愈发紧密，仅针对电信网络诈骗犯罪就有多次合作，并且破获的都是涉及多个省份、国家，涉案金额巨大，人数众多的案件。为了打击虚假信息诈骗犯罪活动，维护广大人民群众的经济利益和正常的经济秩序，确保社会安全稳定，树立方便群众的良好形象，构建和谐社会，公安部决定开展打击虚假信息诈骗犯罪专项行动——"猎狐"行动。2014 年 7 月，公安部"猎狐 2014"海外追逃专项行动启动，抓获在逃境外经济犯罪嫌疑人 88 名，超过全年抓获总数的一半，其中逃亡 10 年以上犯罪嫌疑人 11 名。两个月来，公安部协调国际刑警组织发布红色通报 28 个，先后派出境外缉捕行动组 32 个，涉及 40 多个国家和地区，取得不少国家和地区执法部门的支持配合，并在非洲、南

---

① 参见《廉洁丝绸之路分论坛发起"北京倡议"》，https：//www.ccdi.gov.cn/toutiao/201904/t20190425_95094.html，最后访问日期：2023 年 2 月 19 日。

② 参见《中国与东盟国家深化反腐败合作 织密追逃追赃之网》，https：//www.ccdi.gov.cn/yaowenn/202009/t20200930_82336.html，最后访问日期：2023 年 2 月 21 日。

太平洋、西欧等地实现新突破。① 具体合作成果如表所示：

表 3 – 1　2011—2023 年中菲刑事司法协助合作部分成果

序号	时间	抓获经过	合作形式
1	2011 年 2 月 2 日	自 2010 年 10 月，电信诈骗案频发，犯罪团伙藏匿在菲律宾，公安部派出警官小组前往菲律宾调查取证，与菲律宾警方相互配合，最终在马尼拉市的出租屋内捣毁诈骗窝点	缉捕
2	2011 年 10 月 1 日	福建警方在菲律宾有关方面配合下，共抓获 67 名嫌犯（系跨国跨境电信诈骗犯罪团伙），该案被公安部列为"6·30"督办案件	缉捕
3	2014 年 6 月 23 日	因经济犯罪逃往菲律宾等国的犯罪嫌疑人，是公安系统"红色通缉令"的对象，通过国际刑警组织的全球警务通信系统锁定犯罪嫌疑人	引渡
4	2014 年 11 月 8 日	浙江省公安机关赴菲律宾缉捕工作组在中国驻菲律宾大使馆的协调下，通过国际警务协作，成功抓获了涉嫌非法吸收公众存款罪的钱某等人	钱某、郑某：遣返与引渡　谭某等：劝返
5	2014 年 12 月 23 日	"猎狐 2014"专项行动决战打响后，江苏省公安机关针对潜逃菲律宾的经济犯罪嫌疑人展开集中缉捕，一举抓获在逃经济犯罪嫌疑人 7 名	缉捕
6	2015 年 6 月 15 日	吕某因涉嫌私分国有资产罪被海淀区检察院立案侦查，后逃往菲律宾。自 2009 年起，通过吕某在国内的亲属，办案单位一直劝其回国自首，于 2015 年 6 月 15 日回国自首	劝返
7	2016 年 3 月 9 日	缪某因涉嫌非法吸收公众存款罪被通缉，逃往菲律宾，公安部在"猎狐 2015"行动中加大侦查力度，与菲律宾执法部门开展通缉工作，2016 年 3 月 9 日，菲方抓获缪某	缉捕
8	2016 年 6 月 29 日	邓某某因组织传销于 2012 年被江苏淮安公安侦查，逃往菲律宾，与菲方警察局多次协调后，菲有关部门同意对邓立即实施遣返	遣返
9	2016 年 9 月 24 日	龚某是"2·22"特大香烟走私案的嫌犯，潜逃境外 14 年，2016 年 7 月，菲方执法部门发现其活动轨迹，并于厦门海关合作，于 9 月 24 日将龚某遣返回国	遣返
10	2016 年 11 月 29 日	洪某、蔡某是"8·22"涉税案嫌犯，从 2016 年 1 月份开始，专案组对境外逃犯亲属开展劝投工作无果，龙岩市赴菲律宾追逃工作组于 29 日成功将"8·22"涉税案的嫌疑人洪某、蔡某缉捕到案	缉捕

---

① 参见《2016 年"猎狐行动"抓获各类境外逃犯 634 名》，http：//www. xinhuanet. com//politics/2016 – 10/26/c_ 1119786772. htm，最后访问日期：2023 年 6 月 14 日。

（续表）

序号	时间	抓获经过	合作形式
11	2017 年 5 月 26 日	翁某在 2009 年因走私电脑硬盘被深圳海关发现，后逃往菲律宾，2017 年 5 月 26 日被猎狐行动办抓获	缉捕
12	2017 年 12 月 5 日	潘某生于 1997 年因金融诈骗被广西南宁公安列为网上逃犯，于 2017 年逃往菲律宾，南宁市公安与菲律宾执法部门合作，于 11 月 10 日将潘某生抓获	缉捕
13	2018 年 1 月 13 日	民警组成工作组赴菲，开展打击跨国电信网络诈骗犯罪警务执法合作，2018 年 1 月 13 日，我工作组联合菲警方，成功抓获犯罪嫌疑人 151 名（大陆 73 人、台湾 78 人）	缉捕
14	2018 年 9 月 3 日	2017 年施某业等人因虚增值税罪被列为逃犯并逃往菲律宾，公安部"猎狐"行动办前往菲律宾，于 2019 年 15 日 17 时在马尼拉机场将施某业抓获，将施某业押回厦门	缉捕
15	2018 年 10 月 25 日	5 名犯罪嫌疑人因涉嫌集资诈骗等金融犯罪，被列为通缉人员，福建省公安"猎狐办"前往菲律宾抓捕嫌疑人	缉捕
16	2019 年 1 月 17 日	谢浩杰因涉嫌滥用职权为他人谋利，造成国有资产巨额损失，于 2018 年 3 月外逃至菲律宾。中菲两国反腐败机构开展执法合作，将谢浩杰抓捕归案	缉捕
17	2019 年 7 月 13 日	林某因涉嫌信用卡诈骗罪被晋江检察院批准逮捕，潜逃菲律宾 23 年，经过民警不断做思想工作，于 2019 年 4 月，林某明确回国投案意愿	劝返
18	2019 年 10 月 12 日	9 月 11 日，工作组会同菲律宾执法部门开展集中统一收网行动，共捣毁诈骗窝点 10 处，抓获犯罪嫌疑人 244 名，并被我国公安机关从菲律宾押解回国	缉捕
19	2019 年 10 月 21 日	盛某于 2019 年因诈骗罪逃往菲律宾，自此开始了颠沛流离的逃亡生涯，警察利用其父母在家无人照顾，多次劝投劝返，于 2019 年 10 月 20 日主动投案	劝返
20	2019 年 11 月 14 日	河北警方于 2019 年 10 月 9 日配合菲方开展收网行动，一举捣毁马尼拉市的特大电信诈骗犯罪窝点，成功抓获犯罪嫌疑人 208 名	缉捕
21	2020 年 1 月 2 日	"4·05 特大开设赌场案"三名漏网逃犯逃往菲律宾，于 2018 年 12 月 25 日成功劝返两名逃犯、于 2020 年 1 月 2 日劝返剩余一名逃犯	劝返
22	2023 年 1 月 22 日	白某因涉嫌虚增值税专用发票罪并潜逃菲律宾 5 年，广西巴马公安局开展劝返工作。在接到劝返的信息后，其早就想回国自首，但受疫情影响无法成行，后于 2023 年 1 月 22 日回国归案	劝返

注：以上资料根据序号依次来源于以下内容：

1. 参见《"11·30"特大跨国跨境电信诈骗犯罪团伙被摧毁》，http：//www. gov. cn/gzdt/2011 - 02/02/content_ 1798134. htm，最后访问日期：2023 年 2 月 23 日。

2. 参见《67 名中国大陆籍电信诈骗犯罪嫌疑人从菲律宾遣返回国》，http：//www. gov. cn/jrzg/ 2011 - 10/01/content_ 1961562. htm，最后访问日期：2023 年 2 月 23 日。

3. 参见杨洁：《上海 14 名在册境外逃犯落网，仍有 130 名嫌疑人藏匿 20 余国家》，https：// www. thepaper. cn/newsDetail_ forward_ 1252272，最后访问日期：2023 年 2 月 23 日。

4. 参见吴亮辉、郑光辉、柏建：《美女老板外逃菲律宾被抓回：躲在贫民区送外卖，一人苦撑两年》，https：//www. thepaper. cn/newsDetail_ forward_ 1276532，最后访问日期：2023 年 2 月 23 日。

5. 参见《江苏"群狐"落网菲律宾》，https：//www. mps. gov. cn/n2255079/n4242954/ n4841045/n4841055/c5222180/content. html，最后访问日期：2023 年 2 月 23 日。

6. 参见《北京一外逃贪官被劝回国，曾私分 2100 余万国资给员工》，https：// www. thepaper. cn/newsDetail_ forward_ 1341822，最后访问日期：2023 年 2 月 23 日。

7. 参见刘子阳、李豪：《猎狐行动今年保持缉捕量，力争追回一批社会关注重点外逃者》，https：//www. thepaper. cn/newsDetail_ forward_ 1482721，最后访问日期：2023 年 2 月 23 日。

8. 参见邢丙银：《"猎狐"行动十大案例：一嫌犯为贷款行贿银行高管 3000 万》，https：// www. thepaper. cn/newsDetail_ forward_ 1515541，最后访问日期：2023 年 2 月 23 日。

9. 参见蔡岩红：《厦门特大香烟走私犯外逃 14 年今被遣返，吴仪曾要求全力侦办》，https：// www. thepaper. cn/newsDetail_ forward_ 1533808，最后访问日期：2023 年 2 月 23 日。

10. 参见《"猎狐 2016"潜逃菲律宾两嫌犯被缉拿归案》，http：//www. chinanews. com. cn/sh/ 2016/11 - 29/8077925. shtml，最后访问日期：2023 年 2 月 23 日。

11. 参见《外逃 7 年嫌疑人落网：涉走私电脑硬盘 21.3 万个，案值过亿》，https：// www. thepaper. cn/newsDetail_ forward_ 1694710，最后访问日期：2023 年 2 月 23 日。

12. 参见樊成甫：《广西一男子诈骗 1620 万后携情人潜逃菲律宾，20 年后落网》，https：// www. thepaper. cn/newsDetail_ forward_ 1894275，最后访问日期：2023 年 2 月 23 日。

13. 参见《78 名台湾电信网络诈骗犯罪嫌疑人从菲律宾被押解回国》，http：//www. gov. cn/ xinwen/2018 - 04/04/content_ 5279836. htm，最后访问日期：2023 年 2 月 23 日。

14. 参见彭悠、王园：《涉案 21.7 亿！惊动公安部！郧西警方远赴菲律宾抓回他！》，https：// www. sohu. com/a/252104743_ 750318，最后访问日期：2023 年 2 月 23 日。

15. 参见王莹：《福建警方一次性缉捕 5 名在逃境外嫌疑人，涉案总金额近 2 亿元》，https：// www. thepaper. cn/newsDetail_ forward_ 2612639，最后访问日期：2023 年 2 月 23 日。

16. 参见《外套职务犯罪嫌疑人谢浩杰被抓捕归案》，https：//www. ccdi. gov. cn/toutiaon/ 201901/t20190116_ 94601. html，最后访问日期：2023 年 2 月 23 日。

17. 参见蒋晨锐：《追逃 23 年，福建晋江首位"猎狐""红通人员"归案》，https：//

www. thepaper. cn/newsDetail_ forward_ 3939113，最后访问日期：2023 年 2 月 23 日。

18. 参见《244 名电信网络诈骗犯罪嫌疑人从菲律宾被押解回国》，http：//www. gov. cn/xinwen/ 2019 - 10/12/content_ 5438831. htm，最后访问日期：2023 年 2 月 23 日。

19. 参见王晓亮，王菲：《云剑行动 | 果园派出所民警真情劝投 潜逃菲律宾逃犯投案自首》， https：//www. sohu. com/a/348587776_ 165443，最后访问日期：2023 年 2 月 23 日。

20. 参见《208 名电信网络诈骗嫌疑人被河北警方从菲律宾押解回国》，https：// www. mps. gov. cn/n2255079/n4876594/n5104076/n5104080/c6778711/content. html，最后访问日期： 2023 年 2 月 23 日。

21. 参见《德州警方成功劝投潜逃至菲律宾逃犯》，http：//dzga. dezhou. gov. cn/n56198311/ n56198796/c56790972/content. html，最后访问日期：2023 年 2 月 23 日。

22. 参见《新年第一天巴马公安成功"猎狐"，抓获一名部督潜逃人员》，https：// view. inews. qq. com/k/20230122A05JLM00？web_ channel = wap&openApp = false，最后访问日期：2023 年 2 月 23 日。

二、中国向菲律宾请求刑事司法协助的依据

除了两国参加的中国—东盟区域性国际文件（参见绪论）以外，还有以下内容作为中国与菲律宾开展刑事司法协助的依据。

（一）中菲两国共同加入的国际条约

中国与菲律宾两国共同加入的国际条约可见下表：

表 3 - 2　中国与菲律宾共同加入的国际公约

序号	国际条约名称	中国加入时间	菲律宾加入时间
1	《联合国禁止非法贩运麻醉药品和精神药物公约》	1989 年 10 月 25 日	1989 年 10 月 25 日
2	《联合国打击跨国有组织犯罪公约》	2003 年 9 月 23 日	2002 年 5 月 28 日
3	《联合国反腐败公约》	2005 年 10 月 27 日	2003 年 12 月 9 日
4	《关于侦察、逮捕、引渡和惩治战争罪犯和危害人类罪犯的国际合作原则》	1973 年 12 月 3 日	1973 年 12 月 3 日

（二）两国签订的双边条约和其他双边文件

1. 双边条约

《中华人民共和国和菲律宾共和国关于刑事司法协助的条约》。为巩固中国和菲律宾之间的友好合作关系及进一步深化两国在司法领域的合作，2000 年 10 月 16 日双方在北京签署并生效《中华人民共和国和菲律宾共和国关于刑事司法协助的

条约》，该条约是中菲之间的第一份关于刑事司法协助的条约，奠定了中菲双方开展刑事司法协助合作的基础。条约共 24 条，分别对协助范围、中央机关、拒绝或推迟协助、请求的内容与执行、协助限制等方面作出了规定，其中第 1 条详细列举了在送达文书，辨认或查找人员，获取证据、物品或者文件，获取人员的证言或陈述，执行搜查和扣押的请求，便利人员作证，暂时移交在押人员，获取司法记录原件或副本，追查限制追缴和没收犯罪收益，提供和交换法律资料、文件和记录，借出证物，获取和提供鉴定结论，进行司法勘验或检查场所，通报刑事诉讼结果和提供犯罪记录证明方面进行协助。第 4 至 19 条详细规定了中菲进行刑事司法协助的程序以及内容上的要求。这有利于进一步打开中菲两国之间的刑事司法协助的局面，提高协助效率。

《中华人民共和国和菲律宾共和国引渡条约》。2001 年 10 月 30 日，中菲两国在北京签订了引渡条约，这是在刑事司法协助条约的基础之上，对中菲两国司法协助进程的进一步开拓。条约一共 21 条，包括引渡的义务、程序和费用，可引渡的罪犯，拒绝引渡的理由和争议解决的方式等。其中第 4、5 条分别对应当拒绝引渡、可以拒绝引渡的理由作出了详细规定。随着中菲两国经贸往来和人员交往日益频繁，为有效惩治跨国犯罪，进一步加强和扩大两国在司法领域的合作，保障两国经贸关系的发展和人员的正常往来，缔结此条约是必要的。

2. 其他双边文件

《中华人民共和国政府和菲律宾共和国政府关于打击跨国犯罪的合作谅解备忘录》。中菲双方于 2001 年 10 月 30 日在北京签订了谅解备忘录，一共 9 条，对双方合作范围、合作方式、程序等方面进行了规定。该备忘录针对的跨国犯罪主要有：非法贩运毒品，洗钱、金融及其他经济犯罪，恐怖活动，杀人、绑架等暴力犯罪活动，走私，贩卖和偷运人口，伪造护照和旅行证件，非法制贩货币和有价证券，海盗活动，非法贩运武器弹药等物品，非法获取和进出口文物，侵犯知识产权的行为。

《中华人民共和国政府和菲律宾共和国政府关于打击非法贩运及滥用麻醉药品、精神药物及管制易制毒化学品的合作谅解备忘录》。本备忘录于 2001 年 10 月 30 日在北京签订，共 12 条，主要目的是通过双方加强多种形式的合作，有效防止和控制麻醉药品和精神药物的非法生产、销售、贩运和滥用，以及可被用于非法制造麻醉药品和精神药物的易制毒化学品流入非法渠道。

1975 年 6 月 9 日，中菲签署了《中华人民共和国政府和菲律宾共和国政府建交联合公报》，标志着中菲正式建交。① 《中华人民共和国政府和菲律宾共和国政府建交联合公报》中表明了中菲双方坚持和平共处五项原则，建立和发展和平友好的外交关系，并且中菲商定按照实际尽快相互委派大使，同意积极采取措施发展经济和贸易关系，并同时签署了《中华人民共和国政府和菲律宾共和国政府贸易协定》。《中华人民共和国政府和菲律宾共和国政府建交联合公报》虽然没有涉及刑事司法合作方面的内容，但是为后续两国之间的政治、外交、经济、文化交流提供了基础。

2000 年 5 月 16 日，中菲双方在北京签署了《中华人民共和国政府和菲律宾共和国政府关于 21 世纪双边合作框架的联合声明》，② 该声明表示中菲双方将继续探讨执法、司法、安全及防务机构间新的合作领域，应对跨国有组织犯罪行为所构成的威胁。

2005 年 4 月 28 日，胡锦涛主席与阿罗约总统就双边关系及共同关心的国际和地区问题深入交换了意见，一致认为中菲关系已经进入伙伴关系的黄金时期，两国决定建立致力于和平与发展的战略性合作关系，③ 并在马尼拉发表了《中华人民共和国与菲律宾共和国联合声明（2005）》，该声明中对促进防务和安全合作达成了一致意见。

2007 年 1 月 16 日，温家宝总理应菲律宾总统阿罗约的邀请对菲律宾进行了正式访问，双方在马尼拉发表了《中华人民共和国和菲律宾共和国联合声明（2007）》，④ 两国领导人同意进一步深化中菲致力于和平与发展的战略性合作关系，在政治、安全、防务等领域达成一致。

2009 年 10 月 29 日，在马尼拉签署了《中华人民共和国政府和菲律宾共和国政府关于战略性合作共同行动计划》；2011 年 8 月 31 日，双方在北京签署了《中华人民共和国和菲律宾共和国双方外交部关于加强合作的谅解备忘录》，⑤ 商定进一步密切双方主管事务部门间的交流与合作，加强在外交官员培训领域的合作。

---

① 参见《中华人民共和国政府和菲律宾共和国政府建交联合公报》，https：//www. mfa. gov. cn/web/ziliao_ 674904/1179_ 674909/197506/t19750609_ 7946377. shtml，最后访问日期：2023 年 3 月 9 日。

② 参见《中华人民共和国政府和菲律宾共和国政府关于 21 世纪双边合作框架的联合声明》，http：// www. gov. cn/gongbao/content/2000/content_ 60226. htm，最后访问日期：2023 年 3 月 9 日。

③ 参见《中华人民共和国政府和菲律宾共和国联合声明》，https：//www. gov. cn/xinwen/2018－11/21/ content_ 5342254. htm，最后访问日期：2023 年 2 月 22 日。

④ 参见《中华人民共和国和菲律宾共和国联合声明》，http：//www. gov. cn/zwjw/2007－01/16/content_ 497632. htm，最后访问日期：2023 年 2 月 23 日。

⑤ 参见《中国同菲律宾的关系》，https：//www. fmprc. gov. cn/web/gjhdq_ 676201/gj_ 676203/yz_ 676205/ 1206_ 676452/sbgx_ 676456/，最后访问日期：2023 年 2 月 23 日。

2011 年 8 月 31 日，胡锦涛主席在人民大会堂同来华进行国事访问的菲律宾总统阿基诺举行会谈。两国元首一致表示，深化中菲传统友谊，促进两国务实合作，把中菲战略性合作关系提高到新水平。① 中菲双方在五个方面达成一致：着眼长远，确保中菲关系健康稳定发展；深挖潜力，开拓两国经贸合作新局面；密切协作，加强防务安全执法合作；继往开来，发扬光大中菲传统友谊；开放包容，推动区域合作协调发展。中菲双方强调共同打击恐怖主义和跨国犯罪活动，保护两国人民生命财产安全，维护两国社会稳定；并于 9 月 1 日发布了《中华人民共和国与菲律宾共和国联合声明（2011）》，② 推动《中菲刑事司法协助条约》尽快生效，愿早日启动两国《移管被判刑人协定》的谈判，重申愿在打击包括贩毒和人口贩卖在内的跨国犯罪活动方面加强合作。

2016 年 10 月 18 日，菲律宾总统杜特尔特抵达北京，对中国进行国事访问，这意味着中菲关系开启"历史性"转折，同时意味着中菲之间的刑事司法协助合作也将开启新局面。10 月 21 日，在北京发表了《中华人民共和国与菲律宾共和国联合声明（2016）》。③ 声明中重申了 1975 年建交公报以及其他文件所包含的原则，认识到共同行动打击跨国犯罪的必要性，中菲相关部门将根据共同认可的安排，加强在打击电信诈骗、网络诈骗、计算机犯罪、毒品贩卖、人口贩卖、濒危野生动植物及其制品走私等跨国犯罪方面的交流合作。

2017 年 11 月 16 日，在李克强总理对菲律宾进行国事访问后，中菲双方于马尼拉发布了《中华人民共和国政府和菲律宾共和国政府联合声明》，④ 双方同意加强防务及执法安全领域合作，菲方感谢中方为马拉维反恐战事所提供的一系列援助、在棉兰老岛援建两处戒毒中心。中国重申将坚定支持和援助菲律宾打击恐怖主义、毒品犯罪及开展马拉维战后快速恢复重建。

2018 年 11 月 21 日，习近平主席对菲律宾进行了国事访问，双方再次发布《中华人民共和国与菲律宾共和国联合声明》，⑤ 中方承诺继续支持菲律宾政府打击

① 参见《胡锦涛在人民大会堂同菲律宾总统阿基诺举行会谈》，http：//www.gov.cn/ldhd/2011－08/31/content_ 1937644.htm，最后访问日期：2023 年 2 月 23 日。
② 参见《中华人民共和国与菲律宾共和国联合声明》，https：//www.mfa.gov.cn/web/ziliao_ 674904/1179_ 674909/201109/t20110901_ 9868125.shtml，最后访问日期：2023 年 2 月 23 日。
③ 参见《中华人民共和国与菲律宾共和国联合声明》，https：//www.mfa.gov.cn/web/zyxw/201610/t20161021_ 339399.shtml，最后访问日期：2023 年 2 月 23 日。
④ 参见《中华人民共和国政府和菲律宾共和国政府联合声明》，https：//www.mfa.gov.cn/web/ziliao_ 674904/1179_ 674909/201711/t20171116_ 7947795.shtml，最后访问日期：2023 年 2 月 23 日。
⑤ 参见《中华人民共和国与菲律宾共和国联合声明（全文）》，http：//www.gov.cn/xinwen/2018－11/21/content_ 5342254.htm，最后访问日期：2023 年 2 月 23 日。

非法毒品和毒品犯罪的行动，愿在打击毒品和易制毒化学品走私、情报共享、联合办案、戒毒康复等方面加强合作。双方强烈谴责任何形式的恐怖主义，将加强信息交流、能力建设等合作，共同防范和应对恐怖主义威胁。双方同意加强执法合作，共同打击职务犯罪、电信诈骗、非法网络赌博、计算机犯罪、人口贩卖、濒危野生动植物及其制品走私等跨国犯罪。双方同意加快推动两国移管被判刑人条约缔约工作。此次国事访问将中菲关系再次推向一个新高度，并且也推进了两国之间的刑事司法协助合作进程。

（三）两国国内法

中国国内法的情况在绪论进行了说明，在此不再赘述。

菲律宾并没有独立的关于司法协助的国内法，然而，没有相关国内法并不能禁止菲律宾政府向外国请求或提供司法协助。菲律宾政府主要以与国家之间签订的双边和区域司法协助条约、联合国公约、《菲律宾反洗钱法》为刑事司法协助的法律依据。

如《联合国反腐败公约》中第46条司法协助，详细规定了缔约国之间请求刑事司法协助的程序与内容，① 缔约国应当在对公约所涵盖的犯罪进行的侦查、起诉、审判的过程中相互提供最广泛的司法协助。

还可以依据《菲律宾反洗钱法》② 提供刑事司法协助，在其第13条中规定了国家之间的互助，如果外国提出协助调查或者起诉洗钱犯罪的请求，反洗钱委员会（AMLC）可以同意或拒绝该请求，并将拒绝的理由告知请求国，同时AMLC还享有对外国司法协助请求直接采取行动的权力。反之，AMLC当然也可以主动向外国请求司法协助，请求的内容包括追踪、冻结、限制非法活动收益等。

三、中国向菲律宾请求刑事司法协助的程序

（一）中国向菲律宾请求刑事司法协助的提出

我国办案机关提出刑事司法协助请求。办案机关包括公安机关、检察机关、审判机关、监察机关、司法行政机关和国家安全机关等在内的负责刑事案件调查、侦查、起诉、审判、执行等具体任务的机关，他们负责向所属主管机关提交需要向菲律宾提出的刑事司法协助请求。同时，根据《国际刑事司法协助法》第10条第3款的规定，请求书应当以中文制作并附有请求国官方文字的译文或英文。中菲

---

① 《联合国反腐败公约》第46条。
② 第9160号菲律宾共和国法（即2001年菲律宾反洗钱法，常见简称AMLA），第9194号菲律宾共和国法（即2021年菲律宾反洗钱法修正案）。

双方还就特殊情形下的请求方式达成一致，"在紧急情况下，菲方可以接收其他形式的请求，中方应当随后迅速以书面形式确认该请求"，以提升彼此刑事司法协助领域的合作效率。

我国主管机关审核刑事司法协助请求。国家监察委员会、最高人民法院、最高人民检察院、公安部、国家安全部等部门是开展国际刑事司法协助的主管机关，按照职责分工，审核向菲律宾提出的刑事司法协助请求。

（二）中国向菲律宾请求刑事司法协助的受理

对外联系机关向菲律宾送达刑事司法协助请求书。《国际刑事司法协助条约》的第5条规定了中华人民共和国和外国之间开展刑事司法协助，通过对外联系机关联系。中华人民共和国司法部等对外联系机关负责提出、接收和转递刑事司法协助请求，处理其他与国际刑事司法协助相关的事务。中华人民共和国和外国之间没有刑事司法协助条约的，通过外交途径联系。我国向菲律宾请求刑事司法协助的具体实践中，由于中国和菲律宾签订了具体的刑事司法协助条约，因此应当通过双边条约进行规范。在《中华人民共和国和菲律宾共和国关于刑事司法协助的条约》第2条中规定了中菲进行刑事司法协助所负责的中央机关：为本条约的目的，双方各自指定的中央机关应当直接进行联系；在中华人民共和国方面，中央机关系指司法部，在菲律宾共和国方面，中央机关系指司法部；任何一方如果变更其对中央机关的指定，应当通过外交途径通知另一方。因此，请求书应当通过司法部向菲律宾司法部提出刑事司法协助的请求。

对于请求文书的格式和内容，应当根据《中华人民共和国和菲律宾共和国关于刑事司法协助的条约》中的规定制作。请求书必须是书面形式，并且由我国外交部签署或盖章。请求的内容应当包括涉及相关程序的主管机关名称、案件性质和事实以及适用法律规定的说明、对于请求提供的协助及其目的的说明、希望请求得以执行的期限。请求的内容在必要和可能的范围内，还应当包括被取证人员的身份和居住地的资料，受送达人的相关资料，需要查找或辨别人员的资料，需要勘验或检查的场所说明，希望执行时遵循的特别请求及说明，关于搜查地点和查询、冻结、扣押的财物说明，保密的理由，相关协助人员的津贴说明，有助于执行请求的其他资料，共九项具体的请求内容。并且被请求国如果认为请求中包括的内容尚不足以使其处理该请求，可以要求提供补充资料。

（三）菲律宾对中国刑事司法协助请求的处理

菲律宾相关人员处理我国提出的刑事司法协助请求。菲律宾并没有制定国内的刑事司法协助法，具体的刑事司法协助程序参考相关国际公约以及其国内的

《菲律宾反洗钱法》。目前，《菲律宾反洗钱法》的主要内容是：第一，将洗钱活动犯罪化；第二，建立一个金融情报机构；第三，对金融机构提出客户身份识别、记录保存和上报可疑交易要求；第四，放宽银行严格的存款保密法；第五，要求银行提供查询，允许冻结、单方面审查、罚没和追逃非法钱财；第六，开展国际合作。① 根据《菲律宾反洗钱法》，2001 年 10 月 17 日菲律宾成立反洗钱委员会作为本国金融情报中心，并通过反洗钱委员会参与国际社会的反洗钱合作，积极配合其他金融情报机构、国际组织、政府机构的合作请求。《菲律宾反洗钱法》第 13 条规定了中国向菲律宾请求刑事司法协助或者提出反洗钱罪名的相关诉讼，反洗钱委员会可以执行、延迟执行、拒绝执行中国提出的协助请求，但需要告知延迟和拒绝执行的正当理由。这与《中华人民共和国和菲律宾共和国关于刑事司法协助的条约》第 3 条第 4 款的规定也是一致的。

《中华人民共和国和菲律宾共和国关于刑事司法协助的条约》第 3 条第 1 款规定了被请求国拒绝或者推迟协助的具体情形，拒绝提供协助的情形包括：请求涉及的行为根据被请求国法律不构成犯罪；被请求国认为请求系针对政治犯罪提出；请求涉及的犯罪纯属军事犯罪；被请求国有充分理由认为，请求的目的是基于某人的种族、性别、宗教、国籍或者政治见解而对该人进行侦查、起诉、处罚或者其他诉讼程序，或者该人的地位可能由于上述任何原因受到损害；被请求国正在对请求所涉及的同一犯罪嫌疑人或者被告人就同一犯罪进行刑事诉讼，或者已经终止刑事诉讼，或者已经作出终审判决；被请求国认为，请求提供的协助与案件缺乏实质联系；被请求国认为，执行请求将损害本国主权、安全、公共秩序或者其他重大公共利益，或者违背本国法律的基本原则；协助请求涉及对某人的起诉，而假若有关的犯罪是在被请求国管辖区内实施的，该人会因时效期限届满或者任何其他原因而不能再被起诉；请求国不能遵守任何关于保密或者限制使用所提供材料的条件；提供所请求的协助会危害任何人的安全，或者对被请求国的资源造成过分的负担。这十项被请求国可以拒绝请求的情形大致分为政治犯罪、军事犯罪、请求违背基本原则等常见情形。

四、中国向菲律宾请求刑事司法协助的内容

（一）送达文书

根据《国际刑事司法协助法》和《中华人民共和国和菲律宾共和国关于刑事

---

① 王新元、申韬、刘卓鑫：《菲律宾反洗钱监管探究》，《区域金融研究》2016 年第 2 期，第 47 页。

司法协助的条约》的相关规定，办案机关需要菲律宾协助送达传票、通知书、起诉书、判决书和其他司法文书的，应当制作刑事司法协助请求书并附相关材料，经过所属主管机关审核同意后，由司法部向菲律宾司法部提出请求。该请求书应当载明受送达人的姓名或者名称、送达的地址以及需要告知受送达人的相关权利和义务。而菲方应当根据本国的法律并依请求送达中方递交的文书，在送达之后，菲方应当向中方出具送达证明，送达证明包括送达日期、地点和送达途径或方式，并应当由送达文书的机关签署或者盖章，如果无法送达，应当说明原因。

（二）调查取证

《国际刑事司法协助法》在第 25 条第 1 款规定了我国可以向外国请求调查取证的具体事项，主要包括查找、辨认有关人员及涉案物品，勘验、检查、搜查相关人身、住所、物品，获取证言、鉴定意见、相关文件记录等八项内容。本条第 2 款规定了办案机关根据办案情况的需要，在请求调查取证的同时，可以请求在执行请求时派员到场。《中华人民共和国和菲律宾共和国关于刑事司法协助的条约》第 8 条规定了调取证据的内容：菲律宾要依据本国法律请求，调取证据并移交给中国，可以移交副本或彩印本，在不违背菲律宾法律的前提下，根据本条移交给中国的文件，应当按照中国要求的形式予以证明，同时菲律宾应当同意请求中指明的人员在执行请求时到场，并应当允许这些人员通过被请求国司法人员向被调取证据的人员提问。为此目的，菲律宾应当及时将执行请求的时间和地点通知中国。

在《菲律宾反洗钱法》第 11 条中，规定了反洗钱委员会调查犯罪嫌疑人银行存款的权力，反洗钱委员会可以根据法院的命令审查任何银行及其他金融机构的特定存款与投资，该信息在不违背基本原则的情况下，可以提供给请求司法协助的国家作为证据使用。在《联合国反腐败公约》第 46 条中也规定了缔约国主管机关如果认为与刑事事项有关的资料可能有助于另一国主管机关进行或者顺利完成调查和刑事诉讼程序，或者可以促成其根据本公约提出请求，则在不影响本国法律的情况下，可以无须事先请求而向另一国主管机关提供这类材料。在《国际刑事司法协助法》第 25、26 条详细规定了请求书所附材料以及材料需要载明的事项，同时如果菲律宾要求中国归还其提供的证据材料的，中国办案机关应当尽快归还。

（三）安排证人作证或者协助调查

《中华人民共和国和菲律宾共和国关于刑事司法协助的条约》第 10 条只规定了安排证人前往请求国作证或者协助调查的内容的类型，如中国请求菲律宾安排有关人员前往中国境内作证，则需要在预定出庭日的前六十天内送达文书请求，并支付该证人的津贴和费用。《国际刑事司法协助法》第 31 至 35 条则规定了安排证人留在被请求国境内或前往请求国境外作证或者协助调查两种类型的具体内容，证人、鉴定人可以通过视频、音频作证，或者前往请求国境内作证，无论哪种类型都需要制作请求书，需要载明相关事项。前往请求国境内作证的证人、鉴定人在离境之前，入境之前实施的犯罪不受追诉，应当在条约期限结束的十五日之内离境。

《中华人民共和国和菲律宾共和国关于刑事司法协助的条约》第 11 条规定了移送在押人员以便作证或者协助调查的相关内容。经中方请求，菲方可以将在其境内的在押人员临时移送至中方境内，以便出庭作证或者协助调查，条件是被判刑人同意，且中菲双方就移送条件达成书面协议。并且在作证或者协助调查完毕之后，请求国应当立即将该被移送人送回菲方。并且该被移送人在中国羁押的期间，应当折抵在菲律宾判处的刑期。值得一提的是，此处规定的"移送在押人员"与《国际刑事司法协助法》第八章规定的"移管被判刑人"是两个完全不同的概念。"移送在押人员"只是协助作证的一种方式，并且在作证完毕之后，被移送人还要返回原来的国家。而"移管被判刑人"是将具有中国国籍的被判刑人转移到中国境内服刑，并且不会再次移交给菲律宾。

同时《中华人民共和国和菲律宾共和国关于刑事司法协助的条约》第 12 条对于前往请求国作证或者协助调查的证人、鉴定人的保护也作了详细规定，例如相关人员入镜前的犯罪行为不受追诉、拒绝作证的人员不能因此受到任何刑罚。但免责情形总体规定还不够详细，对人权的保护还不够完善。

（四）查封、扣押、冻结涉案财物

《国际刑事司法协助法》第 39 至 41 条规定了向外国请求查封、扣押、冻结涉案财物应当附的材料及事项，相关材料经所属主管机关审核同意后，由对外联系机关及时向外国提出请求，需要由司法机关作出决定的，由人民法院作出。

《国际刑事司法协助法》第 40 条规定了我国向外国请求协助查封、扣押、冻结涉案财物时请求书应载明的事项和所附材料的要求。我国向外国请求协助查封、扣押、冻结涉案财产的请求书应当包含以下五类：一是请求书应当包含涉案财物的具体信息如实体物的权属证明、名称、特性、外形、数量等；二是涉案财物的地点；三是相关法律文书的副本；四是有关查封、扣押、冻结以及利害关系人权利保障的法律规定；五是有助于执行的其他材料。

《国际刑事司法协助法》第 41 条规定了我国办案机关向菲律宾请求查封、扣押、冻结涉案财物的期限届满时，办案机关需要菲律宾继续查封、扣押、冻结相关涉案财物的，应当再次向菲方提出请求。办案机关决定解除查封、扣押、冻结的，应当及时通知菲方。

《中华人民共和国和菲律宾共和国关于刑事司法协助的条约》第 13 条规定了搜查和扣押财物的具体内容，菲律宾应该在本国法律允许的范围内查询、冻结、搜查和扣押作为证据的财物。同时菲方应当向中方提供所要求的有关执行上述请求的结果，包括查询或者搜查的结果，冻结或者扣押的地点和状况以及有关财务随后被监管的情况。如果中方同意菲方就移交提出的条件，菲方可以将被扣押的财物移交给中方。

（五）没收、返还违法所得及其他涉案财物

根据《国际刑事司法协助法》第 47 条，中国向菲律宾请求将违法所得及其他涉案财物返还中国或者返还被害人的，可以在向菲律宾提出没收请求时一并提出，也可以单独提出。菲律宾在返还财产上有特殊要求的，在不违反中华人民共和国法律的基本原则的情况下，可以同意。菲律宾协助没收、返还违法所得及其他涉案财物的，由外交部会同主管机关就有关财物的移交问题与菲律宾进行协商。对于请求菲律宾协助没收、返还违法所得及其他涉案财物，并提出分享请求的，分享的数额或者比例，由中国对外联系机关会同主管机关与菲律宾协商确定。

《中华人民共和国和菲律宾共和国关于刑事司法协助的条约》第 15 条规定了犯罪所得和犯罪工具的没收。菲方应当根据中方的请求，努力确定犯罪所得或者犯罪工具是否位于其境内，并应当将调查结果通知中方，并且采取措施冻结、扣押和没收这些财物。同时第三款规定了在双方商定的条件下，菲方可以根据中方的请求，将上述犯罪所得或者犯罪工具的全部或者部分或者出售有关资产的所得移交给中方。

（六）移管被判刑人

根据《国际刑事司法协助法》第 62~63 条，中华人民共和国可以向外国请求移管中国籍被判刑人，外国可以请求中华人民共和国移管中国籍被判刑人。被判刑人移管回国后，由主管机关指定刑罚执行机关先行关押。

但是《中华人民共和国和菲律宾共和国关于刑事司法协助的条约》中并未对移管被判刑人作出约定，只是约定了移送在押人员以便作证或者协助调查的相关条约。根据《中华人民共和国和菲律宾共和国关于刑事司法协助的条约》第 11 条的规定，经过中方的请求，菲方可以将在其境内的在押人员临时移送至中方境内以便出庭作证或者协助调查，条件是该人同意。如果根据菲方法律该人应当予以羁押，中方应当羁押该人。作证或者协助调查完毕后应当立即将该人送回菲方。

（七）中国向菲律宾请求批准、执行引渡

引渡是国家间开展刑事司法协助的传统形式，它是指一国向另一国提出请求，要求另一国将在其境内的某一刑事逃犯移交给请求国，以便请求国对其提起刑事诉讼或执行刑罚的活动。中国向菲律宾请求引渡的具体内容主要规定于我国《引渡法》《中华人民共和国和菲律宾共和国引渡条约》《菲律宾引渡法》。

1. 引渡的条件

可引渡的犯罪。《引渡法》第 7 条规定，引渡请求所指的行为，依照中华人民共和国法律和请求国法律均构成犯罪时才能准予引渡。但是《中华人民共和国和菲律宾共和国引渡条约》对于引渡的条件规定得更加详细，《中华人民共和国和菲律宾共和国引渡条约》第 2 条规定，可引渡的犯罪是指根据双方法律均可判处一年以上有期徒刑或者更重刑罚的犯罪。如果为执行刑罚的目的请求引渡，则还要要求尚未服满的刑期至少为六个月。

应当拒绝引渡的理由。根据《中华人民共和国和菲律宾共和国引渡条约》第 3 条，中菲双方均有权拒绝引渡本国国民。除此之外，第 4 条第 1 款还规定了三项应当拒绝引渡的情形：一是引渡请求所针对的犯罪是政治犯罪；二是请求引渡的实际目的是基于该人的种族、宗教、性别、国籍或者政治见解原因而提起刑事诉讼或者予以处罚；三是引渡请求所针对的犯罪纯属军事犯罪。第 2 款规定了如果已经作出了生效判决或者终止了刑事诉讼程序，也不应当引渡。第 3 款规定被请求引渡人在已经获得释放或者赦免的情形下，也不应当引渡。

可以拒绝引渡的理由。《中华人民共和国和菲律宾共和国引渡条约》第 5 条规定了两种可以拒绝引渡的情形：一是菲方对引渡请求所针对的犯罪有管辖权，并且就该项犯罪对被请求引渡人提起了刑事诉讼；二是考虑到案件的各项因素，包括被请求人的年龄、健康等原因，引渡不符合人道主义。

2. 引渡请求和所附文件

中国内部提出引渡请求与审查程序规定在中国《引渡法》。中国《引渡法》第 47 条规定了中国国内提出引渡请求的机关及程序。中国向菲律宾请求引渡最终由司法部向菲律宾提出。中国《引渡法》第 48 条规定了紧急情况下的强制措施请求。在紧急情况下，可以在向菲律宾正式提出引渡请求前，通过外交途径或者菲律宾政府同意的其他途径，请求菲律宾方对有关人员先行采取强制措施。

中国《引渡法》第 49 条规定了与引渡有关的文书、文件和材料。对于中国向菲律宾请求引渡所需的文书等材料，应当依照《中华人民共和国和菲律宾共和国引渡条约》的规定提出。根据《中华人民共和国和菲律宾共和国引渡条约》第 7

条，中国向菲律宾请求引渡所需要的文书材料应当通过外交途径递交，材料包括：关于被请求引渡人的尽可能准确的描述，以及其他有助于确定该人身份、国籍和所在地的材料；关于引渡请求所针对的每项犯罪的说明，以及该人就每项犯罪被指控的作为和不作为的说明，包括犯罪时间和地点的说明；关于定罪量刑和刑事追诉时效或者执行刑罚时效的法律条文。菲律宾有特殊要求的，可以按照菲律宾的特殊要求提出，但不能违反中国法律的基本原则。菲律宾对中国的引渡请求可以提出附加条件，但不可损害中国主权、国家利益、公共利益，在此情况下由外交部代表中国政府向菲律宾作出承诺。对于菲律宾向中国移交的与引渡有关的人、物，主要由中国的公安机关负责接收。

3. 菲律宾审查引渡请求

菲律宾的引渡程序主要依据"菲律宾第 1069 号总统令"①。中国向菲律宾提出的引渡请求应当先由菲律宾外交部部长审查。如果外交部认为该请求符合法律和条约的要求，该请求和证明文件将被转交给司法部，由司法部部长指定一个国家法律顾问小组来处理该引渡案件，然后国家法律顾问小组应向适当的区域审判法庭提交书面申请。但是，在有些情况下，被请求引渡人可以在提交引渡请求之前或之后放弃引渡审查程序，这一过程被称为简化引渡。在这种情况下，该人将尽快被送往请求国，而无需进一步的审查。参考菲律宾 2000 年的一个最高法院指导案例可以得知，对于引渡请求文件的内容审查也是由菲律宾外交部完成。首先，请求和证明文件需要被菲律宾驻中国的主要外交或领事官员初次审查；其次，菲律宾外交部审查该请求是否存在《菲律宾引渡法》规定的绝对禁止引渡的情形；最后再审查是否属于酌定拒绝的情形。

如果通过了外交部的审查流程，那么该引渡请求将会在听证会上由法院批准是否执行。根据第 1069 号总统令，引渡案件的听证会适用《菲律宾法院规则》中的简易程序。法院应作出批准引渡请求与否的决定，并在证明存在初步证据的情况下说明理由。被请求引渡人可以在收到裁决的十天内提出上诉，上诉法院的决定为最终决定并立即执行。

在菲律宾法院批准引渡请求后，被要求引渡的人将由请求国当局处置，时间和地点由外交部部长与请求国的外交官协商后决定。在任何引渡程序中以及在逮捕、确保和移交被告人时产生的所有费用和开支应由请求国支付，除非两国之间的引渡条约另有规定。司法部部长应向外交部部长证明请求国应支付的费用和成

---

① 参见：https://elibrary.judiciary.gov.ph/thebookshelf/showdocs/26/54004，最后访问日期：2023 年 2 月 18 日。

本金额，外交部部长应安排收取该金额并将其转交给司法部部长，以便存入国库。

4. 临时逮捕

临时逮捕是指在紧急情况下，一方可以在提出引渡请求之前，请求逮捕，可以通过外交途径递交，或者通过中华人民共和国公安部和菲律宾司法部直接联系。临时逮捕的请求应当包括以下材料：一是关于被请求引渡人的描述；二是关于已经获知该人所在地的说明；三是关于案件事实的简要说明；四是所触犯的法律条文；五是逮捕令或者是定罪判决的副本；六是关于即将提出的引渡请求的说明。相关内容规定在《中华人民共和国和菲律宾共和国引渡条约》第 10 条。当然，临时逮捕也有期限。如果自临时逮捕之日起的三十天后没有收到引渡请求，应当终止对被请求引渡人的临时逮捕。此期限可以延长十五日，如果延长的十五日也届满，应当终止临时逮捕。

5. 移交被请求引渡人和财产

根据《中华人民共和国和菲律宾共和国引渡条约》第 14 条，菲方在就引渡条约作出决定之后，应当尽快将该项决定通知中方，双方应当协商将该人送至中方境内的方便地点、移交日期。同时第 15 条对财产的移交也作出了相应的规定，在菲方同意引渡请求之后，应当向中方移交以下财物：一是可以作为犯罪证据的财物；二是被请求引渡人通过犯罪所获得的并且由该人占有或者随后被发现的财物（包括金钱）。

6. 再引渡

再引渡是指请求引渡的国家接受罪犯的引渡后，再将该罪犯引渡给第三国，供其审判和处罚的引渡方式。《中华人民共和国和菲律宾共和国引渡条约》对于再引渡也进行了规定，第 17 条表明，如果该人已经由被请求国引渡给请求国，该人不应当就引渡前的罪行被引渡或者移交给第三国，除非存在以下情形：一是被请求国同意该引渡或移交；二是该人有机会离开请求国，但是可自由离境的四十五天内没有离境，或者在离境之后又返回。

五、中国向菲律宾请求刑事司法协助的障碍

（一）缺乏移管被判刑人条约

移管被判刑人是指一国将在其本国境内被判处刑罚的犯罪人移交罪犯国籍国或常住地国以便于服刑的一种合作方式。[①] 移管被判刑人是国际上普遍采用的一种

[①] 赵秉志、黄芳：《香港特别行政区与外国移管被判刑人制度研究》，《中国法学》2003 年第 2 期，第 127 页。

刑事司法协助方式，目的在于使被判刑人在自愿基础上回到其国籍国，在熟悉的环境中服刑，可以帮助罪犯改过自新。移管被判刑人作为刑事司法协助的重要内容之一，《联合国反腐败公约》第45条和《联合国打击跨国有组织犯罪公约》第17条均规定了移管被判刑人的内容，且我国《国际刑事司法协助法》第八章也对其作出了具体规定。中国和菲律宾作为这两个公约的缔约国，开展移管被判刑人的司法协助具有国际法基础。

中国与东盟跨境犯罪逐年增多，国家之间开始关注由此产生的刑罚执行问题。移管作为国际刑罚执行合作方式之一，是能够解决被判刑人监管问题的一种理想模式，近年来也逐渐受到了重视。目前，在东盟国家中，我国只与泰国签订了移管被判刑人的条约，但从我国与东盟已经开展的合作来看，在禁毒、反恐、边境管控和打击跨国犯罪方面的合作已经愈发密切，与菲律宾之间的合作主要集中在打击电信诈骗、网络诈骗、计算机犯罪方面，因此，中国与菲律宾之间签订移管被判刑人条约是必不可少的。中国和菲律宾之间未签订移管被判刑人双边条约，这既跟不上立法要求，也无法满足中菲之间联合打击跨境犯罪的迫切需要。

（二）犯罪资产分享机制不成熟导致积极性不足

如何防止犯罪分子外逃以及追回转移出境的犯罪资产已经成为一项全球性的问题，在此过程之中，追赃要比追逃更加困难。从前文列举的我国与菲律宾之间的追逃案例中不难看出，追逃的方式较多，可以通过劝返、引渡、缉捕等方式，但是追赃却困难重重。首先，犯罪分子向境外转移违法所得的方式趋向多元化、技术化，甚至多种方式交叉使用；其次，各国的国内法对财产的重视程度都很高，国内法对犯罪资产的规制与程序也存在较大的差异；最后，实施境外追赃通常会对资产流入国产生不利的经济影响。

中国与菲律宾之间缺少犯罪资产分享机制，极大降低了菲律宾向我国提供刑事司法协助的积极性。我国的《国际刑事司法协助法》中的第49条规定："对外联系机关会同主管机关可以与外国就其提出的对追缴资产的分享请求进行协商。"《中华人民共和国和菲律宾共和国关于刑事司法协助的条约》第15条规定："被请求国应当根据请求，努力确定犯罪所得或者犯罪工具是否位于境内，并且应当将调查结果通知请求国。涉嫌的犯罪所得或者犯罪工具已被找到，被请求国应当根据请求，按照本国法律采取措施冻结、扣押和没收这些财物。在本国法律允许的范围内及双方商定的条件下，被请求国可以根据请求国的请求，将上述的犯罪所得或者犯罪工具的全部或者部分或者出售有关资产的所得移交给请求国。"

在2002年，中国与东盟签订的《中国与东盟关于非传统安全领域合作联合宣言》，明确表示在打击洗钱、非法移民、国际经济犯罪等非传统安全领域犯罪方面进行司法合作。① 2004 年首届"中国—东盟总检察长会议"在昆明举行，会议上发表了《中国与东盟成员国总检察长会议联合声明》。在声明中，各成员国一致同意要求落实《巴勒莫公约》及其他有关公约、法律文件的规定，即在各国法律许可的范围之内，就互涉案件的涉案款物追缴与返还、调查取证等领域进行刑事司法合作。② 2011 年湄公河惨案发生之后，我国与东盟建立的湄公河流域联合执法安全合作机制在刑事司法合作领域树立了典范。在 2019 年第十二届中国—东盟总检察长会议上，张军检察长就指出，今后双方应在协助涉案赃款赃物移交、缉捕遣返犯罪嫌疑人等方面细化协作内容，该建议得到了与会各国代表的高度关注。中国与菲律宾之间本就有着良好的刑事合作基础，因而完全可以签订双边的资产分享条约。

（三）中菲两国的国际警务合作不够成熟

近年来，网络电信诈骗、跨境金融犯罪成为案件数量大幅增长的新型犯罪形式。以网络电信诈骗犯罪为例，为了方便作案、逃避抓捕，缅甸、柬埔寨、泰国、菲律宾等入境相对较为容易的国家便成为跨境犯罪分子转移聚集之地，大多数犯罪团伙渐渐从中国境内转向了与中国相邻的东南亚国家。比如在 2019 年 11 月，仅河北警方就将 208 名电信网络诈骗嫌疑人从菲律宾押解回国。③ 这些跨国、跨境案件大都有着规模化运营、涉案金额巨大、受害者众多的特点。仅靠中国一国的警务力量很难全面防范和打击跨境犯罪问题，需要中菲两国警察机关共同防范和打击各类跨境犯罪活动。中菲双方如果积极开展识别、查证、冻结、扣押和没收犯罪资产等方面的警务合作，那么案件的侦破效率将会大大提高。

六、中国向菲律宾请求刑事司法协助的完善建议

（一）完善移管被判刑人的双边条约

中国与菲律宾之间的各项合作都比较成熟，菲律宾政府对我国的各种工作开展也都比较支持，因此移管被判刑人条约不足的状况，极大制约了中国与菲律宾在刑事司法协助领域展开更深层次的合作，也影响了两国之间跨国犯罪案件中在

---

① 包涵：《中国与东盟刑事司法协助中的证据转换问题研究——以湄公河"10·5"案件为样本》，《江西警察学院学报》2014 年第 5 期，第 100 - 104 页。

② 黄树标：《中国与东盟成员国职务犯罪所得追缴机制探析》，《广西社会科学》2013 年第 7 期，第 44 - 47 页。

③ 参见《208 名电信网络诈骗嫌疑人被河北警方从菲律宾押解回国》，https://www.mps.gov.cn/n2255079/n4876594/n5104076/n5104080/c6778711/content.html，最后访问日期：2023 年 4 月 13 日。

外国服刑罪犯的改造与回归社会。应当努力做到积极主动与菲律宾开展个案合作，通过实践增进双方对移管被判刑人的共识，为完善我国与菲律宾移管被判刑人制度积累经验、奠定基础。在磋商时应当注意以下三个方面的问题：一是充分尊重各方主权，互不干涉内政，努力加强国际合作的政治意愿；二是积极克服两国法律制度之间的差异，共同推进打击犯罪取得有力的成果；三是加强国与国之间的沟通协调，在两国的主管机关之间取得顺畅的沟通渠道，推动高效的国际合作。

　　基于中国和菲律宾的刑事司法协助现状，增加被判刑人移管这种新的司法协助方式已成为现实所需。一方面，中菲双方增加被判刑人移管的协助形式具有必要性。首先，我国在与外国开展的被判刑人移管实践中，"移入"被判刑人的数量要远远大于"移出"被判刑人数量，造成这一差距的主要原因就是我国监狱系统过于重视对犯罪分子的惩罚功能，而忽视了对犯罪分子的改造和特殊教化功能。[①]其次，我国监狱的医疗费用绝大多数花费在无法保外就医的外籍犯罪分子上，[②]这对本身就十分紧缺的监狱医疗资源来说更是雪上加霜。最后，菲律宾与中国的饮食习惯、宗教信仰方面差距较大，被判刑人在他国执行刑罚多有不便。因此，为了缓解我国监狱系统资源的紧张程度，也为了促使被判刑人可以更好地进行改造，在中菲两国之间确立被判刑人移管制度确有必要。另一方面，中菲两国之间确立被判刑人移管制度具有可行性。首先《联合国反腐败公约》第45条已经明确规定了移管被判刑人事项，缔约国可以考虑缔结双边或多边协定或者安排，将因实施根据本公约确立的犯罪而被判监禁或者其他形式剥夺自由的人移交其本国服满刑期，而中菲两国均已加入该国际条约。截至2024年7月，中国已经与乌克兰、俄罗斯、韩国、泰国、巴基斯坦、哥伦比亚等16个国家签署了被判刑人移管双边条约。在国内立法层面，我国的《国际刑事司法协助法》也规定了被判刑人移管事项。在司法实践层面，我国于1997年首次"移出"一名乌克兰籍被判刑人，[③]并于2016年首次"移入"一名在俄罗斯被判刑的中国籍罪犯，自1997年至2016年，我国共向外国移管80名被判刑人。[④]由此可见，中国和菲律宾之间增加移管被判刑人的刑事司法协助方式，不仅在理论上有国际条约及国内立法支撑，而且在实

---

① 周凌、赵金金：《论我国适用被判刑人移管制度之现实困境及路径选择》，《时代法学》2016年第3期，第27页。
② 黄风：《检察机关实施〈国际刑事司法协助法〉若干问题》，《国家检察官学院学报》2019年第4期，第172页。
③ 赵秉志：《被判刑人移管国际暨区域合作》，中国人民公安大学出版社2004年版，第569页。
④ 参见《我国首次移管境外被判刑人回国服刑》，https://www.chinacourt.org/article/detail/2016/04/id/1848307.shtml，最后访问日期：2023年4月10日。

践中也有较多移管被判刑人的成功经验以供借鉴。

总之，中国与东盟跨境犯罪的数量逐年增多，国家之间开始关注由此产生的刑罚执行问题，移管作为国际刑罚执行的合作方式之一，是能够解决被判刑人监管问题的一种理想模式，因此中国和菲律宾应当积极展开个案合作，并及时总结实践经验、签订被判刑人移管双边条约，以拓宽中菲刑事司法协助的渠道。

（二）构建资产分享机制

面对腐败这个世界性难题，推进腐败全球治理、加强反腐败国际合作已然成为势不可挡的时代潮流。反腐败始终是各个国家和地区共同关注的重点，成为国际多边合作重要议题，联合国、二十国集团、亚太经合组织、金砖国家、国际刑警组织、世界银行等就加强反腐败国际合作达成共识，建立了各自框架下的合作机制。不给腐败分子提供"避罪天堂"、拒绝腐败分子入境、建设反腐败执法合作网络，成为国际社会共同遵循的准则。合作是大势所趋，共赢是人心所向。面对腐败这个共同挑战，任何国家都不能关起门来反腐，必须加强国际合作，携手打击腐败。要继续强化机制建设、拓宽合作平台，在《联合国反腐败公约》的框架下，健全拒绝腐败分子入境、资产返还等合作机制，深化和拓展多边框架下的反腐败执法合作网络，把反腐败国际合作共识转化为看得见、摸得着的合作成果。

在开展境外追赃的过程中，我国在立法和实践上都取得了很大的进步，尤其是《国际刑事司法协助法》的颁布实施，使得我国国内法与相关国际公约的衔接更加紧密。但必须清醒地认识到，在追赃过程中我国仍然面临着许多的困难和障碍，为最大限度地挽救损失，我国应当结合现阶段与菲律宾的国际形势合作中遇到的追赃困难，完善我国的资产分享机制。虽然《国际刑事司法协助法》已经确立了资产分享制度，但是法条规定的内容较为简单，并没有构建出一个完善的制度体系。因此在今后的立法实践中可以考虑出台资产分享法或者将资产分享以单独章节的形式规定在《国际刑事司法协助法》里面，具体可以从资产分享的范围、资产分享的比例、资产分享的主管机关及管理机关、中菲双方签署资产分享双边条约四个方面实施。

《联合国反腐败公约》第57条规定，通过贪污或者贪污所得财产进行洗钱的行为，被请求国缔约国没收这类财产后应将其归还请求缔约国，同时应优先考虑将被没收的财产返还给原合法所有者或补偿给受害者。因此，综合国际惯例和国际公约，我国可以考虑对产生贪污腐败等有侵犯国家利益、公共利益的犯罪资产，坚持菲方在扣除合理费用之后，向我国全额返还；对于洗钱犯罪、毒品犯罪、经济犯罪等案件的资产，一般认为是私人财产，应当在扣除合理费用、善意第三人的合法财产后，就剩余资产进行分享。比如 2019 年从菲律宾缉捕归国的谢浩杰，谢浩杰作为江苏省纸联再生资源有限公司（国有企业）原总经理，因涉嫌滥用职权为他人谋利，造成国有资产巨额损失，此案就属于第一种类型，中国不应与菲律宾分享该案的犯罪所得，在扣除合理费用之后，应当直接予以返还；再比如 2016 年的"2·22 特大香烟走私案"，犯罪嫌疑人龚某的违法所得就可以与菲律宾分享。

而资产分享的比例也是资产分享制度的重要环节，有许多因素都可以决定分享的比例，比如合作国在案件调查中所起的作用、移送的证据材料对资产追回的贡献比例以及违法行为的性质等。[①] 我国可通过个案协商的方式，以平等互惠为原则，就分享比例与菲律宾达成共识。比如上述"2·22 特大香烟走私案"，菲律宾执法部门发现龚某的活动轨迹后，立即通知我国相关部门，在我国公安部、外交部驻菲律宾大使馆、菲律宾警方等部门的协助下，成功将该犯遣返回国，中菲双方就可以根据菲方参与协助的部门作出的贡献程度来共同协商确定资产分享比例。

根据我国《国际刑事司法协助法》第 49 条规定，对于资产分享问题，由对外联系机关会同主管机关与外国协商确定分享的数额或比例。此条规定表明，我国能够参与刑事司法合作的监察、检察等部门都可以成为资产分享的主管机关。在实践中，因缺少一个统一的主管机关，会降低境外追赃的工作效率，因此我国可以在借鉴他国经验的基础之上，结合我国政府管理体制，将司法部确立为资产分享的主管机关。

实践中，各国主要是通过个案协商或签订双边条约的方式解决资产分享问题，多数国家一直坚持"条约前置主义"，在双方没有签署条约的情况下是拒绝进行资产分享的。1996 年我国曾协助加拿大将流入我国的犯罪资产予以没收，并返还加方。当我国主张就该资产进行分享时，加方以双方没有签订资产分享条约为由拒绝了我国的分享请求。[②] 基于以上经验教训，我国应与菲律宾签署资产分享双边条约，减少我国在菲律宾追赃所面临的法律障碍，提升中菲刑事司法合作的效率与水平。

（三）加强中菲之间的国际警务合作

国际警务合作主要分为两类，第一类是在国际刑警组织框架下开展警务合作。国际刑警组织在处理跨境案件的过程中，与各个成员国的协作主要是以国际协查

---

① 郭欣、李永哲：《浅析我国犯罪资产分享机制的构建》，《北京警察学院学报》2015 年第 6 期，第 69 - 73 页。

② 闫芳：《资产分享：跨国追缴和没收犯罪资产的有效实践》，《人民论坛》2018 第 35 期，第 100 - 101 页。

"通报"的形式进行的,它传送的国际通报依据案情的轻重缓急和主题内容分别以红、绿、蓝、黑四色作为标示,而具体到我国的罪犯抓捕,则主要是通过国际刑警组织发布的红色标示通报,即"红色通缉令"。而各成员国之所以能够成功破获跨境犯罪案件、追缉逃犯,保护民众的生命财产安全,在很大程度上依赖于国际刑警组织的协助,比如发布的"通报"中所提供的资料和线索。作为当今世界最大的政府间警察合作组织,国际刑警组织在协调各成员国联合打击跨国犯罪方面发挥着巨大的作用。比如 2010 年在菲律宾发生的"8·23 劫持人质案",菲律宾前警察门多萨劫持了中国香港 25 名游客,香港警方在前往菲律宾协助调查期间,参与了登上肇事旅游巴士搜证、约见相关证人以及做弹道检证等调查工作,双方本次的司法协助正是通过国际刑警组织进行。中国在 1984 年加入国际刑警组织之后,专门设立了中国国家中心局,并且国际刑警组织在香港也设有中心局,香港回归后,中国国家中心局将是在国际刑警组织中唯一合法代表,但根据中英联络小组 1988 年达成的协议,香港现有的国际刑警应保留国际刑警分局的地位,并继续参与国际刑警组织的活动。① 菲律宾也是国际刑警组织的成员国,该事件的调查由国际刑警组织香港分局与国际刑警组织菲律宾国家安全中心局联络中国大使馆从中协调,最终促成了香港警方参与协助调查。国际刑警组织在 1987 年开通了自动信息接收系统,为成员国提供打击洗钱犯罪所需的信息,拥有先进的互联网技术和资料系统,为彼此之间接收和传送信息提供了便利。中菲双方应当充分利用国际刑警组织提供的平台,继续加强警务合作。

第二类是通过缔结双边或者多边条约开展国际警务合作。近年来,中国与菲律宾就打击跨国犯罪展开了广泛的警务合作,警务合作成为双方合作打击跨国犯罪的重要形式。两国签订警务合作的双边协定既具有理论基础,也具有实践基础。

2002 年 11 月,中国与东盟签署通过了《中国与东盟关于非传统安全领域合作联合宣言》,以"非传统安全"为特定领域的合作进入了实质性阶段②;2017 年 11 月 28 日召开了中国和东南亚及周边国家首都警务执法合作会议,与会各国分别就健全与完善警务联络工作机制分享了经验;2022 年召开了第 9 届东盟与中国打击跨国犯罪部长级会议③。这些交流活动为中国与菲律宾开展国际警务执法合作奠定

---

① 王叔文:《香港特别行政区基本法导论》,中共中央党校出版社 1990 年版,第 269~270 页。

② 该文件强调贩毒、偷运非法移民(包括贩卖妇女、儿童)、海盗、恐怖主义、武器走私、洗钱、国际经济犯罪和网络犯罪等非传统安全问题日益突出,对国际和地区和平与稳定构成新的挑战。

③ 参见《王小洪出席第 9 届中国—东盟打击跨国犯罪部长级会议》,http://sft. qinghai. gov. cn/pub/qhpfw/sfxzyw/jrbb/202209/t20220923_ 96568. html,最后访问日期:2023 年 4 月 13 日。

了良好的理论基础。在警务实践方面，2014 年至 2016 年，北京警方对来自菲律宾、印度尼西亚、马来西亚的 34 名执法人员开展了多期执法培训；2018 年，78 名台湾电信网络诈骗犯罪嫌疑人从菲律宾被押解回国，该案通过开展打击跨国电信网络诈骗犯罪警务执法合作开展侦办工作。① 这些执法实践活动为中国与菲律宾开展国际警务执法合作奠定了良好的实践基础。

总之，中国与菲律宾应积极开展国际警务执法合作，通过警务外访或警察高层交流访问等方式，建立起良好的国际警务执法合作关系。中国与菲律宾国际警务执法合作正在步入深度合作阶段，② 今后，需要不断完善合作机制以应对新的实战考验，应结合其他国家警务执法合作的良好经验，积极探索中国与菲律宾之间的国际警务执法合作机制，共同致力于预防和打击区域跨国犯罪，维护中国与菲律宾两国的国家安全和社会秩序。

本章小结

中国向菲律宾请求刑事司法协助研究能够找到的真实案例并不多，对两国之间的刑事司法协助程序进行研究的文献也不充足，因此本章大部分还是基于中国与菲律宾之间签订的双边条约和中国国内立法。中国向菲律宾请求刑事司法协助的研究主要有以下几点意义：首先，有利于健全我国涉外法治，推进我国国际刑事司法协助的发展进程。加强涉外法治的建设，不仅是推动全球治理变革的客观需要，而且是我国急需深化改革开放的客观需要。其次，加强中国与菲律宾之间的刑事司法协助合作，也有助于缓和中菲之间近几年较为紧张的国际关系。最后，从国际政治的角度来看，推进中菲刑事司法协助建设以及全面开展刑事司法协助活动，对于提高中国的国际影响力，树立大国形象有着重要意义。

---

① 参见《78 名台湾电信网络诈骗犯罪嫌疑人从菲律宾被押解回国》，http：//www. gov. cn/xinwen/2018 - 04/04/content_ 5279836. htm，最后访问日期：2023 年 4 月 13 日。

② 谭诗涯：《中国—东盟国际警务执法合作问题研究》，《北京警察学报》2020 年第 4 期，第 73 页。

第四章
中国向新加坡请求刑事司法协助

新加坡共和国（Republic of Singapore），以下简称"新加坡"，面积735.2平方公里，总人口约592万，公民和永久居民407万。华人占74%左右，其余为马来人、印度人和其他种族。马来语为国语，英语、华语、马来语、泰米尔语为官方语言，英语为行政用语。主要宗教为佛教、道教、伊斯兰教、基督教和印度教。1963年9月，新加坡并入马来西亚后，颁布了州宪法，1965年8月9日脱离马来西亚，成立新加坡共和国，1965年12月，州宪法经修改成为新加坡共和国宪法，并规定马来西亚宪法中的一些条文适用于新加坡。

宪法规定新加坡实行议会共和制。总统为国家元首，1992年国会颁布民选总统法案，规定从1993年起总统由议会选举产生改为民选产生，任期从4年改为6年。总统委任议会多数党领袖为总理；总统和议会共同行使立法权。总统有权否决政府财政预算和公共部门职位的任命；可审查政府执行内部安全法令和宗教和谐法令的情况；有权调查贪污案件。总统在行使主要公务员任命等职权时，必须先征求总统顾问理事会的意见。国会实行一院制，任期5年。国会可提前解散，大选须在国会解散后3个月内举行。国会议员分为民选议员、非选区议员和官委议员。设最高法院和总检察署为司法机构，最高法院由高庭和上诉庭组成，1994年，废除上诉至英国枢密院的规定，确定最高法院上诉庭为终审法庭，最高法院大法官由总理推荐、总统委任。在经济方面，新加坡属外贸驱动型经济，以电子、石油化工、金融、航运、服务业为主，高度依赖中、美、日、欧和周边市场，外贸总额是GDP的三倍。2023年国内生产总值6733亿新元（约合4879.0亿美元），增长率1.1%，人均国内生产总值11.4万新元（约合8.2万美元），货物贸易总额12060亿新元（约合8739.1亿美元），服务贸易总额8373亿新元（约合6067.4亿美元）。①

---

① 参见《新加坡国家概括》，https://www.mfa.gov.cn/web/gjhdq_676201/gj_676203/yz_676205/1206_677076/1206x0_677078/，最后访问日期：2024年8月8日。

自 1990 年两国正式建交以来，新加坡与中国在经济、政治、文化、教育等方面有着密切的联系和往来。2022 年签订《区域全面经济伙伴关系协定》后，两国关系更进一步。两国均加入《联合国打击跨国有组织犯罪公约》《联合国反腐败公约》等国际公约，有着良好的打击跨国犯罪、抓捕外逃人员等刑事司法协助共识，双方也保持密切的联系与合作，已经有诸如"李华波案"等典型协作案例。但由于新加坡与我国尚未签订双边的刑事司法协助条约及引渡条约，新加坡仍是外逃分子的出逃之处或中转站，因此对于刑事司法协助事项亟须达成共识的具体规定。在 2018 年的《中华人民共和国政府和新加坡共和国政府联合声明》[①]中，双方明确表示同意启动刑事司法协助条约谈判，这为两国间的刑事司法协助关系的进一步明确指明了方向。2023 年 4 月，中国与新加坡共同发布《中华人民共和国和新加坡共和国关于建立全方位高质量的前瞻性伙伴关系的联合声明》，两国间的关系进一步深化。[②] 基于目前打击跨国犯罪维护各区域国家社会安全稳定，各国间展开刑事司法协助成为必不可少的打击犯罪模式。

一、中国向新加坡请求刑事司法协助的历史与成绩

自 1990 年两国建交以来，中新两国在相互信任和善意的基础上一直保持着密切而持久的友谊。2000 年双方正式签订《中华人民共和国政府和新加坡共和国政府关于双边合作的联合声明》，两国在政治、经济、防务、法律合作等方面的合作更为密切。[③] 随后的 10 年中，《联合国反腐败公约》《联合国打击跨国有组织犯罪公约》《南海各方行为宣言》等国际条约对两国相继生效后，两国之间针对打击跨国犯罪的体系逐渐完善，对维护两国国家安全和社会秩序稳定发挥了重要作用，两国对于跨国犯罪都有着严厉打击的基本共识，两国间不乏刑事司法合作成功案例，其中最具代表性的一件便是"李华波案"。

2015 年 5 月 9 日，外逃 4 年被称为"亿元股长"的"百名红通人员"2 号嫌犯李华波被遣返回国。李华波为江西省鄱阳县财政局经济建设股原股长，侵吞公款 9400 万元，占鄱阳县当年财政收入的四分之一。2011 年初，李华波潜逃至新加坡。出逃前，李华波通过留信和电话的方式，告知相关人员，自己通过内外勾结、私刻公章等手段，从财政局资金账户上弄了很多钱，并已弃职携家眷出逃。其明

---

　　① 参见《中华人民共和国和新加坡共和国政府联合声明（全文）》，https：//www. mfa. gov. cn/web/ziliao_ 674904/1179_ 674909/201811/t20181115_ 9869024. shtml，最后访问日期：2023 年 8 月 28 日。

　　② 参见《中华人民共和国和新加坡共和国关于建立全方位高质量的前瞻性伙伴关系的联合声明》，https：//www. mfa. gov. cn/web/zyxw/202304/t20230401_ 11053005. shtml，最后访问日期：2023 年 8 月 28 日。

　　③ 参见《中华人民共和国政府和新加坡共和国政府关于双边合作的联合声明》，https：//www. mfa. gov. cn/web/ziliao_ 674904/1179_ 674909/200011/t20001107_ 7946623. shtml，最后访问日期：2023 年 8 月 28 日。

目张胆的行为和嚣张的气焰引起巨大反响，随后，在中央纪委指导下，江西省成立案件协调小组和专案组，短期内查清了李华波伙同他人侵吞9400万元财政资金的犯罪事实，并将其跨境转移赃款和伪造移民申请资料的有关证据陆续提交给新加坡方面。

之后，多部门组成工作组先后八次赴新加坡进行磋商，这是中新两国在没有缔结引渡条约的情况下积极开展刑事司法执法合作的重要体现。中方向新方提出司法协助请求，提供有力证据，由新方冻结了李华波涉案资产，对李华波实行了逮捕、起诉等强制措施，并以"不诚实接受偷窃财产罪"判处其15个月有期徒刑，即日入狱服刑。半年后，新加坡方面取消了李华波的永久居留权。按照新加坡法律，李华波在出狱当天被遣返回中国。

李华波案是中新双方依据《联合国反腐败公约》、践行《北京反腐败宣言》开展追逃追赃合作的成功案例，也是中国检察机关侦查人员在境外刑事法庭出庭作证、检察机关和人民法院运用违法所得没收程序追缴潜逃境外腐败分子涉案赃款的第一起案例。除了和新加坡开展国际合作遣返李华波，中国还成功追缴人民币482.98万元，没收545.4158万新元。李华波案也由此成为中国"海外追赃第一案"。李华波案是为数不多追赃成功的案例，该案对于两国而言都是在刑事司法合作领域内的重大成功，为两国往后开展进一步的合作提供了实践案例指导。与该案相似的还有"梁泽宁案"。

梁泽宁曾是广东省深圳市田心实业股份有限公司董事长，1996年至2015年一直担任该职务。2015年9月，听到风声的梁泽宁秘密逃往新加坡。实际上他的出逃早有预谋，两个女儿早已被安排在境外。除此之外，其内地资产也已变卖。2016年9月，办案人员在梁泽宁办公室抽屉里看到一张普通的纸条，写着"梁泽宁投资移民东南亚某国所需资料"等内容。这是深圳某投资移民公司给梁泽宁一家人办理投资移民东南亚某国的申请材料清单。办案人员仔细研究该国法律后，了解了移民该国必须满足的法律等方面条件；同时，该国法律也规定了外国人在申请移民时若提供虚假材料，即使取得该国永久居留权，一旦被发现，也会被取消居留权并被遣返回原国籍国。

办案人员按图索骥，调取了与梁泽宁有资金往来的深圳市某贸易有限公司等79家公司账户和魏某某等40余人的个人银行账户，逐步摸清了他洗钱转移涉案资金的去向。办案人员同时调查了深圳某投资移民公司的资料仓库，找出了梁泽宁一家人移民的申请资料。经审讯某审计公司负责人，发现梁泽宁从2010年就开始办理移民，相关资料由该审计公司篡改，虚报相关情况。至此，梁泽宁申请移民时提供的虚假资料、所涉赃款的去向以及在该国的洗钱犯罪事实得以查明。深圳市公安机关将经查实的梁泽宁虚假移民的全套资料提交给公安部，同年公安部将相关证据资料转交新加坡方主管机关。

2019 年 4 月 17 日，新方全部注销梁泽宁一家人移民资格。[①] 2019 年 4 月 22 日在中央反腐败协调小组国际追逃追赃工作办公室统筹协调下，经过广东省、深圳市两级纪委监委和公安机关扎实工作，红通人员梁泽宁被新加坡执法部门遣返回中国。

从上述两件成功案例中可以看出中新两国在打击跨国犯罪、境外追逃犯罪等方面有着坚实合作基础。随着"10 + 1""10 + 3"打击跨国犯罪部长会和高官会、"10 + 1"禁毒合作协调会议等国际司法合作交流的不断展开，双方对于执法司法合作将进一步深入，我国与新方之间在没有刑事司法合作双边条约的情况下也能开展执法司法合作，充分展现了两国间的友好合作态度以及我国对于打击跨国犯罪的决心。但由于没有签订专门的双边刑事司法协助和引渡等条约，两国间在开展合作的过程中往往通过不断协商来推进，存在耗时长、人力物力资源消耗大等问题。

二、中国向新加坡请求刑事司法协助的依据

除了两国参加的中国—东盟区域性国际文件（参见绪论）以外，还有以下内容作为中国与新加坡开展刑事司法协助的依据。

（一）两国共同加入的国际公约

中国与新加坡共同加入的国际公约参见下表：

表 4 - 1　中国与新加坡共同加入的国际公约

序号	国际公约名称	中国加入时间	新加坡加入时间
1	《联合国反腐败公约》	2005 年 10 月 27 日	2009 年 11 月 6 日
2	《联合国打击跨国有组织犯罪公约》	2003 年 9 月 23 日	2007 年 8 月 28 日
3	《1971 年精神药物公约》	1985 年 8 月 23 日	1990 年 9 月 17 日
4	《关于防止和惩处侵害应受国际保护人员包括外交代表的罪行的公约》	1987 年 8 月 5 日	2008 年 5 月 2 日
5	《联合国禁止非法贩运麻醉药品和精神药物公约》	1989 年 10 月 25 日	1997 年 10 月 23 日
6	《制止恐怖主义爆炸的国际公约》	2001 年 11 月 13 日	2007 年 12 月 31 日
7	《制止向恐怖主义提供资助的国际公约》	2006 年 4 月 19 日	2003 年 9 月 23 日

注：表中资料来源于联合国公约网：https：//treaties. un. org。

---

① 参见《一张纸条碎掉外逃梦》，https：//www. ccdi. gov. cn/yaowenn/202012/t20201215_ 83757. html，最后访问日期：2023 年 8 月 28 日。

（二）两国签订的双边条约及其他双边文件

中国与新加坡没有签订刑事司法协助方面的双边条约，其他双边文件也很少，可以查到的相关双边文件是 1998 年 10 月 15 日在北京签订的《中华人民共和国最高人民检察院和新加坡共和国总检察署法律合作谅解备忘录》。该备忘录全文共七条，第一条便是"双方在各自的职权范围内加强合作"①，同时也对检察人员的培训合作作出规定，该备忘录为两国间开展检察工作交流提供支持。

（三）两国国内法

中国国内法已经在绪论统一进行论述，在此不再赘述。新加坡涉及国际刑事司法协助的国内法有以下内容：

《新加坡共和国刑事司法协助法》。2000 年出台的《新加坡共和国刑事司法协助法》是新加坡与外国进行刑事事项协助的主要国内法依据，根据 2022 年第 31 号法案的最新修订，该法共四编，分别是总则、新加坡向外国提出请求、外国向新加坡提出请求及其他杂项。② 该法明确规定了外国向新加坡提出刑事司法协助的适用条件、范围及请求对象程序，包括获取证据、安排人员在外国出席、对在新加坡过境人员的监护、外国没收令的执行、搜查和扣押、查找或识别人员及送达程序等协助事项，为外国向新加坡请求刑事司法协助提供了具体的法律依据和指导。

《新加坡共和国引渡法》。1968 年出台的《新加坡共和国引渡法》是规定向英联邦国家和外国引渡逃犯以及有关事项的法令，根据 2022 年 11 月 1 日的最新修订，本法目前已包括"公约犯罪""公约国"等引渡对象，该法共 52 条③，规定了法律适用，从新加坡引渡，引渡到新加坡，专编规定与马来西亚的引渡，还涉及公约罪行，对证据的规定及其他补充条件，并在附表中详细规定了引渡所需的各类文书模板，为引渡程序提供了具体的程序规范，是外国向新加坡请求引渡以及新加坡向外国提出引渡的重要法律依据。

中国和新加坡之间并未签订双边的刑事司法协助条约以及引渡条约等两国开展刑事司法协助工作的直接法律文件，故而双方在开展刑事司法协助工作时主要通过协商的方式，基于互惠原则，针对个案处理。

三、中国向新加坡请求刑事司法协助的程序

中国与新加坡之间共同加入一系列包含刑事司法协助内容的国际公约，但尚

---

① 参见：http：//www. ca-pgc. org/xdxy/201612/t20161220_ 1914655. shtml，最后访问日期：2023 年 8 月 28 日。

② 参见：https：//sso. agc. gov. sg/Act/MACMA2000，最后访问日期：2023 年 8 月 28 日。

③ 参见：https：//sso. agc. gov. sg/Act/EA1968，最后访问日期：2023 年 8 月 29 日。

未签订双边的关于刑事司法协助的条约。中国向新加坡请求提供刑事司法协助主要依据共同加入的国际条约以及《新加坡共和国刑事司法协助法》。因此在讨论中国向新加坡请求刑事司法协助的主要内容的时候，需要从两个方面进行讨论。一是根据我国目前的立法规定，按规定向新加坡提出请求，二是结合共同加入的条约，了解新加坡对于刑事司法协助的相关明文要求，从而按要求提出刑事司法协助请求，使得协助工作得以顺利进行。

（一）中国向新加坡请求刑事司法协助的提出

由于双方并无直接的双边条约，故请求工作的开展和推进一般都依据国内法的具体程序规定。依据我国《国际刑事司法协助法》第 5 条的规定，向新加坡请求刑事司法协助的提出是由我国司法部、外交部等对外联系的主管机关负责该请求书的接收、传递和提出。第 10 条规定了我国向新加坡提出刑事司法协助请求时应当符合的相关规范和适用语言文字的规定。在依据我国国内法向新加坡有关主管机关提出请求后，便需要依据新加坡的国内法开展下一步工作。

根据《新加坡共和国刑事司法协助法》第 17 条的规定，若某一国家与新加坡签有同意向新加坡提供刑事司法协助的条约、谅解备忘录或其他协议，则部长可宣布该国为指定外国。① 同时又根据第 16 条的规定，若非指定外国主管机关已向总检察长承诺，该国今后将应新加坡请求就涉及与该国协助请求相关外国罪行相应的罪行的刑事事宜提供类似协助，则可向该非指定外国提供任何该条规定中所指称的可向指定外国提供的协助。向外国提供本编规定之协助时可附加检察长在任何个案或任何种类的个案中决定的条件。②

基于此，中国向新加坡提出请求刑事司法协助后，需由其外交部部长宣布我国为指定外国，中国向总检察长作出承诺，根据互惠原则通过双方协商的方式，开展协助事宜。

（二）中国向新加坡请求刑事司法协助的受理

在新加坡接收到我国提出的刑事司法协助请求后，根据《新加坡共和国刑事司法协助法》第 19 条的规定，其受理程序如下：向新加坡提出的所有刑事司法协助的请求均向总检察长提出申请，需明确提出请求的目的及所寻求协助的性质，确认请求提出人的身份或请求提出机关的名称，并附上下述文件：（1）请求国主管机关出具的证明书，以证明请求事项为《新加坡共和国刑事司法协助法》所规

---

① 《新加坡共和国刑事司法协助法》第 16 条、第 17 条。
② 《新加坡共和国刑事司法协助法》第 18 条。

定的刑事事宜而提出的请求；（2）介绍该刑事事宜性质的说明书和简要概括相关事实和法律的说明书；（3）如果请求涉及被怀疑涉及某项罪行或从某项罪行中获益的人员的所在地或追查涉嫌与犯罪有关的财产时，需要该被怀疑人员的姓名、身份、国籍、所在地的描述，或财产的位置以及说明怀疑所述事项的依据的声明；（4）介绍该刑事事宜相关罪行的说明书，内容包括最高刑；（5）该国希望新加坡执行请求的具体程序，包括根据请求向该国提供任何资料或物品的具体方式和形式；（6）如果请求是与附属刑事事项有关的协助，并且该国尚未提起获得外国没收令的司法程序，则说明何时可能提起这些诉讼；（7）指出该国希望为该协助请求保密并说明理由的陈述书；（8）该国希望请求得到执行的具体期限；（9）请求涉及人员从新加坡前往该国时，前往该国人员享有的津贴细目及应请求在该国停留期间的具体住宿安排；（10）根据新加坡与该国之间的任何条约、谅解备忘录或其他协议要求在请求中包括的任何其他信息；（11）可能有助于执行请求或本法规定所要求的任何其他资料。

基于此，我国按照新加坡的规定和要求向其提供所需的材料，具体而言是要对具体的刑事事宜请求作出明确说明，并提供有力证据。同时还需保证不侵害新加坡国家的司法主权。

（三）新加坡对外国刑事司法协助请求的处理

《新加坡共和国刑事司法协助法》第 20 条第 1 款规定了新加坡应当拒绝提供司法协助的情形：（1）该国主管机关未能遵守新加坡与该国间与该请求相关的任何条约、谅解备忘录或其他协议规定；（2）该请求关于因某项犯罪而对某人的调查、起诉或处罚，而该项罪行具有政治性质，或该项罪行因其发生时所处的环境而具有政治性质；（3）该请求关于因某一作为或不作为而对某人的调查、起诉或处罚，而该作为或不作为若发生在新加坡，则根据在新加坡适用的军事法构成犯罪，但根据新加坡普通刑法不构成犯罪；（4）有充分理由认为提出该请求的目的是由于某人的种族、宗教、性别、民族、国籍或政见而对其进行调查、起诉、处罚或造成对此人的偏见；（5）该请求关于因某项犯罪而对其进行调查、起诉、处罚，而此人已由该国主管法院或其他机关就该罪定罪、宣布无罪或赦免，或已就该罪或由该罪相同的作为或不作为构成的犯罪接受该国法律规定的处罚；（6）该请求关于因某人的作为或不作为而对其进行的调查、起诉或处罚，而该作为或不作为若发生在新加坡不构成犯罪；（7）该请求所涉及的罪行不够严重；（8）请求提供的物品对侦查不够重要或可以合理地以其他手段获得；（9）提供该协助违反公众利益；（10）主管机关未能承诺请求提供的物品未经总检察长同意不用于该请求相关的刑事事宜以外的其他事宜；（11）在请求提供协助获取证据与协助搜查和扣押时，主管机关未能承诺在请求相关的刑事事宜结束后应总检察长要求退还任何根据该请求提供的物品，或者提供该协助可能造成对某种新加坡刑事事宜的影响。

在《新加坡共和国刑事司法协助法》第 20 条第 2 款中规定了总检察长可以拒绝提供司法协助的情形：（1）根据新加坡与该国间的任何条约、谅解备忘录或其他协定的条款所规定的可以拒绝的情形；（2）总检察长认为提供协助会或可能危害新加坡境内或境外任何人的安全；（3）总检察长认为提供协助会使得新加坡资源负担过重；（4）请求提供第 21 条、第 27 条第 1 款及协助查找或识别人员、协助送达程序等协助时，该国没有根据第 17 条被宣布为指定国，并且该国主管机关未能向总检察长承诺该国今后将应新加坡请求就涉及与该国协助请求相关外国罪行相应的罪行的刑事事宜提供类似协助。

2014 年新修订的《新加坡共和国刑事司法协助法》在第 20 条中新增 3 个款项。第 3 款要求除第 4 款和第 5 款另有规定外，外国提出协助获取证据、协助查找或识别人员以及协助送达的请求，如果总检察长认为，该请求涉及对一个人的任何行为的调查、起诉或惩罚，而该行为发生在新加坡不会构成犯罪，则必须拒绝。新增的第 4 款和第 5 款对第 3 款进行了例外规定，如果外国针对协助获取证据、执行没收令及协助搜查和扣押的请求涉及对该国逃税罪行的调查、起诉或处罚或者总检察长确信已根据《1947 年所得税法》第 49 条或该法 1·BA 节、第 105I 节规定的国际税务合规协定与该外国政府达成了有效的安排，则不适用第 3 款的规定①。

四、中国向新加坡请求刑事司法协助的内容

（一）送达文书

《国际刑事司法协助法》第 20 条对中国向外国请求送达文书程序进行了规定，中国的办案机关需要向新加坡送达文书，应当制作刑事司法协助请求书并附加相关材料，经所属主管机关同意后，由对外联系机关及时向新加坡提出请求。证据或物品使用完毕后应当通过对外联系机关司法部及时归还。

而新加坡对于他国请求送达传票和令状作出了细致的规定。《新加坡共和国刑事司法协助法》第 15 条规定了若总检察长确信为新加坡境内任何刑事事宜之目

---

① 参见：https：//sso.agc.gov.sg/Act/ITA1947，最后访问日期：2023 年 8 月 30 日。

的，或关于新加坡境内任何刑事事宜，有必要或值得送达任何令状，则可请求外国主管机关协助送达该令状。外国有关当局可要求总检察长协助向新加坡境内的人送达文书。① 总检察长收到送达文书的请求后，需审查是否满足以下要求：（1）该请求与该国某项刑事事宜相关；（2）有合理理由认为被送达人在新加坡境内；（3）该国已就上述传票未得到遵守的结果提供了具体细节；（4）该请求与送达在该国出庭作证的传票相关时，该国已作出充分承诺。

外国承诺是指请求总检察长协助向任何人送达在该国出庭作证的传票，则总检察长应在依照规定授权提供协助前获得主管机关承诺，保证受送达人不会仅因拒绝或未能接受或遵守该传票而受到任何处罚，或承担任何责任，或在法律上遭受偏见，在该传票中有任何相反声明的情况下亦应如此②。同时也规定了受送达人不得仅因拒绝或未能接受或遵守该传票而受到任何处罚，或承担任何责任，或在法律上遭受偏见。③

协助送达传票的具体审查和执行机关在《新加坡共和国刑事司法协助法》中也有相关规定。若传票已送达，则该有权官员或送达人应向总检察长转交由最高法院登记官出具的证明书，由总检察长转交该请求国主管机关；如送达失败，则该有权官员或送达人应向总检察长转交由最高法院登记官出具的说明未送达原因的陈述书。④

（二）调查取证

《国际刑事司法协助法》第四章第一节规定了我国可以向外国请求调查取证的具体事项、请求书须载明的事项及归还事宜。⑤

《新加坡共和国刑事司法协助法》第 21 条对外国请求新加坡为刑事诉讼取证的要求进行了规定，指出总检察长可以在符合规定的情况下，以书面形式通知治安法官取证并将证据转交给请求国的有关当局；法院在收到通知后，须让每个证人都在治安法官面前作证，就好像证人就某人触犯新加坡法律的指控而作证一样，且证据尽可能以书面形式；需将经核证的书面文件送交总检察长；对证人及豁免也作出了相应规定；规定了证据在新加坡不得作为证据以及用于任何其他司法程序，除非该证据被用于指控提供该证据的人，而此人的罪行正好是因为提供该证

---

① 《新加坡共和国刑事司法协助法》第 38 条。
② 《新加坡共和国刑事司法协助法》第 39 条。
③ 《新加坡共和国刑事司法协助法》第 40 条。
④ 《新加坡共和国刑事司法协助法》第 38 条
⑤ 《国际刑事司法协助法》第 25 条、第 26 条、第 27 条。

据的行为构成伪证或藐视法庭罪。

《新加坡共和国刑事司法协助法》第 22 条对于涉及刑事事项的特定物品的协助要求进行详细规定，要求请求国有关当局为该国的任何刑事事项提供新加坡的特定物品或物品描述，则总检察长或总检察长正式任命的人可以根据规定向法院申请命令；就金融机构或可变资本公司拥有的任何物品的申请只能向高等法院的普通庭提出；在满足条件的情况下，法院可以下令拥有与申请有关的物品的人必须将物品交给授权人员，供授权人员带走或允许授权人员在命令发布之日起 7 天内或法院认为适当的任何其他期限内访问该物品；需满足的条件是有合理理由指明该人从事或受益于外国罪行，有合理理由相信与申请有关的事物可能具有重大价值，且法院确信提供该物品或给予使用权并不违反公共利益；要求为外国的任何刑事诉讼目的提供任何物品，不得要求其出示在该国诉讼中无法被迫出示的任何物品。

（三）安排证人作证或者协助调查

《国际刑事司法协助法》第五章第一节规定了向外国请求安排证人作证或者协助调查需制作请求书并附相关材料，并对请求书的内容要求作出细致规定；还规定了向外国请求作证或协助调查的证人、鉴定人的入境、离境要求及补助发放；对于协助作证或者调查的人员系在押人员的，需与被请求国就移交在押人员的相关事项达成协议，并在作证或者协助调查结束后及时送回被请求国。

《新加坡共和国刑事司法协助法》第 26 条规定了向新加坡请求相关人员出境作证或者协助调查的有关事宜。外国当局认为有必要需要请求新加坡协助安排某人出境以便就该国的刑事案件提供证据或协助，需向新加坡总检察长提出请求，由总检察长协助安排该人前往外国，请求须符合以下条件：（1）请求涉及违反外国刑事事项涉嫌犯罪。（2）有合理理由相信有关人员有能力提供与刑事事项相关的证据或协助。（3）有关人员已自愿同意按要求出席。（4）该有关人员并不是新加坡 1933 年《监狱法》所指的囚犯或被关押在规定的机构。（5）有关当局已作出充分承诺。有关当局作出承诺的事项是：（1）该人不得因涉嫌离开新加坡之前犯下的任何违反外国法律的罪行而被拘留、起诉或惩罚。（2）该人不得因在离开新加坡之前发生或已经发生的任何作为或不作为而受到任何民事诉讼。（3）该人不得被要求就与请求有关的刑事事项以外的我国的任何刑事事项提供证据或协助；除非该人已经离开外国或该人曾有机会离开外国，但留在外国的目的不是为了就请求所涉刑事事项提供证据或协助。

（四）协助查找或识别人员

《新加坡共和国刑事司法协助法》第 37 条规定了外国当局可向总检察长请求协助寻找、识别、定位在新加坡的人。该规定指出总检察长在收到请求后确信该请求涉及外国的刑事案件且有合理理由相信有关请求所涉及的人是或可能涉及刑事事项，或可能提供与刑事事项有关的证据或协助且在新加坡，则总检察长可按照规定以书面形式授权提供协助。总检察长必须将请求转交新加坡的适当机构，该机构必须尽最大努力找到、确定、定位与请求有关的人，并且必须将这些努力的结果告知总检察长。总检察长在收到这种咨询意见后，必须将根据请求进行的调查结果通知有关当局。

（五）搜查、扣押涉案财物

《国际刑事司法协助法》第六章第一节规定了我国办案机关在具体的办案过程中，可以请求外国协助对涉案财物采取查封、扣押、冻结等强制措施。[①] 制作请求书并附相关材料后，经所属主管机关审核同意后，由对外联系机关及时向外国提出请求，有特殊要求则由人民法院作出决定。强制措施期限届满需要继续查封的，应当再次提出请求，对于解除强制措施的应当及时通知被请求国。

《新加坡共和国刑事司法协助法》第 33 条对外国向新加坡请求协助搜查、扣押的请求作出了详细规定。该条规定外国主管机关可要求总检察长协助搜查或扣押取得任何物件。若满足以下条件，则总检察长或者总检察长指示的授权官员可以根据第 34 条就特定房舍向法院申请逮捕令，一是该请求涉及该国与外国犯罪有关的刑事事项，二是有合理的理由相信请求所涉及的事物与刑事事项有关，并且位于新加坡。该条分别于 2018 年和 2019 年进行了修改，新增第 3 款和第 4 款，要求不得根据第 34 条就金融机构或可变资本公司拥有的任何物品申请搜查令，除非该物品可以具体说明，根据第 34 条就金融机构或可变资本公司拥有的任何物品申请搜查令，必须向高等法院总庭提出。

《新加坡共和国刑事司法协助法》第 34 条规定了搜查的具体程序和执行条件。法院在确信有下列情况时，可就第 33 条申请签发令状，授权官员进入并搜查特定住所：（1）依照第 22 条规定作出的与该处所任何物品相关的命令未得到遵守；（2）有合理理由怀疑某特定人员实施了某项外国犯罪或从中受益；（3）有合理理由认为该申请相关的物品可能对该申请相关的刑事事宜具有重要价值，并且不是或不包含享有法律特权的项目；（4）不违背公共利益。

---

① 《国际刑事司法协助法》第 39 条、第 40 条、第 41 条。

《新加坡共和国刑事司法协助法》第 35 条对搜查令执行人的权力进行了规定：有权官员可查封并保有令状中指明的任何物品，并可对查封的任何物品拍照或制作副本；有权官员依照令状查封任何物品或对任何物品拍照或制作副本可在一个月内保有该物品、照片或副本等待总检察长书面指示处理方式；任何人妨碍或阻挠有权人员执行搜查将构成犯罪，并处以相应的罚金或徒刑。

（六）没收、返还违法所得及其他涉案财物

《国际刑事司法协助法》第七章第一节规定了我国向外国请求没收、返还违法所得及其他涉案财物请求时，所涉及的请求主体，请求内容以及请求提出、审核的具体程序，并规定了请求书及所附材料的载明事项，并对协商与分享事宜作出规定。[①]

《新加坡共和国刑事司法协助法》第 29 条规定了外国没收令的执行要求。当外国提起的任何司法程序中对有理由相信位于新加坡的财产发出执行和清偿的没收令，或如果外国在该国已经或将要提起的司法程序中发出没收令，则可以要求对没收令中涉及的、有理由相信位于新加坡并可对其执行的财产限制，此时，外国当局可以要求总检察长协助采取行动。

《新加坡共和国刑事司法协助法》第 30 条则对外国没收令进行程序上的规定。总检察长或总检察长授权的人可以向高等法院普通庭申请登记外国没收令。高等法院普通庭对没收令进行登记需遵循以下规则：（1）该命令已生效，不得在国外进一步上诉；（2）如果受命令影响的人没有出现在诉讼程序中，则该人收到诉讼通知的时间需使得该人能够为其辩护；（3）前文所述的"上诉"是指任何以解除或撤销判决的方式进行的诉讼和申请重新审判或暂缓执行；（4）如果高等法院普通庭认为外国没收令的登记已经通过支付根据该命令应付的款项或被判处徒刑的人因拖欠付款或其他手段而得到满足，则高等法院普通庭应取消外国没收令的登记。但《新加坡共和国刑事司法协助法》没有对返还违法所得及其他涉案财物进行细致规定，仍处空白。

五、中国向新加坡请求刑事司法协助的障碍

中国与新加坡经济交流居多，双方与经济贸易交往保护及纠纷解决有关的双边文件签署较为全面，如《联合国关于调解所产生的国际和解协议公约》（又称

---

① 《国际刑事司法协助法》第 47 条、第 48 条、第 49 条。

《新加坡调解公约》)①、《中华人民共和国和新加坡共和国关于民事和商事司法协助的条约》、《中华人民共和国政府和新加坡共和国政府关于对所得避免双重征税和防止偷漏税的协定》等一系列双边条约。另外，2023 年 4 月 1 日中新两国最高法院签署《通过诉中调解框架管理"一带一路"倡议背景下国际商事争议的合作谅解备忘录》，双方在经济、文化、教育方面合作交流密切，近两年也共同开展了较多有关刑事司法协助的实践案例。但中国向新加坡请求刑事司法协助仍然存在条约体系不完善、司法协助形式不统一、司法协助程序较烦琐等问题。

（一）中新刑事司法协助条约体系不完善

尽管目前已有李华波案、梁泽宁案等多个成功司法实践案例，但中国和新加坡之间仍未签订双边刑事司法协助条约、引渡条约，尽管两国之间有着密切的国际条约合作关系，但无双边条约仍使得两国间的刑事司法协助依据不充分，目前两国已达成启动刑事司法协助条约谈判的共识，期望能够有效填补目前中新之间刑事司法协助条约体系的空缺。

双边刑事司法协助条约对于国家间进行刑事司法协助具有重要意义。无论是我国法律的相关规定或是新加坡国内法中，都规定了依据双边条约的条款，虽然互惠原则已成为国际间通行和公认的原则，但在司法实践中仍不难看出缺乏双边条约而产生的许多执行和程序困境。如李华波案中的出庭作证、没收财产等协助事项，都是历经多次谈判和交涉才达成共识，两国为此耗费大量人力、物力、财力，是对司法资源的一种浪费。签订双边条约后两国间的刑事司法协助将会有法可依，协助更为高效便捷，更能有效打击跨国和腐败犯罪。

引渡是指一国将在该国境内而被他国指控为犯罪或已被他国判刑的人，根据有关国家的请求移交给请求国审判或处罚。② 引渡制度是一项国际司法协助的重要制度，也是国家有效行使管辖权和制裁犯罪的重要保障。在国际法上，国家没有必须引渡的义务，引渡的法律依据应为含引渡条款的国际条约、国际公约以及相关国内立法。目前中新之间尚未签订引渡条约，使得两国在引渡领域的协助工作难以展开。尽管依据两国间所共同加入的国际公约及《中华人民共和国引渡法》和《新加坡共和国引渡》的相关规定，也可以完成引渡程序，但是流程烦琐，执行难度较大。

因此，两国间亟须完善刑事司法协助条约体系，在政治互信、平等磋商的基

---

① 参见：https://uncitral. un. org/sites/uncitral. un. org/files/media-documents/uncitral/zh/mediation _ convention _ c. pdf，最后访问日期：2023 年 8 月 28 日。

② 参见王铁崖：《国际法》，法律出版社 1995 年版，第 134 页。

础上进一步加强国际间刑事司法协助，签订双边条约，从而为两国间的司法协助提供更为完善和明确的法律依据。

（二）中新刑事司法协助形式不统一

通过对比两国的国际刑事司法协助法的有关规定可以发现，中国与新加坡之间在刑事司法协助内容上存在不同之处。

表4-2　中新两国国际刑事司法协助法所涉内容对比

刑事司法协助所涉内容	国别	
	新加坡	中国
送达文书	仅规定送达传票	√
关于刑事事项的生产订单	√	×
调查取证	√	√
关于生产或接触该物品的豁免权	√	×
安排证人作证或协助调查	√	√
查封涉案财物	√	√
扣押涉案财物	√	√
冻结涉案财物	×	√
没收涉案财物	√	√
返还违法所得	×	√
其他涉案财物	×	√
协助查找或识别人员	√	×
移管被判刑人	×	√

从上表不难发现中国与新加坡的国际刑事司法协助法中的规定内容仍存在着较大不同之处，在请求协助刑事司法活动时存在无法可依的情形，尤其是在有关涉案财物的方面，新加坡仅规定了查封、扣押和没收的强制措施，并未对冻结、返还违法所得等情形作出规定。

另外，移管被判刑人作为目前国际上已达成共识的进行刑事司法协助的重要内容之一，两国间也尚未签订双边的移管被判刑人条约，移管被判刑人是指一国将在其本国境内被判处刑罚的犯罪人移交罪犯国籍国或常住地国以便于服刑。《联合国反腐败公约》第45条和《联合国打击跨国有组织犯罪公约》第17条都对移管被判刑人的内容作出了相应的规定。移管被判刑人这一司法协助形式与引渡、遣返相比具有更为明显的人权意义，从司法上来说更具有教育意义，让被判刑人回归其出生、成长的熟悉的环境中进行教育、改造更有利于保护人权也更有利于保障被判刑人的合法权益。

为更好地促进中新两国间的刑事司法协助，促进刑事司法协助形式统一，两国签订具有针对性的双边条约迫在眉睫，不仅有利于提高双方刑事司法协助效率，更有利于维护两国的主权国家安全和利益。

（三）中新刑事司法协助程序较烦琐

根据中国向新加坡请求刑事司法协助的实践案例以及对比两国国际刑事司法协助法，两国间的刑事司法协助程序较为烦琐的弊端也逐渐暴露。据报道，李华波案中李华波在新加坡潜逃 4 年之久，多部门组成工作组先后 8 次赴新加坡进行磋商，其中耗费了巨大的司法资源。根据两国的国际刑事司法协助法可以确定，我国向新加坡请求刑事司法协助的程序需经历重重关卡，首先在我国国内由办案机关向主管机关提交审核，通过后再由主管机关转交中方对外联系机关向新加坡总检察长提出，总检察长收到申请后仍需要进行一系列的要求条件的审查，最后由总检察长授权给具体有权执行机关。上述流程将会导致两方面的问题：

一方面由于我国办案机关、主管机关、对外联系机关之间工作内容、职权、性质并不完全相通，其中所经历的部门和程序将非常烦琐，工作职责不明确，花费时间长，非常不利于打击犯罪，促进刑事司法协助程序的高效进行。因此需要简化我国国内审批流程，提高国内审批速度，充分优化职权配置，从而为请求的及时提出提供法律依据。

另一方面由于我国所涉机关复杂，各部门分工不清，将会导致新加坡提供协助的机关工作进度难以展开，无法有效地准确掌握我方请求的具体要求和目的，影响刑事司法协助的执行效果，新加坡的执行机关也会因为请求不明确而难以开展下一步的协助工作。因此我国需将刑事司法协助请求提出的流程及程序作出进一步的优化，简化不必要的程序，促进中新刑事司法协助高效率高质量。

六、中国向新加坡请求刑事司法协助的完善建议

为了进一步促进中国与新加坡之间刑事司法协助工作的展开，打击两国犯罪，在坚定和平共处五项原则，践行互惠原则的基础上，针对上述存在的问题提出如下完善建议，以推动两国间刑事司法协助工作的完善。

（一）推动双方签订刑事方面的双边条约

一是基于目前已经签订的《中华人民共和国和新加坡共和国关于民事和商事司法协助的条约》，启动《中华人民共和国政府和新加坡共和国政府联合声明》中

提到的刑事司法协助条约谈判，尽早签订双边的刑事司法协助条约，为两国间开展刑事司法协助提供更有力的条约基础。中新刑事司法协助条约应当对两国间存在的不统一之处进行补充性的规定，为两国间顺利开展刑事协助提供明确的法律依据。

二是可以签订双边的引渡条约及移管被判刑人条约，引渡条约的签订将有力打击犯罪分子，在维护两国司法主权的基础上，推动司法协助新领域的开展。移管被判刑人条约是基于请求国、被请求国与被判刑人三方出发，在不损害司法主权的基础上有效保障人权的重要刑事司法协助内容，移管被判刑人不仅有利于减轻被请求国的司法监管压力，也有利于保障请求国的刑罚执行权的实现，同时也有利于被判刑人在熟悉的环境中得到教育、改造，重新做人。

三是推动双方刑事司法协助形式趋于统一，便于刑事司法协助工作效率的提高。两国对于打击跨国犯罪的态度是统一的、坚决的，两国间的政治、经济、文化关系都有着非常紧密的关系，交流十分频繁，但经济发展不仅仅是民商事的关系，刑事犯罪的打击对于两国间的贸易往来也是至关重要的，推动刑事司法协助形式的统一可以有效提高打击跨国犯罪效率。

完善双边条约体系，有利于为中国与新加坡的刑事司法协助提供更明确的法律依据，两国间更好的刑事司法协助将更好地打击和预防跨境刑事犯罪，促进两国友好关系。

（二）简化我国国内的刑事司法协助程序

《国际刑事司法协助法》的出台是顺应目前打击跨国犯罪的时代趋势，是完善我国法律体系的体现，但仍存在进一步优化的空间。

一是优化我国《国际刑事司法协助法》中规定的有关机关审批流程程序。进一步简化请求审批和请求的参与机关。可以依据《刑事诉讼法》的相关规定，按照起诉前、起诉时和审理结束三个阶段来分配。在起诉前由侦查机关负责司法协助请求的提出，此时只有侦查机关清楚所需要的证据种类与证据形式；在起诉时由人民检察院负责司法协助请求的提出，如要求证人出庭等；在审理结束执行的阶段，由人民法院作为请求的提出机关，与外国主管机关进行对接交流。这将进一步简化案件取证、质证和审理程序，使得分工更为合理高效，减少不必要的解释和流程。

二是完善我国刑事司法协助请求提出程序的时效规定。目前我国《国际刑事司法协助法》中并未规定请求提出的处理时效以及超时的后果，因此在执行过程中存在工作人员不作为、推脱责任、逃避承担的情形，不利于我国刑事司法协助工作的高效展开。基于目前我国国际交流频繁，国家间司法协助案件更为频繁，需要完善有关规定，促进办案效率和质量提升。

本章小结

中国向新加坡请求刑事司法协助已有成功的典型司法案例，在双边条约缺失的情况下，我国司法机关、外交机关等有关机关依据《联合国反腐败公约》等国际公约及国际公认的互惠原则，将潜逃新加坡多年的犯罪分子追逃归案。推进两国间刑事司法协助关系的进一步完善，对中国向新加坡请求刑事司法协助意义重大。一方面分析两国间存在着如国际条约及国内法等有效的法律基础，为两国间刑事司法协助工作指引明确方向；另一方面，有利于推动我国涉外法治建设完善。目前我国涉外法治是我国大力发展的重要领域之一，加强刑事司法协助研究，为打击国际犯罪，维护良好的国际环境，形成国际新秩序提供基础性支撑。

本章通过梳理中国与新加坡涉及刑事司法协助的法律，为有关工作人员提供较为完备的办案手册。但本章仍存在不足之处，一是仅对法条进行梳理分析，并未联系实践案例，仅从理论上展开讨论两国间刑事司法协助的不足；二是由于具体案情和谈判内容属于内部信息，并未能查找到司法实践中的具体实践资料。相信在两国的不断交涉下，中国与新加坡之间的刑事司法协助流程会得到进一步的完善和简化，实现高效打击犯罪，建设风清廉政的国际环境。

第五章
中国向泰国请求刑事司法协助

泰国，全称泰王国，古称暹罗，是东盟及东盟前身东南亚联盟的创始成员国。1238 年，素可泰王朝建立，暹罗形成统一的国家。16 世纪初，葡萄牙、荷兰、英国、法国等殖民主义势力相继侵入暹罗①，暹罗长达数百年的封建社会开始承受西方文化的冲击。1896 年，英、法签订条约，规定暹罗为英属缅甸和法属印度支那之间的缓冲国，从而使暹罗成为东南亚唯一没有沦为殖民地的国家。② 1932 年，人民党发动政变，建立君主立宪政体。暹罗于 1939 年首次更名为泰国，于 1945 年恢复暹罗国名，最终于 1949 年正式完成国名变更。泰国位于中南半岛中南部，与柬埔寨、老挝、缅甸、马来西亚接壤，东南临太平洋，西南濒印度洋，地理位置优越。泰国面积达 51.3 万平方公里，人口达 6790 万。全国共有 30 多个民族，泰族为主要民族，占人口总数的 40%，其余为老挝族、华族、马来族、高棉族，以及苗、瑶、桂、汶、克伦、掸、塞芒、沙盖等山地民族。2023 年财年（2022 年 10 月至 2023 年 9 月）收入 2.66 万亿泰铢（约合 721 亿美元）。对外贸易在国民经济中具有重要地位。2023 年泰国贸易总额 5743 亿美元，同比下降 2.4%。其中出口 2845 亿美元，同比下降 1%；进口 2897 亿美元，同比下降 3.8%。工业产品是出口主要增长点。中国、日本、东盟、美国、欧盟等是泰国重要贸易伙伴。③

自 1975 年 7 月 1 日中国与泰国建立外交关系以来，双方高层保持密切联系。杨尚昆主席（1991 年 6 月）、钱其琛部长（1994 年 7 月）、江泽民主席（1999 年 9 月）、朱镕基总理（2001 年 5 月）、温家宝总理（2003 年 4 月、2012 年 11 月）、胡锦涛主席（2003 年 10 月）、孙家正部长（2005 年 8 月）、吴邦国委员长（2010 年

---

① 参见张树兴编：《泰国法律制度概论》，西南交通大学出版社 2017 年版，第 2 页。
② 参见张树兴编：《泰国法律制度概论》，西南交通大学出版社 2017 年版，第 2 页。
③ 参见《泰国国家概况》，https：//www.mfa.gov.cn/web/gjhdq_ 676201/gj_ 676203/yz_ 676205/1206_ 676932/1206x0_ 676934/，最后访问日期：2024 年 8 月 9 日。

11月）、习近平副主席（2011年12月）、王毅部长（2013年5月）、李克强总理（2013年10月、2019年11月）、习近平主席（2022年11月）等中国领导人与高级官员先后访泰或赴泰出席重要会议。泰国政府总理阿南·班雅拉春（1991年9月）、泰国政府总理川·立派（1993年8月、1999年4月）、泰国外交部部长他信·西那瓦（1994年11月、2001年8月）、泰国上议院议长米猜·立初潘（1996年2月）、泰国政府总理班汉·西巴阿差（1996年3月）、泰国政府总理差瓦立（1997年4月）、泰国政府总理他信·西那瓦（2003年2月、2004年9月、2005年6月）、泰国外交部部长诺帕敦·巴塔玛（2008年4月）等泰国领导人与高级官员先后访华或赴华出席重要会议。

频繁的高层往来，力促两国关系保持健康稳定发展。1999年2月5日，中泰双方代表于曼谷签署了《中华人民共和国和泰王国关于21世纪合作计划的联合声明》，为中泰关系的接续发展确立了可供遵循的框架和方针。① 2001年8月29日，中国与泰国发表了联合公报，以进一步促进中泰睦邻互信的全方位合作关系。② 2012年4月19日，中国与泰国发布了《中华人民共和国与泰王国关于建立全面战略合作伙伴关系的联合声明》。自此，双方关系正式升级为全面战略合作伙伴关系，泰国随即成为第一个与中国建立战略性合作关系的东盟国家。③ 2013年10月12日，两国政府就中泰关系的发展发布了远景规划，并就推进各领域务实合作达成合意。④ 2022年11月19日，正值中泰建立全面战略合作伙伴关系10周年之际，双方达成重要共识，致力于携手"构建更为稳定、更加繁荣、更可持续的中泰命运共同体"⑤，以期为双边关系的未来发展指明路径、保驾护航。友善、亲密的中泰关系为双方开展刑事司法协助的政治意愿提供了切实增量，筑牢了政治基础。

泰国和中国山水相连，双方从古至今在社会、文化等领域有很多良性互动，加之泰国经济发展较繁荣，境内人员流动性大，文化宽容度高，导致泰国成为我国腐败分子的重要"避风港"。目前，中泰两国在刑事司法协助领域的合作发展向

---

① 参见唐家璇、素林·披苏旺：《中华人民共和国和泰王国关于21世纪合作计划的联合声明》，《中华人民共和国国务院公报》1999年第22期，第931页。
② 《中国与泰国联合公报》，https://www.gov.cn/gongbao/content/2001/content_61075.htm，最后访问日期：2023年8月22日。
③ 参见《深化合作 共谱中泰友谊新篇章——驻泰国大使管木就贾庆林主席访问泰国举行媒体吹风会》，https://www.fmprc.gov.cn/zwbd_673032/ywfc_673029/201204/t20120412_9651682.shtml，最后访问日期：2023年8月22日。
④ 参见《中泰关系发展远景规划》，《人民日报》2013年10月13日，第3版。
⑤ 《中华人民共和国和泰王国关于构建更为稳定、更加繁荣、更可持续命运共同体的联合声明》，《人民日报》2022年11月20日，第2版。

好，双方先后签订了一系列助推刑事司法协助的双边条约，个案合作亦有许多成功的实例。

本章将梳理、总结中国向泰国请求刑事司法协助机制的法律基础、已有实例、实施流程、具体内容，并针对现有制度提出现存阙如，给予完善路径，以期促进两国在刑事司法协助、惩治犯罪和反贪反腐方面合作实践的发展。

一、中国向泰国请求刑事司法协助的历史与成绩

伴随双方经年累月的刑事司法协助实践，中国向泰国请求刑事司法协助的已有成果日益丰硕，为中泰深化境外追逃和打击跨国犯罪领域的合作奠定了良好的现实基础。

（一）初具规模的协助实例

"双陈"案件。"双陈"指本案犯罪分子，原系广东省中山市实业发展总公司总经理和法人代表的陈满雄、陈秋园夫妇。二人于 1995 年伙同银行工作人员非法挪用资金 4.2 亿元人民币，案发后潜逃至泰国。2000 年，陈氏夫妇因涉嫌非法入境等罪名被泰国警方逮捕，并被泰国法院判刑。[1] 2002 年，二人被临时引渡回我国以便起诉，成为《中华人民共和国和泰国引渡条约》（以下简称《中泰引渡条约》）生效后中国向泰国成功请求临时引渡的第一起实例。[2]《中泰引渡条约》第 11 条规定，为兼顾双方的国家利益和司法主权，同时便于请求国起诉，"被请求国可以在其法律允许的范围内，根据缔约双方商定的条件，将被请求引渡人临时移交给请求国"[3]。2005 年，广东省高级人民法院终审以挪用公款罪分别判处陈满雄、陈秋园无期徒刑和有期徒刑十四年。[4] 2006 年，二人被送回泰国继续服刑。[5] 2008 年，经泰国法院裁定，"双陈"被引渡回我国。[6] 本案因颇具历史性意义而成为中国向泰国请求刑事司法协助的标志性实例，在《中泰引渡条约》的适用进程中起到了开创性作用。

湄公河"10·5"案件。2011 年 10 月 5 日，两艘中国商船"华平号"和"玉兴 8 号"在缅甸境内的湄公河水域被武装劫持，船上 13 名中国籍船员在泰国境内

---

①　参见《中国"第二巨贪"被引渡回国》，《共产党员》2008 年第 23 期，第 40 页。

②　参见王晓枫：《泰使馆：愿配合引渡红色通缉令涉案人》，http://epaper.bjnews.com.cn/html/2015－05/16/content_577097.htm，最后访问日期：2023 年 8 月 22 日。

③　《中华人民共和国和泰王国引渡条约》第 11 条。

④　高洪海：《改头换面也枉然》，https://www.spp.gov.cn/spp/zhuanlan/201808/t20180827_389763.shtml，最后访问日期：2023 年 8 月 22 日。

⑤　参见《中国"第二巨贪"被引渡回国》，《共产党员》2008 年第 23 期，第 40 页。

⑥　参见《中国"第二巨贪"被引渡回国》，《共产党员》2008 年第 23 期，第 40 页。

的湄公河水域被残忍杀害。① 获悉噩耗后，我国迅速作出回应，于同月 6 日由云南省西双版纳州公安局派出工作组赶赴事发地区实地勘探，于同月 13 日由外交部向包括泰国在内的涉案国家的驻外使节提出紧急交涉，于同年 11 月 3 日成立"10·5"案件联合专案组。在中老缅泰四国的共同努力下，截至次年 4 月 25 日，本案主犯糯康、桑康、依莱等人先后被捕。② 经依法移交，以糯康为首的 6 名被告人于 2012 年 9 月 20 日在云南省昆明市中级人民法院接受审判③。2013 年 3 月 1 日，糯康等 4 名罪犯在云南省昆明市被依法执行死刑。④ 至此，本案暂告段落。

中国与涉案国家之间开展的刑事司法协助为湄公河"10·5"一案的顺利办结贡献了基础性的关键作用。该案中，中国与泰国就证据移交和证人作证树立了国际刑事司法协助合作的成功典范，从而为该案证据链的完善提供了强有力的支撑。在案件的侦办过程中，双方依据《中华人民共和国和泰王国关于刑事司法协助的条约》（以下简称《中泰刑事司法协助条约》）进行了大量的证据交换，我国司法部和泰国检察总长及其指定的人员之间进行了对接，泰方将收集的证据进行审定并移交我国，我国公安机关则在接收后进行翻译并核对，以保证移交的证据具备我国刑事诉讼要求的证据能力和证明力。⑤ 本案因犯罪地位于域外而致所涉证人多为外国人。为实现证人当场出庭作证，进而获取证人证言以丰富庭审材料并力争还原案件事实，我国检察机关依据《中泰刑事司法协助条约》向泰国检察总长及其指定的人员提出了安排证人出庭作证的协助请求。对此，泰国方面给予了积极回应，向我国提供了证人名单和证人的身份证明材料，从而力促被告人的犯罪事实得到了 10 名泰国证人的当庭指认。⑥ 该案因案情复杂性和国际影响力而成为我国向泰国成功请求刑事司法协助的标志性实例，为双方日后开展更为有效频繁的刑事司法协助提供了实践指导和生动范本。

除上述两个典型案例外，近年来，中泰于刑事司法协助领域成就了初具规模

---

① 参见李自良、伍晓阳、王研：《正义的捍卫　文明的守护》，《新华每日电讯》2012 年 9 月 20 日，第 9版；《图表：湄公河惨案大事记》，http：//www. gov. cn/jrzg/2012 - 09/20/content_ 2228877. htm，最后访问日期：2023 年 8 月 22 日。

② 参见《图表：湄公河惨案大事记》，http：//www. gov. cn/jrzg/2012 - 09/20/content_ 2228877. htm，最后访问日期：2023 年 8 月 22 日。

③ 参见黄庆畅、胡洪江：《湄公河"10·5"案件庭审聚焦》，《人民日报》2012 年 9 月 21 日，第 16 版。

④ 参见茶莹、鲁思言：《湄公河中国船员遇害案——国际刑事司法合作的成功范例》，《人民法院报》2018年 12 月 18 日，第 21 版。

⑤ 参见云南省昆明市中级人民法院课题组：《涉外刑事案件证据调查探析——以湄公河"10·5"中国船员遇害案的审判为基础展开》，《人民司法》2013 年第 7 期，第 37 页。

⑥ 参见云南省昆明市中级人民法院课题组：《涉外刑事案件证据调查探析——以湄公河"10·5"中国船员遇害案的审判为基础展开》，《人民司法》2013 年第 7 期，第 37 页。

的协助实例（具体见表 5 - 1），为中国向泰国请求刑事司法协助提供了实践资料，构筑了坚实基础，写下了生动注脚。

表 5 - 1　中国向泰国成功请求刑事司法协助的部分已有实例

序号	案情梗概	协助形式
1	2001 年，在中国公安部、江苏省公安厅及中国驻泰国大使馆和泰国警方的通力合作下，涉嫌绑架中国公民蔡秀娟的犯罪嫌疑人王蓓被中泰警方联合抓获	合作缉捕
2	2011 年，在"清网行动"中，广东省潮州市公安局成功将涉嫌合同诈骗并潜逃泰国长达 13 年的魏某从泰国引渡归国	引渡
3	2015 年，公安部"猎狐 2015"行动办组织办案单位派出工作组赴泰国开展缉捕工作。在泰国警方的大力协助下，犯罪嫌疑人文某被工作组成功抓获，并被河北警方成功押解回国	合作缉捕
4	2019 年，"2017 - 533"部级目标毒品案件主犯吴某被海南警方禁毒部门从泰国引渡回国	引渡
5	2022 年，上海警方在公安部指导下，通过国际执法合作，成功侦破一起特大跨境非法经营地下钱庄和开设赌场案，中泰执法部门在两国共抓获犯罪嫌疑人 53 名	合作缉捕

注：表格中资料依据序号分别来自以下内容：

1.《中泰警方联合破获跨国绑架中国女人质案》，https：//www.chinanews.com/2001 - 11 - 02/26/135462.html，最后访问日期：2023 年 8 月 22 日。

2. 杨媛、姚秋扬：《男子诈骗潜逃泰国 13 年被引渡回国　涉案金额 470 万》，https：//www.chinanews.com/fz/2011/09 - 09/3319053.shtml，最后访问日期：2023 年 8 月 22 日。

3. 陈林：《中泰警方携手抓获一名潜逃泰国重大经济犯罪嫌疑人》，https：//news.cnr.cn/native/gd/20150702/t20150702_ 519048875.shtml，最后访问日期：2023 年 8 月 22 日。

4. 良子、田和新、邢君怡：《海南警方从泰国引渡毒贩回国》，https：//www.hainan.gov.cn/hainan/5309/201906/775fcd479f234a00adc41ded6c488b5e.shtml，最后访问日期：2023 年 8 月 22 日。

5. 陈颖婷：《中泰联动侦破逾百亿元大案》，《上海法治报》2022 年 11 月 18 日，第 A4 版。

（二）数量可观的合作会议与执法项目

腐败和跨国犯罪对社会稳定与安全所造成的负面影响和威胁已引起世界各国的高度重视。为引领国际在反腐败与打击跨国犯罪领域内坚定决心、砥砺前行，一系列以加强国际刑事司法协助进而推动反腐败抑或打击跨国犯罪国际合作为主题的会议与执法项目应运而生。中泰双方积极投身于执法项目的创立与践行并踊跃承办、参与合作会议，彰显了理性、负责的大国担当，表达了致力于维护全球与区域安全的真诚意愿。

2004 年 7 月 7 日—9 日，以"加强刑事司法协助合作，有效打击跨国有组织犯罪"为主题的第一届中国—东盟成员国总检察长会议在云南省昆明市举行①，会议传递了两域各国司法和检察机关携手打击跨国犯罪从而共护区域安全的殷切呼声。自此，中国—东盟成员国总检察长会议机制开启运转，至今已连续召开十三届，对中国与东盟成员国之间开展刑事司法协助活动、完善刑事司法协助制度有所裨益。

2007 年 7 月 17 日，由公安部国际合作局、浙江省公安厅主办，浙江警察学院承办的"中国—东盟执法管理研讨会"在中国杭州举行，东盟十国和东盟秘书处代表及中国公安部国际合作局副局长张巨峰等出席会议。② 会议旨在巩固中国与东盟各国在非传统安全领域的执法合作成果，并为各方接续加强打击跨国犯罪执法合作提供了探讨与展望的交流平台。2009 年 11 月 18 日，首届东盟与中国（10＋1）打击跨国犯罪部长级会议和第四届东盟与中日韩（10＋3）打击跨国犯罪部长级会议在柬埔寨暹粒召开。在首届东盟与中国（10＋1）打击跨国犯罪部长级会议上，我国公安部副部长张新枫率团参加会议并代表中国政府在会上提出了今后五年为东盟国家培训 1000 名执法人员的计划③；在第四届东盟与中日韩（10＋3）打击跨国犯罪部长级会议上，中国代表团在肯定已有积极成果的基础上提出了扩大执法交流与协作的发展规划④。

湄公河"10·5"一案令中老缅泰四国意识到赓续加强湄公河流域执法安全合作的必要性与紧迫性。2011 年 10 月 31 日，四国于中国北京举行了湄公河流域执法安全合作会议，一致同意正式建立中老缅泰湄公河流域执法安全合作机制以有效维护湄公河流域航运安全秩序⑤。与会各方均主张在平等互利、互相尊重主权的基础上，立足四国湄公河流域执法安全合作机制框架，积极开展情报交流与联合

---

① 参见《第一届中国—东盟成员国总检察长会议情况》，http：//www.ca-pgc.org/ljhy/201612/t20161209_1909564.shtml，最后访问日期：2023 年 8 月 22 日。

② 参见《中国—东盟执法管理研讨会在浙江杭州举行》，https：//www.mps.gov.cn/n2253534/n4904351/c5040095/content.html，最后访问日期：2023 年 8 月 22 日。

③ 参见《东盟与中国及中日韩打击跨国犯罪部长会议召开》，http：//www.gov.cn/gzdt/2009－11/19/content_1468155.htm，最后访问日期：2023 年 8 月 22 日。

④ 参见《东盟与中国及中日韩打击跨国犯罪部长会议召开》，http：//www.gov.cn/gzdt/2009－11/19/content_1468155.htm，最后访问日期：2023 年 8 月 22 日。

⑤ 参见《中老缅泰关于湄公河流域执法安全合作的联合声明》，http：//www.gov.cn/govweb/gzdt/2011－10/31/content_1982676.htm，最后访问日期：2023 年 8 月 22 日。

巡逻执法，共同应对突发事件，力争给予危害本流域安全的犯罪集团以沉重打击。① 同年 12 月 10 日，原云南省公安边防总队水上支队联合老挝国防部人民军波乔省与南塔省军区边防部队、缅甸内政部水警局万崩水警分局、泰国警察总署第五警区组成四国联合执法力量②，对四国湄公河流域展开了首次联合巡逻执法勤务，中老缅泰湄公河联合巡逻执法行动进程正式启动。截至 2023 年 2 月 24 日，该联合巡逻执法行动已圆满告竣 126 次③，创造了国际刑事司法协助的成功典范，为湄公河流域四国和平发展、合作共赢的美好愿景提供了切实的安全保障。

二、中国向泰国请求刑事司法协助的依据

除了两国参加的中国—东盟区域性国际文件（参见绪论）以外，还有以下内容作为中国与泰国开展刑事司法协助的依据。

（一）两国共同加入的国际公约

中国与泰国共同加入的国际公约参见下表。

表 5 – 2　中国与泰国共同加入的国际公约

序号	公约名称	中国加入的时间	泰国加入的时间
1	《1971 年精神药物公约》	1985 年 8 月 23 日	1975 年 11 月 21 日
2	《关于防止和惩处侵害应受国际保护人员包括外交代表的罪行的公约》	1987 年 8 月 5 日	2007 年 2 月 23 日
3	《反对劫持人质国际公约》	1992 年 12 月 28 日	2007 年 10 月 2 日
4	《禁止酷刑和其他残忍、不人道或有辱人格的待遇或处罚公约》	1988 年 10 月 4 日	2007 年 10 月 2 日
5	《联合国禁止非法贩运麻醉药品和精神药物公约》	1989 年 10 月 25 日	2002 年 5 月 3 日
6	《联合国海洋法公约》	1996 年 6 月 7 日	2011 年 5 月 15 日
7	《制止恐怖主义爆炸的国际公约》	2001 年 11 月 13 日	2007 年 6 月 12 日
8	《〈儿童权利公约〉关于买卖儿童、儿童卖淫和儿童色情制品问题的任择议定书》	2002 年 12 月 3 日	2006 年 1 月 11 日

① 参见《中老缅泰关于湄公河流域执法安全合作的联合声明》，http：//www.gov.cn/govweb/gzdt/2011 – 10/31/content_ 1982676.htm，最后访问日期：2023 年 8 月 22 日。
② 张敏娇、张铮：《中老缅泰湄公河联合巡逻执法十周年回望》，《现代世界警察》2022 年第 1 期，第 6 页。
③ 云南警方：《第 126 次中老缅泰湄公河联合巡逻执法行动圆满完成》，《现代世界警察》2023 年第 3 期，第 1 页。

（续表）

序号	公约名称	中国加入的时间	泰国加入的时间
9	《制止向恐怖主义提供资助的国际公约》	2006 年 4 月 19 日	2004 年 9 月 29 日
10	《联合国打击跨国有组织犯罪公约》	2003 年 9 月 23 日	2013 年 10 月 17 日
11	《联合国反腐败公约》	2005 年 10 月 27 日	2011 年 3 月 1 日
12	《制止核恐怖主义行为国际公约》	2010 年 8 月 28 日	2019 年 5 月 2 日

注：表格中资料来源于联合国条约数据库：https：//treaties. un. org。

（二）两国签订的双边条约及其他双边文件

中泰之间签订的双边条约确认并增进了中国向泰国请求刑事司法协助的有效法律手段。1993 年 8 月 26 日，中泰双方外交部部长在北京签署了《中华人民共和国和泰王国引渡条约》。截至 2022 年，中国已与 59 个国家签署了引渡条约，其中已生效的引渡条约数量达 39 个。①《中泰引渡条约》是中国与他国签署的第一个双边引渡条约，对于中国刑事司法协助事业的发展具有开创性的里程碑意义。《中泰引渡条约》自 1999 年 3 月 7 日起生效，成为规范中泰引渡活动的重要法律文件。

2003 年 6 月 21 日，中泰双方代表于泰国清迈签署了《中华人民共和国和泰王国关于刑事司法协助的条约》。2005 年 1 月 21 日，时任中国外交部副部长武大伟和泰驻华大使祝立鹏在中国北京互换条约批准书，并签署了互换批准书的证书。②据《中泰刑事司法协助条约》第 21 条的规定，该条约自互换批准书之日起第三十天，即 2005 年 2 月 20 日生效。《中泰刑事司法协助条约》就中国向泰国请求送达文书、获取证言或陈述、提供文件和证据物品、获取和提供鉴定结论、查找和辨认人员、进行司法勘验或检查场所及物品、通报刑事判决或裁定、提供犯罪记录、交换法律资料等一系列刑事司法协助的适用范围、具体内容和费用分配等事项作出了详细规定，提供了确切指引。

2011 年 12 月 22 日，中泰双方代表于泰国曼谷签订了《中华人民共和国和泰王国关于移管被判刑人的条约》（以下简称《中泰移管被判刑人条约》），从而使泰国成为东盟诸国中唯一与我国就移管被判刑人事宜签订双边条约的国家。《中泰移管被判刑人条约》于 2012 年 12 月 21 日起生效，为中泰双方加强在执行刑罚方面的合作浇筑了坚实的法律基础。

---

① 参见陈雷：《反腐败国际合作与追逃追赃实务教程》，中国方正出版社 2020 年版，第 239 - 243 页。

② 参见《中国和泰国刑事司法协助条约生效》，https：//www. fmprc. gov. cn/wjbxw_ 673019/200502/t20050225_ 364079. shtml，最后访问日期：2023 年 8 月 22 日。

2018 年 11 月 2 日，中国公安部副部长杜航伟与泰国社会发展和人类安全部部长阿南达蓬·甘作纳拉德上将在泰国曼谷分别代表中国政府与泰国政府签署了《中华人民共和国政府与泰王国政府关于合作预防和遏制拐卖人口的谅解备忘录》①。该备忘录以提升中泰两国共同预防打击拐卖人口犯罪的跨国执法合作水平为要旨，强调及时解救、送返被拐卖人口，呼吁双方携手加强湄公河次区域的整体打拐能力。

（三）两国国内法

中国国内法的情况在绪论进行了说明，在此不再赘述。

泰国涉及国际刑事司法协助的国内法有以下内容：

《泰国刑事诉讼法典（2008）》。1934 年，泰国政府首次公布了《泰国刑事诉讼法典（1934）》。此后，该法历经 22 次修正。②《泰国刑事诉讼法典（2008）》共 11 编、267 条，明确了泰国域内刑事诉讼的内容、进程、模式等一系列相关事项，是泰国处理他国刑事司法协助请求的基础性依据。

《刑事事项互助法令（1992）》。《刑事事项互助法令（1992）》共 3 章、42 条，其中第一章规定了中央联络员的职责和义务，第二章对调查取证、提供文件、送达文书、搜查扣押、没收财产等协助事项的具体办理作出了规定，第三章则是关于协助费用的规定。该法为泰国处理狭义的国际刑事司法协助提供了明确的通则性行动指南。

《第 B. E. 2551 号引渡法令》。该法立足于《第 B. E. 2472 号引渡法令》，并对引渡的流程和规则进行了适当更迭，以适应实践情况的需要，从而保证了泰国引渡制度的规范运行。《第 B. E. 2551 号引渡法令》共 5 章、34 条，对引渡的一般事项、引渡请求的处理方式、引渡的移交程序、引渡程序费用等问题作出了清晰规定。

《第 B. E. 2527 号移管被判刑人法令》与《第 B. E. 2561 号反腐败组织法令》。《第 B. E. 2527 号移管被判刑人法令》共 6 章、35 条，于第三章和第四章明确了泰国处理我国提出的移管请求的详细规则和具体流程。《第 B. E. 2561 号反腐败组织法令》共 11 章、200 条。该法第五章规定了反腐败国际合作，其中第 138 条赋予了泰国国家反腐败委员会（NACC）处理牵涉腐败案件的刑事司法协助的权力。

---

① 汤瑜：《中泰签署政府间合作预防和遏制拐卖人口谅解备忘录》，《民主与法制时报》2018 年 11 月 6 日，第 1 版。

② 参见《世界各国刑事诉讼法》编辑委员会：《世界各国刑事诉讼法》（亚洲卷），中国检察出版社 2016 年版，第 424 页。

三、中国向泰国请求刑事司法协助的程序

（一）狭义的刑事司法协助的请求流程

我国办案机关启动刑事司法协助请求。包括公安机关、检察机关、审判机关、监察机关、司法行政机关和国家安全机关等在内的负责刑事案件调查、侦查、起诉、审判、执行等具体任务的办案机关是中国请求泰国给予刑事司法协助的直接需求者。结合《国际刑事司法协助法》第9条、第10条与《中泰刑事司法协助条约》第4条的规定，我国办案机关应当以中文制作刑事司法协助请求书并附相关书面材料，同时附上泰文或英文的译文。中泰双方还就特殊情形下的请求方式达成一致，"在紧急或者被请求国同意的其他情形下，请求可以传真形式提出，但应当随后迅速以书面形式确认"①，以提升彼此刑事司法协助领域的合作效率。

我国主管机关审核拟向泰国提出的刑事司法协助请求。《中泰刑事司法协助条约》未对请求国主管机关的审核工作作出明确规定。《国际刑事司法协助法》第9条则要求主管机关对其下属办案机关拟提出的请求展开审核，通过对请求书及所附材料的把关和指导，以提高我国向外国提出请求的成功率，从而维护我国在国际合作中的国际形象。与上述办案机关相对应，主管机关包括公安部、最高人民检察院、最高人民法院、国家监察委员会、司法部、国家安全部等。主管机关接收办案机关的请求书及所附材料后，须承担尽职审核义务，严谨且不失效率地对其进行查漏查缺。对于通过审核的请求，主管机关应及时将其移交给对外联系机关；对于存在缺漏的请求，应当及时告知办案机关进行补充。

我国司法部向泰国提出刑事司法协助请求，泰国检察总长或其指定的人员接收我国提出的刑事司法协助请求。《中泰刑事司法协助条约》第2条规定，中国向泰国请求狭义的刑事司法协助时，双方通过各自指定的中央机关直接进行联系。《中泰刑事司法协助条约》第2条与《国际刑事司法协助法》第5条均规定中国向泰国请求刑事司法协助的联系主体为司法部。《中泰刑事司法协助条约》2条与《刑事事项互助法令（1992）》第6条、第10条均规定泰国方面的联系主体是泰国检察总长或其指定的人员。故就狭义的刑事司法协助的提出与接收问题，中泰双边条约与双方域内立法保持了一致，呈现出一定的整体性。

泰国主管人员负责处理具体的刑事司法协助。《刑事事项互助法令（1992）》第12条规定，主管人员在检察总长或其指定的人员的统筹安排下处理刑事司法协

---

① 《中华人民共和国和泰王国关于刑事司法协助的条约》第4条。

助请求。该法对主管人员作出了直接定义，是指"有权向外国提供协助的人员"①，即泰国负责处理刑事案件具体工作的办案机关的人员。《刑事事项互助法令（1992）》第 11 条规定，泰国检察总长或其指定的人员接收我国司法部提出的刑事司法协助请求后，随即对该请求的形式和内容进行审核，审核后确定给予协助的，将交由相应的主管人员负责，并对该协助的执行情况进行监督。倘若泰国检察总长或其指定的人员发现请求中出现了法定拒绝或推迟请求的情形，在告知我国司法部拒绝或推迟提供协助的理由后有权拒绝或推迟提供协助②。泰国主管人员对刑事司法协助请求进行处理后，应向检察总长或其指定的人员汇报结果③，继而通过双方指定的中央机关向我国反馈请求结果。

（二）引渡的请求流程

我国负责办理案件的省级机关启动引渡请求。《引渡法》第 47 条规定，负责办理存在引渡需求的案件的省一级公安、检察、审判、国家安全、监狱管理机关向其对应中央机关提出意见书并附上有关文件、材料和译文，由此开启中国向外国请求引渡进程。中央机关，是指公安部、最高人民检察院、最高人民法院、国家安全部、司法部。

我国中央机关会同外交部对引渡请求进行审核。《引渡法》第 47 条规定，中央机关接收对应的下级机关的引渡请求材料后，将与外交部一同对请求材料的完备性进行核实，在考量提出此引渡请求的国际影响后，作出是否由外交部向泰国提出请求的决定。具言之，中央机关主要负责对请求材料的审查，而外交部的审查任务则集中于判断该引渡请求对于我国国际形象以及两国关系可能造成的影响。

我国外交部向泰国提出引渡请求，泰国外交部接收我国的引渡请求。《中泰引渡条约》第 6 条规定中泰双方通过外交途径联络。《引渡法》第 4 条对我国向外国请求引渡的联系机关作出了规定："中华人民共和国外交部为指定的进行引渡的联系机关。"泰国外交部则因主管泰国外交事务而负责接收我国的引渡请求。

泰国中央官员处理我国的引渡请求。《第 B. E. 2551 号引渡法令》第 13 条详细规定了泰国处理我国引渡请求的具体流程：泰国外交部接收我国外交部提出的引渡请求后，对于其中符合执行条件的，交由中央官员进行处理；对于其中不适宜执行的，交由内阁作出是否执行的决定，内阁决定执行的，转交给中央官员以便采取后续行动。所谓的中央官员，是指泰国检察总长或由检察总长指定的有权协

---

① 《刑事事项互助法令（1992）》第 4 条。
② 参见《中华人民共和国和泰王国关于刑事司法协助的条约》第 3 条。
③ 参见《刑事事项互助法令（1992）》第 14 条。

调请求国向泰国提出的引渡请求的人。① 中央官员收到外交部转交的引渡请求后，对该请求进行如下分类处理：一是对于符合执行条件的请求，及时通知检察官向法院申请签发逮捕令，随后安排将该逮捕令送交警察总长或其他有关人员，以便采取后续的实际协助；二是对于存在不宜执行或须附条件执行的请求，及时通知外交部联系我国。② 至此，我国向泰国的引渡请求流程暂告段落，引渡请求进入泰国方面实质处理阶段。

（三）移管被判刑人的请求流程

我国主管机关会同相关主管部门决定向泰国提出请求。我国司法部是移管被判刑人案件中的主管机关，《国际刑事司法协助法》第6条规定："在移管被判刑人案件中，司法部按照职责分工，承担相应的主管机关职责。"我国向泰国提出移管请求的决定，根据《国际刑事司法协助法》第59条的规定，由主管机关会同相关主管部门共同作出。所谓"相关主管部门"，是指根据其法定职责，对是否移管被判刑人有权提出意见的部门③，包括负责判断移管所涉刑种、刑期问题的最高人民法院和负责监督移管过程的最高人民检察院。向泰国请求将在中国服刑的泰国籍被判刑人移交给泰国时，主管机关还应对被判刑人的移管意愿进行核实④，以确保被判刑人对于移管意愿的真实表达，从而实现对其人权的充分保障。

我国外交部提交移管请求，泰国外交部接收移管请求。《中泰移管被判刑人条约》第3条第2款和第3款对中国向泰国请求正式移管的提出方式作出了明确规定，即通过外交渠道提交给泰方的囚犯移管委员会。该条第2款和第4款规定，中国向泰国提出有关移管被判刑人的其他请求和文件可不通过外交渠道提交，而是通过我国司法部与泰国囚犯移管委员会直接转递。综上，我国司法部向泰国提出的正式移管请求，由我国外交部递交泰国外交部，再由泰国外交部转交泰国囚犯移管委员会。

泰国囚犯移管委员会与主管人员处理我国的移管请求。囚犯移管委员会是泰国处理我国移管被判刑人请求的中央机关。《第 B. E. 2527 号移管被判刑人法令》第9条对该委员会的组成成员作出了说明，包括律政司常务秘书、军法署署长、刑事法院首席法官、中央少年法庭首席法官、公诉部总干事、警务署署长、惩教署署长、条约与法律事务署署长、惩教署刑法司司长和条约与法律事务署条约司司

---

① 参见《第 B. E. 2551 号引渡法令》第5条。
② 参见《第 B. E. 2551 号引渡法令》第14条。
③ 王爱立：《中华人民共和国国际刑事司法协助法释义》，法律出版社2019年版，第208页。
④ 参见《中华人民共和国国际刑事司法协助法》第58条。

长。至于主管人员的定义，《第 B. E. 2527 号移管被判刑人法令》第 4 条和第 5 条进行了释义，是指泰国国防部部长、外交部部长、内政部部长和司法部部长为执行该法所任命的人员。泰国外交部接收我国外交部提交的移管请求后，随即会将该请求转交给囚犯移管委员会，再由囚犯移管委员会根据请求的实际情况会同主管人员进行实质处理。

四、中国向泰国请求刑事司法协助的内容

（一）请求送达文书

向案件当事人与其他诉讼参与人送达文书，是保障其知情权的有效途径，从而成为一国开展刑事诉讼的必要环节。"送达文书是执行本国法律的执法行为"①，也是助力本国刑事诉讼程序推进的诉讼行为。我国向身处他国的当事人和诉讼参与人送达文书通过他国的刑事司法协助方可实现。所谓文书，是指传票、通知书、起诉书、判决书以及其他司法文书。② 其他司法文书，是指由负责刑事诉讼的有关机关制定的，但不属于上述四种特定文书种类之内的书面文件，例如裁定书、决定书等。

中方请求书中应当载明详细的相关事项。明确请求书的相关信息，是我国向外国请求送达文书时的应尽义务，也是该请求能够得到准确、及时执行的重要前提。《国际刑事司法协助法》第 21 条规定了我国向外国请求送达文书的请求书中应当列明的内容："受送达人的姓名或者名称、送达的地址以及需要告知受送达人的相关权利和义务。""向外国的刑事司法协助请求书，应当依照刑事司法协助条约的规定提出"③，而根据《中泰刑事司法协助条约》第 4 条的规定，请求送达文书的请求书中应当包括：一是请求所涉及的主管机关的名称，送达文书牵涉到调查、侦查、审查起诉和审判等刑事诉讼各阶段，故主管机关包括国家监察委员会、公安部、最高人民检察院、最高人民法院、国家安全部等国家级机关；二是请求所涉及的案件的性质和事实以及所适用的法律规定的说明；三是对于请求提供的协助及其目的的说明；四是对于请求提供的协助与案件的相关性的说明；五是受送达人的身份和居住地及其与诉讼之间关系的资料；六是有助于执行请求的其他资料。可见，相较《国际刑事司法协助法》，《中泰刑事司法协助条约》对中国向泰国请求送达文书的请求书的内容作了更为翔实的规定。

---

① 王爱立：《中华人民共和国国际刑事司法协助法释义》，法律出版社 2019 年版，第 75 页。
② 参见《中华人民共和国国际刑事司法协助法》第 20 条。
③ 《中华人民共和国国际刑事司法协助法》第 10 条。

请求送达文书存在例外情况。通常情形下，对于符合内容和形式条件的请求，泰方会及时处理，给予协助。然而，对于要求某人作为被指控犯罪的人员出庭的文书，泰国不负有执行送达的义务。① 管见以为，执行成功率与执行成本是中泰双方就该例外情况下彼此互不承担执行送达义务达成一致的原因。

泰方执行送达文书后应给予反馈。《中泰刑事司法协助条约》规定，泰国协助我国送达文书后，应向我国出具送达证明，证明中应当罗列送达的日期、地点、方式，并由送达文书的机关签署或盖章。② 泰方无法执行送达的，也应当通知中方并说明原因。

（二）请求调查取证

对案件进行充分的调查取证是维护司法公正的重要途径。习近平总书记于党的二十大报告中再一次强调了严格公正司法的必要性和紧迫性，并指出"公正司法是维护社会公平正义的最后一道防线"③。办理刑事案件，以事实为依据，事实需要证据证明，证据通过调查取证收集。对涉外案件进行调查取证，需要国际刑事司法协助予以支持。

相较《中泰刑事司法协助条约》，《国际刑事司法协助法》对于调查取证具体事项的规定更为翔实。我国向泰国请求调查取证的具体事项为：一是查找、辨认包括犯罪嫌疑人、被告人、被害人、证人、附带民事诉讼当事人等在内的刑事案件相关人员；二是查询、核实涉案财物、金融账户信息；三是获取并提供犯罪嫌疑人、被告人的供述和辩解，被害人、附带民事诉讼当事人的陈述以及证人证言；四是获取并提供有关文件、记录、电子数据和物品；五是获取并提供鉴定意见；六是勘验或者检查场所、物品、人身、尸体；七是搜查人身、物品、住所或其他有关场所；八是作为兜底性条款的其他事项。④《中泰刑事司法协助条约》规定，在不违背泰国法律的前提下，泰方应当同意我国在请求中指明的人员在泰国执行请求时到场，还应当允许我国人员通过泰国的主管人员向被调取证据的人员提问。⑤ 中泰间允许请求国派遣人员前往被请求国到场见证并参与调查取证的制度设计既保证了跨国调查取证过程的客观合法，又为跨国调查取证的效率效果提供了切实增益。

---

① 参见《中华人民共和国和泰王国关于刑事司法协助的条约》第7条。
② 参见《中华人民共和国和泰王国关于刑事司法协助的条约》第7条。
③ 习近平：《高举中国特色社会主义伟大旗帜　为全面建设社会主义现代化国家而团结奋斗》，《人民日报》2022年10月26日，第1版。
④ 参见《中华人民共和国国际刑事司法协助法》第25条。
⑤ 参见《中华人民共和国和泰王国关于刑事司法协助的条约》第8条。

《国际刑事司法协助法》规定了调查取证请求书所应包含的具体事项。请求书及所附材料中应当载明如下事项：一是有助于确认被调查人身份的资料；二是需要向被调查人提问的问题；三是有助于查找、辨认相关人员的资料；四是需要查询、核实的涉案财物以及金融账户的相关信息；五是需要获取的有关文件、记录、电子数据和物品的各种表征信息；六是需要鉴定的对象的具体信息；七是需要勘验或检查的场所、物品等的具体信息；八是需要搜查的对象的具体信息；九是有助于执行请求的其他材料，即兜底性条款。① 翔实的请求书为被请求国执行请求增添便利，有助于提高请求成功率。

至于泰国如何处理我国提出的调查取证请求，《刑事事项互助法令（1992）》作出了规定。泰国收到外国请求后，主管人员有权询问位于泰国境内的证人并收集有关证据，必要时可依据《泰国刑事诉讼法典（2008）》规定的标准、方法和条件进行调查。② 泰国协助我国调查取证时，其主管机关和人员所采取的调查、取证的方式、程序等一系列标准均参照其本国的相关规定，以体现司法主权，仅在上文所述的不违背泰国法律的情况下允许我国人员介入提问。

（三）请求安排证人和鉴定人作证或者协助调查

证人与鉴定人为请求国作证或参与调查的方式有两种：一是亲自前往请求国作证或协助调查；二是借助现代科学技术采取远程方式为请求国作证或协助调查。③ 请求安排相关人员作证或协助调查对于相关人员无强制力，《中泰刑事司法协助条约》第 10 条使用"邀请"二字进行表述，赋予了证人与鉴定人充分的选择自由。《中泰刑事司法协助条约》第 10 条与《国际刑事司法协助法》第 32 条均规定请求国应当说明给予证人或鉴定人的津贴和补助。津贴或补助应当涵盖证人或鉴定人为作证或协助调查而支出的必要费用。

《国际刑事司法协助法》第 32 条规定了请求书及所附材料中应当包含的内容：一是能够确认证人、鉴定人身份的相关信息；二是作证或协助调查的目的、必要性、时间和地点等；三是证人、鉴定人的权利和义务；四是对证人、鉴定人的保护措施；五是对证人、鉴定人的补助；六是有助于执行请求的其他材料。为提高证人或鉴定人亲自前往请求国国家作证或协助调查的概率，国际刑事司法协助立法和实践中普遍采取了给予证人和鉴定人人身自由承诺的做法。《国际刑事司法协

---

① 参见《中华人民共和国国际刑事司法协助法》第 26 条。
② 参见《刑事事项互助法令（1992）》第 15 条。
③ 参见《中华人民共和国国际刑事司法协助法》第 31 条。

助法》和《中泰刑事司法协助条约》对此制度作了详细规定，承诺前往请求国作证或协助调查的证人、鉴定人不因其入境前的作为或不作为而受到追诉或被限制人身自由，除非出现证人或鉴定人不在约定或法定期限内离境的情形。① 实践中还存在请求作证或协助调查的证人或鉴定人系被请求国在押人员的情形，对此，《国际刑事司法协助法》第 35 条规定："来中华人民共和国作证或者协助调查的人员系在押人员的，由对外联系机关会同主管机关与被请求国就移交在押人员的相关事项事先达成协议。"《刑事事项互助法令（1992）》第 26 条规定："收到外国请求后，如果中央联络员认为确有必要，且被拘留人是自愿的，则应通知当局将其移交给请求国。"可见，证人或鉴定人员系在押人员时，若泰国检察总长或其指派的人员与在押人员均同意前往中国作证或协助调查的，且中泰双方就移交在押人员的相关事项达成一致的，在押人员依旧可以前往中国作证或协助调查。对于在押人员而言，前往中国作证时被拘留的时间等同于在泰国被拘留的时间②，即其在泰国被判处的刑期可以得到折抵。

（四）请求查封、扣押、冻结涉案财物

查封、扣押、冻结涉案财物，既是收集案件证据的方式，又有助于防止犯罪嫌疑人、被告人逃避其可能需要承担的赔偿责任。伴随数字化时代的滚滚洪流，涉案财物的内涵呈扩大趋势，包括住房、现金、汽车等传统的有形资产，也包括数字货币等各类新兴的无形资产。所谓查封，是对涉案财物进行封存，不允许所有权人在内的任何个人或单位使用或处分。扣押则针对动产，是限制动产所有权人或占有人对其占有和处分的措施。冻结是对无形的财产权益采取禁止转移、使用和处分的一种限制性措施。③ 我国向泰国请求查封、扣押、冻结涉案财物的请求书及所附材料中应当载明：一是需要查封、扣押、冻结的涉案财物的基本情况，包括财物的权属证明、名称、特性、外形、数量、地点；二是相关法律文书的副本，例如请求国国内的查封、扣押、冻结涉案财物决定书；三是有关查封、扣押、冻结以及利害关系人权利保障的法律规定；四是作为兜底性条款的其他材料。④ 泰国依据我国的请求对涉案财物进行查封、扣押、冻结时，适用《刑事事项互助法令（1992）》的规定。

---

① 参见《中华人民共和国国际刑事司法协助法》第 33 条；《中华人民共和国和泰王国关于刑事司法协助的条约》第 12 条。

② 参见《刑事事项互助法令（1992）》第 27 条。

③ 参见王爱立：《中华人民共和国国际刑事司法协助法释义》，法律出版社 2019 年版，第 135－136 页。

④ 参见《中华人民共和国国际刑事司法协助法》第 40 条。

（五）请求没收、返还违法所得及其他涉案财物

向他国请求没收、返还违法所得及其他涉案财物，是反腐败国际追逃追赃体系中的重点内容，与请求查封、扣押、冻结涉案财物存在紧密联系。在实践中，我国需要向泰国请求没收、返还违法所得及其他涉案财物的案件主要包括：一是身处我国的被告人被我国法院判处没收、返还其位于泰国的违法所得及其他涉案财物的案件；二是根据《国际刑事诉讼法》缺席审判程序进行审理并判处被告人没收、返还其位于泰国的违法所得的案件；三是对逃匿、死亡的被告人判处没收、返还其位于泰国的违法所得的案件；四是我国监察委员会、公安机关、检察院对泰国已查封、扣押、冻结的财产请求依照泰国法律进行没收、返还的案件；五是对位于泰国的财产直接请求依照泰国法律没收、返还的案件。① 由此可见，涉及请求没收、返还违法所得及其他涉案财物的案件呈现出案情复杂、种类繁多的特征。

《联合国反腐败公约》和《联合国打击跨国有组织犯罪公约》对返还违法所得及其他涉案财物作了抽象规定。《联合国反腐败公约》第 54 条规定了通过没收事宜的国际合作追回资产的机制，第 55 条规定了没收事宜的国际合作，第 57 条规定了资产的返还和处分。《联合国打击跨国有组织犯罪公约》第 13 条同样规定了没收事宜的国际合作，第 14 条则规定了没收的犯罪所得或财产的处置。

《国际刑事司法协助法》确立了双方分享违法所得及其他涉案财物的规则。该法第 49 条第 2 款规定："外国提出分享请求的，分享的数额或者比例，由对外联系机关会同主管机关与外国协商确定。"涉案财物分享制度的确立，力促请求与被请求双方实现互利共赢，提升了外国同我国开展刑事司法协助，尤其是开展没收、返还违法所得及其他涉案财物合作的积极性，从而更有助于此类刑事司法协助意旨的实现——保护被害人财产及国有财产。

《国际刑事司法协助法》对请求没收、返还违法所得及其他涉案财物的请求书及所附材料所需载明的事项作了详细规定。该法第 48 条指出，请求书及所附材料中应当包含：一是需要没收、返还的违法所得及其他涉案财物的名称、特性、外形和数量地点等相关信息；二是没收、返还的理由和相关权属证明；三是相关法律文书的副本，包括相关的判决书、裁定书等；四是有关没收、返还以及利害关系人权利保障的法律规定；五是有助于执行请求的其他材料。

（六）中国向泰国请求引渡的具体内容

引渡制度力促国家间在惩治犯罪方面的有效合作，也是国家间开展刑事司法

---

① 参见王爱立：《中华人民共和国国际刑事司法协助法释义》，法律出版社 2019 年版，第 160 页。

协助的传统形式。所谓引渡，是指一国向另一国提出请求，要求另一国将在其境内的某一刑事逃犯移交给请求国，以便请求国对其提起刑事诉讼或执行刑罚的活动。① 中国向泰国请求引渡的具体内容主要规定于《引渡法》《中泰引渡条约》《第 B. E. 2551 号引渡法令》。

1. 引渡的条件

中国与泰国法律均认为是犯罪的行为方可适用引渡。《引渡法》第 7 条规定，引渡请求所指的行为，依照中华人民共和国法律和请求国法律均构成犯罪时才能准予引渡。《第 B. E. 2551 号引渡法令》第 7 条规定："可引渡的行为必须是请求国和泰国的法律都规定为刑事犯罪的行为。"上述的"双重犯罪"条件，体现了两国之间司法主权的平等，映射了双方对于彼此法律制度的尊重。

达到一定严重程度的犯罪方可适用引渡。《中泰引渡条约》第 2 条规定："可引渡的犯罪是指根据缔约双方法律可处一年以上监禁或其他形式的拘禁或任何更重刑罚的犯罪。"此处的监禁在我国即有期徒刑，中国《引渡法》第 7 条规定："为了提起刑事诉讼而请求引渡的，根据中华人民共和国法律和请求国法律，对于引渡请求所指的犯罪均可判处一年以上有期徒刑或者其他更重的刑罚。"《第 B. E. 2551 号引渡法令》第 7 条规定："可引渡的罪行是可处以死刑或一年以上的监禁或其他形式的剥夺自由的犯罪。"引渡作为一种国家行为，耗费相当程度的人力、财力、物力，某种意义上甚至耗费国家间的"人情"。故中泰两国在规定引渡条件时，对犯罪的刑期标准作出了一定的要求，以避免司法资源的浪费。

拒绝引渡的情形。根据《中泰引渡条约》的规定，拒绝引渡的情形分为应当拒绝引渡的情形和可以拒绝引渡的情形。应当拒绝引渡的情形包括：一是引渡请求涉及的犯罪是政治犯罪，但谋杀或企图谋杀国家元首、政府首脑或其家庭成员的除外；二是泰方认为中方提起的引渡请求旨在对被请求引渡人因其种族、宗教、国籍、政治见解等原因而提起刑事诉讼或者执行刑罚；三是引渡请求所涉及的犯罪只是中方军事法规中所规定的犯罪，却不是中方普通刑法中所规定的的犯罪；四是根据中泰任何一方法律，对引渡所涉及的犯罪已不予追诉或执行刑罚；五是在提出引渡请求前，泰方已对被请求引渡人就同一犯罪作出判决。② 可以拒绝引渡的情形包括：一是根据泰国法律，泰国对引渡请求所涉及的犯罪具有管辖权，并

---

① 全国人民代表大会常务委员会法制工作委员会：《中华人民共和国引渡法释义》，法律出版社 2001 年版，第 1 页。

② 参见《中华人民共和国和泰王国引渡条约》第 3 条。

应对被请求引渡人提起诉讼；二是泰方充分考虑犯罪的严重性和中国利益后，出于被请求引渡人的个人情况，认为引渡不符合人道主义精神的特殊情况；三是泰国有权拒绝引渡其本国国民。① 上述拒绝情形，分别从不同角度映现了国家主权原则、人道主义和中泰双方的政治主张，是惩治犯罪、保障人权、维护国家利益三者之间博弈的结果。

2. 引渡请求书及所附材料

引渡请求书及所附材料应当对引渡请求作详细描述。《中泰引渡条约》规定了引渡请求书及所附材料的制作要求：一是足以表明被请求引渡人的身份及其可能所在地址的文件、说明或其他证据；二是有关该案件事实的说明；三是有关引渡请求所涉及的犯罪的要件和罪名的法律规定；四是能够说明该项犯罪所处刑罚的法律规定；五是能够说明该罪诉讼时效或执行刑罚时限的法律。② 除上述一般性事项外，该条约还对不同类型的引渡请求书作出了特别规定。旨在对被请求引渡人提起诉讼而提出的引渡请求的请求书及所附材料中，还应当额外附有：（1）请求国法官或其他主管机关签发的逮捕证的副本；（2）表明应当逮捕并羁押该人以便进行审判的证据。③ 对已被定罪的人提出的引渡请求的请求书及所附材料中，还应当额外附有：（1）请求国法院判决书的副本；（2）证明被请求引渡人就是判决所指的人的证据；（3）有关服刑期情况的说明。④《引渡法》第49条规定："引渡、引渡过境或者采取强制措施的请求所需的文书、文件和材料，应当依照引渡条约的规定提出。"结合《中泰引渡条约》的规定，我国请求引渡的所有相关文件均应经有权机关正式签署或盖章并附有泰文或英文的译文⑤，以提高泰国处理引渡请求的效率和准确性。

3. 临时羁押

中国向泰国请求引渡的临时羁押，是指泰方主管机关在收到我国正式引渡请求及相关文件之前，对中方请求引渡的人先行进行的临时性羁押。以《中泰引渡条约》为据，紧急情况下，中国向泰国请求引渡临时羁押通过外交途径即外交部或国际刑警组织以书面方式提出。⑥ 不过，《引渡法》、《中泰引渡条约》抑或是

---

① 参见《中华人民共和国和泰王国引渡条约》第4条、第5条。
② 参见《中华人民共和国和泰王国引渡条约》第7条。
③ 参见《中华人民共和国和泰王国引渡条约》第7条。
④ 参见《中华人民共和国和泰王国引渡条约》第7条。
⑤ 参见《中华人民共和国和泰王国引渡条约》第7条。
⑥ 参见《中华人民共和国和泰王国引渡条约》第9条。

《第 B. E. 2551 号引渡法令》均未对紧急情况作详细规定。至于引渡临时羁押请求书的内容，《中泰引渡条约》第 9 条第 2 款规定，请求书应包括：对被请求引渡人的说明；已知的该人的地址；对案情的简要说明；对该人已签发第 7 条所指的逮捕证或已作出第 7 条所指的判决的说明；以及将对被请求引渡人提出引渡请求的说明。此外，引渡临时羁押的期限存在限制。《中泰引渡条约》第 9 条第 4 款规定了引渡临时羁押的时限，该时限为 60 天，且不可延长。

4. 移交被请求引渡人

移交被请求引渡人是引渡的中心和实质环节，是促成引渡得以实现的直接内容。中国向泰国请求引渡的，泰国外交部应将本国中央官员针对引渡请求所作出的决定即时通知中方。泰国方面同意引渡的，双方应协商约定执行引渡的有关事宜；不同意引渡的，应向中国说明部分拒绝或全部拒绝引渡请求的理由。① 双方就执行引渡达成约定后，除因无法控制的因素导致一方不能在约定执行引渡的期限内移交或接收被请求引渡人的，中方应在约定执行引渡之日起 15 天内接收被请求引渡人，不接收的，则被视为放弃引渡请求。② 《第 B. E. 2551 号引渡法令》第 22 条对泰国移交被请求引渡人的程序作了具体规定："在法院作出拘留被请求引渡人的最终命令后，泰国政府考虑引渡该人，应在法院作出最终判决之日起 90 天内或在法院根据检察院的请求允许延长的期限内将该人移交给请求国。"

移交被请求引渡人会出现暂缓移交和临时移交的情形。若中方正在对被请求引渡人因引渡请求所涉及的犯罪以外的犯罪提起诉讼或执行判决，泰方既可以选择移交被请求引渡人，也可以选择暂缓移交直至中方诉讼终结或全部或部分判决执行完毕。至于临时移交，是指泰方可以在法律允许的范围内，根据双方商定的条件，将被请求引渡人临时移交给中方以便起诉。暂缓移交与临时移交是引渡请求双方为满足实践中的多变的具体情况而创设的延伸制度，彰显了引渡制度的灵活性。

（七）中国向泰国请求移管被判刑人

移管被判刑人制度的设计初衷，在于立足人道主义的要求，对判刑国、执行国、被判刑人三方利益进行衡量，从而力促被判刑人实现再社会化、判刑国节省执行刑罚成本、执行国对于本国国民的保护。移管被判刑人，因涉及对外国刑事

---

① 参见《中华人民共和国和泰王国引渡条约》第 10 条。
② 参见《中华人民共和国和泰王国引渡条约》第 10 条。

裁判的承认和执行，而异于狭义的刑事司法协助。狭义的刑事司法协助，主要指我国同他国缔结的双边刑事司法协助条约中所规定的内容。①《联合国反腐败公约》和《联合国打击跨国有组织犯罪公约》分别于第45条、第17条规定了被判刑人的移管，于第46条、第18条规定了狭义的刑事司法协助，对二者进行了区分。泰国将狭义的刑事司法协助和移管被判刑人制度分别规定于《刑事事项互助法令（1992）》和《第 B. E. 2527 号移管被判刑人法令》。《中泰刑事司法协助条约》中未规定双方开展移管被判刑人工作的相关内容。中国向泰国请求移管被判刑人的具体内容，需结合《国际刑事司法协助法》《第 B. E. 2527 号移管被判刑人法令》《中泰移管被判刑人条约》予以考察。

1. 移管被判刑人的条件

被判刑人是中国或泰国国民。中国向泰国请求移管被判刑人分为两种类型：一是请求将在中国服刑的泰国籍被判刑人移交给泰国。二是请求泰国将身处泰国的中国籍被判刑人移交给中国。两种类型的请求均要求被判刑人具有拟移入国的国籍，以发挥移管被判刑人制度有利于被判刑人接受教育改造并回归社会的积极功能。

被判刑人的行为根据中泰双方法律均构成犯罪。《中泰移管被判刑人条约》第5条规定："对被判刑人判处刑罚所针对的行为，按照接收国的法律也构成犯罪，或者如果在接收国发生也构成犯罪。"此规定是"双重犯罪"刑事司法国际合作原则在移管被判刑人制度中的映现。

刑罚判决已生效，且被判刑人还需服刑至少一年。国家决定是否移管被判刑人时，应兼顾行为本身的成本与效益。移管请求的提出、移管请求决定的作出、移管请求的移交乃至移管的执行均需要一定的时长，若不对被判刑人的剩余刑期加以限制，可能会出现移管执行完成后被判刑人余刑过短甚或已经执行完毕的情况，以致移管被判刑人的行为收益受到减损。

中国、泰国、被判刑人三方均同意移管。移管被判刑人制度设立的初衷和功能要求给予被判刑人的主观意愿以充分尊重。《中泰移管被判刑人条约》第5条作出了相应规定："移交国、接收国和被判刑人均同意移管。"被判刑人对于移管拥有决定权，是移管被判刑人制度异于引渡制度的显明表征。引渡是以强制手段为内容的追逃措施，被请求引渡人无权对引渡的执行与否表达主观意愿。

---

① 参见陈雷：《反腐败国际合作与追逃追赃实务教程》，中国方正出版社 2020 年版，第82页。

《中泰移管被判刑人条约》第4条对移管被判刑人的条件作出了补充规定。除了满足上述条件外，移管符合下列条件时，中国可向泰国提出移管请求："被判刑人已在移交国服满该国法律规定的最低期限的刑期；判决为最终判决，且在移交国没有未决的其他法律诉讼程序；被判刑人的移交不损害任何一方的主权、安全、公共秩序或者其他根本利益。"

2. 拒绝移管被判刑人的情形

泰国拒绝中国移管被判刑人请求的情形分为应当拒绝的情形和可以拒绝的情形。

对于中方提出的不能满足前述移管被判刑人条件的移管请求，泰方应当拒绝。《中泰移管被判刑人条约》和《第 B. E. 2527 号移管被判刑人法令》还规定了泰方应当拒绝移管被判刑人请求的其他情形：一是被判刑人构成了侵犯国家内外安全、侵犯国家元首及其家庭成员、违反关于保护国家艺术财产的法律的犯罪；二是中国囚犯在泰国被监禁的时间少于泰国法院判处刑期的三分之一，或少于4年；三是中国囚犯因生产、销售、为销售而进口或为销售而持有麻醉品的行为被泰国法院判处终身监禁且实际监禁时间少于8年。① 除应当拒绝的情形外，《中泰移管被判刑人条约》第6条赋予了泰方拒绝中方移管请求的自主决定权：除第4条和第5条规定的情形外，任何一方可以自由裁量决定是否同意另一方提出的移管请求。《中泰移管被判刑人条约》举例说明了泰方可以适用自主决定权的情形：接收国法律就同类犯罪规定的最高刑期短于移交国判处的刑期。② 中国向泰国提出移管被判刑人的请求前，宜结合《国际刑事司法协助法》《第 B. E. 2527 号移管被判刑人法令》《中泰移管被判刑人条约》综合判断请求是否已经或者可能触及泰国拒绝移管的情形，以提高移管的成功率，从而节省国家资源，提升协助效率。

3. 移管被判刑人请求书及所需文件

《中泰移管被判刑人条约》第9条对中泰双方在移管被判刑人程序中应当提供的书面材料作出了细致规定，并对移交国和接收国应当提供的书面材料进行了分类处理。第1款对移交国向接收国提供的所需文件中应当包含的内容进行了规定：一是经证明无误的判决书副本，以及判决所依据的法律规定；二是关于刑罚的种类、刑期和起算日期的说明；三是关于被判刑人服刑情况和尚需服刑期限的说明，

---

① 参见《中华人民共和国和泰王国关于移管被判刑人的条约》第4条；《第 B. E. 2527 号移管被判刑人法令》第25条。

② 参见《中华人民共和国和泰王国关于移管被判刑人的条约》第6条。

包括审判前羁押、减刑和其他有关执行刑罚事项的说明；四是移交国、接收国和被判刑人同意移管的声明；五是关于被判刑人健康情况的说明。第 2 款对接收国向移交国提供的所需文件中应当包含的内容进行了说明：一是证明被判刑人是接收国国民的文件或者说明；二是接收国法律中关于导致被判刑人被判处刑罚的行为也构成犯罪的规定；三是关于接收国根据本国法律执行移交国所判处刑罚的方式和程序的信息。第 3 款对请求书及所附材料的语言作出了要求：本条第 1 款提及的文件应当以移交国的官方语言出具；移管被判刑人的请求以及本条第 2 款提及的文件，应当以接收国的官方语言出具，并附有移交国官方语言的译文。结合中国向泰国请求移管被判刑人的具体情况，当中方请求将在中国服刑的泰国籍被判刑人移交给泰国时，中方向泰方提供的所需文件应以中文出具，请求书和泰方应向中方提供的所需文件则以泰文出具，并附有中文的译文；而当中方请求泰国将身处泰国的中国籍被判刑人移交给中国时，泰方应向中方提供的所需文件以泰文出具，请求书和中方向泰方提供的所需文件则以中文出具，并附有泰文的译文。

五、中国向泰国请求刑事司法协助的障碍

（一）引渡原则性问题规范不明确

《中泰引渡条约》对死刑犯不引渡问题语焉不详，在立法上采取回避态度，使用内涵宽泛不确定的概念予以替代。《中泰引渡条约》未对死刑犯不引渡问题作出规定，全文中甚至未出现"死刑"一词，仅于第 4 条使用"引渡不符合人道主义精神"作为替代用语。中泰两国，尽管地缘相近、人缘相亲，却因近代以来不同的历史进程而形成了迥异的法律和文化传统，故两国对于"人道主义精神"的界定难免不同。含糊的法律概念给中国向泰国请求引渡，尤其是请求死刑犯引渡造成了负担和带来了困难，既降低了刑事司法协助效率，又徒增了司法成本。

《中泰引渡条约》与《第 B. E. 2551 号引渡法令》均肯定了相对不引渡本国国民的模式，而我国《引渡法》则采取绝对不引渡本国国民的立场。《中泰引渡条约》第 5 条赋予了缔约双方决定是否引渡本国国民的自由裁量权："缔约双方有权拒绝引渡其本国国民。"《第 B. E. 2551 号引渡法令》第 12 条规定了泰国自由裁量是否引渡泰国国民所须满足的具体条件。《引渡法》第 8 条罗列了我国应当拒绝外国引渡请求的情形，其中第一项为："根据中华人民共和国法律，被请求引渡人具有中华人民共和国国籍的。"笔者以为，《中泰引渡条约》中我国虽就引渡本国国民问题改持相对主义立场，泰方仍会因《引渡法》中我国对此问题一以贯之的绝

对主义立场而心存芥蒂。刑事司法协助深受司法互信程度的影响①，故当中国向泰国请求引渡泰国国民时，泰方或基于对中方立场的怀疑态度而选择拒绝引渡，以致《中泰引渡条约》中双方就引渡本国国民所达成的一致意见难以落实、流于形式，进而减损《中泰引渡条约》的实践性。

《中泰引渡条约》《引渡法》《第 B. E. 2551 号引渡法令》未能明析政治犯罪的概念结构。自 1793 年《法国宪法》为政治犯不引渡设立宪法性条款以来②，该原则已为世界各国所普遍接受和确认。《中泰引渡条约》和《第 B. E. 2551 号引渡法令》均规定政治犯罪是泰国拒绝中国向其请求引渡的强制性理由，并通过列举的方式将个别犯罪明确排除于政治犯罪之外。《中泰引渡条约》第 3 条规定："政治犯罪不应包括谋杀或企图谋杀国家元首、政府首脑或其家庭成员。"《第 B. E. 2551 号引渡法令》第 9 条规定："政治犯罪不包括以下内容：（1）谋杀、伤害国王、王后或继承人或剥夺其自由；（2）谋杀、伤害国家元首、政府领导人或其直系亲属或剥夺其自由；（3）根据泰国作为缔约国的条约，为引渡目的而实施不被视为政治性犯罪的犯罪。"但究竟何为政治犯罪，以上法律却没有给出明确一致的判断方法。政治犯罪的概念同时关涉到公民与国家的关系、私权与公权的博弈、国家主权与国际秩序的互动等多个维度。③ 中泰两国相异的意识形态、法律文化、政治见解使得政治犯罪的概念结构悬而未决，进而为泰国滥以政治犯不引渡原则为由拒绝中国向泰国提出的引渡请求埋下了伏笔。

（二）双边条约囊括的协助形式不周

广义的刑事司法协助包括刑事诉讼移管、外国刑事判决的承认和执行等内容。刑事诉讼移管，即刑事诉讼移转管辖，亦即刑事管辖权的国际间转移，是指对某一涉外刑事案件享有刑事管辖权的国家，请求将该案的刑事管辖权移交给另一国家的一种刑事司法协助形式。④ 刑事诉讼移管，助力化解跨国犯罪乃至国际犯罪所引发的管辖权冲突问题，利于处理本国国民不引渡原则所导致的犯罪人逃脱制裁现象⑤，力促国家开支与司法资源的节流减省。因此，1972 年 5 月 15 日《欧洲刑事诉讼转移管辖公约》（以下简称《转移管辖公约》）获得了国际社会的普遍认

---

① 孙劲、曾朝晖：《新时期人民法院国际司法协助的进展、特点和趋势》，《人民司法》2017 年第 1 期，第 15 页。

② 参见彭峰：《引渡原则研究》，《知识产权出版社》2008 年版，第 97 页。

③ 葛森：《政治犯罪不引渡原则》，《政法学刊》2020 年第 1 期，第 69 页。

④ 参见张智辉：《国际刑法通论》增补本，中国政法大学出版社 1999 年版，第 369 页；郇习顶：《国家间刑事诉讼移管基础探讨》，《江苏警官学院学报》2011 年第 3 期，第 29 页。

⑤ 参见李芳晓：《跨国有组织犯罪防治的国际合作对策》，《国外社会科学》2011 年第 3 期，第 76 页。

可。外国刑事判决的承认和执行，是指一国对他国的刑事判决予以承认并赋予其与本国刑事判决相同的法律效力①。移管被判刑人、执行他国以罚金或没收财产为内容的财产刑判决、执行他国资格刑判决，均以对外国刑事判决的承认为前提。建立承认和执行外国刑事判决机制，既服务于我国打击以经济类犯罪为代表的跨国犯罪事业和跨境追逃追赃的历史任务，又有助于丰富中泰刑事司法协助内容，提升中泰刑事司法协助实效。

纵览中泰间请求刑事司法协助的已有法律基础，仅可于由联合国主持制定的国际公约中寻得指导双方开展刑事诉讼移管的相关规定。《联合国打击跨国有组织犯罪公约》第 21 条与《联合国反腐败公约》第 47 条就刑事诉讼的移交作出了相同的倡导性规定："缔约国如认为相互移交诉讼有利于正当司法，特别是在涉及数国管辖权时，为了使起诉集中，应考虑相互移交诉讼的可能性，以便对本公约所涵盖的某项犯罪进行刑事诉讼。"《禁止酷刑公约》第 8 条规定："缔约国应考虑对于按第 3 条第 1 款确定的犯罪的刑事起诉相互移交诉讼的可能性，如果此种移交被认为有利于适当的司法处置。"《中泰刑事司法协助条约》第 3 条则明确将刑事诉讼移管排除于条约的适用范围之外。故中国向泰国请求刑事诉讼移管仍缺乏双边条约支持，尚不具备健全科学的法律基础。

至于外国刑事判决的承认和执行，尽管我国已与泰国签署《中泰移管被判刑人条约》并于实践中开展被判刑人移管的个案合作，但双边条约中却难以寻觅外国刑事判决的承认和执行所包含的承认、执行财产刑和资格刑等内容。此外，《联合国打击跨国有组织犯罪公约》《联合国反腐败公约》《禁止酷刑公约》等国际公约中也均未作出关于承认、执行外国刑事判决财产刑和资格刑的规定。由此可见，中泰之间刑事判决的承认和执行机制已具雏形却尚不完备，仍需时日加以构建补充。

（三）泰国司法机关工作效能有限

以泰国现行司法制度为重要内容的近现代泰国法律制度始建于以西方国家殖民泛滥为时代背景的 19 世纪下半叶。受时局的影响，尽管泰国彼时未沦为殖民地，其法律制度仍深受西方资本主义法律文化的洗礼。法国人、比利时人一度加入了泰国法学委员会并直接参与了泰国法律的编纂工作②，从而为近现代泰国法律制度注入了相当程度的大陆法系基因。1932 年，泰国人民党以平和的方式夺得了国内

---

① 参见高巍：《新时代跨境追逃追赃的理念与机制》，《法学杂志》2018 年第 6 期，第 119 页。
② 参见张树兴主编：《泰国法律制度概论》，西南交通大学出版社 2017 年版，第 11 页。

政权，这场不流血的资产阶级革命终结了泰国长达 700 余年的君主专制政体，确立了君主立宪政体，开启了泰国法律制度现代化的进程①。自确立君主立宪政体以来，泰国经历了曲折的资产阶级民主进程，以致本国宪法屡次变更。首部宪法《B. E. 2475（1932）》颁行后，泰国先后颁布了 20 部宪章和宪法②。现行泰国宪法《B. E. 2560（2017）》于 2017 年颁布，除序言与临时条款外，共 16 章 261 条，分别于第十章、第十一章、第十三章确立了法院、宪法法院、国家检察机关的组织模式与职能范围。

作为大陆法系国家，泰国法院司法体系实行普通法院与行政法院共存并行的双轨制模式。作为君主立宪制国家，泰国行政法院、军事法院、宪法法院、普通法院的法官均由泰国国王任命和罢免。③ 泰国普通法院体系分为初级法院、上诉法院、最高法院三级；初级法院又分为首都曼谷的初级法院、其他各府的初级法院和特别法院三类。④ 泰国法官分为职业法官、资深法官、非职业法官和主要负责审理涉及穆斯林家庭和继承问题的民事案件的"喀迪"法官，选拔条件严格，除需通过法官考试外，候选人还应同时具备以下五项条件：其一，毕业于大学法律系；其二，大学法律系毕业后在特定的法学院学习一年并取得毕业资格；其三，大学法律系毕业后有两年工作经历；其四，年满二十五周岁；其五，没有受过刑事处分。⑤ 综上，泰国法院体系较为完备，法官整体素质可期。

泰国检察机关在中国向泰国请求刑事司法协助的国际合作中承担重要职能。泰国检察机关实行垂直领导，分为地方检察院和中央检察院两级，两级检察院的检察人员由检察官和行政工作人员两部分组成。泰国对检察官采取了异于行政工作人员等普通公务员的管理模式，由受政府高级官员或全国选举的高级检察官领导的检察官委员会直接负责检察官的管理。泰国对检察官作出了严格的资格要求，旨在保障本国检察机关的业务质量与司法能力，具体包括：（1）须为法学学士；（2）通过泰国司法考试并取得律师资格；（3）年满二十五周岁；（4）法律执业两年以上；（5）通过检察官招考考试；（6）以助理检察官身份接受一年的培训。⑥

---

① 参见陈兴华主编：《东盟国家法律制度》，中国社会科学出版社 2015 年版，第 181 页。

② 参见 Suwattana Kahintapongs, Thailand's Constitution Development, Research and Development, Journal Suan Sunandha Rajabhat University, Vol. 14, No. 1, 2022, p. 145.

③ 参见《B. E. 2560（2017）》第 190 条。

④ 参见张树兴主编：《泰国法律制度概论》，西南交通大学出版社 2017 年版，第 285 页。

⑤ 参见《泰国法律制度概况》，http://peixun. court. gov. cn/index. php? m = content&c = index&a = show&catid = 23&id = 29，最后访问日期：2023 年 8 月 22 日。

⑥ 参见《泰国的检察制度》，http://www. ca-pgc. org/zgdmjczd/201612/t20161206_ 1907172. shtml，最后访问日期：2023 年 8 月 22 日。

泰国司法机关有限的人员储备与海量的受案数目之间的矛盾已露端倪。以检察机关的境遇为例，2003 年，泰国全国检察机关审查了 2807838 起本国警察是否依法罚款的案件，处理了 590507 起各类诉讼案件，而截至 2005 年，泰国全国仅有 2575 名检察官。① 为应对 2000 年以来国内高级检察官数量短缺的窘境，泰国《高级检察官管理条例》规定，检察官退休年龄由 60 岁延长至 70 岁，以推延退休的方式维持检察机关的运转。② "案多人少"的困局之下，泰国司法机关人员不免处于高负荷的超压工作状态，工作效能值得怀疑。中国向泰国请求刑事司法协助的实践效果受泰国司法机关整体质量与工作效能的共同作用。③ 泰国对司法机关人员所采用的严格选拔机制助力其司法机关人员保有可观素质，却在一定程度上引致司法机关人员数量匮乏，进而减损了泰国司法机关的工作效能，从而对中泰间的刑事司法协助活动造成不利影响。

泰国严峻的贪腐问题是妨害泰国司法机关效能的又一因素。尽管泰国的反腐机制建设起步较早，中央政府也于近年来将惩治贪腐作为工作的重要着力点并在 2018 年适时修订颁布了更为翔实周密的《第 B. E. 2561 号反腐败组织法令 (2018)》，但泰国的清廉程度依旧不容乐观。作为在国际反腐领域具有可观影响力的非政府组织，"透明国际"（Transparency International）自 1995 年起每年定期发布全球各国家和地区的清廉指数（Corruption Perceptions Index，即 CPI）。而在 2021 年的清廉指数报告中，泰国与阿尔巴尼亚、蒙古等四国并列世界第 110 位，仅得 35 分；于东盟十国中排名第 5 位，落后于新加坡、马来西亚、印度尼西亚和越南。④ 根深蒂固的庇护制文化、疲软的监督措施与严重的官僚主义思想是泰国社会贪腐成风的部分缘由。⑤ 此外，薪俸与生活成本之间的矛盾也是致使泰国贪腐成风的原因之一，原泰国警察总司令讪·沙鲁达暖上将曾指出初获委任的泰国警官的起薪难以满足个人日用开销的不合理现象⑥。在官僚主义、贪污腐败盛行的地区，面对耗费巨大司法成本的国际刑事司法协助请求，"很难想象这些地区的司法机关

---

① 参见《泰国的检察制度》，http：//www.ca-pgc. org/zgdmjczd/201612/t20161206_ 1907172. shtml，最后访问日期：2023 年 8 月 22 日。

② 参见《泰国的检察制度》，http：//www.ca-pgc. org/zgdmjczd/201612/t20161206_ 1907172. shtml，最后访问日期：2023 年 8 月 22 日。

③ 参见赵永琛：《国际刑事司法协助研究》，《中国检察出版社》1997 年，第 23 页。

④ 参见《2021 年清廉指数排名》，https：//www. transparency. de/cpi/cpi-2021/cpi-2021-tabellarische-rangliste，最后访问时间：2023 年 8 月 22 日。

⑤ 参见高荣伟：《泰国：反腐之绳步步收紧》，《检察风云》2017 年第 10 期，第 55 页。

⑥ 参见李小军：《泰国政府民主转型过程中的腐败与反腐败》，《广州大学学报（社会科学版）》2010 年第 7 期，第 12 页。

会积极而主动地配合他国完成司法协助任务"①。

六、中国向泰国请求刑事司法协助的完善建议

为提升中国向泰国请求刑事司法协助的成功率，需要我国与泰国携手对相关制度进行完善。结合前述的现存阙如，拟提供如下完善路径，希冀可为中国向泰国请求刑事司法协助的制度建设提供些许参考与增益。需要补充的是，刑事司法协助轨制的精研非请求国或被请求国一方之力即可实现，后文建议的落实需要我国与泰国携手作出尝试和努力。

（一）缔结刑事诉讼移管条约

作为确立欧洲刑事诉讼移管制度的范本性与起源性文件，《转移管辖公约》可与联合国大会 1990 年 12 月 14 日第 45/118 号决议通过的《刑事诉讼转移示范条约》（以下简称《转移示范条约》）共同为中泰缔结刑事诉讼移管条约的相关工作提供有益的参考与借鉴。

结合《转移管辖公约》第 7 条第 1 款、第 8 条第 1 款之规定，建议为中泰互相请求刑事诉讼移管设置如下前置性条件：其一，所涉行为需满足双重犯罪原则，申言之，中泰双方法律均认定行为人之危害行为已构成刑事犯罪时，方存在提起刑事诉讼移管的可能性。其二，所涉行为构成的犯罪需达到一定的严重程度。刑事诉讼移管与引渡同为耗费不菲国家资源的国际性司法行为，中泰双方宜在缔结刑事诉讼移管条约时参考《中泰引渡条约》第 2 条对适用引渡的犯罪所作的最低刑期限制，从而充分发挥刑事诉讼移管的应尽效能，避免资源虚耗。其三，请求国和被请求国与所涉行为或所涉人员存在密切联系。具言之，中国向泰国请求刑事诉讼移管时，涉案行为或涉案人员需至少符合下述情形之一：（1）犯罪嫌疑人为泰国的常住民、公民或原籍国民；（2）犯罪嫌疑人正在或者即将接受泰国剥夺其自由的刑罚；（3）犯罪嫌疑人在泰国被提起刑事诉讼；（4）我国认为向泰国请求诉讼移管更有利于查清案件事实尤其是关键证据；（5）我国认为在泰国执行刑罚更有利于被判刑人重返社会；（6）我国不能确保犯罪嫌疑人出席我国庭审活动，但有理由相信其能够出席泰国庭审活动；（7）我国认为无法执行对犯罪嫌疑人的判决，但有理由相信泰国能够执行。

结合《转移管辖公约》第 11 条、《转移示范条约》第 7 条之规定，建议为中泰互相请求刑事诉讼移管设置如下排除性条件：（1）被请求国认为请求诉讼移管

---

① 赵永琛：《国际刑事司法协助研究》，《中国检察出版社》1997 年，第 23－24 页。

所涉的案件是纯粹的军事犯罪；（2）被请求国有充分理由相信请求国仅因种族、宗教、国籍等因素而提出诉讼移管请求；（3）被请求国接受移管请求时已对所涉行为进行追诉且届满一定时限；（4）被请求国认为所涉犯罪行为与赋税、课税、关税或兑换有关。至于中国向泰国请求刑事诉讼移管的程序性要求，则可参见《转移管辖公约》第13条至第22条、《转移示范条约》第3条之规定，大体包括：（1）与诉讼移管相关的请求均应以书面形式提出；（2）请求的书面材料须提供泰文或英文的译本；（3）请求宜通过我国司法部提出；（4）书面请求中应含案件事实陈述、犯罪嫌疑人信息、请求诉讼移管的法律依据、能够证明案件事实的相关证据等内容；（5）在紧急情况下，可通过国际刑事警察组织等国际机构发送请求和信函。

此外，《转移示范条约》于第10条倡议联合国会员国在缔结刑事诉讼移管条约时引入"一罪不二审"原则。所谓"一罪不二审"，申言之，即当被请求国接受请求国的移管请求后，请求国除对案件进行部分必要的调查外，应暂时停止其他一切与该案有关的检控，直至被请求国通知请求国已对该案作出终局性处理。若被请求国依照其本国法律与移管条约对罪行作出了合法合理的裁决，则请求国便自此不可再对同一罪行进行检控。"一罪不二审"原则根植于公正与效率原则[①]，利于保护人权并维护司法机构威信，具有突破一国内部刑事管辖范围进而适用于跨国法域的必要性和可行性，宜成为中泰刑事诉讼移管条约的内容构成。

（二）缔结资产分享协定

刑事犯罪资产分享制度起源于民事没收制度，因积极助推涉案财物的有效追回而为国际社会所日渐接受。该制度的意旨在于，以给予犯罪资产流入国一定物质激励的方式，调动其参与刑事司法协助的积极性与主动性，从而增加犯罪资产流出国追回流失财物的可能性，实现互利共赢。资产分享制度化是境外追赃国际合作的迫切需要[②]，应成为我国健全刑事司法协助制度、加强涉外领域立法的发展着力点。

缔结资产分享协定是资产分享制度化的形式之一，中国向泰国请求刑事司法协助的国际法基础为双方缔结资产分享协定提供了切实的指引和可行的依据。在中泰共同加入的由联合国主持制定的国际公约中，缔结资产分享协定之倡议首见于《禁止酷刑公约》。该公约第5条第5款规定，对于打击非法贩运麻醉药品和精神药物犯罪时没收的违法所得，缔约国可按照本国法律、行政程序或专门缔结的双边或多边协定，定期地或逐案地与其他缔约国分享这类收益或财产或由变卖这

---

① 参见刘大群：《"一罪不二审"原则及其在国际刑法中的适用》，《法律适用》2004年第10期，第43页。
② 商浩文：《境外追赃中犯罪资产分享制度研究》，《中国法学》2022年第5期，第289页。

类收益或财产所得的款项。在《制止向恐怖主义提供资助的国际公约》《联合国打击跨国有组织犯罪公约》《联合国反腐败公约》中，鼓励中泰缔结资产分享协定的倡议性规定也有迹可循。三个公约分别于第 8 条第 3 款、第 14 条第 3 款和第 57 条第 5 款建议缔约国特别考虑就资产分享事宜缔结合理协定或作出妥切安排，以便更有效地预防和惩治犯罪，促进国际合作。

纵观中国向泰国请求刑事司法协助的国内法基础，可见近年来我国为公约倡议国内化所作的尝试和努力。《中华人民共和国禁毒法》是我国首部引入资产分享规定的域内法律。该法第 57 条规定："通过禁毒国际合作破获毒品犯罪案件的，中华人民共和国政府可以与有关国家分享查获的非法所得、由非法所得获得的收益以及供毒品犯罪使用的财物或者财物变卖所得的款项。"尽管此规范的适用范围限于毒品犯罪，但仍可谓其为我国资产分享制度域内立法之端倪。《国际刑事司法协助法》则于第 49 条第 2 款增加了中国向外国请求没收、返还违法所得及其他涉案财物时的资产分享规定，展现了我国于未来确立资产分享制度的积极信号。此外，中加双方于 2016 年 9 月签署的《中华人民共和国政府和加拿大政府关于分享和返还被追缴资产的协定》（以下简称《中加资产分享协定》）为中泰缔结资产分享协定提供了可供参考的范式，是我国资产分享制度发展历程中的标志性事件，具有里程碑意义。

结合中泰国情与以美英等国家为代表的域外成熟立法及实践，本小节拟从可供分享的资产范围、资产分享比例两方面为中泰资产分享协定的缔结工作提供些许建设性意见。

原合法所有人、善意第三人的财产与被请求国因给予违法所得没收协助而支出的合理费用不宜包含在中泰可供分享的资产范围之内。作为平衡和兼顾刑事司法协助各方经济利益的激励机制，资产分享制度不得损害原合法所有人与善意第三人的财产权利。《联合国反腐败公约》第 57 条第 3 款和第 55 条第 9 款分别对原合法所有人和善意第三人的财产权利作出了保护性规定，强调缔约国在处理有关资产没收、返还、处分事宜的过程中，需优先考虑原合法所有人的权利保障问题，尊重善意第三人的合法权益。《中加资产分享协定》也设置了保护原合法所有人财产权利的专门规定。外交部境外追逃和国际执法合作特别协调员孙昂指出，中加安排资产分享时，"对于转移至境外的犯罪所得，只要能够查明有合法所有人，如被贪污的政府或企业财产，按协定的规定，就应依法返还合法所有人"[1]。

---

① 汪闽燕：《中国海外追逃追赃的"一个里程碑"》，《法制日报》2016 年 9 月 23 日，第 4 版。

合理费用也应成为中泰资产分享的前置扣除选项。《联合国反腐败公约》第57条第4款规定，在适当的情况下，缔约国可在返还或处分没收的财产之前，扣除为此进行侦查、起诉或审判程序而发生的合理费用。相较《联合国反腐败公约》，美国于立法和实践中对合理费用的范围作了一定程度的拓展，将移交资产时所产生的支出也视为合理费用的组成部分[①]。笔者主张对中泰资产分享的合理费用内涵作较《联合国反腐败公约》更为宽泛的解释，既包括被请求国协助请求国没收、返还违法所得过程中因侦查、起诉或审判等程序所产生的扣押费、冻结费、保存费、盘点费等必需费用，也涵盖被请求国依据协助请求赴请求国办理资产分享、返还相关事宜过程中所产生的差旅费、鉴定费等，但不含中泰资产分享协定中未具体指明的其他费用，以正向刺激泰方助力我国追赃事业。

确定刑事司法协助各方于具体案件中的资产分享份额比例是资产分享机制的实质性环节，建议以协助方在个案中的贡献程度作为确定中泰资产分享份额比例的主要标准。结合美国司法部和财政部于1995年5月4日签订的谅解备忘录以及加拿大《被没收财产分享规定》中有关协助方贡献程度与分享份额比例对应关系的规定，笔者拟对中泰资产分享份额比例提出如下具体设想：（1）协助方为资产追缴作出实质性特别突出贡献的，分享份额比例为80%；（2）协助方为资产追缴作出一定重要贡献的，分享份额比例为40%；（3）协助方为资产追缴提供便利性帮助的，分享份额比例为10%；（4）若协助方为两国以上时，由资产分享主管机关结合个案情况作具体份额比例划分；（5）任何情形下，被协助方的分享份额比例不得低于10%。至于协助方贡献程度的判断问题，建议资产分享主管机关综合以下因素予以考量，包括但不限于：（1）协助方提供情报信息的数量、重要性与准确性；（2）协助方提供证据的数量、证明力与时效性；（3）协助方投入的司法执法资源；（4）协助方予以协助的积极程度和效率；（5）协助方追缴违法所得及其他涉案财物的实效。

（三）加强两国相关人员培训交流

积极推动对相关人员的培训与交流，有利于提升其业务能力，进而助力双方司法机关在开展刑事司法协助活动时保有理想的工作效能。由联合国主持制定的部分国际公约对于缔约国为相关人员开展助推刑事司法协助国际合作的培训与交流给予了高度重视。《联合国打击跨国有组织犯罪公约》于第29条第3款强调缔约国应促进诸如对中心当局或负有相关职责的机构的人员进行语言培训、开展借

[①] 参见黄风：《国际刑事司法合作的规则与实践》，北京大学出版社2008年版，第169页。

调和交流等有助于引渡和司法协助的培训和技术援助，以便更有效地促进预防和打击跨国有组织犯罪的国际合作。《联合国反腐败公约》则于第 60 条第 2 款要求缔约国结合自身能力为负责预防和打击腐败的人员提供便于缔约国之间开展引渡和司法协助等国际合作的培训与交流。顺应公约的指引，中国与包括泰国在内的东盟国家积极探寻刑事司法协助领域的培训与交流合作途径，并于近年来相继成立了中国—东盟成员国总检察长会议机制、中国—东盟大法官论坛合作机制，开设了中国—东盟成员国检察官交流培训基地、中国—东盟国家国际司法协助研究基地、中国—东盟国家成员国法官交流培训基地、泰国高级检察官研修班。建议中泰双方立足已有平台，于以下方面加强对相关人员的培训与交流。

增进一体化专业进修。中泰双方负责承办刑事司法协助的相关人员分属多个机关或部门管理，而现设的专业进修基地主要由以检察院、法院为代表的单个机关或部门创设，其服务对象也通常限于单个机关或部门所直接管理的人员，一体化程度有限。刑事司法协助内容丰富，涉及完整的诉讼阶段，所涉人员既包括司法工作人员，也涵盖承担对外联系、主管审核等配合性职责的外交、司法行政工作人员。对两国相关人员开展一体化专业进修，既助力刑事司法协助工作队伍的专业化建设，也有益于加强相异机关或部门之间的互动学习，进而力促工作进程各阶段之间彼此积极影响、形成良性循环，以致中泰刑事司法协助的整体实效收获增益。

强化语言学习与培训。语言为中泰双方开展刑事司法协助乃至其他领域的合作构筑了沟通之桥，是国际往来的核心交流工具。引导两国刑事司法协助工作队伍掌握彼此语言，提升外语能力，应成为培养高素质刑事司法协助工作队伍的重要内容。作为泰国的官方语言，泰语属小语种，相较英语、汉语、西班牙语、阿拉伯语等世界性语言，其影响力与受关注度有限。目前，我国泰语学习的资源高地主要集中于以广西壮族自治区为代表的西南地区。建议充分发挥广西壮族自治区等地与泰国地缘相近的资源优势，以当地高校、法院、检察院、公安机关、司法行政机关等单位为依托，努力推进中泰刑事司法协助工作队伍语言培训基地的设立工作，助力双方储备精通彼此法律与语言的复合型刑事司法协助人才。

拓展双方交流渠道与平台。沟通交流是中泰双方刑事司法协助工作队伍互相学习、增进信任感与亲和度的有效手段。建议中泰双方立足已有基础，充分发挥新兴技术的特点和优势，尝试拓展交流的新渠道和新平台。例如，双方可利用网络技术定期开设线上交流会、研讨会与沙龙，及时互通刑事政策、分享办案经验、总结成果得失，相互借鉴，共同提高。

本章小结

中泰均是发展中国家，两国关系源远流长。在当前推动构建人类命运共同体的时代背景下，双方致力于开展全方位、多维度、深层次的亲密合作。作为两国安全保障领域司法合作的重点内容，中泰刑事司法协助理应获得重点关注。期待双方于未来持续扩展与延伸刑事司法协助合作的广度与深度，共同推动完善双边刑事司法协助机制。尽管文中对刑事司法协助的价值有所着墨，但笔者并不主张放大其作用，工具属性与程序意义仍是刑事司法协助的首要表征。此外，本章仅对中国向泰国请求刑事司法协助进行了研究，未涉猎泰国向中国请求刑事司法协助等中泰刑事司法协助所包含的其他内容。希望中泰刑事司法协助的相关研究，能够在众同人的共同努力之下，得到更多的积累与扩增，从而为构建更为稳定、更加繁荣、更可持续的中泰命运共同体贡献中国的法律力量。

第六章
中国向文莱请求刑事司法协助

文莱达鲁萨兰国又称文莱伊斯兰教君主国,以下简称"文莱"(Brunei),是东盟重要成员国之一。文莱经济发达,2022年文莱国内生产总值约166.8亿美元、人均国内生产总值37152.5美元,在东盟十国中高居第二,属于世界高收入国家。① 文莱油气资源丰富,石油和天然气是文莱的主要经济支柱,已探明石油储量为11亿桶,占全球总量的0.1%,天然气储量为2000亿立方米,占全球总量的0.1%。②

文莱是东南亚唯一的君主制国家,也是当今世界上为数极少的保持君主专制政体的国家之一。③《文莱宪法》规定:苏丹为国家元首,苏丹君主拥有立法、行政和司法等全部权利,有权决定包括立法、经济、行政、军事、司法、宗教、外交在内的所有事务,苏丹不仅是国家领袖,同时也是宗教领袖。

在历史上,文莱受英国控制长达一个半世纪。文莱于1847年沦为英国的半殖民地,1888年沦为英国保护国。第二次世界大战后,在民族独立运动的压力下,英国被迫同意于1959年4月与文莱签订新协定并颁布文莱历史上第一部宪法,文莱借此获得了部分自治权。直至1984年1月1日,文莱苏丹宣布文莱成为一个完全独立的国家。

1991年9月30日,中国和文莱发表了《中华人民共和国政府和文莱达鲁萨兰国苏丹陛下政府关于两国建立外交关系的联合公报》,公报称中国和文莱根据两国人民的利益和愿望,决定自本联合公报签字之日起两国建立大使级外交关系。两国政府同意在和平共处五项原则和联合国宪章的基础上发展两国之间的友好合作

---

① 《世界银行数据》,https://data.worldbank.org/country/brunei-darussalam,最后访问日期:2023年8月31日。

② 《对外投资合同国别(地区)指南:文莱(2022年版)》,http://www.mofcom.gov.cn/dl/gbdqzn/upload/wenlai.pdf,最后访问日期:2023年8月31日。

③ 邵建平、杨祥章编著:《文莱概论》,世界图书广东出版公司2012年版,第88-96页。

关系。① 大使级外交关系的建立掀开了两国双边关系的新篇章。自两国建交以来，两国已在多个领域开展了较深层次的合作。

1996 年 10 月 23 日，两国签署了《中华人民共和国政府和文莱达鲁萨兰国苏丹陛下政府关于卫生合作谅解备忘录》，② 发展和加强两国在公共卫生和医学科学领域的合作。1999 年 8 月，文莱苏丹访问中国。同年 8 月 23 日，两国签署了《中华人民共和国政府和文莱达鲁萨兰国苏丹陛下政府文化合作谅解备忘录》，③ 两国合作领域拓展至文化领域。

进入 21 世纪后，两国经济领域合作不断拓宽和加深，高层往来频繁，政治关系稳定。2000 年 10 月 17 日，两国签署了《中华人民共和国政府和文莱达鲁萨兰国政府关于鼓励和相互保护投资协定》。④ 2000 年 11 月，国家主席江泽民对文莱进行国事访问。2004 年 9 月，应国家主席胡锦涛邀请，文莱苏丹访问中国。2005 年 4 月，国家主席胡锦涛访问文莱。2013 年 4 月，应习近平主席邀请，文莱苏丹访问中国，双方发表联合声明，确立战略合作关系。

2018 年 11 月，习近平主席访问文莱，双方发表联合声明，一致决定将两国关系提升为战略合作伙伴关系，两国双边关系迈上了新台阶，双方建立长期稳定的合作机制，开展全方位、多领域的合作。双方同意进一步加强执法安全合同，探讨签订引渡条约和司法协助条约的可能。⑤

随着两国经贸关系的不断深化、政治互信的不断增强、合作领域的不断拓展，两国开展刑事司法协助的现实需要愈加显著。本章旨在梳理中国向文莱提出刑事司法协助请求的基础和程序，并探究中国向文莱请求刑事司法协助的过程中存在的障碍及完善对策，以期增强两国在刑事司法协助领域的合作。

---

① 《中华人民共和国政府和文莱达鲁萨兰苏丹陛下政府关于两国建立外交关系的联合公报》，https://www.fmprc.gov.cn/web/gjhdq_ 676201/gj_ 676203/yz_ 676205/1206_ 677004/1207_ 677016/200011/t20001107_ 8002592.shtml，最后访问日期：2023 年 8 月 31 日。

② 《中华人民共和国政府和文莱达鲁萨兰国苏丹陛下政府关于卫生合作谅解备忘录》，https://www.mfa.gov.cn/web/wjb_ 673085/zfxxgk_ 674865/gknrlb/tywj/tyqk/200206/t20020605_ 9276787.shtml，最后访问日期：2023 年 8 月 31 日。

③ 《中华人民共和国政府和文莱达鲁萨兰国苏丹陛下政府文化合作谅解备忘录》，https://www.mfa.gov.cn/web/ziliao_ 674904/tytj_ 674911/tyfg_ 674913/200206/t20020605_ 9866854.shtml，最后访问日期：2023 年 8 月 31 日。

④ 《中华人民共和国政府和文莱达鲁萨兰国政府关于鼓励和相互保护投资协定》，https://www.mfa.gov.cn/web/ziliao_ 674904/tytj_ 674911/tyfg_ 674913/200206/t20020605_ 7949432.shtml，最后访问日期：2023 年 8 月 31 日。

⑤ 《中华人民共和国和文莱达鲁萨兰国联合声明》，https://www.mfa.gov.cn/web/zyxw/201811/t20181119_ 345452.shtml，最后访问日期：2023 年 8 月 31 日。

一、中国向文莱请求刑事司法协助的历史与成绩

两国间的互访、交流较为密切，在部分领域取得了较为丰富的实践成果，为今后两国开展刑事司法协助打下了基础。

（一）中国向文莱请求刑事司法协助的历史

两国检察机关积极开展交流合作。2002 年 12 月 26 日，两国检察机关签署《中华人民共和国最高人民检察院和文莱达鲁萨兰国总检察署合作谅解备忘录》，两国合作首次扩展至司法领域，明确在两国及所属检察机关各自职权范围内，加强和扩大彼此之间的互助合作。主要内容包括：双方司法协助的请求和提供通过外交途径进行；双方互派检查人员，进行专业研究或培训，并相互交流法律信息；双方互派代表团访问，讨论双方工作中感兴趣的问题；根据对方的书面请求，双方可以互相交流共同感兴趣的法律文件和检查工作的信息。① 2017 年 11 月 25 日，最高人民检察院检察长曹建明与文莱总检察署总检察长哈雅提·赛勒一起签署了两国最高检察院联合声明，推动两国检察关系在合作谅解备忘录的框架下，深化交流内容、拓宽合作途径，加强多边框架内合作。② 在中国的倡议下，2004 年起成立中国—东盟成员国总检察长会议机制，会议由中国和东盟国家轮流举办，自 2004 年 7 月 7 日举办第一届会议以来，至今已举办 13 届，为打击跨国、跨地区犯罪活动提供了交流合作平台，如第一届会议主题为"维护地区稳定，打击跨国犯罪"，第六届会议主题为"加强刑事司法协助合作，有效打击跨国有组织犯罪"，第九届会议主题为"国际追逃追赃合作"。其中，文莱作为举办国，举办了第十一届中国—东盟成员国总检察长会议，聚焦打击网络犯罪。③ 通过中国—东盟成员国总检察长会议机制，中国同文莱等东盟国家凝聚了共识，在打击跨国犯罪、反腐败和国际追逃追赃、打击人口贩运、打击网络犯罪等方面加强合作，开展刑事司法协助。

两国审判机关积极开展交流合作。文莱最高法院和中华人民共和国最高人民法院于 2004 年 9 月 21 日签署了《最高法院合作谅解备忘录》。该备忘录建立了双方在促进司法人员和法学家交流，邀请代表参加国际会议和研讨会以及法院之间

---

① 《中华人民共和国最高人民检察院和文莱达鲁萨兰国总检察署合作谅解备忘录》，http：//www.ca-pgc. org/xdxy/201612/t20161212_ 1909900. shtml，最后访问日期：2023 年 8 月 31 日。

② 简闻之：《曹建明同文莱总检察长哈雅提·赛勒举行会谈》，《检察日报》2017 年 11 月 26 日，第 1 版。

③ 《第十一届中国—东盟成员国总检察长会议联合声明》，http：//www. ca-pgc. org/xdxy/201809/t20180927_ 2370625. shtml，最后访问日期：2023 年 8 月 31 日。

的司法培训和交流等事宜上的合作。主要内容有：第一，加强双方司法机构之间的交流与合作，保持两国司法高层交流互访，同时推动开展双方各层级法院间的人员交流互访。第二，加强双方对司法工作情况和信息资料的交流，特别是及时交换有关司法制度、司法改革、典型案例和法院信息化方面的资料。第三，通过双边或多边会议、研讨、论坛等形式，就双方共同关心的问题进行探讨。第四，开展司法史料和文物交换，并在各自国家组织有关对方司法文化和历史的展览。第五，推动有关文书送达、取证和裁判承认和执行等内容的双边司法协助条约。第六，进一步加强、促进两国法院间在刑事司法领域的合作，共同致力于打击跨国犯罪。[1] 2021 年 10 月 26 日，文莱最高法院首席大法官张惠安先生在最高人民法院举办的海上丝绸之路（泉州）司法合作国际论坛表示，文莱"致力于加强与中国的司法合作，并且希望促进两国就共同关心的事宜进行更多的司法交流"，"法律和司法合作将成为支持两国可持续增长和发展的新的重点领域"。[2] 2014 年，中国倡议成立中国—东盟大法官论坛合作机制，论坛于 2014 年、2017 年、2022 年已成功举办三届，均通过共识性文件，加强了中国同文莱等东盟国家审判机关的交流和合作。

两国执法机关积极开展交流合作。自 2004 年起，中国同东盟每两年举行一次打击跨国犯罪部长级会议，在打击贩毒、非法移民、海盗、恐怖主义、武器走私、洗钱、经济犯罪和网络犯罪等方面进行密切合作。中国先后举办超过 200 期禁毒执法、刑事技术、海上执法、案例研讨、出入境管理、网络犯罪侦查等双多边执法培训、研修项目，培训东盟国家执法官员。[3] 文莱作为东盟十国之一，积极加入并参与联合执法合作、交流。

同时，两国均重视并积极开展反腐败交流。2014 年 1 月 15 日，《中国共产党第十八届中央纪律检查委员会第三次全体会议公报》要求"加大国际追逃追赃力度，决不让腐败分子逍遥法外"[4]。2014 年 10 月 23 日，《中共中央关于全面推进依法治国若干重大问题的决定》再次强调，要"加强反腐败国际合作，加大海外追

①　梅传强主编：《东盟国家刑法研究》，厦门大学出版社 2017 年版，第 397 页。

②　参见：http://msrj. court. gov. cn/chatContent/subject1. html，最后访问日期：2023 年 8 月 31 日。

③　《中国与东盟执法安全合作综述》，http://www. gov. cn/xinwen/2015 – 10/22/content_ 2951832. htm，最后访问日期：2023 年 8 月 31 日。

④　《中国共产党第十八届中央纪律检查委员会第三次全体会议公报》，《人民日报》2014 年 1 月 16 日，第 1 版。

逃追赃、遣返引渡力度"①。文莱同样极为重视打击腐败犯罪,在 2015 年 11 月 25 日第九届中国—东盟成员国总检察长会议中,文莱总检察长哈雅提·赛勒指出,"打击跨国腐败犯罪追逃和资产追回应双管齐下,不仅要将潜逃腐败分子藏匿的信息传递出去,同时也要确保他们的非法收入能够得到追回,各国应进一步完善法律,共同跨越各国司法体系的差异,推进反腐败国际合作"②。两国在打击腐败犯罪方面存在诸多共识,在中国—东盟对话框架下,2016 年 11 月 2 日至 4 日举办了"中国—东盟反腐败研讨班",研讨班是"10 + 1"框架下,中国和东盟在反腐败领域的首个合作项目。③ 亚太经合组织反腐败执法合作网络(ACT-NET)由亚太经合组织各经济体反腐败和执法机构人员组成,旨在促进亚太地区反腐败和执法机构间合作,隶属于亚太经合组织反腐败工作组,2014 年 11 月,亚太经合组织反腐败执法合作网络正式运行。④ 在亚太经合组织框架下,亚太经合组织反腐败执法合作网络于 2018 年 3 月 20 日至 22 日举办"腐败资产追缴培训班"⑤。该培训班是落实亚太经合组织《北京反腐败宣言》的重要举措,也是亚太经合组织反腐败执法合作网络首次举办资产追缴方面的能力建设活动。

此外,两国还积极开展并深化防务和反恐领域合作。中国同文莱在防务领域的交往合作主要在中国—东盟国防部长非正式会晤及东盟防长扩大会框架下开展,截至 2023 年 2 月 26 日,双方已举行 13 次国防部长非正式会晤,⑥ 中国共出席 9 次东盟防长扩大会。⑦ 2018 年 10 月 12 日第五届东盟防长扩大会讨论通过了《东盟防长扩大会关于建立务实信任措施的联合声明》《东盟防长扩大会关于反对恐怖主义威胁的联合声明》,2022 年 11 月 23 日第九届东盟防长扩大会讨论通过了《东盟防长扩大会关于增强团结合作,共建和谐安全的联合宣言》。自 2010 年成立以来,东盟防长扩大会在人道主义援助和救灾、海上安全、军事医学、反恐、维和和人

---

① 《中共中央关于全面推进依法治国若干重大问题的决定》,《人民日报》2014 年 10 月 29 日,第 1 版。

② 《第九届中国—东盟成员国总检察长会议综述》,http://www.ca-pgc.org/xwzx/201610/t20161024_1882633.shtml,最后访问日期:2023 年 8 月 31 日。

③ 《中国—东盟反腐败研讨班在云南开幕》,https://www.ccdi.gov.cn/ldhdn/wbld/201611/t20161103_99474.html,最后访问日期:2023 年 8 月 31 日。

④ 孟亚旭:《从 APEC 到 G20:中国的国际反腐路径》,《北京青年报》2016 年 9 月 6 日,第 5 版。

⑤ 《亚太经合组织反腐败执法合作网络腐败资产追缴培训班在泰国举行》,https://www.ccdi.gov.cn/toutiao/201803/t20180322_167038.html,最后访问日期:2023 年 8 月 31 日。

⑥ 《第十三次中国—东盟国防部长非正式会晤视频会举行》,http://www.gov.cn/guowuyuan/2022 - 06/22/content_5697170.htm,最后访问日期:2023 年 8 月 31 日。

⑦ 《第九届东盟防长扩大会在柬埔寨举行》,http://www.gov.cn/guowuyuan/2022 - 11/23/content_5728450.htm,最后访问日期:2023 年 8 月 31 日。

道主义扫雷行动等 6 个领域开展了卓有成效的务实合作。2019 年 4 月 24 日至 26 日，中国—东南亚国家"海上联演–2019"在青岛及其东南海空域举行，文莱派出巡逻舰"达鲁塔克瓦号"参加演习。① 联演以共同维护海上安全为背景，以联合应对海盗威胁和海上应急医疗救援为课题，体现了中国同文莱等东盟国家间合作紧密。

（二）暂时没有刑事涉案人员将文莱作为外逃目的地

从已公开资料来看，暂时没有刑事犯罪涉案人员将文莱作为外逃目的地，② 涉案人员多将美国、加拿大、澳大利亚等发达国家作为外逃首选地。③ 两国间的刑事司法协助目前尚停留在理论层面，暂未开展实质意义上的刑事司法协助，形成这种现象的原因有以下几个：

文莱司法环境原因。外逃犯罪分子选择外逃目的地考虑的首要因素是犯罪行为是否能逃避制裁，但在文莱的司法环境下，存在极大的被追诉可能性。首先，从"百名红通人员"涉嫌的犯罪类型来看，涉嫌贪污和受贿的比例超过总人数的 60%，腐败犯罪是外逃人员最主要的犯罪类型。文莱历来极为重视反腐败工作，对腐败犯罪零容忍，具体体现在：一是文莱在反腐败犯罪立法中采用贿赂推定制度（Presumption of corruption），④ 二是文莱在资产追缴中适用"推定赃款没收规则"（Non-conviction based forferture order for tained property）⑤，两项规则极大地加大了打击腐败行为、追缴违法所得的力度。其次，文莱引渡立法并未采取条约前置主义，也未在其立法中将死刑作为拒绝引渡的理由。若犯罪分子将文莱作为目的地，其被引渡的可能性将大大增加；而逃往美国等发达国家，这些国家对引渡

---

① 《中国与东南亚国家半年内两度海上军演，彰显维护南海和平决心》，https：//3w. huanqiu. com/a/5e93e2/9CaKrnKk5oB？agt = 11&s = a%2F5e93e2%2F9CaKrnKk5oB，最后访问日期：2023 年 8 月 31 日。

② 根据 2015 年 4 月 22 日国际刑警组织中国国家中心局集中公布的"百名红通人员名单"，逃往美国、加拿大的最多，分别为 40 人、26 人，新西兰、澳大利亚、泰国、新加坡也是外逃人员相对集中的国家，没有人逃往或者居留在文莱。参见赵立荣：《百名红通人员名单》，《方圆》2019 年第 3 期，第 34 - 35 页。

③ 《外逃贪官路径隐现：首选三大藏匿地》，http：//fanfu. people. com. cn/n/2014/1028/c64371 - 25923390. html，最后访问日期：2023 年 8 月 31 日。

④ 《文莱防止贿赂法》第 25 条。贿赂推定，根据联合国 1990 年第八届预防犯罪和罪犯待遇大会通过的决议，是指当明知公职人员有贪污舞弊行为，从而产生非法收入或资产，但拿不到确凿证据时，也可以作为公诉的根据。我国尚未建立此项制度。参见《建立贿赂推定制度利于反腐败》，https：//www. spp. gov. cn/llyj/200704/t20070423_ 50505. shtml，最后访问日期：2023 年 8 月 31 日。

⑤ 《文莱刑事违法所得追缴法》第 83 条。该条确立了在违法所得没收程序中，只要达到高度盖然性认定相关财产为违法所得，即可以使用没收程序，这一规则的适用不要求达到 100% 的证明标准。参见 International Cooperation on Fugitive Repatriation and Asset Recovery，https：//www. agc. gov. bn/AGC Images/downloads/speech/en_ ChinaAseanPGC. pdf，最后访问日期：2023 年 8 月 31 日。

采取严格条约前置主义，且经常以"死刑不引渡"作为拒绝引渡的理由，对犯罪分子的引渡较为困难。最后，文莱是世界上少数几个、东南亚唯一的君主专制国家，政治体制与美国、加拿大等西方国家截然不同。文莱更加倾向于打击犯罪，而西方国家往往会以"人权保护"为由拒绝中国的一些协助请求。中国外逃人员逃避法律制裁的可能性小。

文莱政治和文化原因。文莱将"马来伊斯兰君主制"作为建国原则，文莱苏丹通过一系列措施推行马来化，极力宣扬伊斯兰教，以维护君主的绝对权威。一方面，马来族是文莱的第一大民族，包括王室在内的多数公民均为马来人，文莱政府采取的是维护马来人利益的民族政策，大力推行马来化，在公民权上给其他民族设置障碍，其他民族在文莱虽然有一定的生存和发展空间，但文莱民族政策较为排外;[1] 另一方面，文莱 1984 年宪法规定，文莱国教为逊尼派伊斯兰教，在各种文明宣传活动中，文莱生活方式的核心是伊斯兰教信仰、忠君思想及文明礼貌，任何人都不得破坏这一生活方式，并宣布多项伊斯兰政策，如禁止销售酒类，不许在公共场合饮酒等。[2] 外逃人员很难利用灰色空间生存。

文莱地理和人口原因。文莱国土面积仅 5765 平方公里，国土集中，东西南三面被马来西亚包围，北面濒临中国南海，人口只有 45 万，是个袖珍小国，仅相当于我国东北地区一个小县城的人口数量。外逃人员藏身困难。

整体来看，虽然两国间刑事司法协助的理论交流较为密切，但两国尚无实质意义上的协助案例，两国也未建立相应的常态化协助机制。但是，没有中国涉案人员将文莱作为外逃目的地，既有文莱本国国情使涉案人员认为其不宜作为外逃目的地的原因，也有两国在刑事司法协助机制方面未雨绸缪、预防得当的原因，值得在我国与其他国家刑事司法协助交流中借鉴。

二、中国向文莱请求刑事司法协助的依据

除了两国参加的中国—东盟区域性国际文件（参见绪论）以外，还有以下内容作为中国与文莱开展刑事司法协助的依据。

（一）两国共同加入的国际公约

中国与文莱共同加入的国际公约参见下表：

---

① 邵建平、杨祥章编著：《文莱概论》，世界图书广东出版公司 2012 年版，第 18 – 26 页。
② 刘新生：《文莱：海上新丝路的好伙伴》，《时事报告》2016 年第 9 期，第 52 – 53 页。

表 6 - 1　中国与文莱共同加入的国际公约

序号	名称	中国加入时间	文莱加入时间
1	《关于在航空器内的犯罪和犯有某些其他行为的公约》	1978 年 11 月 14 日	1986 年 5 月 23 日
2	《关于制止非法劫持航空器的公约》	1980 年 9 月 10 日	1986 年 4 月 16 日
3	《关于制止危害民用航空安全的非法行为的公约》	1980 年 9 月 10 日	1986 年 4 月 16 日
4	《关于防止和惩处侵害应受国际保护人员包括外交代表的罪行的公约》	1987 年 8 月 5 日	1997 年 11 月 13 日
5	《反对劫持人质国际公约》	1992 年 12 月 18 日	1988 年 10 月 18 日
6	《联合国海洋法公约》	1996 年 6 月 7 日	1996 年 11 月 5 日
7	《联合国禁止非法贩运麻醉药品和精神药物公约》	1989 年 10 月 25 日	1993 年 11 月 12 日
8	《联合国人员和有关人员安全公约》	2004 年 9 月 22 日	2002 年 3 月 20 日
9	《制止恐怖主义爆炸的国际公约》	2001 年 11 月 13 日	2002 年 3 月 14 日
10	《制止向恐怖主义提供资助的国际公约》	2006 年 4 月 19 日	2002 年 12 月 4 日
11	《联合国打击跨国有组织犯罪公约》	2003 年 9 月 23 日	2008 年 3 月 25 日
12	《联合国打击跨国有组织犯罪公约关于防止、禁止和惩治贩运人口特别是妇女和儿童行为的补充议定书》	2009 年 12 月 26 日	2020 年 3 月 30 日
13	《联合国反腐败公约》	2005 年 10 月 27 日	2008 年 12 月 2 日

注：表格中资料来源于国际民航组织官网：https：//www.icao.int/；联合国公约网：https：//treaties.un.org。

（二）两国签署的双边条约及其他双边文件

1993 年 5 月 1 日，两国签署《中华人民共和国政府和文莱达鲁萨兰国苏丹陛下政府民用航空运输协定》。该协定第 14 条约定："缔约双方应特别遵守一九六三年九月十四日在东京签订的《关于在民用航空器内犯罪和犯有某些其他行为的公约》、一九七〇年十二月十六日在海牙签订的《关于制止非法劫持航空器的公约》以及一九七一年九月二十三日在蒙特利尔签订的《关于制止危害民用航空安全的非法行为的公约》的规定。"第 14 条还约定："当发生非法劫持民用航空器事件或者以劫持民用航空器事件相威胁，或者发生其他危及民用航空器及其旅客和机组以及机场和导航设施安全的非法行为时，缔约双方应相互协助，提供联系的方便并采取其他适当的措施，以便迅速、安全地结束上述事件或者以上述事件相威胁。"① 该条约主要针对民用航空运输领域，但两国首次在双边条约中涉及相应的协助表述。

（三）两国国内法

中国国内法已经在绪论统一进行论述，在此不再赘述。文莱涉及国际刑事司法协助的国内法有以下内容。

2005 年文莱制定并发布了《文莱刑事司法协助法》，旨在推进国际刑事协助的提供和获取。该法分为四部分：第一部分对该法涉及的专业名词、立法宗旨、适用的对象和范围进行了规定；第二部分规定了文莱向他国请求刑事司法协助的具体事项和程序；第三部分规定了他国向文莱请求司法协助的程序和要求；第四部分规定了文件的认证、电子文件、电子签名等其他事项。为更好地实施该法，文莱还颁布了《文莱刑事司法协助条例》，明确刑事司法协助的程序，除该条例有特别规定外，均适用《文莱刑事诉讼法》第七章的规定；同时，该条例还规定组建司法协助秘书处，作为刑事司法协助的实施机构，在文莱总检察署的授权下履行《文莱刑事司法协助法》赋予的职责。就该法的适用情况，文莱总检察署检察官克里斯托夫对此有简要的介绍。截至 2012 年 7 月，文莱收到 6 个他国请求，并向他国发出 3 个请求，《文莱刑事司法协助法》颁布后适用次数较少。②

2006 年文莱修订并通过了新《文莱引渡法》，替代英国殖民时期制定的 1915 年引渡法。该法共分九部分：第一部分对该法涉及的专业名词及引渡的条件作了规定；第二部分规定了他国向文莱请求引渡的基本程序；第三部分规定了英联邦国家向文莱请求引渡的程序；第四部分规定了特定国家向文莱请求引渡的程序，特定国家由苏丹采用法令形式公布；第五部分对存在引渡条约的国家请求引渡的程序进行了规定；第六部分对其他国家请求引渡的流程进行了规定；第七部分规定了为引渡而采取的措施及过境；第八部分规定了文莱向他国请求引渡的程序；

---

① 《中华人民共和国政府和文莱达鲁萨兰国苏丹陛下政府民用航空运输协定》，https：//www. mfa. gov. cn/web/ziliao_ 674904/tytj_ 674911/tyfg_ 674913/200206/t20020605_ 9866672. shtml，最后访问日期：2023 年 8 月 31 日。

② Mutual Leagal Assistance：the Bruneian Experience，https：//www. unodc. org/documents/southeastasiaandpacific//2012/07/mla-workshop/Brunei_ -_ Mutual_ Legal_ Assistance_ Senior_ Level_ MLA_ Workshop_ Presentation. pdf，最后访问日期：2023 年 8 月 31 日。

第九部分规定了其他事项。值得一提的是，该法施行以来适用次数极少。① 另外，文莱与马来西亚、新加坡之间建立了更为密切的刑事司法协助关系，三者之间的引渡适用 1984 年《文莱引渡法（马来西亚、新加坡）》，该法为引渡特别法。

2011 年文莱制定了《文莱国际移管被判刑人法》，对该法的适用范围、适用条件、文莱向他国请求移管以及他国向文莱请求移管的程序均作出了详细的规定。但该法适用范围有限，仅限于双方订立移管被判刑人协议（条约）、英联邦国家或特定国家之间。由于中国与文莱之间未订立移管被判刑人条约，也并非英联邦国家，因此该法无法在两国间适用。该法的立法初衷主要为实施英联邦内移管被判刑人计划。②

2012 年，为更有效打击犯罪，文莱颁布了《文莱刑事违法所得追缴法》，并在该法第五编单独规定了"涉他国追缴"，明确文莱请求他国追缴以及他国请求文莱追缴的程序。

可见，文莱刑事司法协助法体系由独立的刑事司法协助法，以及各类刑事法规中零星规定的刑事协助事项构成。

文莱刑事司法协助法体系完善、程序完备。文莱刑事司法协助法具有以下特色。

第一，刑事司法协助法律体系完善。文莱于 2004 年 11 月 9 日签署《东盟刑事司法协助条约》，并于 2006 年 2 月 15 日批准生效。在签署该条约后，文莱积极完善本国相关法律制度，于 2005 年新制定《文莱刑事司法协助法》，又于 2006 年修订《文莱引渡法》，2011 年制定《文莱国际移管被判刑人法》，2012 年颁布《文莱刑事违法所得追缴法》，基本上实现了刑事司法协助事项的全覆盖。

第二，刑事司法协助适用范围覆盖较广。《文莱刑事司法协助法》第 4 条规定，该法适用于他国与文莱之间签订了双边条约、多边条约的情形，但即使他国与文莱之间不存在双边或多边条约，该法也不禁止他国提出协助请求。类似的规

① 关于他国向文莱请求引渡的次数，文莱总检察长哈雅提·塞勒（Hayati Salleh）在 2015 年 11 月第九届中国—东盟总检察长会议中提到，《文莱引渡法》自 2006 年施行以来，尚未收到任何其他国家的引渡请求。关于文莱向除马来西亚、新加坡之外的国家请求引渡的次数，文莱总检察署在 2015 至 2017 年工作报告中提到，第一个请求为 2016 年文莱向韩国提出，并于 2017 年成功将罪犯引渡至文莱，文莱总检察署将此案例作为《文莱引渡法》适用的里程碑事件。《文莱引渡法》适用少的原因可能在于：一方面，文莱属于小国，人口基数小、犯罪数量少，涉及引渡的情形较少；另一方面，这也与文莱法律制度健全、国内政治稳定、犯罪率低有关。分别参见 International Cooperation on Fugitive Repatriation and Asset Recovery，第 6 页，https：//www. agc. gov. bn/AGC Images/downloads/speech/en _ ChinaAseanPGC. pdf；AGC Report 2015—2017，第 27 页，https：//www. agc. gov. bn/AGC Images/Publication/AGC_ Report_ 2015_ 2017. pdf；AGC Annual Report 2017，第 21 页，https：//www. agc. gov. bn/AGC%20Images/Publication/AGC%20Report%202017-LY2018. pdf。最后访问日期：2023 年 8 月 31 日。
② 《文莱国际移管被判刑人法》第 1 条第 2 款。

定也体现在《文莱引渡法》中。《文莱引渡法》规定英联邦国家、条约国以及其他国家或实体均可提出引渡请求，其他国家作为引渡请求提出国时，总检察长可指定该国为引渡国，以办理引渡请求。在 2015 年 11 月第九届中国—东盟总检察长会议中，文莱总检察长哈雅提·塞勒指出，在缺少引渡条约的情形下完成引渡，是《文莱引渡法》的一大特色。① 应当说，文莱基于平等互惠的理念，对他国请求刑事司法协助持包容和开放态度。

第三，刑事司法协助请求渠道灵活。我国《国际刑事司法协助法》第 5 条规定，在没有刑事司法协助条约时，双方开展刑事司法协助通过外交途径联系。东盟十国中，老挝、马来西亚、缅甸、菲律宾、泰国也规定无双边条约时，递交请求必须通过外交途径。② 但《文莱刑事司法协助法》仅规定请求需向总检察长提出，未规定请求提出的途径；《文莱引渡法》第 9 条规定引渡请求应通过外交官员、领事官员或请求国部长提出，请求提出方式多样化。就文莱司法协助实践来看，不论是引渡还是其他刑事司法协助事项，文莱均不要求必须通过外交途径递交，他国刑事司法协助请求可直接递交至总检察署下属司法协助及引渡秘书处。相较于外交途径而言，程序更加简便高效。③

第四、刑事司法协助主管机关明确。除移管被判刑人中央机关为文莱内政部外，其余刑事司法协助事项的中央机关均为文莱总检察署。文莱总检察署设有总检察长、副检察长和助理检察长等职务。总检察长是政府和苏丹的第一法律顾问，协助苏丹起草法律，协调总检察署与政府各部门的关系，同时检察长也是国家公诉人，在其他高级检察官的协助下，负责向全国所有法院起诉所有的刑事案件和民事案件。总检察长由苏丹进行任免。④

三、中国向文莱请求刑事司法协助的程序

受英国殖民及伊斯兰教的影响，文莱有两套平行的法律体系，规范商业活动和人与人间关系的成文法体系以及以伊斯兰宗教经典为依据的伊斯兰法体系。文莱司法制度也为双轨制，一是以英国习惯法为基础，诉讼活动在初等法院和最高

---

① International Cooperation on Fugitive Repatriation and Asset Recovery，第 6 页，https：//www. agc. gov. bn/AGC Images/downloads/speech/en_ ChinaAseanPGC. pdf，最后访问日期：2023 年 8 月 31 日。

② 分别规定于《老挝刑事司法协助法》第 9 条、《马来西亚刑事司法协助法》第 19 条、《缅甸刑事司法协助法》第 10 条、《菲律宾刑事司法协助法》第五编 E 条、《泰国刑事司法协助法》第 10 条。

③ 文莱总检察长哈雅提·塞勒、检察官克里斯托夫、总检察署网站司法协助秘书处页面均对此有所介绍。

④ 《文莱宪法》第 81 条。

法院进行，初等法院即治安法官法院，最高法院由高级法院和上诉法院组成。① 一般刑事案件在治安法官法院审理，较为严重的案件由高级法院审理。现任首席大法官张惠安，是文莱首位本土华裔大法官。二是另设伊斯兰法院，处理违反伊斯兰教义的案件，尤其是与婚姻有关的案件。伊斯兰法院的结构和习惯法院类似，上诉法院是终审法院。文莱自 2014 年 5 月起开始实施伊斯兰刑法第一阶段，2019 年 4 月 3 日开始实施伊斯兰刑法第二阶段和第三阶段。② 文莱法律渊源兼具成文法和判例法的特点。一方面，文莱法律体系完善，既有某一领域的成文法典，也有针对某些特定事项的单行法律，如文莱刑事法律不仅包含《文莱刑法典》，还包括《文莱防止贿赂法》等刑事单行法律，以及其他民商事和经济等法律中的附属刑法规范，是典型的成文法国家；另一方面，由于受英国殖民的长期影响，文莱每年均汇编《文莱判决书》，如果某一特定事项没有相关成文法依据，则遵循先例，上级法院判决对下级法院有约束力。③

文莱总检察署下设五个职能部门，分别为民事部、刑事部、国际部、法律起草部、知识产权部，另设行政和财务部、信息战略部及图书馆等。民事部的主要职责是以总检察长的名义，向政府和苏丹提供法律意见，代表文莱政府提起民事诉讼。刑事部负责以总检察长的名义提起刑事诉讼，还负责为警察和反贪局、海关等执法部门办理案件提供法律意见。国际部的功能是为政府提供国际法律方面的意见。法律起草部负责起草、修改文莱政府的所有法律。知识产权部负责促进知识产权的管理和商业化，并负责商标、专利、外观设计注册。

《文莱刑事司法协助法》第 21 条规定，他国请求刑事司法协助应当向总检察长提出。《文莱引渡法》第 41 条规定，总检察长可在不存在引渡协议时指定他国为引渡国并予以协助。《文莱刑事违法所得追缴法》规定，他国请求财产限制令、没收令、追缴令等均应向总检察长提出，再由总检察长向高级法院提出申请。在加入《联合国反腐败公约》后，文莱按照公约第 46 条 13 款的规定，指定文莱总检察署为司法协助的中央机关，负责接收司法协助请求并执行请求或将请求转交主管机关执行，文莱已于 2008 年 12 月 11 日将指定的中央机关通知联合国秘

① 张树兴：《东南亚法律制度概论》，中国人民大学出版社 2015 年版，第 185 页。转引自张吉喜主编：《东盟国家刑事诉讼法研究》，厦门大学出版社 2016 年版，第 2 页。

② 《文莱国家概况》，https：//www.fmprc.gov.cn/web/gjhdq_676201/gj_676203/yz_676205/1206_677004/1206x0_677006/，最后访问日期：2023 年 8 月 31 日。

③ Asean Law Association：Legal System in Brunei：Chapter 2. Sources of Law，https：//www.aseanlawassociation.org/legal-system-in-brunei-darussalam/，最后访问日期：2023 年 8 月 31 日。

书长。①

同时，根据《文莱刑事司法协助条例》的规定，文莱总检察署成立了专门的司法协助秘书处，② 作为专门机构协助总检察长处理与刑事司法协助、违法所得追缴有关的事项。③ 在文莱总检察署刑事部 2020 年版组织结构图中，该秘书处已更名为司法协助及引渡秘书处，增加了处理引渡请求的职能。

文莱未设置司法部，管理监狱是内政部的职责之一，他国请求移管被判刑人的请求由内政部部长决定，④ 内政部为移管被判刑人的中央机关。有所区别的是，在文莱请求他国移管被判刑人时，内政部部长在作出决定前应征求总检察长的意见，⑤ 但在他国请求移管被判刑人时无此要求。

两国尚未签订与刑事司法协助事项有关的双边条约，在司法实践层面也几乎无可供借鉴的成熟案例，但依据两国刑事司法协助相关法律的规定，仍然可以清晰得出中国向文莱请求刑事司法协助的程序。由于适用法律的不同，中国向文莱请求刑事司法协助的程序总体可分为两个部分：一是中国向文莱请求引渡的程序；二是除引渡之外其他各项刑事司法协助请求的程序。

（一）引渡请求的提出、接收和处理

我国《引渡法》第 47 条的规定了提出引渡请求的一般程序。负责办理有关案件的省、自治区、直辖市的审判、检察、公安、国家安全或监狱管理机关分别向最高人民法院、最高人民检察院、公安部、国家安全部、司法机关提出意见书，并附有关文件和材料及其证明无误的译文。最高人民法院、最高人民检察院、公安部、国家安全部、司法机关分别会同外交部审核同意后，通过外交部向外国提出请求。例如，向文莱提出引渡请求，则应由省级检察机关向最高人民检察院提出意见书，最高人民检察院会同外交部审核同意后，由外交部通过外交途径向文莱提出引渡请求。《引渡法》第 48 条则规定提出引渡请求的紧急程序。紧急情况下，可以在向外国正式提出引渡请求前，通过外交途径或者被请求国同意的其他途径，请求外国对有关人员先行采取强制措施。例如，根据文莱的刑事司法协助实践，他国可直接联系文莱总检察署下设的司法协助及引渡秘书处向文莱总检察

---

① https：//www.unodc.org/documents/treaties/UNCAC/CountryVisitFinalReports/2012.09.04_ UNCAC _ Review _ Report_ of_ Brunei_ Darussalam.pdf，最后访问日期：2023 年 8 月 31 日。

② 《文莱刑事司法协助条例》第 5 条。

③ MLA Secretariat, https：//www.agc.gov.bn/AGC Site Pages/MLA Secretariat.aspx，最后访问日期：2023 年 8 月 31 日。

④ 《文莱移管被判刑人法》第 13 条。

⑤ 《文莱移管被判刑人法》第 6 条。

长提出引渡请求。紧急程序下的请求方式更为灵活。

《文莱引渡法》第 3 条对引渡的情形有着明确规定。中国向文莱请求引渡的条件应满足：根据双方法律均属于犯罪，且根据请求国（我国）法律可判处一年有期徒刑或其他更重刑罚的行为；不要求两国的罪名、定义、特征相同；如犯罪行为与税务、关税以及其他税收问题有关，则无需文莱有相应规定；① 不要求犯罪行为发生在请求国的司法管辖范围内，也不要求文莱对犯罪行为具有司法管辖权。

《文莱引渡法》第 4 条对应当拒绝引渡的情形进行了明确规定，包括：政治犯不引渡；有实质证据表明被请求引渡人因种族、宗教、国别、政治见解、性别或者身份等方面原因遭受不公正待遇；引渡请求所指的犯罪纯属军事犯罪，不触犯文莱普通刑法；收到引渡请求时，文莱或第三国已经作出了生效判决；收到引渡请求时，因犯罪已过追诉时效期限或者被请求引渡人已被赦免等原因，不应当追究被请求引渡人刑事责任的；因相同行为已被无罪释放或处以刑罚的；已作出缺席判决的。《文莱引渡法》第 55 条还对可以拒绝引渡的情形作出了规定，② 包括：请求国未作出承诺；③ 请求国法律中不含禁止起诉条款，即请求国不得因引渡请求以外的犯罪起诉；被请求引渡人为文莱公民；引渡请求所指的犯罪正在诉讼过程中；引渡请求所指的犯罪在请求国和文莱境外实施，文莱法律对此不具有司法管辖权；引渡请求所指的犯罪部分或全部在文莱实施；被请求引渡人为已在请求国由特设法院或法庭判刑或将有可能被审判或判刑；被请求引渡人在请求国曾经遭受或者可能遭受酷刑或其他残忍、不人道或有辱人格的待遇或者处罚的；总检察长结合文莱国家利益以及引渡请求所指的犯罪的危害性认为不适宜引渡的。被请求引渡人是文莱公民，或文莱法院对引渡罪行有管辖权时，文莱拒绝引渡后可在本国对被请求引渡人所犯罪行提起公诉。④

因中国与文莱之间未签订单独的引渡条约，向文莱提出引渡请求后，文莱总检察长将结合文莱国家利益、罪行的严重程度、请求国公共利益予以审查，并在文莱苏丹的批准下，将请求国（中国）认证为引渡国家。在文莱总检察长未认证前，引渡请求将无法得到执行。⑤

---

① 本项规定是《文莱引渡法》对双重犯罪原则的有限突破。

② 《文莱引渡法》第 17 条第 3 项。

③ 根据《文莱引渡法》第 2 条中"定义"，此处的承诺是指请求国对被请求引渡人待遇的承诺。

④ 与我国《引渡法》第 8 条中明确"被请求引渡人具有中华人民共和国国籍"应当拒绝引渡不同，《文莱引渡法》中并未将"被请求引渡人是文莱公民"作为应当拒绝引渡的情形，而是作为可以拒绝引渡的情形，也即文莱并非完全拒绝引渡本国公民。

⑤ 《文莱引渡法》第 41 条、第 42 条、第 43 条。

（二）其他刑事司法协助请求的提出、接收和处理

我国向文莱提出刑事司法协助请求，根据我国《国际刑事司法协助法》应先由办案机关向其主管机关提交需要向文莱提出的刑事司法协助请求，主管机关审核后，由外交部通过外交途径向文莱提出。[1]

请求书的制作是提出请求的关键步骤，《文莱刑事司法协助法》对请求的形式有明确规定，应当按照文莱法律的要求进行制作。[2]《文莱刑事司法协助法》第23条规定，请求应采用书面或可产生书面记录的形式，紧急情况下可采取口头形式，但随后应当采用书面形式予以确认，书面语言均使用英语。[3] 请求书应明确请求的目的以及请求协助事项的具体种类，同时明确发起请求的人员。

除上述基本要求外，请求书中还应包括：请求的依据；请求事项与刑事有关的说明；涉及刑事事项种类的描述，以及相应的事实和法律依据；对罪行的描述，包括可能的刑罚；明确程序要求，如请求国希望文莱提供信息、文件的方式和形式；是否有保密要求及原因；希望协助完成的期限；如请求涉及人员位置、财产跟踪，则需明确人员的姓名、性别、国籍或财产描述等信息；如请求涉及人员从文莱赴他国，请求书中还应明确人员津贴及食宿安排。[4] 同时，在请求书中，文莱往往要求请求国作出相应承诺，如承担直播连线费用承诺、互惠承诺等。[5]

《文莱刑事司法协助法》第24条规定了文莱拒绝刑事司法协助请求的情形，分为应当拒绝的情形和可以拒绝的情形。应当拒绝协助的情形包括：请求国违反与文莱之间双边条约的约定；请求事项涉及的犯罪纯属军事犯罪，不触犯文莱普通刑法；提供协助可能产生因种族、宗教、国别、政治见解、性别或者身份等方面原因导致的不公正待遇；请求事项涉及的犯罪不具备严重的危害性；请求事项的重要性不足，或可通过其他方式获得；请求事项与文莱公共利益、国家主权和安全以及国家利益相冲突；请求国未能作出承诺，承诺未经文莱总检察长许可，获取的文件或材料只能用于与请求协助有关的刑事事项；请求事项与派员到场有

---

[1] 《国际刑事司法协助法》第5条第3款规定："中华人民共和国和外国之间没有刑事司法协助条约的，通过外交途径联系。"该款中的"刑事司法协助条约"应指的是双边条约，不含具有刑事司法协助内容的多边条约。两国之间无刑事司法协助双边条约，但在两国共同缔结的多边条约中存在刑事司法协助内容。因此，两国开展刑事司法协助的对外联系机关为外交部。

[2] 根据我国《国际刑事司法协助法》第10条规定，被请求国对向外国的刑事司法协助请求书有特殊要求的，在不违反中华人民共和国法律的基本原则的情况下，可以按照被请求国的特殊要求提出。

[3] 文莱以马来语作为官方语言，但英语在文莱本国广泛使用，可作为法庭办案语言等。

[4] 《文莱刑事司法协助法》第23条。

[5] 费用负担是文莱在提供刑事司法协助过程中较为关注的事项，在《文莱刑事司法协助法》第24条第2款d项甚至规定，若请求事项可能造成文莱过多的资源浪费，则文莱有权拒绝协助。

关，该人员不同意到场；提供协助可能对文莱刑事事项造成不公。可以拒绝协助的情形包括：根据文莱与请求国之间双边条约的约定；提供协助可能会对其他人的安全造成威胁；请求事项涉及的犯罪根据文莱法律不构成犯罪；请求事项可能造成文莱过多的资源浪费；请求移交在押人员到场时，请求国作出的承诺不利于公共利益或在押人员利益；请求事项不符合《文莱刑事司法协助法》第 23 条规定的要求。根据《文莱刑事司法协助法》第 25 条，总检察长有权根据个案情形决定是否向请求国提供协助。

因此，中国在向文莱请求刑事司法协助时，应当根据《文莱刑事司法协助法》的规定准备请求书，避免因请求书不满足规定要求被文莱总检察长拒绝执行请求，如未详细描述请求事项涉及罪行，导致文莱总检察长认为请求事项涉及罪行危害性不足而拒绝执行协助请求。

四、中国向文莱请求刑事司法协助的内容

由于《文莱刑事司法协助法》对协助事项的分类与我国《国际刑事司法协助法》存在差异，为更好介绍向文莱请求刑事司法协助的具体内容，本章结合《文莱刑事司法协助法》的分类进行介绍。

（一）送达文书

《文莱刑事司法协助法》第 49 条规定了他国可以向文莱请求送达文书的审查机制和具体执行程序。总检察长收到请求后，在满足下列条件情形下，授权执行协助请求：请求与刑事事项有关；有合理理由相信请求涉及的人员身在文莱；已提供请求国已注明了关于不遵守该程序的后果的充分细节；如请求涉及送达传票在请求国出庭作证，请求国应按规定作出承诺。总检察长审查符合条件，可授权执行协助请求。工作人员应按照请求中明确的程序进行送达，若该请求中明确的程序不符合文莱法律或请求中未明确程序要求，则参照最高法院制定的规则。如送达成功，工作人员应提供送达回执；如未送达，则应提供声明以陈述程序遭受阻碍的原因。[①] 请求国应作出承诺，承诺该人不会因为不接受传票而受到任何处罚或承担责任，不论传票中是否有相反的规定。[②]

（二）调查取证

在跨国犯罪中，犯罪证据往往位于国外，需要办案机关向外国协助调查取证，

---

① 《文莱刑事司法协助法》第 49 条。
② 《文莱刑事司法协助法》第 50 条、第 51 条。

以查明案件事实，达到犯罪的证明标准。根据我国《国际刑事司法协助法》第四章第一节的规定，办案机关向外国请求协助调查取证的，应当制作刑事司法协助请求书并附相关材料，经所属主管机关同意后，由对外联系机关及时向外国提出请求。

《文莱刑事司法协助法》对协助调查取证规定详尽，明确了取证的程序要求。在总检察长收到他国协助调查取证请求后，总检察长可在审查后授权治安法官进行取证。治安法官应收集并采用书面形式整理，在整理完成后予以签字认证并反馈总检察长。在取证程序中，不要求当事人或其代理人到场，如请求国作出请求，治安法官可允许当事人或其代理人质证或者交叉质证；但《文莱刑事司法协助法》要求庭询时相关人员有强制义务向治安法官提交证据、回答问题，对拒绝提供的记录在案。① 请求国可向总检察长请求采用庭审直播联系的方式获取证据，相关人员有义务按照治安法官的要求出庭提供证据。② 当请求国需要获取相关文件、资料时，总检察长或授权人员可向法院申请提供令，法院可下发提供令要求相关人员在合理时限内提供，通常为 7 天。这些资料包括：向公众开放的政府记录、文件或信息；根据总检察长的决定，全部或部分未公开的政府记录、文件或信息等。在提供令实施过程中，应全程进行录像。③

对金融机构的调查取证，文莱法律中进行了特别规定。总检察长可以签发书面指令，要求金融机构按照规定的期限、形式和方式提供相应证据，同时对金融机构可提供的证据进行了列举，例如：特定人员是否持有该金融机构账户；特定人员是否是账户的签字人；是否相关人员持有账户以及账户的资产情况；账户特定时间段的交易情况；户名等账户详细信息等。④ 这体现了文莱对金融犯罪的高度重视。

为提高调查取证的效率，文莱法律中还规定了相应的保障措施。一方面，相关人员应积极配合工作人员的调查取证，对于善意提供证据的人员，无需承担任何法律责任，⑤ 以打消证据提供人员的顾虑，鼓励其配合调查取证工作；另一方面，对无正当理由违反或拒绝配合调查取证工作，或者故意误导取证工作的，将被认定为犯罪行为，单处或并处 10000 文莱元的罚款、2 年以下有期徒刑。⑥

---

① 《文莱刑事司法协助法》第 26 条、第 27 条。
② 《文莱刑事司法协助法》第 28 条。
③ 《文莱刑事司法协助法》第 29 条。
④ 《文莱刑事司法协助法》第 30 条。
⑤ 《文莱刑事司法协助法》第 31 条、第 32 条。
⑥ 《文莱刑事司法协助法》第 33 条。

若有证据表明相关人员身在文莱，他国可以向文莱请求识别和定位相关人员。收到请求后，总检察长应进行审查，若该请求与刑事事项有关，且有合理理由相信相关人员与该刑事事项有关，并且身在文莱，则总检察长可同意进行执行协助。总检察长应将协助请求转交相关部门，相关部门应采取相关手段予以核实并反馈总检察长结果，总检察长收到反馈结果后应告知请求国协助的执行情况。①

（三）安排证人作证或者协助调查

证人有如实作证的义务，但由于我国法律在境外没有法律效力，境外人员是否配合作证完全取决于其个人意愿。《文莱刑事司法协助法》第 35 条规定，证人在文莱境内且同意作证，是提供本项协助的前提条件；同时，请求国应当按要求提供充足的承诺。满足上述要求后，文莱总检察长可授权工作人员，为安排证人作证提供便利。

文莱可根据他国的请求安排在押人员作证。他国可以向文莱总检察长请求协助安排在押人员作证，以便就法律规定的刑事事项提供证据或协助。总检察长认为满足以下条件时，可安排协助事项：请求在押人员出庭与请求国的刑事事项有关；有合理理由相信该在押人员可能提供证据或协助调查；该在押人员同意作证或协助调查；请求国按要求出具了承诺书。在押人员在转移至请求国作证期间，应继续保持合法羁押状态。② 如在押人员因触犯文莱法律已被质控或定罪，但尚未判决的，总检察长可以要求请求国提供一份证明，精确记录在押人员作证期间在他国被羁押的时长，以便于文莱执行后续的刑罚。③ 我国《国际刑事司法协助法》第 5 章第 35 条规定，来中华人民共和国作证或者协助调查的人员系在押人员的，由对外联系机关会同主管机关就移交在押人员的相关事项事先达成协议。当作证或协助调查人员为在押人员时，应注意我国法律这一特别要求。

请求国应作出相应的承诺。按照《文莱刑事司法协助法》的规定，他国向文莱请求安排证人或协助调查，总检察长应当在决定协助前要求请求国作出承诺。承诺包括下列事项：作证人员不得因其入境前实施的犯罪被追诉（除总检察长同意外），不受入境前民事诉讼程序的约束，作证或协助调查仅与请求事项有关；获取的证据不得用于请求涉及刑事事项以外的其他刑事事项；相关人员完成作证和协助调查后应尽快返回文莱；如系在押人员，应保证人员处于羁押状态等。④ 同

---

① 《文莱刑事司法协助法》第 48 条。
② 《文莱刑事司法协助法》第 36 条。
③ 《文莱刑事司法协助法》第 39 条。
④ 《文莱刑事司法协助法》第 37 条。

时，请求国不得因相关人员拒绝作证和协助调查而作出处罚或要求承担责任。[①]

（四）查封、扣押、冻结涉案财物

搜查和扣押是获得请求涉及罪行有关罪赃的手段，他国可以请求文莱协助进行搜查和扣押，以获取罪赃。总检察长收到请求后，若该请求与刑事事项有关，且有理由相信罪赃位于文莱境内，则总检察长可授权工作人员向法院申请搜查令，法院根据个案的情况予以签发。[②] 工作人员可根据搜查令的内容，扣押相关物品、录音录像或制作复制件，任何人藏匿或阻碍工作人员搜查的，将被认定为犯罪行为，单处或并处 10000 文莱元的罚款、2 年以下有期徒刑。[③] 但相关人员如积极配合搜查，对于善意提供证据的人员，无需承担任何法律责任。[④] 被扣押的物品应交警察局局长保管，保管时限最长为 1 个月；若在此期间总检察长未给予新的指令，则警察局局长应在到期后返还扣押物品。

（五）没收、返还违法所得及其他涉案财物

文莱历来重视犯罪收益的处置，并单独制定了《文莱刑事违法所得追缴法》，专章规定他国向文莱请求处置涉案财物相关内容。

他国可向文莱申请财产禁令。他国申请财产禁令应符合以下条件：请求事项涉及的严重犯罪已开展刑事调查；财产禁令涉及的人员已被定罪；有合理理由相信财产位于文莱。总检察长审查满足上述条件的，可向高级法院申请财产禁令，高级法院可对相应财产作出财产禁令。该禁令在作出后 30 日内有效，禁令到期前公诉人可申请延期。[⑤]

他国可向文莱申请执行他国作出的财产禁令、没收令、返还违法所得令。申请执行他国作出的财产禁令以该财产位于文莱为前提；申请执行他国作出的没收令要求与严重犯罪有关且财产位于文莱；申请执行他国作出的返还违法所得令要求与严重犯罪有关且全部或部分财产位于文莱可供返还。总检察长可向高级法院申请对他国作出的财产禁令、没收令、返还违法所得令进行登记。收到总检察长申请后，只要请求国作出的财产禁令在请求国已生效，则高级法院应对他国作出的财产禁令进行登记；但对于没收令、返还违法所得令，高级法院要求应当在请求国生效且不得上诉，如犯罪嫌疑人或被告人未参与没收程序，除该人逃匿或者

---

① 《文莱刑事司法协助法》第 38 条。
② 《文莱刑事司法协助法》第 42 条、第 43 条。
③ 《文莱刑事司法协助法》第 44 条。
④ 《文莱刑事司法协助法》第 45 条。
⑤ 《文莱刑事违法所得追缴法》第 93 条。

死亡，则应当保证已告知程序并给予其充足的时间进行抗辩。如利害关系人对他国作出的财产禁令涉及的财产主张权利，高级法院可要求总检察长出具承诺书，对执行该禁令过程中对合法权益造成的损害进行赔偿。请求国可通过传真形式发送相关财产禁令、没收令、返还违法所得令用于登记，但请求国随后应提交经认证的原件，否则登记有效期仅为登记之日起 21 日内。[①] 财产禁令经登记后，高级法院可派员对相关财产采取扣押和控制措施。[②]

他国可以请求定位违法所得。总检察长审查请求后，如有理由相信违法所得位于文莱境内，则可授权执行协助请求，开展调查活动。[③]

同时，在外国请求没收或返还违法所得时，文莱法律授权总检察长与请求国有权机关订立财产分享协议，以明确查封、扣押、冻结、没收违法所得的相关安排。若请求国与文莱未就资产分享达成协议，则总检察长有权扣除因返还违法所得、调查、司法程序产生的合理费用。[④]

（六）向文莱请求制作笔录

根据我国《刑事诉讼法》的规定，侦查笔录是法定的证据种类之一。《文莱刑事司法协助法》规定，他国可以向文莱请求协助制作笔录。如相关人员在文莱境内，且同意制作笔录，则总检察长可以授权工作人员进行笔录制作，制作笔录的程序应符合《文莱刑事诉讼法》第 7 章第 116 条的规定。[⑤] 在此过程中，工作人员可对任何可能熟悉案情的人员进行询问，并制作询问笔录；被询问人员应当如实陈述，笔录应当由被询问人员予以复核并签字确认。[⑥] 提出该项请求时，针对性地列明询问提纲或问题，将有助于提高协助效率。

（七）中国向文莱请求批准、执行引渡

为引渡而采取强制措施。在提出引渡请求前，请求国可申请临时逮捕令。[⑦] 根据《文莱引渡法》的规定，请求国提出正式的引渡请求前，可直接或通过国际刑警组织向文莱申请临时逮捕令；该申请应向治安法官提出；请求国应当提供充足的支撑材料，包括请求国发出的逮捕令副本、对被逮捕人的描述、成立犯罪的事实、法律依据等。临时逮捕的最长期限为 60 天，在此期间可进行保释，但可以扣

---

① 《文莱刑事违法所得追缴法》第 94 条。
② 《文莱刑事违法所得追缴法》95 条。
③ 《文莱刑事违法所得追缴法》96 条。
④ 《文莱刑事违法所得追缴法》98 条。
⑤ 《文莱刑事司法协助法》第 34 条。
⑥ 《文莱刑事诉讼法》第 116 条。
⑦ 《文莱引渡法》第 6 条。

押护照或其他旅行证件。如在此期间文莱总检察长未作出执行授权，则应当将被逮捕人释放。① 若治安法官收到总检察长作出的执行授权时，尚未对被请求引渡人发出临时逮捕令，则应当直接发布逮捕令。为保障引渡请求的顺利执行，在提出正式引渡请求前申请对被请求引渡人采取羁押措施或在引渡程序中采取强制措施是一项国际惯例。

文莱对引渡案件的审查实行两级审查制度，即先由文莱法院对引渡案件进行审理，作出是否进行引渡移交的决定；再由文莱总检察署作出是否进行引渡移交的最终决定。在文莱总检察长作出执行授权后，治安法官有权对引渡案件进行审查。请求引渡国应提供相应的支撑文件，包括：被请求引渡人的详细信息，以确定其身份和国籍；法律依据；成立犯罪的事实；请求国作出的逮捕令；被请求引渡人已被定罪的情形下，提供相应文件予以证明，若文件不充分，治安法官可中止审理，并给予合理的时间补充文件。如果治安法官认为引渡理由充分，则作出羁押令，等待总检察长的最终决定，被请求引渡人可在移交令下达后 15 天内向高级法院申请复议；如果治安法官认为引渡理由不充分，则作出释放令，并将拒绝移交的理由告知总检察长，总检察长可向高级法院申请复议。复议过程中，高级法院可以维持、变更或撤销治安法官作出的决定。治安法官将决定（含治安法官作出决定后被请求引渡人未在复议期内申请复议或高级法院复议后作出羁押令）告知总检察长后，总检察长应在审查后作出最终决定。总检察长认为引渡理由充分，应签发移交令或临时移交令；总检察长认为没有引渡理由的，应签发释放令。②

引渡的移交由警察机关执行。总检察长在签发移交令或临时移交令时，应采用书面形式，并授权警察机关人员将被请求引渡人移交至请求国接收人员，并对被请求引渡人采取羁押措施直至移交完成。引渡的移交应在移交令下发后的 2 个月内完成。如未在规定的时间完成移交，被请求引渡人可向治安法官申请解除羁押措施，总检察长收到该申请后，未作出合理解释的，治安法官应当裁定解除羁押措施。合理解释包括：引渡移交对被请求引渡人生命、健康存在威胁；已采取相应措施但仍无合适的交通方式；因第三国过境许可原因导致的延误；请求引渡国距离遥远，客观上在规定时间内无法移交。③

---

① 《文莱引渡法》第 7 条、8 条、9 条。
② 《文莱引渡法》第 12 条、13 条、14 条、15 条、16 条、17 条。
③ 《文莱引渡法》第 18 条、19 条、20 条。

五、中国向文莱请求刑事司法协助的障碍

中国向文莱请求刑事司法协助更多停留在研讨交流层面，个案合作尚无突破性进展，双方开展协助存在障碍。主要表现在以下几个方面：

（一）执法司法合作较少

两国双边关系不够深入。从两国双边关系的发展历程来看，两国双边关系发展较为缓慢。2011 年《中国的和平发展》中提出，要以"命运共同体"的理念寻求人类共同利益和共同价值，首次将"命运共同体"用于描述中外关系，[①]"命运共同体"理念成为中国外交理念之一，尤其被用于描述与周边国家和地区的关系。2022 年 10 月 16 日，习近平总书记在党的二十大报告中，更是鲜明提出"中国始终坚持维护世界和平、促进共同发展的外交政策宗旨，致力于推动构建人类命运共同体"。[②] 中国与东盟多数国家的双边关系均非常紧密，但与文莱合作领域集中于经济社会文化领域，较少涉及执法司法领域。

（二）双边条约缺失

虽然文莱将双方共同缔结的多边条约作为提供刑事司法协助的法律基础，但多边条约与双边条约相比，其规定往往仅为原则性内容，约束效力明显低于双边条约。以东盟国家为视角，中国与泰国的刑事司法协助条约体系最为全面，签订的双边条约涵盖了引渡、一般刑事司法协助以及移管被判刑人；中国与印度尼西亚、老挝、菲律宾、越南均签订了引渡条约以及一般刑事司法协助两种双边条约；与柬埔寨签订了引渡条约，与马来西亚签订了一般刑事司法协助条约；但与文莱、新加坡未签订任何刑事司法协助事项的双边条约。中国向文莱请求提供刑事司法协助，更多需要文莱基于平等互惠原则视个案情况提供协助。

刑事司法协助条约缺失。根据《文莱刑事司法协助法》，其可提供的协助事项包括：调查取证、制作笔录、安排证人或协助调查、搜查和扣押、辨认和定位人员、送达文书。其可提供协助事项的种类少于《联合国反腐败公约》第 46 条规定的事项。同时，由于缺少双边刑事司法协助条约，两国国内法规定的程序存在冲突，缺乏明确的请求和提供协助的程序。如在提出方式上，我国《国际刑事司法协助法》要求在不存在双边条约时必须通过外交途径，但文莱刑事司法协助实践

---

① 《中国的和平发展》（2011 年 9 月），http：//www. scio. gov. cn/gxzt/dtzt/zgdhpfzbps/zgdhpfzbps_ 24330/202209/t20220920_ 354378. html，最后访问日期：2023 年 8 月 31 日。

② 习近平：《高举中国特色社会主义伟大旗帜　为全面建设社会主义现代化国家而团结奋斗——在中国共产党第二十次全国代表大会上的报告》，《人民日报》2022 年 10 月 26 日，第 1 版。

中并不要求通过外交途径，相反鼓励请求国直接向文莱总检察长递交协助请求。

引渡条约缺失。从国际引渡司法实践来看，未签订正式的双边引渡条约是一国拒绝引渡最常见的理由之一。如中国与美国之间未缔结引渡条约，无法通过双边引渡条约向美国启动引渡程序，虽然中美共同签署的《联合国反腐败公约》第44条及《巴勒莫公约》第16条均规定了引渡条款，但美国主管机关认为该"引渡条约"仅是经美国国会批准的双边引渡条约，一般不包含国际公约，因此，美国至今没有通过正式的引渡程序向中国移交过逃犯。①《文莱引渡法》虽然未将两国缔结正式的引渡条约作为请求引渡的条件，规定未签订引渡条约的国家也可基于平等互惠原则向文莱请求引渡，但由于缺乏明确的程序性规定，可操作性不强，不利于中国和文莱持续稳定地开展引渡。

刑事诉讼移管条约缺失。一方面，从调和管辖权冲突的角度看，具体国际犯罪案件可能只在一国境内发生，也可能同时在几个国家发生，或一项犯罪行为的开始地、实施地、结果地涉及多个国家，危害多个国家乃至整个国际社会的秩序与稳定，按照我国刑法确立的管辖原则，如属人管辖、普遍管辖原则，就不可避免会发生管辖竞合的情况，刑事诉讼移管能有效消除分歧，同时从实现公正司法、有效打击犯罪和惩罚犯罪分子出发，选择最为理想的管辖国，能避免重复评价；另一方面，从弥补引渡制度的缺陷、保障审判程序顺利进行的角度看，刑事诉讼移管能够从客观上避开因引渡犯罪分子而产生的法律障碍、行政干预和外交阻滞的种种难题，使被请求国——实际控制犯罪嫌疑人的国家——可以按照"或引渡或起诉"的原则和国际法所确立的普遍管辖原则，在占有充足证据和诉讼材料的情况下，迅速将被告人送上法庭，把惩罚犯罪的愿望变成现实。②《联合国反腐败公约》第47条、《联合国禁止非法贩运麻醉药品和精神药物公约》第8条、《联合国打击跨国有组织犯罪公约》第21条均有鼓励各国开展刑事诉讼移管合作的规定。中国与文莱间缺少刑事诉讼移管的有关安排，客观上影响双方开展刑事司法协助、惩罚犯罪的效率。

移管被判刑人条约缺失。移管被判刑人是指一国将在本国境内被判处自由刑的犯罪人移交给犯罪人国籍国或者常住地国以便服刑。③我国《国际刑事司法协助法》将移管被判刑人作为一项重要内容，在两国共同缔结的《联合国反腐败公约》

---

① 任蛟：《中国向美国请求刑事司法协助研究》，广西大学2022年硕士学位论文，第35页。
② 马进保：《国际犯罪与国际刑事司法协助》，法律出版社1999年版，第212-213页。
③ 赵秉志、黄芳：《香港特别行政区与外国移管被判刑人制度研究》，载《中国法学》2003年第2期，第126页。

第 45 条和《联合国打击跨国有组织犯罪公约》第 17 条中均规定了移管被判刑人的内容，双方合作具有国际法基础以及国内法基础。但遗憾的是，由于中国与文莱未签订移管被判刑人双边条约，根据《文莱国际移管被判刑人法》的适用范围，文莱国内法将无法提供移管被判刑人这一协助事项。

值得注意的是，中国与文莱领导人均已关注到双边条约缺失的问题。如前所述，2018 年 11 月 19 日，中国与文莱发表联合声明，指出双方同意进一步加强执法安全合作，探讨签订引渡条约和司法协助条约的可能。[①] 双方签订正式的引渡条约和刑事司法协助条约值得期待，时机成熟时还可进一步探讨刑事诉讼移管条约及移管被判刑人条约。

（三）资产分享机制缺失

犯罪资产分享，应理解为犯罪资产流出国与实际控制国政府之间根据国际公约、双边条约或者临时协定，在扣除为没收犯罪资产进行的侦查、起诉或者审判程序发生的合理费用外，在不损害第三人权利的前提下将没收财产返还请求缔约国、返还其原合法所有人、赔偿犯罪被害人之后，就所没收财产的最后处分经常地或逐案地分享犯罪所得或财产或者变卖犯罪所得或财产所获款项的制度。[②] 许多有关国际司法合作的国际公约都规定了犯罪资产分享机制。《联合国禁止非法贩运麻醉药品和精神药物公约》率先提出并使用了"分享"概念。该公约第 5 条第 5 款 b 项建议各国在处理被罚没的犯罪收益时特别考虑："按照本国法律、行政程序或专门缔结的双边协定，定期地或逐案地与其他缔约国分享这类收益或财产或由变卖这类收益或财产所得的款项。"1999 年的联合国《制止向恐怖主义提供资助的国际公约》再次使用了"分享"概念，该公约第 8 条第 3 款规定："每一有关缔约国得考虑同其他缔约国缔结协定，在经常性或逐案的基础上，分享本条所述没收而取得的资金。"同时还提出：在处理被没收的财物时应考虑对犯罪被害人或其家属的赔偿。2000 年《联合国打击跨国有组织犯罪公约》也包含关于分享问题的类似条款。

中国与文莱之间缺少犯罪资产分享机制，降低文莱提供刑事司法协助的积极性。中国《国际刑事司法协助法》只在第 49 条宽泛地规定"对外联系机关会同主管机关可以与外国就其提出的对追缴资产的分享请求进行协商"。《文莱刑事违法

[①] 《中华人民共和国和文莱达鲁萨兰国联合声明》，https://www.mfa.gov.cn/web/zyxw/201811/t20181119_345452.shtml，最后访问日期 2023 年 8 月 31 日。

[②] 王俊梅：《浅析中国犯罪资产分享制度的构建》，载王秀梅、张磊主编：《反腐败追逃追赃合作的立法与实践》，中国人民公安大学出版社 2020 年版，第 86 页。

所得追缴法》也仅在第98条原则性规定文莱总检察长有权与请求国有权机关订立财产分享协议，并且明确规定，在双方无法就资产分享达成协议时，文莱总检察长有权扣除因返还违法所得、调查、司法程序产生的合理费用。但上述规定均未就分享的原则、主体、对象、具体比例等进行细化，在司法实践中如何适用存在问题。文莱协助中国进行犯罪资产的查封、扣押和冻结会耗费极大的人力和物力，在不存在资产分享机制的情形下，会极大地降低文莱提供刑事司法协助的积极性。

六、中国向文莱请求刑事司法协助的完善建议

随着两国双边关系的逐渐深入，加强两国的刑事司法协助是维护两国共同利益和地区安定的必然要求和现实需要。两国应着力增强政治互信，构筑完备的刑事司法协助条约体系，建立犯罪资产分享机制，以提高双方开展刑事司法协助的积极性。

（一）拓宽执法合作渠道

从国际刑事司法制度的发展规律来看，国际间的合作多是以个案合作开始的。目前，两国的刑事司法协助更多停留在理论层面，如开展互访，举办培训、研修班、研讨会、视频会等，缺乏实质性的联合执法或提供协助。双方应着力拓宽执法合作渠道，借助10＋1、10＋3打击跨国犯罪部长会和高官会，10＋1禁毒合作协调会议以及其他东盟主导的机制会议，亚太经合组织反腐败执法合作网络开展打击跨国犯罪和腐败犯罪，实现从理论到实践层面的突破。拓宽执法渠道，开展常态化执法合作是增强政治互信的重要方式。如中国与邻国老挝、越南、缅甸、泰国之间执法合作紧密，并以"湄公河案"为契机，中老缅泰为共同维护湄公河区域安全建立了四国联合巡逻机制；2011年，中国与东盟8国协调一致，开展打击电信诈骗犯罪统一行动，一举抓获了1426名犯罪嫌疑人；2012年5月和12月，中方联合柬埔寨、越南、泰国、马来西亚、印尼、菲律宾等国成功破获两起特大跨国电信诈骗案件，抓获犯罪嫌疑人1043名；2014年，中国和越南、缅甸联合开展打击网络赌博执法行动，抓获犯罪嫌疑人119名，冻结赌资人民币6400余万元等。① 两国之间可参考中国与柬埔寨的模式，设立执法合作协调办公室，建立双边协调机制。执法机关层面的务实合作，更能够体现开展双边刑事司法协助的良好效果，有利于促进打击犯罪、维护两国的安定和谐，为两国开展刑事司法协助提

---

① 《中国与东盟执法安全合作综述》，http：//www.gov.cn/xinwen/2015－10/22/content_ 2951832. htm，最后访问日期：2023年8月31日。

供底层动力。

（二）构筑双边刑事司法协助条约体系

目前，两国之间尚未签订与刑事司法协助有关的任何双边条约。借助两国双边关系升温的契机，签订正式的刑事司法协助条约、引渡条约、刑事诉讼移管条约、移管被判刑人条约具有现实可行性和必要性。

两国应缔结刑事司法协助条约。以中国与马来西亚签订的《中华人民共和国政府和马来西亚政府关于刑事司法协助的条约》为例，双边刑事司法协助条约的内容一般包括：协助范围；中央机关；协助的限制；请求的形式；请求书的内容；请求的具体内容；费用负担等。缔结刑事司法协助条约具有以下优点：一是拓宽刑事司法协助的范围，条约规定的协助范围可以突破两国法律的协助事项种类，是提出协助请求最直接的依据，两国在缔结条约时可根据双方的国情和实际需要，灵活确定刑事司法协助条约的范围；二是明确中央机关和简化协助程序，通过指定一个中央机关提出和接收请求，同时就执行请求事宜直接联系，可大幅度提高协助效率，避免因涉及部门主体众多导致程序延误。

两国应缔结引渡条约。在文莱，华人的数量仅次于马来人，据 16 世纪西方记载，文莱皇都 10 万居民中有 3 万华侨。① 随着我国与文莱各种人员、产品、信息、运输工具等要素的加速流动，引渡对于打击跨国犯罪和反腐败将愈加重要，两国缔结正式引渡条约具有紧迫性和必要性。第一，条约前置主义原则是指两国之间引渡犯罪分子必须以签订了双边条约为前提，英美法系国家多严格遵守这一原则。《文莱引渡法》未采取严格的条约前置主义，未签订双边引渡条约的国家也可依据互惠原则提出引渡请求。这一规定为后续两国订立正式的引渡条约奠定了基础。第二，文莱与马来西亚引渡立法类似，未将死刑作为拒绝引渡的理由。中国与文莱在缔结引渡条约时，可以就死刑犯引渡问题进行充分协商，以协调"死刑不引渡"原则与我国"罪刑责相适应"原则之间产生的冲突。第三，对政治犯罪的范围进行规定。我国《引渡法》仅规定政治犯不引渡，但并未对政治犯的范围进行明确界定。《文莱引渡法》列举了不视为政治犯的情形：文莱作为缔结国的多边条约不视为政治犯，缔约国有义务引渡的罪行；种族灭绝罪行；严重侵犯他人人身权和自由权的罪行，如故意杀人、绑架等；双边条约或两国为引渡需要共同确立的范围。因此，在两国缔结引渡条约时，可充分就政治犯的范围予以协商，并在双边引渡条约中予以明确，防止确属危害国际公共利益的行为借口政治犯罪而逃

---

① 邵建平、杨祥章编著：《文莱概论》，世界图书广东出版公司 2012 年版，第 20 - 21 页。

脱惩罚。①

两国应缔结正式的刑事诉讼移管条约。如前所述,刑事诉讼移管对于调和管辖权冲突和弥补引渡制度的缺陷具有重要意义。目前,中国国内法并未规定刑事诉讼移管这一制度,中国也尚未与任何国家订立单独的刑事诉讼移管条约,仅在与土耳其、希腊等国的双边司法协助条约中将刑事诉讼移管纳入其中,进行了原则性的简单约定。中国参加的多个国际性公约都有刑事诉讼移管的约定,根据公约对缔约国的要求,中国有必要承担与其他缔约国在公约规定范围内履行转移管辖制度相关内容的义务,同时在必要的时候也有权向其他缔约国行使要求移转管辖的权利。中国与文莱开展刑事诉讼移管合作,可以尝试在相互尊重主权、互惠互利的基础上先开展个案的合作,不断积累经验,时机成熟时再行协商订立刑事诉讼移管条约。在内容上,可借鉴《欧洲刑事诉讼转移管辖公约》的先进经验进行协商拟定。

两国应缔结正式的移管被判刑人条约。从引渡和移管被判刑人的概念可以看出,二者在对象上有所交叉,区别在于后者主要是服刑人员服刑国的变更,强调的是让罪犯在自己熟悉的环境中服刑、改造,以利于重返社会的国际刑事司法协助制度。移管需要征求被移管人员的同意,而引渡是根据法律规定直接启动。移管被判刑人作为刑事司法协助的一项重要内容,可以促使被判刑人更好地进行改造。移管被判刑人条约的主要内容可以包括定义、中央机关、移管的条件、拒绝移管的情形、移管的决定、请求与答复、所需文件和信息、被判刑人的同意及核实、被判刑人的移交、管辖权的保留、刑罚的继续执行、继续执行刑罚适用的法律、执行情况的通报、过境、费用、争议解决等主要内容。

(三) 构建犯罪资产分享机制

犯罪资产分享机制,是各国在共同打击某些国际犯罪的实践中接受的做法,其宗旨主要是鼓励各国积极参与有关的国际司法合作,充实或弥补合作各方的财力。② 它不仅是对双方经济利益的一种平衡和兼顾,同时也有助于促进双方之间的刑事司法协助并调动双方共同追缴犯罪所得和收益的积极性。为提高犯罪资产追缴效率,中国和文莱建立务实的犯罪资产分享机制有着合理性和现实必要性。

中国应完善犯罪资产分享机制立法。我国《国际刑事司法协助法》第49条规定过于宽泛,实践中可操作性不强,建议在《国际刑事司法协助法》中加入犯罪

---

① 陈灿平编著:《国际刑事司法协助专题整理》,中国人民公安大学出版社2007年版,第70页。
② 黄风:《国际刑事司法合作的规则与实践》,北京大学出版社2008年版,第168页。

资产分享的具体详尽规定，或以单行法规的形式明确犯罪资产分享规定，包括对分享的原则、主体、对象、具体比例、例外等予以细化规定，为中国与外国之间协商提供坚实的国内法律依据，实现追缴资产国际合作的双赢。关于分享犯罪资产的比例，可以参考美国和加拿大关于犯罪资产分享的规定，美国和加拿大均依据另一方在国际司法合作中的贡献大小分为三个档次。美国将贡献大小划分为 50%~80%、40%~50%、40% 以下，分别对应另一方提供重大协助、另一方提供较大协助的、另一方提供协助便利的；加拿大将贡献大小划分为 90%、50%、10%，分别对应另一方作出主要贡献的、另一方作出重要贡献的、另一方作出较小贡献的。① 评估贡献大小可依据另一方提供信息或证据的重要程度、合作的参与程度、合作中受到的物质损失大小、配合程度等综合判断。

两国应尽早签订犯罪资产分享协议双边条约。在尚未就分享和返还犯罪资产与文莱达成双边条约的情形下，中国可依据《联合国反腐败公约》等国际公约的规定与文莱在个案中对涉案犯罪资产的处置、分享问题与文莱进行磋商，积累经验、凝聚共识，为双方犯罪资产分享机制的正式建立创造基础。时机成熟时，双方应及时签订双边条约，将个案经验升级为长效机制。双方签订犯罪资产分享协议可借鉴《中加资产分享协定》，并在协议中明确犯罪资产分享范围和分享比例。

本章小结

两国于 1991 年 9 月 30 日正式建立外交关系以来，借助联合国、亚太经济合作组织、中国—东盟、东盟—中日韩等国际组织和对话平台，在卫生、文化、司法等领域开展了广泛而深入的合作，双方往来关系密切。随着中国特色社会主义法治建设以及反腐败的不断推进，加强两国间的刑事司法协助，加大对跨两国刑事犯罪、腐败犯罪的打击力度，对于维护中国的国家利益以及为两国双边关系的发展创造良好法治环境，具有重要现实意义。当前，由于文莱特殊的国情，暂无中国外逃人员逃往文莱的先例，两国之间缺乏实质上的协助案例，但两国的友好关系和刑事司法协助方面的未雨绸缪，也是外逃涉案人员不选择文莱作为外逃目的地的影响因素，这需要我们进一步维护和发展。

---

① 王俊梅：《浅析中国犯罪资产分享制度的构建》，载王秀梅、张磊主编：《反腐败追逃追赃合作的立法与实践》，中国人民公安大学出版社 2020 年版，第 250 页。

第七章
中国向越南请求刑事司法协助

越南社会主义共和国（The Socialist Republic of Viet Nam），以下简称"越南"，是东盟重要成员国之一。越南国土面积约 329556 平方公里，总人口约 1.03 亿，境内现有 54 个民族。越南系发展中国家，国家经济总体发展较为落后，是传统农业国。政治上，越南与中国一样，是社会主义国家，越南共产党是唯一政党，是执政党。越南议会又称国会，是国家最高权力机关，政府是国家最高行政机关。越南司法机关由最高人民法院、最高人民检察院及地方法院、地方检察院和军事法院组成。[①]

越南在国际社会上有越南南方共和临时革命政府、越南民主共和国政府、越南共和政府三个主体，1973 年，中、美、法、越、匈、印、波、大不列颠及北爱尔兰联合王国、苏维埃社会主义共和国联盟、加等国政府在有联合国秘书长在场下，共同签署《关于越南问题的国际会议的决议书》，[②] 承认越南独立国际主体地位，自行解决国家内政问题。至 1976 年，越南完成南北统一，建立"越南社会主义共和国"。[③]

1950 年 1 月 18 日，中国与越南正式建立外交关系。在随后越南长期的反抗法国殖民主义战争、抗美民族战争及国内革命斗争中，中国政府和中国人民全力支持越南，在军事、经济、政治上都给越南提供帮助，抗法援越，抗美援越，中国被越南视为坚强后盾。"七十年代后期，中越关系恶化。1991 年 11 月，应中共中央总书记江泽民和国务院总理李鹏的邀请，越共中央总书记杜梅、部长会议主席

---

① 参见《越南国家概况》，https：//www.mfa.gov.cn/web/gjhdq_676201/gj_676203/yz_676205/1206_677292/1206x0_677294/，最后访问日期：2023 年 9 月 16 日。

② 参见《关于越南问题的国际会议的决议书》，http：//treaty.mfa.gov.cn/web/detail1.jsp？objid = 1531876481931，最后访问日期：2022 年 10 月 13 日。

③ 参见伍光红：《越南法律史》，商务印书馆 2022 年版，第 2 – 3 页。

武文杰率团访华，双方宣布结束过去，开辟未来，两党两国关系实现正常化。"①
此后，中国与越南关系进入新阶段、新里程。2015 年 11 月 5 日，习近平主席在对
越南进行国事访问期间，将中越关系定位为"双方正成为具有战略意义的命运共
同体"②。中国同越南国际交往关系进入命运共同体时期。

中华法系曾在世界上长期处于世界领先地位，"西法东渐"很大程度上影响乃
至塑造了包括越南在内的周边各国法律文化形态和法律制度。越南法律文化深受
中国影响，直至今天，中华文化仍对越南有较大影响。基于历史传统及意识形态，
越南现行法律体系及法律制度建立和设置一定程度上移植了中国的法制体系并在
此基础上进行了本土化改良。此外，当今越南，在经济全球化及世界一体化影响
下，也在吸收借鉴大陆法系及英美法系国家的法律制度，将大陆法系及英美法系
国家的部分法律制度为其所用。③

1976 年，越南统一进入越南社会主义共和国时期，中国同越南经济交往逐步
从经济、政治、文化等领域的合作深入司法协助、司法合作。1997 年 12 月 12 日，
中国与越南之间基于两国司法制度的建立和完善交流，签订了《中华人民共和国
司法部和越南社会主义共和国司法部司法交流合作协议》，开启了两国刑事司法协
助的历史进程。

随着政治经济全球化发展，随着两国政治、经贸、文化等关系的不断深化与
发展，跨国犯罪日益高发，中国向越南请求刑事司法协助，与越南开展国际刑事
司法协助合作成为现实亟需。本章主要介绍了中国向越南请求刑事司法协助的依
据、程序及内容，探讨指出了当前中国与越南开展刑事司法协助存在的障碍并提
出了完善建议，以期进一步加强两国的刑事司法协助合作。

一、中国向越南请求刑事司法协助的历史与成绩

中国与越南开展刑事司法协助是维护两国国家与人民利益，维护地区与世界
和平，促进两国发展与友好关系的需要。中国向越南请求刑事司法协助是发展着
的历史过程，取得了丰硕的成绩。

（一）中国与越南刑事司法协助的历史

不同于中国与越南国际交往历史，中国与越南刑事司法协助历史进程开端于

---

① 《中越关系》，http://vn.china-embassy.gov.cn/sbgxc/，最后访问日期：2023 年 3 月 6 日。
② 《"同志加兄弟"的中越"命运共同体"》，http://opinion.people.com.cn/n/2015/1106/c1003-
27785730.html，最后访问日期：2023 年 3 月 5 日。
③ 参见伍光红：《越南法律史》，商务印书馆 2022 年版，第 3 - 5 页。

20 世纪末，是在中国与越南两国成为独立主权国家，国家政治、经济稳定，国际和平发展背景下开启、发展。中国与越南刑事司法协助历经了开启、发展、深化阶段，现在正在朝着更有利于两国及国际社会和平稳定，持续深化、协作的方向发展。

开启。1997 年 12 月 12 日中越之间基于经济、社会等方面交流的进一步发展和两国司法制度的建立和完善，签订了《中华人民共和国司法部和越南社会主义共和国司法部司法交流合作协议》。协议约定两国之间加强司法方面的交流与合作，双方互换境内生效法律文件及资料，互派代表团考察对方法律制度和司法，对某个或某几个综合司法领域内法律问题进行考察研究。该协议是中国与越南间首次在司法领域达成的交流合作协议，是中越之间在刑事司法协助领域的首个交流合作协议，开启了中越两国之间司法交流与合作。

发展。自 1997 年中越双方首次在司法协助领域达成《中华人民共和国司法部和越南社会主义共和国司法部司法交流合作协议》后，双方在司法领域互信交流迅速发展。1998 年 10 月 19 日，中越双方签订《中华人民共和国和越南社会主义共和国关于民事和刑事司法协助的条约》。条约约定了中越在民事及刑事方面司法协助具体内容及程序要求，是中国向越南请求刑事司法协助的规范依据，为中国向越南请求刑事司法协助提供了具体指引。该条约与《中华人民共和国和越南社会主义共和国引渡条约》互相配合与补充，便利中国与越南开展刑事司法协助，是中越开展刑事司法协助最重要、最直接的法律依据。此后，中国与越南开展刑事司法协助进入高速发展期。

深化。2000 年 12 月 25 日，中越两国在北京共同签署了《中华人民共和国和越南社会主义共和国关于新世纪全面合作的联合声明》，声明回顾了中越双方政治交往，双方声明在坚持主权完整、独立自主发展的原则基础上，在政府间、非政府间加强交流往来，在经济、科技、教育、文化、环境等领域达成交流合作协议。其中，声明第八条约定了双方在预防和打击跨国犯罪方面加强合作，增进双方司法行政机关交流与合作，增进双方纪检监察部门在反腐倡廉方面的经验交流。声明作为政治领域的重要文件，强调了双方在刑事司法方面的交往合作，推动了中越两国司法协助进一步开展。

2001 年 7 月 26 日，中国同越南在河内共同签署了《中华人民共和国政府和越南社会主义共和国政府关于打击犯罪和维护社会治安的合作协定》和《中华人民共和国政府和越南社会主义共和国政府关于加强禁毒合作的谅解备忘录》，旨在加强中越两国在打击国际犯罪和维护社会治安方面的合作交流。协定约定，针对 12 种通行的国际犯罪及毒品重点领域，中越两国达成刑事司法协助合意，约定被请求国对请求国提出的国际刑事司法请求应当予以协助，应及时将犯罪相关信息、证据、赃物通报、移交请求国，中越有交换约定犯罪信息情报及中越两国公安部交流工作经验的刑事司法协助义务。针对禁毒领域，中越指定了专门的部门开展从控制毒品原植物种植到麻醉类药品、精神类药品的管理，再到各类毒品犯罪的共同打击，以及对吸毒人员的救治及挽救的交流与合作。协定和备忘录是中越两国在禁毒领域这一具体事项范围内的刑事司法协助文件。

2002 年 12 月 6 日，中国外交部和越南外交部共同签署《中华人民共和国外交部和越南社会主义共和国外交部合作议定书》，议定书主要为了建立和完善两国外交部经常性交往机制，约定两国将加强外交相关事宜的交流与合作，其中第六条约定，双方应"加强不定期磋商机制，就非法入境、跨境犯罪等问题及时沟通信息、交换意见，妥善处理出现的问题"。① 合作议定书推进了中越双方不定期及时的信息沟通及意见交换，强化了中越双方不定期刑事司法协助的及时沟通、交流与处理。

2007 年 8 月 27 日，中国国防部和越南国防部达成边防合作协议，签署了《中华人民共和国国防部和越南社会主义共和国国防部边防合作协议》，协议约定中越两国对边界地区问题的管理与对打击通过、利用边界从事违法犯罪活动的协助权利及义务，是中越两国处理边界问题、边界犯罪的主要依据。

2010 年 9 月 15 日签署、2011 年 3 月 14 日生效的中国与越南关于预防和打击拐卖人口合作的协定——《中华人民共和国政府和越南社会主义共和国政府关于加强预防和打击拐卖人口合作的协定》，约定两国在预防、打击拐卖人口犯罪，救助、遣返受害者的合作与协助。该协定是中越两国在打击跨国人口拐卖犯罪领域的主要、直接法律依据，为中越两国通力合作，打击跨国人口犯罪提供了规范依据。

除前述重要法律协议、协定的签署及实施，中国与越南还开展了包括打击拐卖妇女人口、打击跨国毒品犯罪、贪腐人员外逃遣返、打击跨国网络电信诈骗犯罪等在内的多项专项国际刑事司法协助警务合作。中越双方在共同预防、打击跨

---

① 《中华人民共和国外交部和越南社会主义共和国外交部合作议定书》，http://treaty.mfa.gov.cn/web/detail1.jsp？objid=1531876840460，最后访问日期：2022 年 10 月 24 日。

国犯罪上及时通报、交流信息，警务行动及时响应，双方刑事司法协助合作进入新历史进程。

（二）中国与越南刑事司法协助的成绩

中国与越南开展刑事司法协助以来，在打击跨国贩卖妇女犯罪、毒品犯罪等刑事司法协助实践领域取得丰硕成果。刑事司法协助已取得的成果是中国与越南开展刑事司法协助的直接推动力，是中国与越南在特定领域就某具体事项国际犯罪共同进行打击和预防的信心和决心的展现。

1. 打击拐卖妇女人口刑事司法协助合作项目

打击跨国拐卖妇女人口一直是我国与越南打击跨国犯罪的重点合作领域，在打击拐卖妇女刑事司法协助合作上，中越多次组织专项打击、遣返项目，多次集中组织对拐卖妇女人口的巡查、打击和预防。中越双方在打击跨国拐卖妇女人口刑事司法合作项目上，以警务合作为主要合作方式。

近年来，中越两国在打击跨国贩卖妇女犯罪领域持续深化警务合作，合作深度和力度持续深化和强化。中越两国在加强打击跨国贩卖妇女人口犯罪，尤其是打击跨国拐卖妇女警务合作上，共同参加了多项联合国打击贩卖人口犯罪国际项目，包括：湄公河次区域合作反人口贩运项目（UNIAP）①，以及湄公河次区域合作反拐进程（COMMIT）机制下的联合国开发计划署反对拐卖人口合作行动项目（UN-ACT）② 等。除参与配合联合国专项打击人口贩卖项目外，中国和越南之间也开展多项两国之间双边打击人口贩卖专项行动，尤其是打击拐卖妇女人口双边专项行动。在联合国国际法规制和国际机构的帮助下，中越两国双方依据国际条约、两国间的打拐协定，以及边境省市间签署的备忘录、合作协议、会议纪要等，逐步加深了合作深度。中国与越南在打击拐卖妇女人口犯罪，妥善遣返安置被拐卖妇女人口上取得重大突破性成果。

2017 年 2 月 9 日，中国公安部安排、组织、指挥包括云南、山东、河南、江西等 7 省份公安机关，共同开展"2015·09·02"拐卖越南籍妇女案，即全国打拐专项行动第 634 号督办案件集中收网行动，"解救被拐越南籍妇女 32 名，抓获嫌疑人 75 名，缴获赃款 12.76 万元，摧毁一个以旅游、打工为名，长期从云南边境

---

① 该项目 2000 年 6 月开始，是一个由多个联合国机构、政府和非政府组织等共同参与的项目，参与国包括中国和柬埔寨、老挝、缅甸、泰国、越南 6 个国家。

② 该项目是一个自 2014 开始至 2018 年，为期五年的区域性项目，旨在支持湄公河次区域各国政府及有关机构制定有效策略，高效打击人口贩运。

将越南籍妇女拐卖到内地的特大跨境、跨区域犯罪团伙"①。

中越两国在打击跨国贩卖妇女犯罪警务合作上已经形成了较为稳定的合作形式，定期开展专项行动，及时开展专案行动，充分运用警务联络官机制。警务合作的内容从司法层面上的管辖权确认、犯罪信息的交换与传递延伸到警务侦查协作以及嫌犯和受害人的移交和遣返。②

中国与越南进行警务合作，打击跨国拐卖妇女人口犯罪，共同参与配合联合国反对拐卖人口项目，是中国与越南基于两国的经济发展水平、国内经济社会现实情况及两国的国际地理位置，表明中国与越南联合打击跨国人口犯罪的决心，彰显了对被拐卖妇女人口人权的尊重。

2. 打击毒品犯罪刑事司法协助合作项目

中国与越南长期以来在打击和预防毒品犯罪领域通力合作，共同重点打击跨中国与越南边境毒品犯罪，开展多项打击毒品犯罪专项行动。中国与越南合作打击跨国毒品犯罪主要合作项目集中在跨越国边境的扫毒行动，开展多届边境联合扫毒行动，成立常态化联合扫毒行动机制，中越联合扫毒既是与国际社会扫毒、打击毒品行动的配合与一部分，也是东南亚地区性打击跨国毒品犯罪的典范。"中越两国公安部合作打击犯罪机制自 2008 年建立以来，已成为两国公安部门增进彼此互信、规划合作方向的主要渠道和平台，有力推动了两国全面战略合作伙伴关系的发展。"③ 中越边境联合扫毒行动、中越警务执法协助取得众多成果。

2013 年 6 月 26 日，中国广西警方应越南警方抓捕请求，在中国境内抓获了越南籍特级毒品通缉犯，中国向越南移交特级毒品通缉犯邓氏容。④

2017 年 1 月 11 日，广西凭祥友谊关处，中国警方向越南警方移交了中国警方应越南警方请求抓捕的毒贩邓文龙。自 2016 年 9 月 10 日起至 2016 年 12 月 9 日，在中国与越南两国警方开展的扫毒警务合作中，在中越联合进行的第三届边境扫毒专项行动中，"中方共破获各类涉越毒品案件 2530 起，抓获毒品犯罪嫌疑人 3450 名，其中越南籍犯罪嫌疑人 33 名，缴获各类毒品 990 千克，抓获在逃人员 30

---

① 邹春阳：《公安部指挥破获拐卖越南籍妇女案——解救被拐越南籍妇女 32 名，抓获嫌疑人 75 名，缴获赃款 12.76 万元》，《人民公安报》2017 年 2 月 9 日，第 1 版。

② 参见李超琼：《中越打击跨国贩卖妇女犯罪警务合作研究》，广西大学 2022 硕士论文，第 1 页。

③ 章建华、李丹：《孟建柱与越南公安部部长主持中越公安部第三次合作打击犯罪会议》，https：//www. mps. gov. cn/n2253534/n2253539/c5189214/content. html，最后访问日期：2023 年 3 月 6 日。

④ 《禁毒最前沿：中方即将向越南移交毒贩邓氏容》，https：//app. mps. gov. cn/searchweb/search_ new. jsp，最后访问日期：2023 年 3 月 6 日。

余名。越方共破获毒品案件 1388 起，抓获毒品犯罪嫌疑人 1828 名，缴获海洛因 323.85 千克、鸦片 7.25 千克、冰毒晶体 112.52 千克、冰毒片剂 13.6 万余粒、大麻 100 千克"①。

2018 年，在广西凭祥友谊关处，中国公安部门将越南籍犯罪嫌疑人农文起移交给越南公安。这是中国警方应越南警方国际刑事司法协助缉捕、移交犯罪嫌疑人请求，是中国与越南在中越边境地区开展联合扫毒行动，中越双方警务协助、执法合作的成功案例。截至 2018 年 11 月 1 日，"中越联合扫毒行动在广西共破获涉越毒品案件 536 起（涉越南籍人员案件 30 起），抓获涉毒犯罪嫌疑人 741 名（越南籍 43 名，越南警方通缉 2 人），缴获各类毒品 250.6 千克（海洛因 207 千克、冰毒 9.3 千克）"②。

2019 年以来，中国和越南根据 2014 年以来中越边境打击毒品犯罪已经取得的成果以及跨国毒品犯罪国际形势，在中越两国公安部第六次合作打击犯罪会议和 2018 年中越联合扫毒行动会议精神指导下，重点打击、追捕边境地区涉嫌毒品犯罪在逃人员，将对涉毒人员的缉捕作为中国和越南联合打击毒品犯罪的重点内容，中越边境联合扫毒常态化。"广西破获大宗毒品案件数量下降 42%，缴获来自境外的海洛因数量下降 51%，经广西流向国内的海洛因数量下降 74%。"③

2020 年以来，中越两国开展"305"专案、"禁毒两打两控"、"净边 2020"多项打击毒品违法犯罪专项行动，取得警务合作重大突破，"2020 年第一季度，广西崇左市公安机关共破获毒品案件 26 起，其中重特大案件 9 起（含公安部目标案件 1 起），抓获毒品犯罪嫌疑人 42 人，缴获毒品海洛因 4.6 公斤（其中海洛因 4.4 公斤），查处吸毒人员 250 人，强制隔离戒毒 53 人"④。

在打击毒品犯罪刑事司法合作项目上，中国与越南以两国公安部为主导，已形成了两国公安部门定期召开打击跨国犯罪会议，定期开展联合扫毒会议的常态化犯罪打击机制。除常态化会议机制沟通与交流外，中国与越南就打击毒品犯罪合作上，还成立多项专案打击毒品犯罪行动组，重点打击重大跨国毒品犯罪。中

---

① 《中国警方向越南警方移交越南籍毒贩邓文龙》，https://www.mps.gov.cn/n2255079/n4242954/n4841045/n4841055/c5598862/content.html，最后访问日期：2023 年 3 月 6 日。

② 《中国警方向越南移交重大毒品犯罪嫌疑人》，https://www.mps.gov.cn/n2254098/n4904352/c6310730/content.html，最后访问日期：2023 年 3 月 6 日。

③ 《人民公安报：中国警方抓获国际红通越南籍在逃毒贩》，https://www.mps.gov.cn/n2255079/n4242954/n4841045/n4841050/c6768370/content.html，最后访问日期：2023 年 3 月 6 日。

④ 《中越联手侦破特大贩毒案，缴获海洛因 3.48 公斤》，http://gx.people.com.cn/n2/2020/0414/c179430-33947260.html，最后访问日期：2022 年 12 月 26 日。

越两国联合打击跨国毒品犯罪，开展扫毒、禁毒专项警务合作，通力开展打击毒品犯罪刑事司法协助行动，"有力震慑了中越边境地区跨国贩毒势力的嚣张气焰，充分表明了中越两国联手打击毒品犯罪的坚决态度和共同意愿，充分展示了中越两国公安执法部门打击跨国毒品犯罪的合作成效"①。

毒品犯罪是严重扰乱世界各国经济社会秩序发展，侵害世界各国公民人身健康及财产安全的毒瘤，是国际社会历来重点打击对象。中国与越南在国际打击毒品犯罪指引与配合下，结合两国之间边境毒品犯罪的现实情况，重点专项打击中国与越南边境地区毒品犯罪，对中国与越南之间跨国毒品犯罪起到威慑及警示作用。

3. 贪腐人员外逃遣返刑事司法协助合作项目

打击贪腐人员外逃，对贪腐人员进行国际司法协助的遣返是中国近年来与外国开展刑事司法协助合作重点项目。在中国国内大力加大对腐败犯罪打击力度后，部分贪腐人员为逃避法律责任，带着贪污所得款项潜逃海外、藏匿海外，给我国打击贪腐人员犯罪造成巨大障碍。越南与中国国际地理位置及越南的发展现状，使其成为贪腐人员外逃藏匿的重点国家。对此，中国与越南就中国潜逃到越南的贪腐人员遣送回国，开展贪腐人员外逃遣返刑事司法协助合作项目。

2009 年 4 月 18 日，"中国公安部纪委书记、督察长祝春林在北京会见了应国家预防腐败局邀请来访的越共中央委员、越南中央防治腐败指导委员会常委兼办公厅主任武进战"，② 中越双方代表就中越双方已在预防国际犯罪、打击国际犯罪上的协助与合作进行肯定，提出中越双方在纪检监察、反腐倡廉方面要加强交流与合作，共同防范与打击跨国腐败犯罪。

此外，在"廉洁丝绸之路"等两国共同的倡议和倡导下，两国在打击贪腐人员外逃，对贪腐人员进行遣返的国际司法协助上的合作在逐步深化。

4. 打击电信诈骗刑事司法协助合作项目

随着我国经济发展及对传统犯罪打击力度加大，传统型暴力犯罪数量比重逐年下降，与数字化信息网络时代相结合的新型犯罪异军突起，尤其是近年来，电信诈骗犯罪高发，罪犯与犯罪行为跨国流动，越南等东南亚国家北部与中国接壤，

---

① 《中国警方抓获国际红通越南籍在逃毒贩》，https://www.mps.gov.cn/n2255079/n4242954/n4841045/n4841050/c6768370/content.html，最后访问日期：2023 年 3 月 6 日。

② 《祝春林会见越南中央防治腐败指导委员会常委兼办公厅主任武进战》，https://www.mps.gov.cn/n2253534/n2253535/c3874892/content.html，最后访问日期：2023 年 3 月 6 日。

使其成为电信诈骗窝点，给中越两国人民人身安全、财产及国家经济管理秩序带来巨大灾难。中越两国对此开展多项打击跨国电信诈骗专项刑事司法合作项目，扫除藏匿在中越境内涉嫌电信诈骗犯罪嫌疑人。为有效打击中越两国之间跨国电信诈骗犯罪，中越两国于 2016 年 9 月 25 日签署了《关于加强合作打击电信诈骗犯罪谅解备忘录》，专项打击跨国电信诈骗犯罪。

越南公民赵某涉嫌越南广宁省公安厅正在调查的一起数额巨大的诈骗案，越南警方在全国发布通缉令予以抓捕。但是赵某利用其越南护照和有效中国签证潜逃至中国某地。2007 年 6 月 22 日 16 时，广西东兴边防检查站将这名被越南警方全国通缉的诈骗犯成功移交给越南警方。

2017 年 1 月 4 日，在广西友谊关口，越南警方将 5 名涉嫌电信网络诈骗犯罪的犯罪嫌疑人（其中 1 名大陆人、4 名台湾人）移交中国警方，中国警方将 5 名犯罪嫌疑人从越南押解回国。"该犯罪团伙冒充我公检法机关，大肆向浙江、河南、广西等地群众拨打电话实施电信网络诈骗，初步核实涉及诈骗案件 27 起，涉案金额 133 万余元人民币。"[1] 该案系中国警方侦查，发现犯罪线索后，专案组赴越南与越南公安协助配合，抓捕 5 名犯罪嫌疑人后移交我国警方押解回国。

此外，除前述专项刑事司法协助合作项目外，在预防和打击其他跨国犯罪方面，中国与越南也展开多次缉捕刑事司法协助合作。如在中国驻越大使馆协调下，越南公安部 2020 年 6 月 2 日在中越边境友谊关口岸向中国警方工作组移交了 3 名分别涉嫌组织、领导黑社会性质组织罪、赌博罪和开设赌场罪的中国籍犯罪嫌疑人。[2]

中国与越南在开展刑事司法协助实践中已取得的上述成绩证明了中国与越南开展刑事司法协助的必要性与可行性，为中国与越南后续刑事司法协助的开展提供了实践基础与实践经验。

二、中国向越南请求刑事司法协助的依据

除了两国参加的中国—东盟区域性国际文件（参见绪论）以外，还有以下内容作为中国与越南开展刑事司法协助的依据。

---

[1] 《5 名电信网络诈骗犯罪嫌疑人从越南被押解回国》，https://app.mps.gov.cn/gdnps/pc/content.jsp? id = 7442471，最后访问日期：2023 年 3 月 7 日。

[2] 《越南警方向中方移交 3 名犯罪嫌疑人》，https://www.mps.gov.cn/n2254098/n4904352/c7217837/content.html，最后访问日期：2023 年 3 月 6 日。

（一）两国共同加入的国际公约

中国与越南共同加入的国际公约见下表。

表 7 –1　中国与越南共同加入的国际公约

序号	国际公约名称	中国加入时间	越南加入时间
1	《联合国打击跨国有组织犯罪公约》	2003 年 9 月 23 日	2009 年 8 月 19 日
2	《联合国禁止非法贩运麻醉药品和精神药物公约》	1989 年 10 月 25 日	1997 年 11 月 4 日
3	《联合国打击跨国有组织犯罪公约关于预防、禁止和惩治贩运人口特别是妇女和儿童行为的补充议定书》	2009 年 12 月 26 日	2012 年 6 月 8 日
4	《联合国打击跨国有组织犯罪公约关于打击非法制造和贩运枪支及其零部件和弹药的补充议定书》	2003 年 9 月 23 日	2012 年 6 月 8 日
5	《制止恐怖主义爆炸的国际公约》	2001 年 11 月 13 日	2014 年 1 月 9 日
6	《制止核恐怖主义行为国际公约》	2010 年 8 月 28 日	2016 年 9 月 23 日
7	《联合国反腐败公约》	2005 年 10 月 27 日	2009 年 8 月 19 日

注：表格中资料来源于联合国公约网：https：//treaties. un. org。

（二）两国签订的双边条约及其他双边文件

除国际性条约与文件外，两国签订了双边条约。双边规则是中国与越南开展刑事司法协助十分重要的法律依据。

《中华人民共和国和越南社会主义共和国引渡条约》。《中华人民共和国和越南社会主义共和国引渡条约》是中越刑事司法协助最重要的双边规则，是中越开展刑事司法协助最重要、最直接的依据。中华人民共和国与越南社会主义共和国2015 年 4 月 7 日在中国北京签署了《中华人民共和国和越南社会主义共和国引渡条约》，2019 年 12 月 12 日该条约正式生效。[①] 条约全文共 22 条，约定中越在互相尊重主权和平等互利基础上，就引渡义务、可引渡的犯罪、应当拒绝引渡的理由、

---

① 《中华人民共和国和越南社会主义共和国引渡条约》，http：//treaty. mfa. gov. cn/web/detail1. jsp? objid = 1626059194666，最后访问日期：2022 年 9 月 2 日。

可以拒绝引渡的理由、在被请求国提起刑事诉讼的义务、引渡请求及所需文件、补充材料、临时羁押、对引渡请求作出决定、移交被引渡人、重新引渡、暂缓引渡和临时引渡、数国提出的引渡请求、特定规则、移交财务、过境、通报结果等达成一致意见，以加强两国间刑事司法协助，促进两国在打击犯罪方面的有效合作。① 《中华人民共和国和越南社会主义共和国引渡条约》约定，引渡请求和被引渡的犯罪均需符合双重犯罪原则及重罪原则，即仅在根据两国各自国内法律均构成犯罪，且均可能判处 1 年以上有期徒刑或者剩余执行刑期在 6 个月以上，引渡才有必要。此外，政治犯罪、军事犯罪、宗教迫害及非人道主义政治迫害排除引渡义务，引渡被请求国已经对犯罪人行使刑事管辖权及基于犯罪人个体人道主义考虑，引渡被请求国可以拒绝请求国的引渡申请。

《中华人民共和国和越南社会主义共和国关于民事和刑事司法协助的条约》。中华人民共和国和越南社会主义共和国在互相尊重国家主权及平等互利的基础上，为了加强两国在司法协助领域的合作，相互愿意提供民事及刑事领域的司法协助，并签订本条约，条约于 1999 年 12 月 25 日生效。条约第四章约定了中国与越南在刑事司法领域的司法协助，约定包括文书送达、调查取证、证人与鉴定人的出庭与保护、赃款赃物的移交、刑事判决的通报及刑事司法协助的拒绝。除此部分外，其他如司法协助请求书具体要求、物品和金钱转移、交换法律情报、认证免除、向本国公民送达文书和调查取证规定与民事司法协助通用。《中华人民共和国和越南社会主义共和国关于民事和刑事司法协助的条约》约定了中国与越南在民事及刑事方面司法协助的具体内容及程序要求，是中国向越南请求刑事司法协助的依据，为中国向越南请求刑事司法协助提供了具体指引。该条约与《中华人民共和国和越南社会主义共和国引渡条约》互相配合与补充，便利中国与越南开展刑事司法协助。

《中华人民共和国政府和越南社会主义共和国政府关于打击犯罪和维护社会治安的合作协定》和《中华人民共和国政府和越南社会主义共和国政府关于加强禁毒合作的谅解备忘录》。2001 年 7 月 26 日，中越双方为加强中越两国在打击国际犯罪和维护社会治安方面的合作交流，在河内签署《中华人民共和国政府和越南社会主义共和国政府关于打击犯罪和维护社会治安的合作协定》。合作协定约定根据国际条约及各国国内法，针对枪支、爆炸物、毒品、恐怖活动、拐卖妇女儿童、

---

① 《中华人民共和国和越南社会主义共和国引渡条约》，http：//treaty. mfa. gov. cn/web/detail1. jsp？objid = 1626059194666，最后访问日期：2022 年 9 月 28 日。

偷越国边境、诈骗、洗钱、伪劣商品、伪货币及证券文件、互联网犯罪、邪教、珍贵文物及动物等通行的国际犯罪，中越两国达成刑事司法协助合作合意；约定请求国提出缉捕及递解被请求国领域内的犯罪嫌疑人时，被请求国应当予以协助，应及时将犯罪相关信息、证据、赃物通报、移交请求国。此外，中越两国约定有交换犯罪信息情报及中越两国公安部交流工作经验的刑事司法协助义务。2001 年 7 月 26 日，中越还就毒品犯罪签订了单独的《中华人民共和国政府和越南社会主义共和国政府关于加强禁毒合作的谅解备忘录》。备忘录约定，在中越双方均已加入联合国有关禁毒公约所规定的原则的基础上，中越双方为进一步有效打击毒品犯罪、遏制毒品犯罪开展如下合作：预防和打击非法贩运、转移、使用麻醉药品和精神药物，控制毒品原植物种植，强化精神类药物、化学品前体、麻醉药品管理和加强对吸毒人员治疗、挽救措施，开展禁毒和缉毒的情报交流、协助调查、设立边境禁毒联络机制等执法领域的技术和业务协作，交流有关麻醉药品、精神药物和化学品前体管理相关的法律、法规的情况信息。中国国家禁毒委员会办公室、越南禁毒常务办公室为本备忘录的执行机构。《中华人民共和国政府和越南社会主义共和国政府关于打击犯罪和维护社会治安的合作协定》和《中华人民共和国政府和越南社会主义共和国政府关于加强禁毒合作的谅解备忘录》是中越两国在刑事领域具体专项领域的刑事司法合作双边协议，为中越双方在打击国际犯罪，开展刑事司法协助提供具体的双边法律依据。

《中华人民共和国国防部和越南社会主义共和国国防部边防合作协议》。2007 年 8 月 27 日，中国国防部和越南国防部达成边防合作协议，并签署《中华人民共和国国防部和越南社会主义共和国国防部边防合作协议》。协议为中越两国开展边防合作，共同维护两国边界地区的和平、稳定与正常秩序提供了准则，中越两国本着互相尊重、友好睦邻、和平协商的原则，共同在边界地区的管理、边界警示、越界人及物品查找及管理、保护边界的经验方面开展合作。协议约定了双方管理边界地区军队及行政机关的定期会晤及发生在中越之间关于边界地区重大问题的协商解决；互相交换两国各自及两国间签订的边界法律规范、边界地区人和物越界信息及边民越界经济活动情况、越界犯罪活动、边界地区重大行动、自然灾害和疫情及其他与管理、保护边界地区有关的信息。中越双方禁止在边界地区从事可能对对方国家造成重大影响的活动，对越界人员非基于必要不使用武力，防范和制止通过、利用边界从事违法犯罪活动，妥善处理边界地区发生的问题。该协议主要约定了中越双方对邻接边界地区发生问题的协商管理与对通过、利用边界从事违法犯罪活动的协助权利及义务，是中越两国在处理边界问题、边界犯罪的直接依据。

《中华人民共和国政府和越南社会主义共和国政府关于加强预防和打击拐卖人口合作的协定》。为加强预防、发现和打击拐卖人口执法合作，更有效地预防、制止和惩治跨国拐卖人口犯罪活动，保护和救助被拐卖者，中越双方于 2010 年 9 月 15 日签署了《中华人民共和国政府和越南社会主义共和国政府关于加强预防和打击拐卖人口合作的协定》，我国 2011 年 3 月 14 日生效。协定约定中越在以下方面达成合作：预防拐卖人口犯罪、救助受害者；打击拐卖犯罪活动、移交犯罪嫌疑人、遣返受害者；指定受害者标准，及时认定受害者；开展拐卖案件调查和受害者保护培训；交流案件信息及法律法规；建立边境打拐联络机制，加强打击犯罪沟通与协作等。《中华人民共和国政府和越南社会主义共和国政府关于加强预防和打击拐卖人口合作的协定》是中越两国在打击跨国人口拐卖犯罪领域的主要、直接法律依据，为中越两国通力合作，打击跨国人口犯罪提供了规范依据。

2016 年 9 月 25 日，国务委员、公安部部长郭声琨在河内与越共中央政治局委员、公安部部长苏林举行会谈，并共同主持中越两国公安部第五次合作打击犯罪会议。郭声琨和苏林签署了会议纪要，并见证签署了《关于加强反恐怖主义合作的谅解备忘录》《关于加强合作打击电信诈骗犯罪谅解备忘录》《关于开展 2017 年联合追逃行动的谅解备忘录》《北京市公安局和河内市公安局友好合作交流备忘录》《广西壮族自治区公安厅与广宁、谅山、高平、河江省公安厅关于建立执法合作机制的议定书》。

（三）两国国内法

中国国内法已经在绪论统一进行论述，在此不再赘述。越南涉及国际刑事司法协助的国内法有以下内容。

《越南刑事诉讼法》。2015 年 11 月 27 日通过，2016 年 7 月 1 日起实施的《越南刑事诉讼法》第 2 部分第 35 章"国际合作一般规定"共 6 个条文，规定越南开展刑事司法国际合作范围包括：刑事事项司法协助、引渡、接收和转移现役人员，以及越南国内法和有关国际条约规定的其他国际合作。第 493 条规定公安部是引渡和移交服刑人员刑事司法协助中央机关，最高人民检察院是越南国际刑事司法协助和其他国际合作中央机关。越南与外国开展刑事司法协助的程序依国际条约或互惠原则。第 36 章"国际合作活动"共 11 个条文，主要规定了与案件有关物品、文件的移交、接收应依越南国内法和国际条约；被拒绝引渡公民的处理及对被拒绝引渡的外国法院对越南公民的刑事判决和决定的执行条件及强制措施；与外国主管机关依条约或协议处理越南境内犯罪所得；越南与其他国家依国际条约或具体案件特别约定开展特殊侦查和特别调查。① 该法是中国请求越南开展国际刑事司法协助应遵循的重要越南国内法依据，其规定适用于所有中国与越南刑事司法协助和合作。

《越南人民公安法》。2018 年 11 月 20 日通过，2019 年 7 月 1 日起实施的《越南人民公安法》规定了越南公安警察的国家机关建制，其中第 2 章"人民警察的权利"第 16 条第 2 款规定越南人民公安履行国际义务，开展打击犯罪等国际合作，提供刑事司法协助，公安机关是越南主要的刑事侦查机关。② "公安部是越南社会主义共和国引渡和移交服刑人员的中央机关。"③ 该法是越南与中国国际警务合作的最重要越南国内法法律依据。

《越南预防和打击毒品法》。2000 年 12 月 9 日发布，2001 年 1 月 6 日生效的《越南预防和打击毒品法》第 1 章第 5 条规定，越南在国家独立自主及互惠原则基础上，"履行越南缔结或参加的有关禁毒国际条约和其他有关国际条约；与其他国家、国际组织、境外组织和个人开展禁毒活动合作"④。该法是越南与中国在打击毒品犯罪方面合作的最重要越南国内法法律依据。

《越南预防和打击人口贩运法》。2011 年 3 月 29 日通过，2012 年 1 月 1 日施行的《越南预防和打击人口贩运法》第 6 章第 42 条第 1 款"公安部职责"最后 1 项规定越南公安部在职权范围内开展国际预防和打击拐卖人口犯罪合作；第 43 条第 4 款规定国防部依职权开展预防和打击拐卖人口犯罪国际合作；第 46 条第 2 款及第 47 条第 5 款，分别规定了外交部与司法部配合公安部开展国际预防和打击拐卖人口犯罪合作。第 7 章规定越南基于国际条约义务或者互惠原则开展国际合作。⑤ 该法是越南与中国在打击和预防买卖人口等犯罪方面合作的最重要越南国内法法律依据。

三、中国向越南请求刑事司法协助的程序

中国向越南请求刑事司法协助的提出、接收和处理的程序主要规制在《中华人民共和国和越南社会主义共和国关于民事和刑事司法协助的条约》中。

---

① 参见 BỘ LUẬT TỐ TỤNG HÌNH SỰ，https：//vbpl. vn/TW/Pages/vbpq-toanvan. aspx？ItemID ＝96172，最后访问日期：2023 年 3 月 7 日。

② 参见伍光红：《越南法律史》，商务印书馆 2022 年版，第 242 – 244 页。

③ LUẬT CÔNG AN NHÂN DÂN，https：//vbpl. vn/TW/Pages/vbpq-toanvan. aspx？ItemID ＝137283，最后访问日期：2023 年 3 月 8 日。

④ LUẬT PHÒNG, CHỐNG MA TÚY，https：//vbpl. vn/TW/Pages/vbpq-toanvan. aspx？ItemID ＝5740，最后访问日期：2023 年 3 月 7 日。

⑤ 参见：https：//vbpl. vn/TW/Pages/vbpq-toanvan. aspx？ItemID ＝26741，最后访问日期：2023 年 3 月 7 日。

（一） 中国向越南请求刑事司法协助的提出

中国向越南请求刑事司法协助，应当通过两国间指定的官方机构，通过正式程序提出请求，刑事司法协助请求要求以书面形式正式提出。

引渡请求的提出。中国向越南提出引渡请求，需双方通过外交途径联系，中国引渡提出和接收机关为外交部，越南引渡提出和接收机关为公安部。中国外交部向越南公安部提出引渡申请时应当以书面形式提出。被请求国在接收上述文件审查后，认为请求国引渡请求材料不充分的，可要求请求国在 30 日内补充材料，前述 30 日可以延长 15 日，期限届满，未补充材料的视为自动放弃本次引渡请求，可再行重新提起引渡申请。为便利后续引渡进行，正式申请引渡前，被请求国可以根据请求国申请，对被请求引渡人采取"国际刑事强制措施"，即对被请求引渡人进行临时羁押，请求国应当在被请求国采取临时羁押措施后 30 日内对被请求引渡人提起正式引渡申请，30 日不足的可以延长 15 日。

引渡以外其他刑事司法协助的提出。除引渡请求外，中国向越南申请证人出庭作证、协助调查或者申请调查取证司法协助，也应当通过中国外交部向越南提出书面申请，申请书要求载明请求国机关主体、被请求国机关主体、请求协助事项及案件情况、相关人员主体信息情况、犯罪相关资料及请求国法律相关规定。在请求国中国向被请求国越南请求送达诉讼通知请求中，中国还应当在请求书中一并提出对证人作证请求，同时应该说明证人作证或者协助调查费用的垫付情况及时间期限，书面诉讼通知请求书应当在证人出庭日至少 60 日前送达被请求国越南。中国向越南请求没收、返还违法所得及其他涉案财物，也应当通过官方机关，以书面方式提出。此外，中国向越南请求提供情报的，中国应该说明提出该项请求的机关及请求目的。[①] 提出刑事司法协助请求的双方，对双方互相提供的资料，未经对方书面同意，不得公开或提供给第三方。[②]

（二） 中国向越南请求刑事司法协助的接收和处理

被请求国越南接到中国刑事司法协助请求后，会进行审查，符合协助条约等约定条件的应当及时接收，转交越南国内相关部门对请求事项进行处理，并将处理结果及时告知中国。对于不符合双方条约约定受理范围或者形式要求的，或者

---

① 《中华人民共和国和越南社会主义共和国关于民事和刑事司法协助的条约》，http://treaty.mfa.gov.cn/web/detail1.jsp？objid=1531876784509，最后访问日期：2022 年 12 月 5 日。

② 《中华人民共和国国防部和越南社会主义共和国国防部边防合作协议》，http://treaty.mfa.gov.cn/web/detail1.jsp？objid=1531876984952，最后访问日期：2022 年 12 月 5 日；参见《中华人民共和国政府和越南社会主义共和国政府关于加强预防和打击拐卖人口合作的协定》，http://treaty.mfa.gov.cn/web/detail1.jsp？objid=1531876947418，最后访问日期：2022 年 12 月 6 日。

缺乏相关资料的，应当通知中国进行修改，补充相关资料后进行接收、处理。

引渡请求的接收和处理。引渡被请求国越南应当及时根据本国相关规定对引渡请求进行处理，并将处理结果及时告知引渡请求国。拒绝引渡的应当说明理由；同意引渡申请的，双方共同协商执行引渡的具体时间及地点，引渡前已经临时羁押的，引渡被请求国应当将已临时羁押期限告知引渡请求国。如引渡请求国中国未按协商约定，在执行引渡日后的 15 日内未接收被引渡人的，被请求国应立即释放被引渡人。除非遇有不可抗力导致无法在商定期间移交或者接收被引渡人，并且已经立即通知对方，双方另行再次协商执行引渡事宜外，引渡被请求国可以拒绝引渡请求国就同一被请求引渡人提出的引渡请求。如遇刑事诉讼尚未终结或执行完毕前被引渡人逃回引渡被请求国，引渡请求国可再次提出引渡申请，无须提交资料。如因引渡被请求国对被引渡人行使刑事司法管辖权管辖引渡犯罪以外的犯罪，可暂缓引渡，告知引渡请求国待诉讼终结或执行完毕后移交被引渡人给引渡请求国，但不立即引渡会给引渡请求国诉讼造成严重妨碍，引渡请求国可在尊重引渡被请求国刑事司法管辖权前提下，临时引渡被引渡人，引渡请求国保证完成诉讼程序后立即送还被引渡人给引渡被请求国。

引渡时，引渡请求国提出一并移交被引渡人用于犯罪的工具、犯罪所得及可作为证据的财物，引渡被请求国根据其国内法予以扣押并移交，即使被引渡人已死亡也不影响前述财物移交。

引渡以外其他刑事司法协助的接收与处理。中国向越南请求送达文书、调查取证或者证人作证，被请求国越南应当及时向证人或者协助调查人送达文书，转达上述请求，将证人或者协助调查人的答复通知请求国中国，将执行调查取证结果以书面方式告知请求国中国，并附执行时所获得的相关证据材料。请求国中国应当对从被请求国越南获得的证据材料保密，且仅能用于调查取证书面申请中所表明的目的，除非双方另有约定。如请求国需要被请求国在押人员作为证人配合询问，提供证人证言的，请求国中国的外交部和被请求国越南的公安部可以协商就在押人员作证达成相关协议。越南执行送达后，应当向中国出具送达证明，送达证明应当载明送达的时间、地点、方式方法，由执行送达的机关签署或者盖章。如不能送达，应及时通知中国并说明不能送达的理由。

此外，请求国中国对证人或者协助调查人有保护义务，对拒绝出庭作证人或者拒绝协助调查人，请求国不得打击报复，不得以任何其他现实或将来的不利因素相威胁。证人或者协助调查人应刑事司法协助请求前往请求国，仅以证人或者协助调查人身份参与刑事诉讼活动，证人或者协助调查人身份受到请求国保护，证人或者协助调查人不因其之前在被请求国的任何其他与待作证或者待协助调查案件无关的其他案件或事实受到请求国追诉。证人或者协助调查人于庭上或者协助调查中所发表案件事实言论不受请求国追究。自请求国已告知不再需要证人或者协助调查人协助之日起 15 日内，证人或者协助调查人能离开而未离开请求国的或者离开后又返回请求国的，请求国中国对证人或者协助调查人享有不受证人或者协助调查人身份限制的全权属地管辖权。

中国向越南请求没收、返还违法所得及其他涉案财物，移交违法所得及其他涉案财物不得侵害被请求国或第三人与前述违法所得及其他涉案财物有关的合法权利。如果上述赃款赃物对于被请求国境内其他未决刑事诉讼案件的审理是必不可少的，被请求国可以暂缓移交。

四、中国向越南请求刑事司法协助的内容

（一）送达文书和调查取证

送达文书。中国向越南请求代为送达文书，越南应当代为送达。越南在执行送达后，应当向中国出具包括送达日期、送达地点、方法说明的送达证明，并由越南执行送达的机关盖章签名；如果不能送达的，应当通知请求国中国并说明不能送达理由。请求代为送达的文书不能包括要求被指控犯罪人出庭应诉文书。[①] 要求被指控犯罪人出庭相关文书按中越双方之间签订的引渡条约执行送达。

调查取证。为刑事诉讼需要，事实或者证据在越南，需要向越南境内自然人或者法人机构调查取证的，中国可以向越南提出调查取证刑事司法协助请求，越南应根据中国请求，代为调查取证以及实施与调查取证有关的必要诉讼行为，[②] 包括询问证人、被害人，讯问犯罪嫌疑人，进行鉴定、司法勘验以及进行与调查取证有关的其他诉讼行为。请求调查取证刑事司法协助的申请书除应包括请求机关主体信息、被请求机关主体信息、请求事项、被调查确证人员相关信息外，还应当包括犯罪行为的说明及请求依据。越南应当书面告知中国调查取证的执行结果及所获相关证据材料。

---

① 参见《中华人民共和国和越南社会主义共和国关于民事和刑事司法协助的条约》，http：//treaty. mfa. gov. cn/web/detail1. jsp？objid＝1531876784509，最后访问日期：2022 年 12 月 5 日。

② 参见《中华人民共和国和越南社会主义共和国关于民事和刑事司法协助的条约》，https：//www. mfa. gov. cn/web/ziliao_674904/tytj_674911/tyfg_674913/200912/t20091204_7949622. shtml，最后访问日期：2022 年 10 月 10 日。

（二）安排证人作证或者协助调查

安排证人作证或者协助调查是指对于在越南境内的了解案件情况，具有正确表达能力的中国人或者外国人或者无国籍人，遇中国对刑事案件已提起刑事诉讼程序，需要其作为证人身份参与庭审作证或者参与协助调查时，中国向越南请求安排证人作证或者协助调查的刑事司法协助。

中国与越南开展安排证人出庭作证或者协助调查刑事司法协助的，对确有必要让在越南境内已经处于羁押状态的人到中国庭审中作证的，中越应另行达成的条件之一是让被羁押人员一直处于羁押状态并在被询问后尽快送回。①

（三）没收、返还违法所得及其他涉案财物

请求没收、返还违法所得及其他涉案财物，指被请求国根据请求国的请求，在本国法律允许的范围内，将在被请求国领土范围内发现的、罪犯从请求国境内获得的违法所得或其他涉案财产移交给请求国。

引渡时，引渡请求国提出一并移交被引渡人用于犯罪的工具、犯罪所得及可作为证据的财物，引渡被请求国根据其国内法予以扣押并移交，即使被引渡人已死亡也不影响前述财物移交。

对于在越南境内发现的、罪犯在中国获得的赃款、赃物、违法所得及其他涉案财物，在不侵犯案外第三人权益及越南国家利益的情况下，在中国向越南提出移交申请后，越南应当移交，但该赃款、赃物、违法所得及其他涉案财物正在越南刑事诉讼过程中，是越南刑事诉讼审理过程中必不可少的，越南可以向中国暂缓移交。②

（四）交换法律情报及刑事判决通报

请求交换法律情报是指被请求国根据请求国的请求，被请求国越南向请求国中国提供越南境内现行有效的法律以及有关实践的情报。③《中华人民共和国政府和越南社会主义共和国政府关于打击犯罪和维护社会治安的合作协定》第2条约定根据国际条约及各国国内法，针对枪支、爆炸物、毒品、恐怖活动、拐卖妇女儿童、偷越国边境、诈骗、洗钱、伪劣商品、伪货币及证券文件、互联网犯罪、邪教、珍贵文物及动物等通行的国际犯罪，中国同越南交换犯罪、受害人、国内

---

① 参见《中华人民共和国和越南社会主义共和国关于民事和刑事司法协助的条约》，http：//treaty. mfa. gov. cn/web/detail1. jsp？objid＝1531876784509，最后访问日期：2022年12月5日。

② 参见《中华人民共和国和越南社会主义共和国关于民事和刑事司法协助的条约》，http：//treaty. mfa. gov. cn/web/detail1. jsp？objid＝1531876784509，最后访问日期：2022年12月5日。

③ 参见《中华人民共和国和越南社会主义共和国关于民事和刑事司法协助的条约》，http：//treaty. mfa. gov. cn/web/detail1. jsp？objid＝1531876784509，最后访问日期：2022年12月5日。

法律依据及其他相关的双方感兴趣情报信息。《中华人民共和国政府和越南社会主义共和国政府关于加强禁毒合作的谅解备忘录》第1条第5款及第6款，规定了中越双方在毒品犯罪领域进行刑事打击、毒品预防、规范依据方面的情报信息交换。《中华人民共和国国防部和越南社会主义共和国国防部边防合作协议》第2条及第5条约定中越两国在边境地区管理，对边境地区发生问题处理信息及法律情报的交换。《中华人民共和国政府和越南社会主义共和国政府关于加强预防和打击拐卖人口合作的协定》第1条到第3条，约定了中越两国在预防跨国人口拐卖，打击拐卖人口犯罪，救助、遣返受害者的信息及规范依据的通知及交换。

刑事判决通报。中越双方对对方公民作出的刑事判决，应当互相提供生效刑事判决的副本。

（五）中国向越南请求批准、执行引渡

引渡申请应以书面形式提出，载明引渡请求时间、地点，请求机关名称、地址，被请求引渡人相关个人信息及犯罪情况，以及中国对于该犯罪处理的相关法律规定，并将前述相关文书由主管机关签署或盖章后，翻译成被请求国文字文本附后。

若数国同时提出引渡请求，引渡被请求国在综合考量包括但不限于请求是否根据条约提出、犯罪严重程度、犯罪发生时间地点、被引渡人国籍和经常居住地、受害人国籍、引渡请求先后、向第三国引渡可能性因素后决定向哪一国引渡。引渡请求国仅能针对被引渡人指控引渡所指向的犯罪，除非引渡被请求国事先同意或被引渡人获得人身自由后30日内未离开引渡被请求国或被引渡人离开后又回到引渡被请求国。

五、中国向越南请求刑事司法协助的障碍

中国与越南已经通过多边国际条约、双边国际条约及国内法规等基本建立起中越之间进行刑事司法协助合作规范体系，中越司法协助已取得丰硕成果，但已取得成果大多仅在某个犯罪领域且是运动式的合作打击。深入推进中越刑事司法协助与警务合作，严格执法共同打击跨国犯罪，开展刑事司法协助尚存在不少亟须解决的问题。

（一）越南经济法治水平落后

经济基础是主权国家开展内政外交的基础。越南经济发展水平落后，与中国经济发展水平尚有一定距离，成为越南与外国开展刑事司法协助与警务合作掣肘。越南需要借助国际社会、周边国家及与中国关系，大力发展越南国内经济，为越

南与中国开展国际刑事司法协助与警务合作提供坚实基础。尤其是在当代社会，信息技术高速发展，犯罪形式也随之科技化、信息化，国家经济发展能为预防和打击跨国犯罪提供物质基础与保障。经济快速发展前提下，越南与中国才能以更开放态度加强打击跨国犯罪的国际合作，才能拓宽合作领域，严格执法，深入打击跨国犯罪。

20 世纪 70 年代后期，越南才完成南北统一，正式成为完整独立主权国家。刚建国不久，越南制定公开的法律法规数量很少，为巩固新生的国家政权，行政权在国家权力体系中占超主导地位，国家政治、经济、文化、司法等行政权独大，尤其是法治中，司法高度政治化。在统一建国后的 30 多年里，越南法律制度虽然有了质上的显著发展，但越南法律在许多方面仍然只是临时性的，未形成正式统一法律制度体系。部分已生效法律之间无法有效相互衔接，甚至与其他现行法发生冲突，还有些法律具有溯及效力，增添了法律适用不确定性及问题复杂性。近些年来，越南一直在努力使越南国内现行法变得全面与统一。2003 年至 2005 年间，越南制定了第一个正式官方统一版本的现行民法、土地法、企业法、商业法和投资法。除商业法外，这些法律大都在 2013 年和 2014 年又进行了大规模修订，企业法和投资法在 2020 年再次修订。国家统一正式稳定的法律体系是法治国家的基本特征，是中国与越南开展国际司法交往的前提条件。越南需加大国内法治体系建设，形成统一稳定的法律制度体系。

国家与司法主权独立的天然冲突与背离是中国与越南开展司法协助的又一障碍。刑事犯罪既是一国国内社会秩序与管理问题，随着经济全球化与世界一体化进程，跨国刑事犯罪与刑事犯罪被追诉人跨国流动，刑事犯罪也成为数国共同打击的犯罪行为。在各国均为现代独立主权国家的情形下，各主权国家有各自独立完整的国内法律体系，打击犯罪亦以该国国内现行有效的国内刑事法律规范为依据。向他国请求刑事司法协助，将他国境内的刑事犯罪被追诉人遣返回国内或者要求他国当地依法处理，而非他国自行决定对该行为是否认定为犯罪行为。对该刑事犯罪人是否追诉，如何追诉，是一国基于属地原则自主行使国家主权，自主行使刑事司法主权决定的范畴。请求国对被请求国的刑事司法协助请求，一定程度上是由请求国主导、启动，被请求国配合、协助，是对被请求国国家主权和司法主权的限制和约束，与被请求国国家与司法主权独立冲突与背离。由此导致中越两主权国家在进行国际刑事司法协助时，仅在已达成双边条约或有多边条约依据或双方另行达成具体合作意向的情况下，才有刑事协助义务。

（二）刑事司法协助内容范围窄

中国与越南经过多年的国际友好交往及合作，在跨国犯罪的打击和预防上基本实现了友好协助，及时提供相应司法协助。中国与越南在传统打击跨国犯罪领域范围内的刑事司法协助基本能适应和满足中国与越南之间共同打击和预防跨国犯罪的需要。但是随着经济发展及信息网络全球化，犯罪及跨国犯罪均呈现出新问题、新局面，犯罪人借助新型科技信息手段跨国犯罪，犯罪时间、犯罪地点、犯罪行为的全球化、科技化、隐蔽化，犯罪人员的全球化流动及高新技术科技犯罪，对中国与越南共同打击跨国犯罪提出新要求。传统的粗放的以人身攻击及财产为目标的犯罪，转化为更为隐蔽、精细、更高智商犯罪，如近年来高发的跨国电信诈骗刑事犯罪，跨国人体器官买卖犯罪及贪腐被判刑人外逃遣返移管，均未纳入两国共同采取行动打击犯罪范围，中越打击跨国犯罪合作范围窄。

国际公约中刑事司法协助内容——承认和执行外国刑事判决制度、移管被判刑人制度、刑事诉讼移管制度、资产分享制度——都未在中越多边条约、双边条约中纳入双方刑事司法协助范围，中越开展刑事司法协助内容范围有待拓宽。中国与越南之间刑事司法协助范围的限制，已经不能满足当前两国共同打击国际犯罪的要求，影响了中越两国之间刑事司法协助的效果，不利于中国与越南刑事司法协助的深化发展。

（三）刑事司法协助程序繁杂冗长

根据目前中越双方签订的多边及双边条约、中越两国国内法规定，对于国际刑事案件，无论案件性质及危害程度大小，刑事司法协助实践中采取"一刀切"处理模式。中国向越南请求刑事司法协助，必须按双边条约及国内法规定，完成目前来看烦琐复杂的申请、审核、执行一系列流程才能得到最终是否能进行国际司法刑事协助的依据。即使刑事犯罪案件事实十分清楚、证据及手续十分齐备，国际刑事司法协助的全部流程也必须一个步骤不少。中越双边条约约定司法协助主管部门，但未对各部门审查要求进行明确，经审查机关认为材料缺少，有权要求申请国补正，但对补正未作一次性告知全部资料补正，多次甚至重复提出补充材料的要求会直接影响刑事司法协助进度，尤其是在部分需要紧急进行国际刑事司法协助案件中。如我国《引渡法》第3章规定了中国向其他国家申请引渡刑事司法协助的国内程序，但未规定国内各主管部门审核、处理的时限。

在中越签订的双边条约中均约定了中国与越南各自国家的主管机关、联系机关或负责部门，这些机构有外交部、公安部、司法部，不同的刑事双边条约解决的问题不同，约定的义务不同，主管或负责的机构就不同。外交部、公安部、司法部在解决与配合双方刑事司法协助外，还承担着国内常规职责，国内常规性职责才是前述部门最重要、最常处理的事情，占用了前述部门最多精力。且无论根据中国还是越南国内法规定，在相关主管部门接到请求国的刑事司法协助请求时，被请求国需要与国内其他职权部门沟通，确定请求事项和范围不属于国家主权、外交事务及其他不属于刑事司法协助犯罪以外的事务，方可接收申请，按照刑事司法协助程序处理。因此，书面刑事司法协助申请一经接收，其主要内容是不容修改和变更的。而犯罪及对犯罪的打击、处置是实时动态的，中越两国由于语言、国情、法律规定等不同，双方在沟通时必须按照刑事司法协助请求程序及要求向有权机关提出申请，有权机关经审查后按程序及规定作出处理。事前的审查及处理程序导致中越在提出和处理刑事司法协助时需要一定时间处理，而对及时发现的跨国犯罪的打击，尤其是跨国刑事强制措施的采取具有极强时效性，渠道不畅通、沟通不及时将严重掣肘跨国刑事犯罪打击。

六、中国向越南请求刑事司法协助的完善建议

为适应国际社会发展，回应国际社会打击跨国犯罪需要，深化推进中国与越南刑事司法协助，中国与越南开展刑事司法协助应当形成立体化、多层次、全方位的刑事司法协助实施策略。

（一）增强合作以拓展协助内容

中国与越南除增进交流，增强全方位互信外，需要在当前已签署国际协议、国际条约及双边条约、合作项目基础上，顺应国际社会及全球发展趋势，及时回应国际社会及现实中预防和打击犯罪的需求，适时增加刑事司法协助的内容，以应对新兴出现的犯罪类型、区域性高发的国际犯罪及新特点的罪犯的跨国流动。2019年年底，联合国大会批准了"为犯罪目的使用通信技术"决议，2021年5月，关于《联合国打击网络犯罪公约》谈判安排的决议在第75届联合国大会上获得通过。[①] 中国与越南两国应当及时交流，加强合作，在打击及预防国际犯罪的过程中和实践中加强沟通与交流，吸纳国际社会或者总结形成新的刑事司法协助内容，将新的刑事司法协助内容及时在签订的双边条约中予以确认，为后续对跨国犯罪的预防与打击提供依据。

被判刑人移管、外国刑事判决承认和执行、刑事诉讼移管、资产分享，这四

---

① 裴兆斌、何逸宁：《打击跨境网络犯罪的国际刑事司法协助》，《政法学刊》2023年第2期，第6页。

项刑事司法协助内容目前尚未纳入中国与越南刑事司法协助范围内。尤其是被判刑人移管刑事司法协助，目前已普遍成为国际刑事司法协助重要内容，中国也已与众多国家签署了被判刑人移管的双边条约。据统计，中国已与包括乌克兰、俄罗斯、韩国、巴基斯坦、泰国等在内的 15 个国家签署了被判刑人移管双边条约。[1] 应当进一步畅通中国与越南刑事司法协助渠道，加强中国与越南在某类犯罪或者某个犯罪的国际刑事合作，增加中国与越南主管机关之间信息交流与情报交换，适时将承认和执行外国刑事判决制度、移管被判刑人制度、刑事诉讼移管制度、资产分享制度等已为国际社会所采纳的国际刑事司法协助内容纳入中国与越南多边条约、双边条约中，拓展中国与越南开展刑事司法协助的内容，提高效率，及时、高效共同打击跨国国际犯罪。

此外，两国应当形成更多务实合作成果。建议两国司法机关共同推动完善司法协助机制，把合作倡议转化为实际行动，把合作共识转化为务实成果，为两国发展稳定、人民幸福贡献司法力量，[2] 推动两国刑事司法领域的深化发展。

（二）设立专门机构以培养专门合作人才

预防和打击跨国犯罪，提供刑事司法协助，需要设立专门打击跨国犯罪的国家专门机构，由专门机构、专业部门专业化、精细化履行打击国际犯罪，配合提供国际刑事司法协助职能，及时跟进处理对跨国犯罪的打击、处理。为此，需要培养专门合作人才，尤其是精通国际法及熟悉中国刑事法律及越南刑事法律法规的专业专职人才。由专业专职人才对跨国犯罪相关问题进行处理、跟进，既符合刑事犯罪打击和预防的司法运行规律，也有利于实现对犯罪的精准打击和处理结果的可接受性。

越南囿于本国经济发展水平，国内公民受教育程度普遍不高，国民接受本科及以上学历教育比例不足 1%，教育文化水平低下严重阻碍了预防和打击跨国犯罪，开展国际刑事司法协助专门人才的教育和培养。但国际犯罪日趋信息化、智能化、高智商化，越南应积极调整相应司法人才结构，积极寻求国际与周边经济相对较发达国家帮助，建立与中国对应的专门打击跨国犯罪人才培养机构，借助与中国开展国际刑事司法协助与合作契机，学习借鉴中国较为先进及现代化预防和打击跨国犯罪制度体系。

---

[1] 参见《中华人民共和国和泰王国关于移管被判刑人的条约》，http://treaty.mfa.gov.cn/web/detail1.jsp?objid=1531876959614，最后访问日期：2023 年 5 月 30 日。

[2] 参见《巩固深化两国司法领域交流合作服务构建具有战略意义的中越命运共同体》，https://www.court.gov.cn/zixun/xiangqing/405032.html，最后访问日期：2023 年 7 月 4 日。

本章小结

中国向越南请求刑事司法协助，与越南开展国际刑事司法协助合作，是中国与越南共同参与全球治理，承担国际义务，打击跨国犯罪，维护国际和区际和平与稳定，维护中国与越南各自国家及人民利益的重要体现，是在世界经济社会发展、信息技术全球化与高速化发展形势下，打击跨国犯罪全球流动的现实需要。2023 年 12 月 12 日，中共中央总书记、国家主席习近平对越南进行国事访问，随着中方领导人对越南的国事访问开始，中越两国在双边关系中宣布了一项重磅消息，即将两国关系的定位由"全面战略合作伙伴关系"更进一步，加入了"命运共同体"的概念。[1] 中越关系的新定位显示了中越双方在深化合作、加强友好交流方面的决心。与美越关系相比，中越关系更加紧密，双方有着更强的共同利益和合作潜力。越南选择与中国建立"命运共同体"，是基于越南自身利益的智慧选择。中越两国的合作将会对两国和地区的和平稳定、繁荣发展产生积极影响。中国与越南开展的国际刑事司法协助合作，也将会日益深化与完善。

---

[1]　宋润清：《国际观察：中越关系新定位开辟美好新前景》，http://world.people.com.cn/n1/2023/1215/c1002-40139385.html，最后访问日期：2024 年 8 月 10 日。

第八章
中国向老挝请求刑事司法协助

老挝是位于中南半岛北部的内陆国家，北邻中国，南接柬埔寨，东临越南，西北达缅甸，西南毗连泰国，边界线长度分别为 508 公里、535 公里、2067 公里、236 公里、1835 公里。湄公河在老挝境内干流长度为 777.4 公里，流经首都万象，作为老挝与缅甸界河段长 234 公里，老挝与泰国界河段长 976.3 公里。全国划分为 17 个省、1 个直辖市（万象市）。

1975 年 12 月 2 日，在万象召开的老挝全国人民代表大会宣布废除君主制，成立老挝人民民主共和国，组成以苏发努冯为主席的最高人民议会和以凯山·丰威汉为总理的政府。外来势力和多年国内混战致使老挝经济落后，百废待兴。老挝人民革命党是老挝唯一政党和执政党，前身为印度支那共产党老挝支部。1991 年 8 月，老挝最高人民议会第二届六次会议通过了老挝人民民主共和国第一部宪法。老挝国会（原称最高人民议会，1992 年 8 月改为现名）是国家最高权力机构和立法机构，负责制定宪法和法律。国会每届任期 5 年，每年召开两次会议，特别会议由国会常委会决定或由三分之二以上的议员提议召开。国会议员由地方直接选举产生。① 老挝最高人民法院为最高司法权力机关。②

中老两国是山水相连的友好邻邦，两国人民自古以来和睦相处。1956 年 8 月 25 日，两国签署了《中华人民共和国国务院周恩来总理和老挝王国首相梭发那·富马亲王殿下联合声明》，双方协定，老挝坚决执行和平中立政策，不缔结任何军事同盟，遵守和平共处五项原则，同意发展两国之间的经济和文化关系。③ 1961 年

---

① 参见《老挝国家概况》，https://www.mfa.gov.cn/web/gjhdq_676201/gj_676203/yz_676205/1206_676644/1206x0_676646/，最后访问日期：2023 年 9 月 16 日。

② 参见《老挝国家概况》，https://www.mfa.gov.cn/web/gjhdq_676201/gj_676203/yz_676205/1206_676644/1206x0_676646/，最后访问日期：2023 年 9 月 16 日。

③ 参见：http://treaty.mfa.gov.cn/tykfiles/20180718/1531876386047.pdf，最后访问日期：2023 年 9 月 17 日。

4月25日，两国签署了《中华人民共和国国务院总理周恩来和老挝王国政府首相梭发那·富马亲王联合声明》，双方重申必须按照1954年《关于老挝问题的日内瓦协议》的规定保证老挝的主权、独立、统一、领土完整和内政不受干涉。两国政府决定正式建立外交关系，并互换大使级外交使团。① 1962年7月23日，中国签署了《关于老挝中立的宣言》②《关于老挝中立的宣言的议定书》③，老挝王国政府决心按照老挝人民的利益和愿望以及1961年苏黎世联合公报和1954年《关于老挝问题的日内瓦协议》的原则走和平中立的道路，以建立一个和平、中立、独立、民主、统一和繁荣的老挝。1963年3月10日，两国签署了《中华人民共和国和老挝王国联合公报》，双方满意地指出，自从1954年日内瓦会议以来，中老两国的友好关系得到了不断发展，梭发那·富马首相两次访问中国，对于加强两国友好关系，作出了积极的贡献；中老两国正式建立外交关系后，两国的经济、文化联系更加密切。④ 1964年4月8日，两国签署了《中国老挝联合公报》，双方指出两国的友好关系有了发展，将继续在和平共处五项原则和万隆会议十项原则的基础上，维护和加强两国的友好睦邻关系。⑤ 2000年11月12日，两国签署了《中华人民共和国和老挝人民民主共和国关于双边合作的联合声明》，双方同意制定一个双边合作的框架，对各领域合作作出规划，以进一步建立长期稳定、睦邻友好、彼此信赖的全面合作关系。⑥

进入21世纪以来，两国关系在"长期稳定、睦邻友好、彼此信赖、全面合作"的方针指导下一直保持着健康稳定的发展。2009年9月，两国关系提升为全面战略合作伙伴关系。2017年11月13日至14日，中共中央总书记、国家主席习近平应邀对老挝进行国事访问。此访是中国共产党和国家最高领导人11年来再次访老，也是中共十九大胜利闭幕后，习近平总书记作为中共中央和全党领导核心的首次出访。访问期间，中共中央总书记、国家主席习近平同老挝人民革命党中央委员会总书记、国家主席本扬·沃拉吉举行会谈并共同见证了两国17份合作文件的签署，双方发表了《中老联合声明》。此次访问取得圆满成功，进一步巩固了中老传统友谊，推动长期稳定的中老全面战略合作伙伴关系迈上新台阶，具有重要里程碑意义。2019年4月，老挝人民革命党中央委员会总书记、国家主席本扬·

---

① 参见：http://treaty.mfa.gov.cn/tykfiles/20180718/1531876401675.pdf，最后访问日期：2023年9月17日。
② 参见：http://treaty.mfa.gov.cn/tykfiles/20180718/1531875991937.pdf，最后访问日期：2023年9月17日。
③ 参见：http://treaty.mfa.gov.cn/tykfiles/20180718/1531875991988.pdf，最后访问日期：2023年9月17日。
④ 参见：http://treaty.mfa.gov.cn/tykfiles/20180718/1531876411087.pdf，最后访问日期：2023年9月17日。
⑤ 参见：http://treaty.mfa.gov.cn/tykfiles/20180718/1531876426089.pdf，最后访问日期：2023年9月17日。
⑥ 参见：http://treaty.mfa.gov.cn/tykfiles/20180718/1531876807877.pdf，最后访问日期：2023年9月17日。

沃拉吉出席第二届"一带一路"国际合作高峰论坛并对华进行国事访问。在此期间，中共中央总书记、国家主席习近平与老挝人民革命党中央总书记、国家主席本扬·沃拉吉签署《中国共产党和老挝人民革命党关于构建中老命运共同体行动计划》，为中老关系长远发展提供指引和遵循，共同开启中老关系新时代。①

2021 年老挝 GDP 增长 3.5%，外贸总额 112.44 亿美元，同比增长 19.8%。②近年来，随着中老两国经济快速发展，双方经贸合作成绩显著，中资企业对老挝投资迈出可喜步伐，一批有实力的中资企业进入老挝市场，投资领域不断扩大，投资方式呈现多样化。2021 年 12 月 3 日，中老铁路首班客运开始运营。12 月 4日，作为"一带一路"的重要项目，中老铁路成为陆海新通道，开辟了一条全新的物流线路。2022 年 1 月 1 日，《区域全面经济伙伴关系协定》（RCEP）正式生效，它将作为东亚经贸合作的里程碑和重要平台，促进区域投资便利化和自由化。

中老日益密切的经贸往来进一步增加了非传统安全风险，而非传统安全风险通常以跨国犯罪的形式出现，发展中老刑事司法协助将成为遏制跨国犯罪的有力手段。此外，自中国开启"猎狐"行动、"天网"行动以来，追逃追赃硕果累累。有数据显示大量贪腐人员逃往东南亚地区，2020 年 1 月—8 月，追逃追赃"天网2020"行动共追回外逃人员 799 人，有 292 人是从东盟国家追回的。③ 中国持续的反腐行动是推动中老发展刑事司法协助的主要背景，中国迫切需要向老挝请求刑事司法协助开展追逃追赃工作。本章旨在梳理中国向老挝提出刑事司法协助请求的基础和程序，并探究中国向老挝请求刑事司法协助的过程中存在的障碍及完善对策，以期增强两国在刑事司法协助领域的合作。

一、中国向老挝请求刑事司法协助的历史与成绩

紧跟着现代国际刑事司法协助含义和范围的发展，中老刑事司法协助的范围也在不断扩大，合作程度不断深入，这对两国执法人员都提出了更高的要求。经过轰动世界的"湄公河案"，中国与老挝开始意识到两国的国际刑事司法合作不能停留在合作共识阶段。只有落实中国与老挝的倡导性文件和刑事司法协助双边条约，不断积累个案经验，中老才能够发挥刑事司法协助制度优势。

---

① 参见《对外投资合作国别（地区）指南：老挝（2020 年版）》，http：//www.mofcom.gov.cn/dl/gbdqzn/upload/laowo.pdf，最后访问日期：2023 年 9 月 16 日。

② 参见《老挝国家概况》，https：//www.mfa.gov.cn/web/gjhdq_ 676201/gj_ 676203/yz_ 676205/1206_ 676644/1206x0_ 676646/，最后访问日期：2023 年 9 月 16 日。

③ 参见《中国与东盟国家深化反腐败合作　织密追逃追赃之网》，https：//www.ccdi.gov.cn/yaowenn/202009/t20200930_ 82336.html，最后访问日期：2023 年 8 月 26 日。

（一）中国向老挝请求刑事司法协助的历史

2011 年发生"湄公河案"后，中国向老挝提出刑事司法合作的请求数量增加，双方建立起联合执法机制，定期合作打击跨国犯罪，扭转了以往各自"单打独斗"的局面，突破了 2011 年之前的"纸面合作"僵局。从现有可以搜集到的公开数据来看，2018 年中老两国警方联合侦办各类案件 30 余起，老挝警方抓获并向中方移交经济、刑事及网络赌博类犯罪嫌疑人 50 名。[①] 一位留学中国的老挝学者称，中国与老挝 2012 年至 2016 年共有两次引渡，分别是 2012 年的"湄公河案"和 2016 年的一起电信诈骗案。[②] 自 2019 年以来，电信诈骗犯罪在东南亚地区屡禁不止，中老的刑事司法合作方向也有改变。由于引渡和申请刑事司法协助有保密性，目前根据公开发布的新闻、期刊可以整理出部分中老的刑事司法合作情况，具体详见下表。

表 8 - 1　2012—2021 年中国与老挝开展刑事司法合作部分情况

序号	时间	抓获经过	合作形式
1	2012 年 5 月 10 日	中国成立专案组赴老挝、缅甸和泰国，与当地警方合作，秘密侦查。在中老缅泰等国的合作下，抓获了糯康集团的二号人物桑康、三号人物依莱	引渡
2	2014 年 8 月 31 日	厦门经侦警方上报情况至福建省公安厅、公安部。公安部、云南边防部门和老挝警方共同沟通，最终洪某汉被引渡回国	引渡
3	2015 年 3 月 28 日	老挝执法机关的积极配合，联合缉捕工作组经过多日摸排侦查和控制挤压，二人主动向中国驻老挝使馆投案	投案自首
4	2016 年 2 月 22 日	邵阳县公安机关派出工作组，在云南西双版纳展开调查，专案组与云南及老挝警方联合抓捕龙某	缉捕
5	2016 年 6 月 24 日	中国赴老挝工作组与老挝警方联手，捣毁了老挝万象、孟蓬洪的 3 个电信诈骗窝点，抓获 42 名犯罪嫌疑人	缉捕
6	2017 年 8 月 14 日	浙江衢州柯山警方将曾某某列为网上追逃人员。经过驻老挝大使馆警务联络官的大力支持协调，曾某某在万象被中老警方联合抓获	缉捕
7	2018 年 1 月 12 日	中老警方开展集中抓捕收网行动，共抓获犯罪嫌疑人 104 名	缉捕

[①] 参见《老挝警方向中方移交联合侦破电信诈骗案 191 名犯罪嫌疑人》，http://www.gov.cn/xinwen/2019-01/11/content_ 5357072. htm，最后访问日期：2023 年 8 月 26 日。

[②] Ounmixay Vixay：《老挝引渡的法律及其实践》，昆明理工大学 2018 年硕士学位论文，第 29 页。

（续表）

序号	时间	抓获经过	合作形式
8	2019 年 1 月 11 日	中老警方联合抓获 191 名中国籍电信诈骗犯罪嫌疑人。（签字移交仪式出席代表包括：老挝公安部安全总局副总局长、警察总局副总局长、中国驻老挝大使馆警务联络官）	缉捕
9	2019 年 10 月 15 日	中国警方组成工作组到老挝开展警务执法合作，河南公安机关将 136 名电信网络诈骗犯罪嫌疑人从老挝押解回国	缉捕
10	2020 年 6 月 8 日	经公安部批准，菏泽市及巨野县两级公安机关派人赶赴老挝首都万象对黄某团伙进行全面摸排，共抓获 83 人	缉捕
11	2021 年 11 月 18 日	石家庄市公安局在公安部、省公安厅猎狐行动办公室的指导下，专人专策开展工作	投案自首

注：上表的资料根据序号依次来源于以下内容：

1. 参见《糯康落网过程：四国围剿　走投无路》，https：//www. guancha. cn/Neighbors/2012_ 05_ 11_ 73531. shtml，最后访问日期：2023 年 8 月 26 日。

2. 参见《外逃老挝一年多　逃犯引渡回国自首为解脱》，http：//www. mnw. cn/xiamen/news/793979. html，最后访问日期：2023 年 8 月 26 日。

3. 参见《"天网"行动初战告捷　两名犯罪嫌疑人被押解回国》，https：//www. ccdi. gov. cn/yaowenn/201503/t20150328_ 48341. html，最后访问日期：2023 年 8 月 26 日。

4. 参见《银行职员挪用百万元潜逃　老挝警方千里"猎狐"》，https：//www. sohu. com/a/128423817_ 114731，最后访问日期：2023 年 8 月 26 日。

5. 参见《涉嫌电信诈骗 81 人被押解回国》，https：//www. 163. com/money/article/BQCIALBB00253B0H. html，最后访问日期：2023 年 8 月 26 日。

6. 参见《涉案 1100 万元红通逃犯被押解回国　潜逃老挝做微商》，https：//www. takefoto. cn/viewnews-1240141. html，最后访问日期：2023 年 8 月 26 日。

7. 参见《104 名电信诈骗犯从老挝押解回国》，https：//tv. cctv. com/2018/01/12/VIDEKBUb3lDhFNKqbIulLbkW180112. shtml，最后访问日期：2023 年 8 月 26 日。

8. 参见《老挝警方向中方移交联合侦破电信诈骗案 191 名犯罪嫌疑人》，http：//www. gov. cn/xinwen/2019 – 01/11/content_ 5357072. htm，最后访问日期：2023 年 8 月 26 日。

9. 参见《130 余名电信诈骗犯罪嫌疑人从老挝被押解回国》，https：//www. chinanews. com/sh/shipin/cns/2019/10 – 16/news834817. shtml，最后访问日期：2023 年 8 月 26 日。

10. 参见《法网恢恢！山东警方远赴老挝等地抓获 83 名电信诈骗犯罪嫌疑人》，https：//baijiahao. baidu. com/s？ id = 1668918966418670829&wfr = spider&for = pc，最后访问日期：2023 年 8 月 26 日。

11. 参见温彦文：《一潜逃老挝经济犯罪嫌疑人向石家庄井陉矿区警方投案自首》，河北法制报2021 年 12 月 14 日，第 5 版。

以"湄公河案"为契机，中老缅泰为共同维护湄公河区域安全建立了四国联合巡逻机制。2011 年 12 月 10 日，首次中老缅泰湄公河联合巡逻执法行动启动，标志着湄公河流域执法安全合作正式开启。四国联合巡逻机制有效发挥了多边机制作用，促成了积极的区域合作，四国联合巡逻硕果累累。2013 年 3 月 19 日清晨，中老双方派出 40 余人组成缉查力量，将原定出现在孟莫码头，搁浅在孟巴里奥水域的运毒船截下，顺利抓获 5 名犯罪嫌疑人，缴获冰毒 579.7 千克。此案是在四国湄公河联合巡逻执法合作机制下破获的首例毒品案件，创造了湄公河流域联合执法的新模式。① 为加大打击毒品犯罪的力度，四国开展"平安航道"联合扫毒行动，这是澜湄合作机制下的重要执法合作内容，各国进一步掌握了金三角地区毒品的生产和贩卖情况。② 中老是联合巡逻执法的积极参与者，如今联合巡逻执法已实现常态化运行，合作模式从单一的巡逻发展到联合扫毒和搜救。

2011 年 9 月，云南省被列为第一批省级防逃追逃协调机制试点单位，凭借地区的天然优势，探索出区域性国际司法合作的防逃、追逃模式。云南检察机关肩负重任，云南省检察院、西双版纳州院和勐腊县院与老挝北部三省南塔、乌多姆赛、丰沙里检察院签署有关检察工作协作的会谈纪要，定期通过培训、交流、边境会晤等方式保持密切的交流合作。云南检察机关与老挝检察机关定期交流，交流合作覆盖云南三级检察机关，合作方式灵活，为后续刑事司法合作开展奠定了基础。为堵住贪官外逃的"口子"，云南检察机关布下"天罗地网"。昆明是第一道防线，边境所在州、市、县是第二道防线，边境协查站是第三道防线。截至 2014 年 7 月，云南已设立 22 个边境协查站，各协查站在边境国家级和省级口岸联检大楼内设置了协查站办公室，部分协查站建立了与对接国司法机关定期双边会晤协作制度。③ 云南的边境协作机制筑牢边境防线，对全国追逃追赃工作发挥巨大作用。

2013 年 9 月，习近平总书记首次提出"中老关系不是一般意义的双边关系，而是具有广泛共同利益的命运共同体"。④ 中国注意到了老挝未来合作和发展的潜力。习近平总书记的论述为后续争取与老挝达成人类命运共同体共识，共建人类命运共同体埋下了伏笔。

---

① 参见《中老缅泰湄公河流域执法安全合作五周年综述》，http：//www. gov. cn/xinwen/2016 - 12/25/content_ 5152611. htm#1，最后访问日期 2023 年 8 月 26 日。

② 孙广勇、林芮：《大湄公河次区域禁毒国际合作稳步推进》，《人民日报》2019 年 5 月 22 日，第 3 版。

③ 参见《感受公平正义云南：不断探索防逃追逃新模式》，https：//www. spp. gov. cn/zdgz/201407/t20140722_ 76939. shtml，最后访问日期：2023 年 8 月 26 日。

④ 《中国共产党和老挝人民革命党关于构建中老命运共同体行动计划》，《人民日报》2019 年 5 月 1 日，第 5 版。

2014 年，中国公安部部署了"猎狐 2014"行动，2015 年 3 月又启动了"天网"专项行动，织密追击贪腐分子法网，中国掀起了境外追逃追赃风暴。云南省响应国家行动计划，多维度与老挝展开合作。2014 年，云南省检察机关积极探索检检、检警、警警协作等多渠道协作方式，同时根据互惠的国际惯例，积极与邻国执法机关开展司法协助，还通过开展工作会晤、签署会谈纪要文件、进行业务交流等形式与周边邻国加强沟通。① 云南省检察机关逐步摸索出一套国际刑事司法协助的工作方法，成为国内积极开展追逃追赃工作的典范。

2014 年 3 月，时任中国公安部边防管理局局长武冬立认为，中国虽然与接壤邻国签订了双边条约，内容却并未实现国内立法转化，国内边防海防管理规范仍然分散、抽象，跨境违法活动突出，边境局势严峻。为此，全国公安边防部队要推动落实党政军警民"五位一体"② 合力治边。③ "五位一体"合力治边在中国与老挝的接壤地西双版纳得到了充分的实践。

2015 年 1 月 23 日，云南边防总队与老挝北部四省警察指挥部形成了会谈纪要和会晤惯例，并商定云南边防总队磨憨边检站与老挝磨丁公安检查站每季度进行一次边防业务会晤，双方代表会就边防检查情况、边防巡逻管控力度、通关效率等进行研讨交流，实现信息互通共享。④ 云南警方正在不断完善警务合作机制，提升边境管理效率，共同维护边境地区安全。

2015 年 7 月，广西检察机关为国外检察同行举办的首个老挝检察官专题研修班在南宁开班，重点向老挝一行学员介绍了中国检察制度、腐败犯罪的主要侦查措施、侦查监督制度、职务犯罪预防工作等。⑤ 老挝会定期选派检察官到中国进行业务交流，内容包括刑事司法制度及改革、特色刑事执行检察制度、民事行政检察制度、公诉制度等。中国切实履行培养检察人才的承诺，注重培养老挝的司法人才。

2016 年 3 月 3 日，为落实 2003 年 10 月签订的《中华人民共和国与东盟国家领导人联合宣言——面向和平与繁荣的战略伙伴关系》，制定了《落实中国—东盟面

---

① 参见《云南：多举措追逃追赃织密"猎狐""天网"》，https://www.spp.gov.cn/dfjcdt/201704/t20170424_188774.shtml，最后访问日期：2023 年 8 月 26 日。

② "五位"指的是由党委政府牵头，职能部门、军警单位、群防力量参与，党政军警民共同合力，"一体"是建立立体化边境防控体系。

③ 王斗斗：《党政军警民五位一体合力治边》，《法制日报》2014 年 3 月 12 日，第 5 版。

④ 参见《云南磨憨边检站与老挝边检机关开展边防业务会晤》，http://www.xinhuanet.com/mil/2015 - 01/26/c_ 127491143.htm，最后访问日期：2023 年 8 月 26 日。

⑤ 参见《老挝检察官专题研修班在南宁开班》，https://www.spp.gov.cn/zdgz/201507/t20150702_100542.shtml，最后访问日期：2023 年 8 月 26 日。

向和平与繁荣的战略伙伴关系联合宣言的行动计划（2016—2020）》，其中第 1.7 条专门列举了有关传统安全的内容，要求在非传统安全合作的框架下加强高层互访和合作，打击人口贩卖合作，推进反恐、国际经济犯罪和网络侦查合作，努力达成双边法律安排，加强中国—东盟的执法合作和协调（包括海上犯罪执法）。中国国内要按照国内法和政策，在刑事侦查、起诉方面加强合作，利用好中国—东盟总检察长会议，加强法律事务合作。① 中国和东盟有和平、繁荣发展的共同愿景。消除非传统风险、共同打击跨国犯罪是中国—东盟能够和平繁荣发展的前提。

2017 年 1 月 4 日上午，中国—东盟成员国检察官交流培训基地开始投入使用，其官方网站也正式运行。② 依托这两个平台中国与东盟各国之间将开展更为密切、有效的司法交流与合作。2017 年 1 月 6 日，中国—东盟成员国检察官交流培训基地、中国—东盟成员国总检察长会议官方网站、广西检察机关涉东盟司法事务办公室在广西南宁建成并投入运行。③ "三个一"平台是与东盟成员国检察机关司法交流合作的新平台。"三个一"平台有利于与东盟国家检察机关信息互通、人员交流培训和司法合作，健全了交流互访、定期会晤、司法协助、边境直接合作等机制，实现巩固发展双边、多边国际司法合作的目的。

中老保持高层会晤，达成多项执法合作协议。2018 年 5 月 12 日至 15 日，在老挝万象举行了中国公安部与老挝公安部的首届执法合作部级会晤。④ 在中国公安部与老挝公安部的警务合作框架内，双方协议建立常态化的工作会谈机制和警务交流机制，建立专门合作协调渠道。

2019 年 9 月，老挝选派检察官来华参加老挝高级检察官法官研修班，培训的内容包括习近平新时代中国特色社会主义思想。⑤ 老挝检察官学习了中国法治思想、中国经验，加快了中老共建人类命运共同体的进程。

2021 年 6 月 25 日，云南出入境边防检查总站磨憨出入境边防检查站与老挝南塔省公安厅班海公安检查站在云南省勐腊县勐满镇中老 35 号主权界碑旁举行会谈

① 《落实中国—东盟面向和平与繁荣的战略伙伴关系联合宣言的行动计划（2016—2020）》，《中国海洋法学评论》2016 年第 1 期，第 259 页。

② 参见《中国—东盟成员国检察官培训基地及官网使用运行》，https：//www.sohu.com/a/123586560_118060，最后访问日期：2023 年 8 月 26 日。

③ 参见《为"一带一路"定制检察服务》，https：//baijiahao.baidu.com/s？id=1645647245252157337&wfr=spider&for=pc，最后访问日期：2023 年 8 月 26 日。

④ 参见《周赛保同志代表湖南省公安厅与老挝万象市公安局签署执法合作安全合作谅解备忘录》，https：//baijiahao.baidu.com/s？id=1601162748943925827&wfr=spider&for=pc，最后访问日期：2023 年 8 月 26 日。

⑤ 参见《老挝检察官法官研修班在广西南宁开班》，https：//www.spp.gov.cn/spp/zdgz/201909/t20190907_431340.shtml，最后访问日期：2023 年 8 月 26 日。

会晤，就禁毒、疫情、边境管控、深化落实禁毒日的相关合作协议、联合执勤执法深入探讨，深化警务合作。① 2021 年 6 月 29 日，西双版纳边境管理支队联合磨憨边检站与老挝北部三省公安厅进行第四次边防业务会谈，这次会谈中老双方在联合执勤执法、边境管控和疫情防控中达成合作共识。针对重大时间节点，双方还会组织落实联勤协作机制，维持边防检查秩序，规范出入境管理。② 西双版纳边境管理支队联合磨憨边检站与老挝北部三省公安厅定期举办边防业务会谈，能够深化中老警务合作，实现信息定时反馈，双方能够及时调整边境的管控措施。

（二）中国向老挝请求刑事司法协助的成绩

中国始终关注老挝在刑事司法协助方面的进步。一直以来中国和老挝都是"唇亡齿寒"的关系，两国之间唯有合作才能实现共赢。在利益交错的国际社会中，国际形势正在发生深刻的变化，两国应紧密联结在一起，共同对抗潜在敌人。老挝是中国倡导共建人类命运共同体计划中不可缺少的一环。经过两国刑事司法协助请求的长期实践和理论发展，目前已经取得了不错的成绩。

合作领域多元化。中国和老挝合作首先聚焦在毒品犯罪领域，逐渐增加打拐、电信诈骗、引渡经济罪犯、疫情管控、边境管控、追逃追赃等领域的合作频率。近几年中老更是在非传统安全领域达成共识，不断朝着双方经济更加繁荣昌盛的目标前进。中老之间的合作日益深化，刑事司法协助在传统安全领域和非传统安全领域都具有举足轻重的作用。

达成合作培养人才的意向。中国积极开办老挝检察官法官研修班，通过东盟平台与老挝开展培训交流活动，将中国优秀的法治理念和先进的法治经验传授给老挝司法人员。实施刑事司法协助不仅需要完善的法律体系实现有法可依，也需要一支有专业法律知识的高素质队伍。帮助老挝培养人才对于中国向老挝请求刑事司法协助工作大有裨益，这解决了中国的刑事司法协助请求到达老挝后"无人处理""处理不及时"的难题。

已形成联合执法的框架。经过"湄公河案"，两国的联合执法合作力度进一步加大。借助联合巡逻执法这一机制，中老警务合作默契度提高，联手遏制了湄公河流域犯罪的滋长，是国际执法安全合作的成功典范。在区域联合执法合作层面，

---

① 参见《中国云南磨憨边检站与老挝南塔班海公安检查站举行会谈会晤》，https://m.gmw.cn/baijia/2021 - 06/25/1302377429.html，最后访问日期：2023 年 8 月 26 日。

② 参见《西双版纳边境管理支队联合磨憨边检站与老挝北部三省公安厅会谈》，https://m.gmw.cn/baijia/2021 - 06/30/1302382548.html，最后访问日期：2023 年 8 月 26 日。

云南主动与老挝建立边境协作机制，为中国开展境外追逃追赃工作打牢基础，顺利封锁云南边境外逃的"口子"。云南警方也十分积极与老挝警方开展警务合作，定期交流、培训、合作。保持友好交往的警务关系有利于两国共享情报信息、联合执法，大大提高了两国开展联合执法行动打击犯罪的准确性、时效性。

总的来说，中国和老挝开展刑事司法协助需求高，合作机会多，合作成果也颇为丰富。云南作为最靠近老挝的省份，已先行探索中老刑事司法合作新模式。东盟是中老司法人员开展沟通交流的重要平台，有助于培养更多既懂中国法又懂老挝法的专业法律人员参与到刑事司法协助的工作中。中国和老挝开展刑事司法协助有广阔的前景，也有必要进一步梳理、完善、精简流程。

二、中国向老挝请求刑事司法协助的依据

除了两国参加的中国—东盟区域性国际文件（参见绪论）以外，还有以下内容作为中国与老挝开展刑事司法协助的依据。

（一）两国共同加入的国际公约

中国与老挝共同加入的国际公约参见下表：

表8-2　中国与老挝共同加入的国际公约

序号	国际公约名称	中国加入时间	老挝加入时间
1	《关于侦察、逮捕、引渡和惩治战争罪犯和危害人类罪犯的国际合作原则》	1973年12月3日	1973年12月3日
2	《反对劫持人质国际公约》	1992年12月28日	2002年8月22日
3	《制止恐怖主义爆炸的国际公约》	2001年11月13日	2002年8月22日
4	《联合国打击跨国有组织犯罪公约关于预防、禁止和惩治贩运人口特别是妇女和儿童行为的补充议定书》	2009年12月26日	2003年9月26日
5	《联合国打击跨国有组织犯罪公约》	2003年9月23日	2003年9月26日
6	《联合国禁止非法贩运麻醉药品和精神药物公约》	1989年10月25日	2004年10月1日
7	《联合国反腐败公约》	2005年10月27日	2009年9月25日

注：表中资料来源于联合国公约网：https：//treaties. un. org。

（二）两国签订的双边条约及其他双边文件

1999年1月25日，为了促进中国与老挝开展刑事司法协助，中老双方在北京

签订《中华人民共和国和老挝人民民主共和国关于民事和刑事司法协助的条约》。这是中国与老挝开展刑事司法协助工作的总依据。签订该刑事司法协助条约确定了中老双方在刑事司法协助的主要协助事项和程序。

2000 年 10 月 13 日，最高人民检察院和老挝总检察院达成合作协议，双方约定在职权内扩大互助合作范围，互相交流法律文件、检察业务信息和法学出版物。为提高老挝检察人员的专业技术能力，中方统一对老挝检察人员进行培训，协助提高其业务能力。① 2000 年 10 月，中国参加"东盟 + 中国"国际禁毒会议，签署《东盟和中国禁毒行动计划》。② 2000 年 11 月 12 日，中老在万象签署《关于双边合作的联合声明》，双方对各领域作出规划，其中第 8 条约定，双方要共同打击走私、贩毒等各类跨国犯罪活动，加强信息和资料交流，进一步密切公安和司法合作。③

2001 年 1 月 15 日，中国派贾春旺前往老挝访问，并与老挝签署了《中华人民共和国政府和老挝人民民主共和国政府关于加强禁毒合作的谅解备忘录》。双方肯定禁毒合作能有效控制非法贩运毒品犯罪，确定中老要在预防打击犯罪、管理相关药物和化学品、戒毒与康复、执法合作、法律法规交流等方面大力开展合作。④谅解备忘录的内容包含了大量禁毒相关的合作细节，为后续中老的深度禁毒合作提供了契机。

2002 年 2 月 4 日，中老两国在北京签订《中华人民共和国和老挝人民民主共和国引渡条约》。引渡是现代刑事司法协助的重要方式之一，在国际刑事司法合作、打击跨国犯罪和追缴犯罪所得三方面都有重要作用。⑤ 中老的双边协助条约和引渡条约初步建立了中老刑事司法协助的框架。不过，两条约签订时间较早，目前在实践中面临使用率低的问题。

2006 年 11 月 19 日，中国政府和老挝政府签订《中华人民共和国政府和老挝

---

① 参见《中华人民共和国最高人民检察院和老挝人民民主共和国总检察院合作协议》，http://www.ca-pgc. org/xdxy/201612/t20161216_ 1912687. shtml，最后访问日期：2023 年 8 月 26 日。

② 参见《新闻背景：中国与"金三角"各国禁毒合作大事记》，http://news. sohu. com/58/91/news200969158. shtml，最后访问日期：2023 年 8 月 26 日。

③ 《中华人民共和国和老挝人民民主共和国关于双边合作的联合声明》，《人民日报》2000 年 11 月 13 日，第 1 版。

④ 参见：http://treaty. mfa. gov. cn/web/detail1. jsp? objid = 1531876832397，最后访问日期：2023 年 8 月 26 日。

⑤ 陈海峰：《刑事审查起诉程序正当性完善研究》，华东政法大学 2013 年博士学位论文，第 27 页。

人民民主共和国政府关于禁止非法贩运和滥用麻醉药品和精神药物的合作协议》。①
该协议就中老双方如何交换情报、侦查权和搜查权的范围作了具体指引。第一，
对侦查权、搜查权的行使范围予以确认。具体体现在第 2 条，一方可根据另一方的
请求，通报犯罪嫌疑人和罪犯的身份、案情和证据，并递解犯罪嫌疑人和罪犯。
也就是说，只要满足各自国家的领域和职权范围，就可以对不论国籍的犯罪人员
进行侦查、搜查。递解罪犯，指犯罪地的侦查机关可以对抓获的犯罪嫌疑人进行
押送，直至把嫌疑人移交给犯罪人原国籍的公安机关，直接提高了抓捕效率。第
二，进一步扩大拓宽情报信息交流范围，提高联合侦查及执法的可能性。第 4 条②
拓展了应交换的情报信息范围，打击禁毒犯罪的各项情报内容更加具体、全面。
情报范围不仅仅包括已实施的犯罪线索，还包含潜在犯罪的线索，两国执法人员
可以互相交换犯罪人犯意的情报，表现出中老两国在联合侦查、联合执法强烈的
合作意愿。

2009 年 11 月 17 日至 18 日，首届东盟与中国（10 + 1）打击跨国犯罪部长级
会议在柬埔寨举行，该会议修订了《中国与东盟非传统安全领域合作谅解备忘
录》。2011 年，中国与老挝在第二次中国与东盟打击跨国犯罪部长级会议上，签署
了《关于落实〈谅解备忘录〉的行动计划》，文件的签署促使双方深化互信，中国
与东盟的跨国犯罪执法合作也将提升到新层次。中国—东盟建立了执法安全层面
上的高层沟通机制，进一步密切执法合作关系。③

2014 年 9 月，国务委员、公安部部长郭声琨与访华的老挝公安部代部长宋乔
签署两国政府间《关于合作预防和打击拐卖人口犯罪的协定》。④ 老挝是拐卖犯罪
猖獗的重点区域，中老签订协定表明中老在打击人口犯罪的态度是一致的。中国
和老挝坚决站在跨国犯罪的对立面，始终坚持合作打击跨国贩卖人口犯罪。

2016 年 9 月 5 日，中国反洗钱监测分析中心和老挝反洗钱情报办公室在美国
圣迭戈签署了《关于反洗钱和反恐怖融资信息交流合作谅解备忘录》。双方应在备
忘录的基础上加强涉嫌洗钱、恐怖融资及其相关犯罪的信息收集、研判和相互协

---

① 参见：http：//treaty. mfa. gov. cn/web/detail1. jsp？objid = 1531876903924，最后访问日期：2023 年 8 月 26
日。

② 《关于禁止非法贩运和滥用麻醉药品和精神药物的合作协议》第 4 条内容主要包含企图贩运、转移、使
用毒品情报；过境隐蔽方法；发现物质的方法；预防非法活动的信息；犯罪组织和常用贩运路线信息；发现和铲
除种植非法毒品原植物的种类、数量及位置的信息；替代种植与发展相关信息；其他双方感兴趣的信息。

③ 《东盟与中国打击跨国犯罪部长级会议在柬埔寨举行》，http：//www. gov. cn/jrzg/2009 - 11/18/content_
1468044. htm，最后访问日期：2023 年 8 月 31 日。

④ 参见《中国与东盟执法安全合作综述：共建共享　合作共赢》，https：//china. huanqiu. com/article/
9CaKrnJQMPe，最后访问日期：2023 年 8 月 26 日。

查的合作。① 中老都要加强金融情报机构对洗钱、恐怖融资及其相关犯罪等的信息监控。中老签署谅解备忘录进一步提升了双边反洗钱合作水平。

2016 年 9 月 9 日，中老两国发表联合公报，表示为共同推进"一带一路"建设合作，双方同意加强执法安全合作，建立两国公安部部级会晤机制，深化国内安全保卫、境外追逃追赃、打击跨国犯罪、湄公河流域执法安全合作等领域合作，另外还签署了《关于开展国内安全执法领域情报信息交流合作的谅解备忘录》。② 中老还在联合公报中要求加快中老铁路前期准备，尽快将老挝的"陆锁国"身份变为"陆联国"。中老同心协力共建中老铁路，是对习近平主席的"一带一路"倡议的积极回应，中老友好关系达到新高度。

2018 年 5 月 14 日，周赛保代表湖南省公安厅与老挝万象市公安局签署了《关于加强执法安全合作的谅解备忘录》。③ 谅解备忘录进一步畅通了湖南公安与老挝公安的沟通渠道。

2019 年 4 月 30 日，中共中央总书记、国家主席习近平与老挝人民革命党总书记、国家主席本扬·沃拉吉签署《命运共同体行动计划》，这份文件着眼未来五年从政治、经济、安全、人文、生态这五个方面推进计划，标志着双边关系迈入新时代。④ 在执法合作和追逃追赃方面，《命运共同体行动计划》明确两者还需要进一步深化，在原有的《联合国反腐败公约》、东盟等多边机制之上，深度挖掘、提高沟通效率；应深化执法安全合作，坚持情报交流工作，继续加强在跨境犯罪、人口拐卖、恐怖主义、非法出入境、湄公河联合执法、"一带一路"安保等领域合作。

中老铁路是联结中国和老挝区域一大重要工程。中老监察机构多次开展中老铁路廉洁建设会商，努力打造"一带一路"廉洁建设示范工程。中老铁路工程通过顶层设计和精心谋划，将廉洁建设纳入《精品工程建设指导意见》。为了贯彻落实廉洁建设工作开展，内部制定并完善《廉洁建设工作方案》《中老铁路项目建设重点环节廉洁风险防控手册》《廉洁建设十条行为准则》，成立廉洁建设领导小组，

---

① 参见《中国反洗钱中心与老挝反洗钱情报办公室签署信息交流合作谅解备忘录》，http：//m. jrj. com. cn/madapter/finance/2016/09/07093021425905. shtml，最后访问日期：2023 年 8 月 26 日。

② 参见《中国和老挝发表联合公报》，http：//www. xinhuanet. com//world/2016 – 09/09/c _ 1119539744. htm，最后访问日期：2023 年 8 月 26 日。

③ 参见《周赛保同志代表湖南省公安厅与老挝万象市公安局签署执法合作安全合作谅解备忘录》，https：//baijiahao. baidu. com/s？ id = 1601162748943925827&wfr = spider&for = pc，最后访问日期：2023 年 8 月 26 日。

④ 参见《廉洁丝绸之路北京倡议》，https：//www. ccdi. gov. cn/yaowen/201904/t20190426_ 192942. html，最后访问日期：2023 年 8 月 26 日。

全流程项目风险防控，选派优质管理人员承担主体责任。中老两国签署了《合作谅解备忘录》，启动建设"廉洁之路"，签订《廉洁承诺书》。双方一贯保持友好交流，坚持以问题为导向，定期开展廉洁建设工作，协商廉洁建设措施。建立一系列制度机制是推进中老铁路"廉洁之路"建设的重要保障，① 中国与老挝在中老铁路廉洁建设中创新了反腐败合作方式，成功打造了"一带一路"廉洁示范工程，彰显了中老两国今后坚持抵御腐败的决心。

（三）两国国内法

中国国内法已经在绪论统一进行论述，在此不再赘述。老挝涉及国际刑事司法协助的国内法有以下内容。

《老挝人民民主共和国刑事诉讼法》（2004 年）。该法第 11 编为国际刑事司法国际合作，第 117 条规定老挝与他国开展刑事司法国际合作的原则。老挝进行刑事诉讼的主管机构与外国主管机构之间的刑事司法国际合作，应当坚持尊重独立国家的领土主权、不干涉内政、平等互利的原则，并与《老挝人民民主共和国宪法》和国际法的基本原则一致。第 118 条规定刑事司法国际合作的依据。刑事司法国际合作必须遵守老挝与外国签订的协定，或老挝加入的，并与老挝法律一致的国际公约。与老挝尚未签订相关协定，或老挝尚未加入有关刑事诉讼的国际公约，老挝与相关国家之间的刑事司法合作应当依据相互合作的原则执行，但不得与老挝的法律相冲突。2017 年老挝修订了《老挝人民民主共和国刑事诉讼法》，其第 14 章为刑事司法国际合作内容。新《老挝人民民主共和国刑事诉讼法》增加了一些实施的条款。第 272 条规定，在进行司法协助时，对老挝有管辖权的当局必须遵守老挝加入的国际公约并遵守法律。司法协助可包括引渡罪犯，没收被告人财产，收集犯罪信息、案件相关信息和材料，执行法院判决，合作打击跨国犯罪等。第 273 条规定了老挝拒绝司法协助的情形。老挝刑事司法机关在下列情况下可拒绝提供司法协助：刑事司法协助申请不符合老挝加入的国际公约和老挝法律；实施司法协助将影响老挝的主权、和平、国家安全或切身利益。

《老挝人民民主共和国引渡法》（2012 年）。其作为老挝首部引渡法律，规定了引渡罪犯的原则、规则和措施。无论老挝是否与他国签订引渡条约，原则上都可以适用《老挝人民民主共和国引渡法》。《老挝人民民主共和国引渡法》进一步确定了老挝向外国请求引渡和外国向老挝请求引渡的请求、审批、执行程序，引

---

① 参见《共建一带一路　开创美好未来中老铁路"廉洁之路"建设全景扫描》，https://www.ccdi.gov.cn/yaowenn/201904/t20190428_72492.html，最后访问日期：2023 年 8 月 26 日。

渡相关部门职责等。

《老挝人民民主共和国国际刑事司法合作法》（2020 年）。该法适用于老挝政府和请求或被请求的外国政府之间的刑事司法合作，但不适用于引渡、移管被判刑人、移交刑事案件，老挝加入的公约有另外的规定除外。国际刑事司法合作是指在老挝与外国之间提供刑事互助。制定《老挝人民民主共和国国际刑事司法合作法》的目标是规定管理和监督国际刑事司法合作工作的原则、条例及措施，目的是促进犯罪预防和打击、刑事侦查和起诉方面的合作高效开展，重点保障人民与政府权益，为保护和发展国家作贡献。老挝在与别国开展刑事司法合作的过程中，要坚持以下国际刑事司法合作原则：尊重独立、主权、领土完整，互不干涉内政，平等互利；尊重并遵守老挝宪法、法律以及老挝加入的公约；确保国家安全，社会安稳有序；尊重有关人员的尊严、权利和自由；确保与相关方开展准确、及时的协调。老挝鼓励与外国开展国际刑事合作，期望通过经验、信息、技术、培训交流及研讨会提高知识水平、专业技术能力，以互助的方式开展国际刑事司法合作。

三、中国向老挝请求刑事司法协助的程序

老挝审查、执行外国刑事司法协助请求主要涉及《老挝人民民主共和国刑事诉讼法》《老挝人民民主共和国引渡法》《老挝人民民主共和国国际刑事司法合作法》。刑事司法协助请求分为引渡请求和其他刑事司法协助请求。中老引渡请求提出、接收和处理的法律依据是《引渡法》《中华人民共和国和老挝人民民主共和国引渡条约》。除引渡外的其他刑事司法协助请求的提出、接收和处理由 2018 年颁布的《国际刑事司法协助法》和中老签订的《中华人民共和国和老挝人民民主共和国关于民事和刑事司法协助的条约》予以确定。

（一）中国向老挝请求刑事司法协助的提出

按《引渡法》第 47 条，中国需要向多主体提请引渡。中国向老挝申请引渡需要省级的审判、公安、检察、国安或监狱管理机关分别向其对应的国内最高级别机关提出意见书（例如，省级公安对应公安部），最后由最高法、最高检、公安部、国家安全部、司法部分别会同外交部审核，各个部门都审核同意后则通过外交部向外国提出请求。《引渡法》第 48 条设置了紧急程序。如果向老挝申请引渡是通过外交途径或者取得老挝同意的其他途径，可以请求老挝对有关人员先行采取强制措施。中国要遵守《中华人民共和国和老挝人民民主共和国引渡条约》划定的引渡范围，坚持"双重犯罪原则""政治犯不引渡原则""军事犯不引渡原

则"。根据《中华人民共和国和老挝人民民主共和国引渡条约》第 2 条规定的可引渡的情形，中国向老挝申请引渡的条件应满足：根据双方法律均构成犯罪并且均可判处一年以上有期徒刑或者其他更重刑罚的行为；双方构成犯罪的标准，不要求两国的罪名相同，也不要求划入同一犯罪种类；如已判刑，则要求未服刑期至少六个月；多项犯罪事实，只要其中一项犯罪事实满足，就可以实施引渡。

中国申请引渡的请求书要严格按照《中华人民共和国和老挝人民民主共和国引渡条约》制定。根据《引渡法》第 49 条的规定，中老之间开展引渡有签订双边条约的，依据双边条约制作文书、文件、材料。《中华人民共和国和老挝人民民主共和国引渡条约》规定请求书内容，其第 7 条、第 8 条规定引渡请求应当书面提出并符合有关规定。引渡请求包含请求机关的信息、被请求引渡人的基本信息以及其他有助于辨别其身份和查找该人的情况。请求书应当附有与被请求引渡人相关的案情说明，内容包含被请求引渡人的犯罪时间、地点、行为结果。除此之外，请求书还应说明该案的刑事管辖权、定罪和刑罚、追诉时效的法律规定。倘若后续要提起刑事诉讼，应当有中方签发的逮捕证副本；要执行刑罚应当有已发生法律效力的法院裁判书副本和已执行刑期的说明。补充材料有期限限制，30 日内可以补充材料，有合理要求的可延长 15 日。材料超过期限没有提交视为自动放弃，但可以重新提出引渡请求。中国对于老挝提出的引渡附加要求，可以依据《引渡法》第 50 条由外交部代表中国政府对老挝作出承诺，其中最高检决定限制追诉的承诺，最高法决定量刑的承诺。中国司法机关对被引渡人追究刑事责任时应当受量刑承诺约束。

《老挝人民民主共和国引渡法》中关于附带文件的请求补充了《中华人民共和国和老挝人民民主共和国引渡条约》约定的不足。《老挝人民民主共和国引渡法》第 14 条对外国向老挝申请引渡要附带的文件有具体要求。引渡请求应附带下列内容：一是请求国的检察官、法官或其他主管官员的逮捕证复印件；二是证明该人被逮捕和交付审判的证据，提交逮捕令上的人为被请求人的证据。如要引渡起诉，则请求国应附带下列文件：一是请求国最终判决书或判决书副本；二是表明被请求引渡的人是被判决人的证据；三是判决被执行的可能性陈述；四是在缺席审判的情况下，应有明确保证被请求引渡的人可以为自己辩护，或者在被请求引渡人出席的情况下能够重新开庭的文件。

其他国际刑事司法协助的请求则依据《国际刑事司法协助法》和《中华人民共和国和老挝人民民主共和国关于民事和刑事司法协助的条约》来提出。《国际刑事司法协助法》第 9 条和《中华人民共和国和老挝人民民主共和国关于民事和刑事司法协助的条约》第 6 条指定了中国向老挝提出请求的机关和程序。办案机关要向老挝请求刑事司法协助，应当制作刑事司法协助请求书并附相关材料，经所属主管机关审核同意后，由司法部及时向老挝提出请求。《老挝人民民主共和国国际刑事司法合作法》第 9 条规定，请求国经使领馆向老挝协调中心单位（最高人民检察院）提交申请。根据老挝加入的公约所提交的国际刑事司法合作申请，需按公约的规定执行。

在申请过程中，请求书是审查的重要对象，请求书要严格按照《中华人民共和国和老挝人民民主共和国关于民事和刑事司法协助的条约》制作。《中华人民共和国和老挝人民民主共和国关于民事和刑事司法协助的条约》第 10 条规定了请求书的要求，是民事和刑事司法协助请求书制作的共同标准。中国向老挝提出的请求书应包括请求机关的名称和地址，被请求机关的名称和地址（也可以是不知道的情况下出具请求书），诉讼性质，案情摘要，诉讼当事人及其他与执行请求有关人员的姓名、性别、国籍、出生时间和地点、住所或居所、职业（如系法人，则提供该法人的名称和地址；当事人如果有法定代理人，应写明法定代理人的姓名和住址），协助的内容，执行请求所需的其他文件和材料。请求书应说明向被调查人所提的问题、调查事由的陈述、被调查的文件或其他财产、证据是否应经宣誓、使用任何特殊形式作证的要求。请求书内容应经请求国中央机关证明无误，也就是中老的司法部要对文件内容负责，出具证明确认内容无误。

除《中华人民共和国和老挝人民民主共和国关于民事和刑事司法协助的条约》规定范围以外的国际刑事司法合作事项，请求书的制作要求依据《老挝人民民主共和国国际刑事司法合作法》补充。《老挝人民民主共和国国际刑事司法合作法》第 10 条也对国际刑事司法合作申请表需要具备的内容予以规定。合作申请表内容包括：请求国权力机关的名称以及地点；申请目的和原因，所需合作类型或性质；特定的请求或诉求问题；刑事问题、事件性质，案情概要和公诉词，如案件内容、罪行和被请求国的相关法律（含最高刑罚）；执行请求的规定时间；提取证词地点以及所需证词的用途问题；证据或赃物保存地点。国际刑事司法合作请求单必须随附与请求相关的文件。请求单以及相关文件需附有请求政府机构的详细日期，要有签名和盖章，根据公约的规定文字应翻译为老挝语或其他语言。

（二）老挝对中国刑事司法协助请求的接收和处理

中国向老挝提出引渡请求后的接收和处理程序表现为老挝的审查程序。《老挝人民民主共和国引渡法》第 16 条规定了老挝审议请求的程序。接收到引渡请求和附加文件后，老挝外交部或中央当局，应当慎重考虑该引渡将涉及的外交关系、国家利益以及请求书的信息是否已经完善。老挝外交部应将请求转交最高人民检察院进一步审理引渡请求，确保引渡提供的请求信息充分、完善。这里的中央当局，按照《中华人民共和国和老挝人民民主共和国引渡条约》第 6 条是"应当通过各自指定的机关进行联系"中的指定机关。中方应当按《中华人民共和国和老挝人民民主共和国引渡条约》提交引渡请求，若引渡请求信息不足的，老挝外交部或者中央主管机关收到通知之日起 15 日内有权要求补充信息。如果老挝方需要附加信息，中方需要在提出请求后 45 日内提供附加信息。没有在期限内补充信息的，视为自动放弃该引渡请求，但不应排除下一次相同目的的引渡请求。

老挝接收请求后交给协调中心单位进行审批。《老挝人民民主共和国国际刑事司法合作法》第 11 条规定由协调中心单位（最高人民检察院）审批国际刑事司法合作请求。协调中心单位（最高人民检察院）收到请求国提出的国际刑事司法合作请求后，需审查请求及其证明文件，如正确、完整，应移交刑事诉讼单位进行合作，如有错误或遗漏，应通知请求国进行修改或补充，或拒绝上述合作请求。协调中心单位（最高人民检察院）需将进展或导致请求处理延时的问题通知请求国，或者在难以处理请求的情况下，可以要求请求国提供额外信息。刑事诉讼机关应根据《老挝人民民主共和国刑事诉讼法》规定，按照申请中规定的时间尽快开展工作。

四、中国向老挝请求刑事司法协助的内容

引渡是中国与老挝之间开展追逃工作的重要手段。2012 年老挝为了与国际社会接轨、更好地打击犯罪，通过了《老挝人民民主共和国引渡法》，中老的引渡程序有了新的变化。老挝主要依据《老挝人民民主共和国引渡法》对中国的引渡请求进行批准、执行。《中华人民共和国和老挝人民民主共和国关于民事和刑事司法协助的条约》将送达文书和调查取证的内容合并，因此本章对这两个刑事司法协助内容进行合并讨论。其他刑事司法协助具体内容则根据中国新颁布的《国际刑事司法协助法》对应老挝的国内法律体系分类别讨论。

（一）送达文书和调查取证

中国向外国请求送达文书和调查取证的程序由《国际刑事司法协助法》第 3 章第 1 节和第 4 章第 1 节规定，中国的办案机关需要向老挝送达文书和调查取证的，应当制作请求书和相关材料。办案机关所属主管机关同意后，由对外联系机关司法部及时向老挝提出请求。其中，证据或物品使用完毕后应当通过对外联系机关司法部及时归还。

《中华人民共和国和老挝人民民主共和国关于民事和刑事司法协助的条约》涉及送达文书和调查取证的部分，呈现民刑杂糅的特点。关于送达文书，在《中华人民共和国和老挝人民民主共和国关于民事和刑事司法协助的条约》中，刑事和民事的送达文书规定是一致的。考虑到刑事案件的特殊性，《中华人民共和国和老挝人民民主共和国关于民事和刑事司法协助的条约》第 29 条规定刑事司法协助送达文书和调查取证的请求书与民事的要求大体一致，但刑事司法协助请求书还应包括犯罪行为的描述和据以认定行为构成犯罪的法律规定。也就是说，刑事的请求书标准相对较高。关于调查取证，根据《中华人民共和国和老挝人民民主共和国关于民事和刑事司法协助的条约》第 27 条，双方在刑事方面互相代为送达诉讼文书，可以进行与调查取证有关的司法行为。该条款与《中华人民共和国和老挝人民民主共和国关于民事和刑事司法协助的条约》第 9 条十分相似，民事案件的调查取证要求同样可以采取任何和调查取证有关的措施。

老挝作为被请求国时，应对执行结果尽职且负有通知义务。《中华人民共和国和老挝人民民主共和国关于民事和刑事司法协助的条约》第 11 条、第 12 条和第 15 条确认了老挝的通知义务，老挝方应当执行或转交到有权机关处理。执行送达文书或调查取证的请求时，老挝方应适用本国的法律，也可以在不违反上述法律的情况下，根据中方的请求采用请求书所要求的特殊方式。确实无法执行的，老挝方负有通知义务，有必要向中方说明无法执行的原因。老挝方应根据请求将执行调查取证请求的时间和地点通知中方，以便有关当事人或其代理人在执行请求时到达现场。中方要求通知有关当事人或其代理人的，也可直接通知有关当事人或其代理人。通过中方司法部提请的送达文书和调取证据，老挝的司法部应根据请求，将执行请求的结果书面通知中国的司法部。送达文书应根据老挝方的送达规则予以证明，送达证明应注明送达的时间、地点和受送达人。老挝方通知调查取证的结果时，应随附所获取的证据。

老挝调取证据时可以适当采取强制措施。《中华人民共和国和老挝人民民主共和国关于民事和刑事司法协助的条约》第 13 条约定通过司法部发起的刑事司法协助，可以采取强制措施。在执行调查取证请求时，老挝方在本国法所规定的情形下和范围内，可以采取适当的强制措施。《老挝人民民主共和国刑事诉讼法》（2017 年）第 135 条规定，为及时制止犯罪或当认为嫌疑人或被告可能对侦查、起诉或案件审理造成困难，以及为确保执行法院判决，侦查机关、检察院或法院有权根据本法第 136 条采取措施。第 136 条规定强制措施种类为拘传、拘留、逮捕、还押候审、判决前释放、判决前软禁、中止职责或职务。第 137 条规定了拘传的使用条件。当可疑人、犯罪嫌疑人、证人、附带民事诉讼原告人、民事责任方经 3 次传票传唤，没有充足的理由仍未到场时，侦查机关负责人、检察院检察长和法院院长均有权发布拘传令。因此，老挝可以对拒不配合的证人发出拘传令，强制其配合调查取证工作。执行拘传令有严格的时间限制，拘传令仅在 6 点到 18 点执行，可疑人或犯罪嫌疑人逃匿或无固定居所情况除外。执行拘传令为警察职权，军人犯罪则交由军人执行。拘传前，需向被拘传人宣读拘传令。对特殊人员采取特殊处理，禁止对孕妇或经医护人员确认不能移动的病患人员拘传。

采取强制措施也有例外情形。按照《中华人民共和国和老挝人民民主共和国关于民事和刑事司法协助的条约》第 16 条规定，中国可以通过外交或领事代表机构向老挝境内的中国国民送达文书和调查取证，此种方法不得采取强制措施。也就是说，通过双方中央机关司法部送达文书和调取证据可以采取强制措施，通过外交或领事代表机构送达文书和调查取证不可以采取强制措施。

（二）安排证人作证或者协助调查

中国不仅同意老挝证人、鉴定人前往中国作证，还支持电子方式作证。《国际刑事司法协助法》第 5 章第 1 节规定中国办案机关通过所属主管机关同意后，可以请求老挝安排证人、鉴定人来到中国，或者通过视频、音频的方式作证或者协助调查，应当制作请求书和相关材料，及时由对外联系机关司法部提出请求。例如，《公安机关办理刑事案件程序》第 382 条规定公安机关需要证人、鉴定人来华作证或协助调查的，应由公安部同意，由对外联系机关及时向外国提出请求。公安机关作为办案机关，经公安部同意的，可以按《国际刑事司法协助法》的规定要求老挝证人、鉴定人到中国作证。这大大便利了各办案机关收集老挝的证人证言。

老挝准许本国证人或鉴定人到中国出庭，证人或鉴定人出庭要遵循保护原则。《中华人民共和国和老挝人民民主共和国关于民事和刑事司法协助的条约》第 17 条规定了证人出庭作证的条件和证人拒绝出庭的权利。中方可以请求证人或鉴定人到中方司法机关出庭作证，但这种出庭必须是有需要的，且应说明原因，老挝方有必要将证人或鉴定人的回复告知中方。老挝方的证人或鉴定人可以拒绝出庭，即使在出庭传票中记载有一项刑罚的通知，证人有不回复传票和拒绝出庭的权利，如果证人或鉴定人拒绝，就由老挝方通知中方。《中华人民共和国和老挝人民民主共和国关于民事和刑事司法协助的条约》第 18 条是证人或鉴定人保护条款。因中方要求出庭的，不得因其在离开老挝前的犯罪行为或被判定的罪行而对其拘留、起诉或审判，或者采取任何其他限制人身自由的措施，也不得因其证词或鉴定而对其拘留、起诉或惩罚。但是证人或鉴定人在经过无需出庭的连续 30 日，证人或鉴定人仍然自愿停留在请求国境内，或又返回请求国境内，则不受该条款保护。《公安机关办理刑事案件程序》第 382 条重申了这一点。公安机关不能对证人或鉴定人入境前实施的犯罪予以追究。证人或鉴定人的人身自由受到保护，除非入境后因实施犯罪行为被采取强制措施。

对来华作证的人员适当予以补助。《老挝人民民主共和国国际刑事司法合作法》第 24 条第 3 款规定开展国际刑事司法协助的部分费用需要由请求国支付。开展国际刑事司法协助费用能否得到补偿，是老挝考虑合作的重要因素。费用主要是指派遣人员前往所请求的国家领土和返回老挝的相关费用，包括差旅、食宿费、手续费、服务费、医疗费及当事人请求的其他费用。中国对老挝来华的证人补贴有明确的法律规定，《国际刑事司法协助法》第 34 条规定来华作证的证人、鉴定人都应获得补助。《公安机关办理刑事案件程序》第 383 条给补贴证人、鉴定人留下了空间。关于刑事司法协助需要支出费用，公安机关根据有关国际条约、协议的规定，或者按照对等互惠的原则协商办理。这缓解了老挝方证人因作证产生的路费、误工费等支出的担忧。

在押人员作证或协助调查要遵守协议内容，保证羁押状态。《国际刑事司法协助法》第 35 条规定在押人员作证或协助调查的特殊要求。由对外联系机关司法部会同主管机关与被请求国在移交前先达成协议，主管机关和办案机关都应当遵守协议内容，保证该人处于羁押状态，并在协助结束后送回被请求国。签订协议可以保护在押人员的权利，也可以明确举证义务。

（三）查封、扣押、冻结涉案财物

《中华人民共和国和老挝人民民主共和国关于民事和刑事司法协助的条约》在查封、扣押、冻结涉案财物上缺少请求书内容的规定，请求书内容由《国际刑事司法协助法》确定。《国际刑事司法协助法》第 39 条规定由办案机关制作请求书和材料，经所属的主管机关同意后，由对外联系机关向外国提出请求。由于《中华人民共和国和老挝人民民主共和国关于民事和刑事司法协助的条约》没有约定查封、扣押、冻结涉案财物的具体内容，对外联系机关尚不明确。如果中国要向老挝申请查封、扣押、冻结涉案财物，请求书的内容首先要满足《国际刑事司法协助法》第 40 条。信息要有指向性，具体包括涉案财物的权属证明、名称、特性、外形和数量等；涉案财物的地点或者是金融机构的名称、地址和账户信息；法律文书副本；查封、扣押、冻结和利害关系人在中国的保障规定；其他有帮助的材料。《国际刑事司法协助法》第 41 条允许再次查封。允许办案机关经第一次查封、扣押、冻结财物后，再次提出请求保持查封、扣押、冻结状态。办案机关决定解除的应及时通知解除。

中国可以向老挝提出扣押财产的请求，具体程序由《老挝人民民主共和国国际刑事司法合作法》补充。2020 年《老挝人民民主共和国国际刑事司法合作法》颁布后，其第 7 条规定刑事司法国际合作请求的范围包含了扣押财产的程序。老挝允许外国向其请求扣押财物。《老挝人民民主共和国国际刑事司法合作法》第 20 条规定请求国申请扣押应提供法定扣押文件。当请求国提出要求且提供财物扣押令原件时，老挝侦查机关应在老挝法律许可的前提下在老挝的范围内扣押财物。协调中心单位（最高人民检察院）有通知请求国财物扣押结果的义务。《老挝人民民主共和国刑事诉讼法》（2004 年）第 55 条规定，被查封、扣押的与犯罪有关的物品的种类、数量、位置应具体地告知，并说明该物品可能用于刑事诉讼，侦查机关的负责人或公共检察官应签发一个查封、扣押财产的命令。其中，不动产应当签发查封令封存。对扣押的非法物品，尤其是毒品，应立即委任专家验证其品质、类型和成分。可见，老挝查封、扣押财产的权力掌握在侦查机关的负责人或公共检察官的手里。后续管理和保护财物根据《老挝人民民主共和国刑事诉讼法》进行。《老挝人民民主共和国刑事诉讼法》《老挝人民民主共和国国际刑事司法合作法》弥补了《中华人民共和国和老挝人民民主共和国关于民事和刑事司法协助的条约》的缺憾。

根据搜查对象的不同，扣押和查封财产方式也不同。《老挝人民民主共和国刑事诉讼法》（2017 年）第 123 条规定了搜查建筑物的具体程序。原则上，建筑物搜查必须有村委会管理人员、房屋所有人和至少 2 名证人在场。涉及具体场所时，根据场所功能不同在场人员的要求也不同。搜查办公地点时，需有关所属单位的代表在场。搜查宗教场所，需有寺庙住持、基督教教徒、负责人或有关宗教场所代表在场。老挝对搜查时间也很严格，要求搜查建筑物和宗教场所的时间为白天 6 点—18 点，超过 18 点已经进行的搜查可继续搜查直至结束。在执行搜查期间，搜查人员有权控制人员进入或离开搜查场所，有权禁止搜查场所内外部人员联系。扣押物品的要求比较高，当实物材料和其他文件与犯罪有关或为非法物品时，方可扣押作为案件物证。

搜查怀疑藏匿违法物品或犯罪人的汽车、船等交通工具时，《老挝人民民主共和国刑事诉讼法》（2017 年）第 124 条规定了搜查交通工具和搜查人身的限制条件。搜查时间没有限制，但必须有交通工具所有人在场。对被逮捕、被羁押的人，或怀疑藏匿违法物品的人进行人身搜查，即使未获得检察院检察长或法院院长下发的搜查令，也可进行。对女性展开人身搜查需要女性搜查人员参与，并在封闭场所进行。根据《老挝人民民主共和国刑事诉讼法》（2017 年）第 125 条，完成建筑物、交通工具或人身搜查后，搜查人员应当场制作详细搜查记录，并根据物证外观、数量和质量制作详细清单。建筑物搜查记录一式三份，当场向参与搜查人员宣读，签字和按压手印以作凭证。搜查记录一份存放入卷宗，一份交房屋所有人或有关办公楼、机关单位、企业代表保存，一份交村委会管理人员保存。交通工具或人身搜查记录同样一式三份，一份记录存放入卷宗，一份记录交由交通工具所有人或被搜查人保存，一份交由官员保存。

搜查过程中需要扣押实物或文件时，《老挝人民民主共和国刑事诉讼法》（2017 年）第 126 条规定，扣押权力由侦查警官行使。在搜查建筑物、工作场所、交通工具和人身时，侦查警官有权扣押作为证据或案件赃物的实物或文件。在搜查过程中扣查实物或文件必须制作扣押记录。上述记录必须注明时间、日期、搜查地点、参与搜查人员姓名和职务、扣押物品清单。制作完记录后必须当面向参与搜查人员宣读，并要求签字和按压手印。

扣押邮件、通信设备、电报时，《老挝人民民主共和国刑事诉讼法》（2017 年）第 127 条规定由侦查机关负责人或检察院检察长负责签发扣押令，紧急情况下需要向检察长报告。若怀疑邮件、通信设备、电报与犯罪有关，侦查机关负责人或检察院检察长必须签发扣押令，必要或紧急情况时可在未获得扣押令情况下扣押，但扣押后必须制作记录并在 24 小时内向检察院检察长报告。执行扣押前，扣押执行人员必须告知邮局相关负责人，请求给予配合，并在相关负责人在场时执行扣押，制作好扣押记录，扣押记录必须有邮局负责人签名。

扣押或查封有益于诉讼的财产时，《老挝人民民主共和国刑事诉讼法》（2017 年）第 128 条规定，扣押和查封的权力由侦查机关负责人行使。在侦查过程中，侦查机关负责人有权签发扣押令或查封令，扣押或查封与案件有关的财产，以担保赔偿、罚款、法院服务费或没收充公。扣押或查封财产必须在财产所有人或当事人家属、村委会或有关单位代表以及证人在场时执行。扣押或查封财产必须制作扣押或查封记录。记录中注明：执行扣押或查封人员姓名和职务；参与执行扣押查封全部人员的姓名、年龄、国籍和职业；被扣押或查封财产的种类和数量以及各项禁令。财产扣押或查封记录一式三份，一份交由被扣押或查封财产所有人保存，一份交由扣押或查封地所在村委会保存，一份存入有关案卷卷宗。

（四）没收、返还违法所得及其他涉案财物

《中华人民共和国和老挝人民民主共和国关于民事和刑事司法协助的条约》对没收、返还违法所得及其他涉案财物没有具体程序。《中华人民共和国和老挝人民民主共和国关于民事和刑事司法协助的条约》第 30 条规定了没收、返还要求。条约只是简单地规定了只要不侵害老挝利益、第三人利益，发现的赃款赃物应当移交。如果涉及刑事诉讼程序，则暂缓移交。《国际刑事司法协助法》第 47 条规定提出没收、返还违法所得及其他涉案财物请求的办理程序。办案机关应制作请求书和相关材料，经所属主管机关审核同意，由对外联系机关司法部向老挝提出请求，没收请求和返还请求可以同时提出，也可以单独提出。对于老挝的特殊请求，如果是要求司法机关作出决定，则交给人民法院，同意老挝特殊请求的决定不可违反中国法律的基本原则。没收和返还请求的请求书内容与查封、扣押、冻结的规定一致，都包括涉案财产的特征、数量、位置、金融机构的账户信息、法律规定副本、权利保障规定和其他材料，额外增加的要求是说明没收返还的理由和提供相关财物权属证明。

老挝国内法规定了没收、返还违法所得及其他涉案财物的程序。《老挝人民民主共和国国际刑事司法合作法》第 7 条第 8 款明确没收是刑事司法合作的内容之一。同扣押行为一样，《老挝人民民主共和国国际刑事司法合作法》第 20 条规定请求国申请没收应提供没收令。《老挝人民民主共和国国际刑事司法合作法》第 26 至第 30 条规定了老挝接收外国请求后没收财产的程序。协调中心单位（最高人民检察院）收到以外国法院判决没收财产为依据的国际刑事司法合作请求后，应考虑交由财物所在地的省级人民检察院，其研究后，提请有关省级人民法院审理判决有关财物没收事宜。有关省级人民检察院检察长或人民法院院长需在法院判决之前下达财物扣押或没收令。有关人民检察院在获得协调中心单位授意后，应研究上述请求并收集必要的证据，并在自申请之日起 90 日内，根据老挝法律规定向省级人民法院提请判决。法院开庭审理有关财物没收时，需有侦查机关、外交部、司法部、请求国使领馆等有关主管单位代表出席。

人民法院有审批没收财产的权利。在根据外国法院判决考虑征收时，老挝人民法院享有以下权利：根据老挝法律规定，检查请求中载记的犯罪是否为犯罪；检查合作请求是否违反《老挝人民民主共和国国际刑事司法合作法》第 8 条规定；按照老挝法律规定，重新检查与犯罪无关的财物。老挝可根据法院判决，将有关老挝法律规定的犯罪财物没收为老挝所有。若人民法院审批对财物扣押的请求时，发现无理由、无资料和证据不足时，则废除财物扣押令。若省法院审理判决将扣押的财物移交给请求国，协调中心单位（最高人民检察院）应在判决日起 30 日或根据公约载记的时间内，提请外交部与请求国准备财物接收事宜。协调中心单位（最高人民检察院）负责将可以移交给请求国的资产移交给请求国，并由侦查机关、司法部、外交部及有关部门代表和请求国代表参加，并制作备忘录。移交扣押财产时，请求国应向老挝支付处理上述财物没收工作的费用。

（五）中国向老挝请求批准、执行引渡

《老挝人民民主共和国引渡法》第 17 条规定，由万象检察官办公室发出逮捕令，万象人民法院决定引渡。引渡请求符合条件的，最高检察官办公室要求万象检察官办公室收到外交部请求 7 日内，向被请求引渡人发出逮捕令。引渡案件交由万象人民法院决定是否引渡。如果请求引渡的信息不充分，万象人民检察院将上报到最高人民检察院，要求外交部协调提供更多资料。在资料充分的前提下，万象人民检察院才能够决定暂时拘留或逮捕被请求引渡人。老挝方可以启动紧急程序，对被请求引渡人进行临时拘留或逮捕。外交部接收到请求后，将请求发送至最高检察官办公室，最高检察官办公室指派万象检察官办公室 30 日内发出逮捕令。在引渡的最后判决作出之前，不得暂时释放被请求逮捕并临时拘留的人。《老挝人民民主共和国引渡法》规定的临时拘留和羁押时间是 60 日，中老应按《中华人民共和国和老挝人民民主共和国引渡条约》规定的最长期限 45 日执行临时拘留和羁押，如果请求国仍未提交引渡请求和证明文件，则释放被请求引渡人。释放后，请求国不得再次要求临时逮捕该人，但请求国仍然有权要求引渡该人。

万象人民法院有审查引渡案件的权利。《老挝人民民主共和国引渡法》第 18 条、第 19 条规定人员逮捕后的审查程序。被请求引渡人员被逮捕后，自逮捕之日起，万象人民检察院在 30 日内提供案情摘要到万象人民法院。万象人民法院自收到摘要之日起 30 日内审理。审理引渡案件的法院大会参加人员包括法院委员会、人民检察院检察长、警察、被请求引渡人、律师、口译员、请求国大使馆或领事馆代表和老挝其他主管当局。万象人民法院有权利检查以下事项：确认被起诉人是否请求所要寻找的人；查明引渡请求所描述的是否属于可引渡犯罪，是否属于拒绝引渡范围。如果万象人民法院认为引渡理由充分，则可以决定引渡。万象人民法院的决定如果是最终决定，引渡应在自法院裁决之日起 30 日内处理。如果审查认为没有引渡的理由，万象人民法院将决定不引渡该人。

万象人民检察院有权拒绝法院的不引渡判决。《老挝人民民主共和国引渡法》第 20 条规定万象人民检察院拒绝判决的程序和被请求引渡人对法院引渡决定的上诉程序。万象人民检察院有权拒绝判决，但只能自受理法院判决之日起 30 日内拒绝判决。超出期限则不能拒绝判决，要立即释放被请求引渡人。万象人民检察院拒绝法院判决后，应当建议中部人民检察院提出拒绝法院判决的建议。被请求引渡人有权对法院的引渡决定提出上诉。被请求引渡人要上诉应当自作出决定之日起 30 日内提交至中部人民法院。中部人民法院应当考虑拒绝或者接受上诉的提案，在收到提案之日起 15 日内提出拒绝或接受上诉请求。

中部人民法院监督万象人民法院的判决，可以作出维持、变更的决定。《老挝人民民主共和国引渡法》第 21 条规定中部人民法院的权利。中部人民法院可以作出三类判决：确认万象人民法院的判决；变更判决，同时决定引渡或不引渡。中部人民法院决定不引渡被追诉人的，该人应立即被释放。中部人民法院的判决是终局的。

引渡的执行由外交部协调。《老挝人民民主共和国引渡法》第 22 条和第 23 条规定了引渡的协调机构和执行期限。外交部负责与老挝主管当局协调，从被请求引渡人知晓引渡决定或判决之日起在 30 日内或在条约规定的期限内完成引渡。《中华人民共和国和老挝人民民主共和国引渡条约》第 11 条约定了须在 15 日内完成引渡。如果请求国无理由但不接管被引渡人，老挝主管当局应在本条规定的期限届满后解除被请求人的人身限制。因不可抗力导致接管被引渡人失败，则需要重新商定引渡的日期、时间、地点和其他事项。《老挝人民民主共和国引渡法》第 24 条规定，引渡可以延期。被请求引渡人因其他罪名正在进行刑事诉讼程序或服刑时，老挝人民检察院可以要求被请求引渡人不引渡，直至诉讼程序和服刑结束。外交部应当通知请求国推迟引渡。延迟引渡导致请求国起诉时间延长或者妨碍请求国对其进行调查的，可以暂时引渡，但是应根据双方同意的条件和协议条款及时归还该人。

五、中国向老挝请求刑事司法协助的障碍

尽管中老已经通过条约、备忘录等建立起一整套刑事司法协助体系，在追逃追赃方面也颇有成就，但是这些成就大多在警务合作领域，或者是借助刑事司法协助的替代措施达成。中国向老挝请求刑事司法协助还存在明显阻碍，分别是中老引渡程序复杂且冗长、调查取证内容不区分民刑、制度空白影响合作实效性。

（一）中老引渡程序复杂且冗长

中老引渡程序复杂且冗长，一方面是中国的引渡程序一直存在主体复杂、流程复杂以及时间不确定的问题，另一方面老挝规范引渡程序后审查过程严格，没有提升中老引渡效率。中国的引渡程序复杂容易造成中老引渡程序启动困难，中国的执法人员普遍存在畏难情绪，引渡措施不是中国向老挝请求追捕人员的第一选择。引渡率低造成缉捕替代措施广泛在中老国际刑事司法合作中使用。

1. 国内引渡请求程序烦琐

中国向老挝请求引渡要经过多个机关的同意。中国要进行引渡至少涉及七个机关。首先需要一个牵头的机关出具相关的意见书，其次有关文件和材料分别送到最高法、最高检、公安部、国家安全部、司法部进行审查，最后由最高法、最高检、公安部、国家安全部、司法部、外交部共同审核才能同意引渡请求。2014年6月27日中央追逃办正式成立，各省级纪委监委成立的地方追逃办是中央追逃办的下属机构。① 2018年3月，《中华人民共和国监察法》通过，其中第51条规定国家监委成为负责反腐败领域开展引渡和刑事司法协助的主体。这也意味着可开展引渡的主体增加了。职责过于分散和谨慎使用引渡是现今多主体审核模式形成的原因。虽然设计繁复的程序意图保持引渡公正，避免发生引渡错误，但是这让中国的办案机关产生畏难情绪，办案机关不愿主动启动引渡程序。

中国内部审查引渡流程多，每个环节耗费的时间不能确定。中国的引渡程序实行了严格的行政审查和司法审查。② 不管案件大小，统统采取"一刀切"的做法，必须完成烦琐的审核流程才能到达国外。即使被请求引渡人主观上积极想要回国接受审判，也不能减少任何审核步骤。各个部门审查要求也不明确，经审查各部门认为材料不齐全都有权要求补正，轮番提出补充材料的请求会影响引渡申请进度。而且牵头部门不能直接联系被请求国，要由外交部作为对外联系机关提出请求。审核过程中极易产生各部门职责不清、分工混乱、相互推诿扯皮的问题。《引渡法》第3章规定了向外国请求引渡的国内程序，但没有一条提及引渡申请在国内各部门审核要有时间限制。因此，中国想要向老挝方提出引渡请求，总共所需要的审核时间往往是无法估计的。

2. 老挝审查引渡请求时间长

《老挝人民民主共和国引渡法》没有设置简易程序。《老挝人民民主共和国引渡法》颁布目的是规范老挝内部审查引渡请求，没有围绕引渡效率专门设计简易程序。中国的引渡申请到达老挝后，同样不区分案件的属性、轻重缓急以及被请求引渡人的主观意愿，统一采取严格的审查程序。根据《老挝人民民主共和国引渡法》的程序设计，中国的请求到达老挝后，老挝的外交部或者中央主管机关可以在收到通知之日起15日内要求补充信息，请求国要在45日内补充。万象检察官办公室在30日内发出逮捕令，逮捕之日起30日内向万象人民法院提交案情摘要，

① 高一飞、韩利：《论追逃办》，《山东警察学院学报》2021年第2期，第104-105页。
② 秦晋：《我国外逃贪腐人员引渡制度实施实证研究》，《兰州学刊》2021年第5期，第94-95页。

万象人民法院自收到摘要之日起 30 日内审理。被请求引渡人自引渡决定作出之日起 30 日内可上诉，中部人民法院在 15 日内作出决定。应当说老挝审查引渡请求的程序即使作了一定的时间限制，各项程序加起来也需要相当长的时间。总的来说，《老挝人民民主共和国引渡法》没有在提高中老引渡效率上有明显贡献。

老挝的引渡因其程序复杂性被边缘化，使用率降低。学者对此也有共识，在一些发展中国家，缉捕已经成为主要的追逃方式。[①] 老挝对于缉捕的态度比引渡积极。中老存在良好外交关系，老挝对中国的司法制度高度认可，是利用缉捕追逃的两项前提。中国采用缉捕手段受犯罪嫌疑人的影响小，只要获得老挝当地的警务支持就可以开展缉捕工作，缉捕比引渡更高效。由于缉捕优势明显，中国需要追逃潜藏在老挝的犯罪嫌疑人时，普遍采用缉捕替代引渡的方式。就近几年中国与老挝频繁发案的电信诈骗来看，其大致流程为：中老两国公安部门开展联合侦查工作，共同执法捣毁诈骗窝点，老挝公安部安全总局和警察总局负责人同中方工作组负责人在移交书上签字，中国驻老挝大使馆警务联络官代表使馆出席仪式，至此移交手续完成。[②] 缉捕的优点很突出，避开引渡程序选用警务合作能够及时捣毁犯罪窝点、惩罚犯罪人员，是更高效的手段。

当前引渡的发展受阻，缉捕不应完全取代引渡。引渡仍然是最正式的追逃手段，不应被边缘化，而应当以提高引渡利用率为目标完善引渡程序。引渡能够保证被请求引渡人的基本人权，在程序上遵循"双重犯罪原则""政治犯不引渡原则""本国国民不引渡原则"，遵循一定的审查程序能够减少错误引渡的概率。

（二）调查取证内容不区分民刑

调查取证的内容主要由《中华人民共和国和老挝人民民主共和国关于民事和刑事司法协助的条约》第 29 条第 1 款和第 2 款规定。第 1 款内容指出刑事调查取证与民事调查取证的请求书制作要求、执行、通知、强制措施、作证的拒绝、证人的出庭和证人保护内容一致。《中华人民共和国和老挝人民民主共和国关于民事和刑事司法协助的条约》没有对刑民案件的调查内容作出区分，在调查取证和证人保护上都有一些纰漏。

1. 民刑案件调查取证的界限不清

混淆民事案件与刑事案件调查取证的标准。中国与老挝签订的不是专门的刑事司法协助条约，而是民事与刑事司法协助事项糅合在一起的条约。这类条约特

---

① 赵秉志：《反腐败国际追逃追赃案件精选》，中国方正出版社 2019 年版，第 202－203 页。

② 参见《老挝向我移交电信诈骗嫌疑人》，https://www.sohu.com/a/364504874_114731，最后访问日期：2023 年 8 月 26 日。

点是比较简要，在调查取证部分客观上存在内容漏洞多、简要性表述多的问题。《中华人民共和国和老挝人民民主共和国关于民事和刑事司法协助的条约》只在第29条第2款要求是刑事调查取证的，要增加对犯罪行为的描述和认定行为为犯罪的法律规定。其他刑事证据的标准尚未被写入条约中，刑事调查取证的标准因此大幅度降低。由于中老对刑事证据的认定标准不一、理解不同，这将直接影响老挝方协助提取证据的效率。有时候中方甚至无法使用老挝方协助提取的证据，因为证据不满足中国收集刑事证据的一般原则。《中华人民共和国和老挝人民民主共和国关于民事和刑事司法协助的条约》没有关注到刑事调查取证和民事调查取证的标准区别，仅仅增加第29条第2款一项内容是不足以满足后续的诉讼要求。如果出现老挝方取证后中方却无法利用这一情况，甚至会拖延中国的诉讼进程。

民刑案件调查取证范围区分不明显导致取证行为难以落实。执法人员对调查取证范围的认识来源于《中华人民共和国和老挝人民民主共和国关于民事和刑事司法协助的条约》。民刑案件调查取证范围混合后，刑事案件调查取证的范围扩大了。依据《中华人民共和国和老挝人民民主共和国关于民事和刑事司法协助的条约》第9条，调查取证的范围可以是采取任何与调查取证的有关措施。《中华人民共和国和老挝人民民主共和国关于民事和刑事司法协助的条约》第29条规定的刑事调查取证范围与民事调查取证的范围一致。其中，"任何"一词体现了对老挝方调查取证可采取措施的高宽容度。但刑事证据取证的范围和手段向来被严格限制，将其一概采用笼统的规定，恐怕在实践中无法应用。刑事案件调查取证范围的不清晰致使执法人员缺少明确的办案标准，老挝方开展刑事调查取证时容易陷入束手束脚、不敢做、不愿做的困境。

中老没有建立刑事调查取证的配套机制，执行刑事司法协助深度有限。《中华人民共和国和老挝人民民主共和国关于民事和刑事司法协助的条约》除了对调查取证的范围、调查取证可采取强制措施进行规定外，只有一些原则性的规定。即使针对毒品犯罪双方已经签订了合作协议，也只是扩大了信息调取的范围，没有细化调取证据内容。调取证据的执行深度与两国的交往深度挂钩，这进一步助长了执法人员主观办案的风气。

2. 忽视刑事案件证人的权利义务

证人的出庭义务刑民不分，影响刑事案件的定罪量刑。《中华人民共和国和老挝人民民主共和国关于民事和刑事司法协助的条约》第17条规定证人、鉴定人即使拒绝或不回复出庭请求，也不能因此受惩罚。一般来说，在刑事案件中要求出庭的皆因该证人对案件有重大影响。刑事诉讼中证人不出庭会影响到犯罪嫌疑人定罪量刑，而民事诉讼采用的是"优势证据标准"，故证人是否出庭对刑事案件和民事案件的影响截然不同。刑事案件中证人不出庭还会影响后续调查核实证言、鉴定结论，无法核实物证和证据文书。控方缺少关键证人证言则无法形成连贯的证据链条，影响诉讼进程。国际刑事司法协助特别强调尊重外国人出庭作证的意愿，要避免引起请求国主管机关的反感。① 《中华人民共和国和老挝人民民主共和国关于民事和刑事司法协助的条约》没有区分看待刑事案件和民事案件证人的出庭义务，对其一律采取较为原则的规定，既不约束也不鼓励，实际上给办理刑事案件增加了阻碍。

证人保护刑民不分，忽略了刑事犯罪中证人保护的强需求。民事案件的证人保护要求较低，刑事犯罪的证人则有强烈的保护需求。国内对证人保护集中体现在四类案件② 上，这些案件也是各个国家合作打击的主要跨国犯罪。这些犯罪的特点是属于暴力型犯罪、组织性强、犯罪成员多、有一定的经济实力、对出庭证人的潜在威胁很大。由于条约没有明确中国的证人保护措施，国内的证人保护制度范围也有限，老挝证人容易因为恐惧心理，害怕被打击报复而拒绝作证。比起民事案件，刑事案件中的证人需要得到更多安全保障才会选择出庭作证。更强的安全保障并没有直观体现在《中华人民共和国和老挝人民民主共和国关于民事和刑事司法协助的条约》上，这很难激起证人的作证积极性。污点证人在中国作证顾虑更多，他们普遍不了解中国司法制度，唯恐自己在中国作证会被追究刑事责任，对证人豁免权持有怀疑态度。《中华人民共和国和老挝人民民主共和国关于民事和刑事司法协助的条约》没有针对刑事案件证人保护需求设计条款，在开展协助的过程中难免影响老挝证人的出庭率。

中老证人保护制度尚未构建。在"湄公河案"中，老挝接收中国的司法和警务协助请求派员来华出庭作证支持中国审判，开创了国外专家证人到中国出庭作证的先河，探索创新证据交换和审讯调查协作方式。这三名老挝警察的作证过程得到了全面的保护，法庭通过不公开的方式负责核实证人身份后，按编号传唤证人到特制的出庭作证视频室，对需要特殊保护的证人，还用磨砂玻璃遮挡证人的面部。同时，法庭还准备了同声传译人员，保证证言的完整性。③ 老挝证人前往中

---

① 黄风：《检察机关实施〈国际刑事司法协助法〉若干问题》，《国家检察官学院学报》2019年第4期，第164页。

② 这四类案件分别是危害国家安全犯罪、恐怖活动犯罪、黑社会性质的组织犯罪、毒品犯罪。

③ 参见《糯康团伙庭审侧记》，http：//old.lifeweek.com.cn//2012/1009/38777.shtml，最后访问日期：2023年8月26日。

国支持"湄公河案"审判还获得了充足的补贴，主要是交通、食宿费、误工费等，这直接解决了他们出庭作证的担忧，是一个成功的个案。《公安机关办理刑事案件程序规定》第74条规定公安机关有义务保障证人、近亲属的安全。第75条针对证人保护需求频发的四类案件（其他案件是否属于还有争议），公安机关提供了一些保护措施，主要包括：不公布个人的真实信息、禁止特定人接触、采取专门性措施保护人身和住宅、设置安全场所保护、变更住所和姓名及其他措施。第76条规定公安机关可以使用化名保护个人的信息。第77条要求保障证人保护工作的日常支出和补贴。这些都是宝贵的经验，但还未能广泛应用到中老证人保护领域，当前还只能根据具体案件制定保护方案，没有形成统一的证人保护制度。

（三）制度空白影响合作实效性

国际公约允许和鼓励开展的承认和执行外国刑事判决制度、移管被判刑人制度、刑事诉讼移管制度、资产分享制度都没有在中老得到肯定，中老开展刑事司法协助受到一定约束，间接影响了中老两国开展国际刑事司法协助的实效性。

1. 仅承认外国刑事判决部分内容

中老没有在双边条约中互相承认刑事判决。《中华人民共和国和老挝人民民主共和国关于民事和刑事司法协助的条约》第27条规定了刑事司法协助的范围，只承认和执行刑事案件中关于民事损害赔偿和诉讼费用的裁决部分，没有完全承认刑事判决。[①] 中国与老挝条约内容仍然没有明确承认对方的刑事判决，从法律层面来说，这直接影响了老挝对中国违法所得没收、缺席判决、移管被判刑人等制度的执行。因为这些制度都需要刑事判决作为审查依据，只有在承认中国刑事判决的基础上，才能同意审查中国刑事判决和执行中国刑事判决。究其原因，签订《中华人民共和国和老挝人民民主共和国关于民事和刑事司法协助的条约》时，双方都考虑到了自身司法的独立性，并且对承认外国的刑事判决抱有谨慎的态度。中老相互承认和执行刑事判决的一个可能路径是依靠互惠原则实现中老相互承认和执行刑事判决。"李华波案"就是依靠《联合国反腐败公约》和互惠原则开展国际刑事司法合作的成功案例。只是此种路径不可避免会增加沟通成本，中老互为邻里和经济交往增多，开展国际刑事司法合作的频率近几年处于上升的趋势，反复就个案沟通达成协议并不是中老的最优选择。

---

① 《中华人民共和国和老挝人民民主共和国关于民事和刑事司法协助的条约》第27条规定了刑事司法协助的范围，是送达诉讼文书，向证人、被害人和鉴定人调查取证，讯问犯罪嫌疑人和被告人，进行鉴定、勘验以及完成其他与调查取证有关的司法行为，安排证人或鉴定人出庭，通报刑事判决，承认和执行刑事案件中关于民事损害赔偿和诉讼费用的裁决。

中老目前处于不完全承认和执行外国刑事判决的状态。中国为了与《联合国反腐败公约》衔接，也逐渐展现出开放和包容的态度。有学者认为中国新通过的《国际刑事司法协助法》专设移管被判刑人，就是默认了外国判决的有效性。① 这种说法是有道理的，因为无论是移出或是移入被判刑人，都需要在认同对方判决的基础之上。过于强调司法主权反而会阻碍开展国际刑事司法合作。承认和执行外国刑事判决是中国参与国际刑事司法活动的客观需要。《老挝人民民主共和国国际刑事司法合作法》其实也透露承认和执行外国判决的倾向，其第 28 条规定人民法院审批没收财产权利的依据是外国法院判决。因此，中老对于承认和执行对方的刑事判决其实已经达成一致的意见，只是没有完全建立起承认和执行外国判决制度。结合现实合作需要和两国法律目前修订的情况，中国与老挝有望通过进一步协商修改《中华人民共和国和老挝人民民主共和国关于民事和刑事司法协助的条约》，增加承认和执行外国刑事判决的内容，正式建立该制度。

2. 缺少相关的刑事司法协助事项

缺少移管被判刑人条约降低了被判刑人的改造效果。移管被判刑人制度是有利于被判刑人的制度，优点主要有三点：其一，打击跨国犯罪，合理处置跨国犯罪分子，将已判刑的犯罪分子移管，有利于实现司法主权，让被判刑人在更熟悉的环境服刑。其二，判决执行阶段应以教育改造为主要方向，要让罪犯回归社会，这一理论得到了《公民权利与政治权利公约》《囚犯待遇最低限度标准规则》《联合国关于外国囚犯移管的模式协定》的肯定。其三，适应人道主义潮流，被判刑人能够回到自己熟悉的国家，可能对被判刑人的身心健康有帮助，也有可能改善服刑的环境。向老挝申请移管被判刑人是有现实需求的。有学者统计数据显示，司法部作为中央机关曾经接到过老挝的请求，请求内容是移管被判刑人到老挝。② 这间接说明了中老之间是存在移管被判刑人需求的，确立中老之间的移管被判刑人制度不仅可以满足现实需要，缓解监狱压力，还能直接保障被判刑人的利益，令其获得最佳的改造效果。尚未建立移管被判刑人制度限制了中老两国刑事司法合作的深度和广度。虽然中老之间的移管被判刑人经验不多，东盟国家只有泰国与中国签订了移管被判刑人条约，但是 2018 年中国的《国际刑事司法协助法》已经写入了这一程序，移管被判刑人程序将持续在国际刑事司法合作中发挥作用。中老有望在积累个案经验的基础上签订移管被判刑人双边条约，制定合理的移管

---

① 罗国强主编：《反腐败国际合作展望与研究》，法律出版社 2020 年版，第 17 页。
② 郭建安：《大陆地区被判刑人移管制度与海峡两岸被判刑人移管问题研究》，《中国司法》2014 第 1 期，第 85 – 86 页。

被判刑人程序将对提高刑罚效率起重要作用。

缺少刑事诉讼移管条约导致跨国案件诉讼效率低下。国际公约支持在提高诉讼效率的前提下进行刑事诉讼移交。《联合国禁止非法贩运麻醉药品和精神药物公约》第8条规定如果此种移交被认为有利于适当的司法处置的话，那么诉讼可以移交。《联合国打击跨国有组织犯罪公约》第21条规定，如果认为有利于正当司法，特别是涉及多个国家的管辖权时，应考虑相互移交诉讼的可能性，以便对犯罪提起刑事诉讼。《联合国反腐败公约》第47条规定，为有利于正当司法，涉及数国管辖权时，为便利集中起诉，应当考虑相互移交诉讼的可能性。国内学者对刑事诉讼移管制度的研究非常谨慎，往往将刑事诉讼移管的范围局限在国内，主要探讨区际刑事诉讼移管的可能性。[1] 也有学者认为随着法律制度差异的不断缩小，中国能够与外国达成刑事诉讼移管，进一步深化刑事司法合作。[2] 中国引进刑事诉讼移管存在一定的现实基础。[3] 在办理跨国犯罪时，各国执法机关经常面临要在哪里审判犯罪嫌疑人的问题。对比中国与老挝的刑事法律制度，中国法律制度发展日趋完善，法治体系日益健全，涉外法律从业人员专业素质相对较高；而老挝处于经济发展的瓶颈期，国内法律专业人员不足，犯罪利益错综复杂，构建法律体系经验仍然不足。打通刑事诉讼移管这条路，正好可以解决老挝司法机关不想审判而中国司法机关想审判的问题，也更有利于司法公正。

缺少资产分享制度，追缴资产会增强老挝的利益"流失感"。中国的《国际刑事司法协助法》已有没收、返还和分享的有关规定。中国为了提高资产追缴效率，在《国际刑事司法协助法》第49条规定，对外联系机关会同主管机关可以对分享追缴资产的要求进行协商。中国在与他国协商一致的情况下，愿意通过资产分享协议提高合作效率。国际公约也鼓励资产分享，《联合国禁止非法贩运麻醉药品和精神药物公约》第5条和《联合国反腐败公约》第57条也规定了赃款的费用扣除与资产分享机制。现有的中老双边司法协助条约还没有关于资产分享机制的规定，也没有成功的案例。由于资产流入国是获得利益的一方，因此他国请求交出利益，这很容易令老挝认为是损害了本国的利益。因此，缺乏激励性措施会使老挝没有直接动力协助请求国追缴赃款，老挝方执法人员主动性差，中国的资产很容易流

---

① 廖丹明：《中国区际刑事管辖权冲突解决路径探究——以构建刑事诉讼移管机制为视角》，《法治社会》2018年第3期，第104-107页；赵秉志、黄晓亮：《论内地与香港特区间刑事诉讼转移制度的构建》，《现代法学》第32卷第3期，第96-101页。

② 于文沛：《欧盟刑事诉讼移管问题研究》，《求是学刊》2015年第5期，第114页。

③ 于志刚、李怀胜：《关于刑事管辖权冲突及其解决模式的思考——全球化时代中国刑事管辖权的应然立场》，《法学论坛》2017年第6期，第43页。

失或被转移。中老因缺少资产分享机制产生的突出矛盾尤其体现在毒资追缴上。追缴毒资目的是减少犯罪人员的利益获得感。对老挝来说，毒品是改善国民经济条件的行业。坚持落后的资产分享指导理念①，对于经济极度贫困的老挝来说，只会让国民经济利益"流失感"更加强烈。中国作为请求国，今后如果仍然在中老资产追缴问题上坚持拒绝资产分享的做法，会加重老挝的消极态度。

缺少资产分享机制忽视了老挝的现实困难，无法激发老挝提供协助积极性。老挝国内正处于重拳反腐败的形势下②，与老挝开展资产分享，老挝执法人员能够从包庇犯罪获利的思想转变为办案使国家受益的思想，并从案件中积累办案经验，改善老挝本土法律专业人士不足的窘境。资产分享给老挝带来的收益能够改善老挝贫困的现状，老挝也会更加积极地面对打击犯罪的刑事司法合作。客观来说，老挝的经济一直缺乏动力，长期免费的司法协助对于老挝来说是一份沉重的负担。中国与老挝一直是守望相助的关系，老挝如能够在与中国打击跨国犯罪的道路上分享获利，既是中国对老挝表示的巨大诚意，也是中国具有大局观的表现。

六、中国向老挝请求刑事司法协助的完善建议

中国向老挝提起刑事司法协助的诸多障碍要从三个角度解决。首先，从今天的国际刑事司法协助上看，它与执法是交织在一起的，尤其是两国合作执法机制，是激励刑事司法协助的"良药"。其次，要从条约内容入手，将原来不满足实践要求的条约内容加以拓展，才能更好地指导实践。最后，要构建双边条约体系，在原有的基础上增补条约，构建一整套双边条约体系，需要签订承认和执行外国刑事判决条约、移管被判刑人条约、刑事诉讼移管条约、资产分享协定等。

（一）运用联合执法机制激励合作

联合执法机制是开展刑事司法协助的"引子"，合作能够极大调动各方参与活动的积极性和主动性。中老能够在"湄公河案"后迅速提高刑事司法协助实效，调动老挝与中国开展刑事司法协助的积极性，很大程度得益于四国联合巡逻执法制度。一定程度上，联合执法机制可以提供基本物质保障，保证执法的独立性，减少老挝贫困国情对执法过程的影响。两国人员共同参与执法能够相互牵制，互相监督，可以避免老挝的执法人员受老挝腐败文化的侵蚀，使其在执法过程中尽

---

① 梅传强、施鑫：《中国毒品犯罪没收资产国际分享机制的构建》，《吉林大学社会科学学报》2020 年第 4 期，第 18－19 页。

② 方文、方素清：《老挝人民革命党十大以来社会主义发展的新态势》，《当代世界社会主义问题》2020 年第 2 期，第 88 页。

量尽职，保持中立。设置联合侦查机制和情报交流机制，中方可以及时发现案件线索，掌握侦查的主动权。为了不断完善联合侦查机制和情报交流机制，中老应定期开展联合执法行动，保持两国警务机关的密切联系，维持常态化合作和友好沟通。

1. 建立联合侦查机制

建立联合侦查机制，要规范联合侦查审查和执行程序。被请求国负责警务合作的中央主管机关（由国内法确定具体机关）收到请求国联合侦查请求后，应当依据被请求国法律和国际条约或协议进行审查。可以实施联合侦查的，交由下一级机关办理，或者移交其他有关中央主管机关；不可以实施联合侦查的，通过接收请求的途径原路退回请求国。联合侦查的执行程序要联合各方签订协议，确定侦查的范围和步骤，标明应遵守的程序和步骤。签订协议后要成立联合侦查组，侦查组的内容只限制在约定范围，是有特定侦查目的之临时性行为。[1] 调查地国家的中央主管机关主导确定侦查的范围和步骤，双方为达到侦查目的可派代表协商。

联合侦查机制要将逮捕嫌犯、协助控制下交付、秘密侦查纳入合作框架。中老作为《联合国反腐败公约》《联合国打击跨国有组织犯罪公约》的缔约国，开展控制下交付和秘密侦查有国际公约作为依据。2018 年《刑事诉讼法》第 2 编规定了特殊侦查措施，特殊侦查措施在中国有法律依据。增加逮捕嫌犯的机关也有必要性，如果否认参与联合侦查的两国机关都有逮捕嫌犯的权力，情报交换的缺失、逮捕困难会直接导致犯罪人转移的风险。中国在侦办"湄公河案"的过程中，就在警务合作框架下采取了秘密侦查等侦查措施。在中国与老挝警方联合办理"9·15"电信诈骗案中，因中国警方没有参与抓捕时的讯问，侦查基本由老挝单方完成，导致侦查不彻底、诉讼进程拖延的恶果。[2] 为了弥补实践的缺憾，中老应签订联合侦查双边协定，将逮捕嫌犯、协助控制下交付、秘密侦查纳入警务合作框架，提高联合侦查的可操作性。

联合侦查机制要适度开放自主侦查的权限。在中老高度政治互信的基础上，可以开放基本事项的自主侦查权限。老挝的侦查措施有以下 8 种：提取证言，质证询问，勘验案件现场，检查尸体，搜查建筑物、交通工具或人员，查封、扣押财产，重新制定，鉴定、确证。[3] 提取证言和质证询问是影响较小的侦查行为，适度

---

① 刘仁文、崔家国：《论跨国犯罪的联合侦查》，《江西警察学院学报》2012 年第 1 期，第 11 - 12 页。

② 常鹏飞、吴晶宇：《互信视角下中国—东盟打击跨国犯罪的困境及对策》，《北京警察学院学报》2021 年第 3 期，第 54 页。

③ 贾凌、魏汉涛译：《老挝刑事法典》，中国政法大学出版社 2014 年版，第 239 页。

采用可以加快联合侦查进度。不过，采取这些侦查措施都要被限制在被请求国的法律范围内。自主侦查的权限和联合侦查的范围要在请求书上载明以供审查。中国与老挝需要在实践中不断探索，制作两国开展联合侦查的指南。一般来说，指南要包括本国的调查措施，允许外国司法人员自主调查的范围，应遵守的程序，违反后果等。[①] 国内法要规定联合侦查违规违法惩罚措施，约束境外取证的执法人员，规范境外调查取证行为。

适当增加物质支持。中国与老挝开展执法合作时，应承担起大国责任，为老挝执法人员提供必要的执法物资，比如缉毒装备、警用车辆和快艇、监测设备、检测设备等。为提高联合执法合力，中国应注重同步培训老挝执法人员熟练使用各类仪器设备，对侦查技术给予指导。同时，还要为联合执法机制设置专项行动基金，每年根据常态化执法和专项行动计划保留充足的预算，保证联合执法活动能够顺利进行。

2. 加强情报交流机制

加强金融情报交流机制。中国与老挝的情报交流平台应扩大覆盖范围，全方位监测犯罪动向，努力搭建平台，及时互通有无，开展长效情报信息交流合作。金融情报交流机制能够实时监测犯罪资金的流动，能够发现不正常的资金流动并及时示警。两国应大力促进国际反洗钱反恐融资机制（AML/CFT 机制）创新，制定传达灵活、技术中立的风险监控政策和监管方法，利用新兴技术监测可疑活动和分析财务情报。针对法律漏洞和实施效率导致难以识别法律实体的最终所有者或控制者的问题，中国应对金融情报部门的运作和业务独立性进行审查，改善金融情报的用途，以推动反洗钱调查。中国还要延伸可疑交易报告的范围至特定非金融机构、其他机构贷款，并建议引入国内政要人物的识别要求，增加中国在恐怖主义融资和扩散融资方面针对性的金融制裁。[②] 为了加大打击洗钱的力度，破解追查跨境资金难题，公安部、国家监察委员会等 11 部门联合印发《打击治理洗钱违法犯罪三年行动计划（2022—2024 年）》，预计开展长达三年的高强度反洗钱行动。为了给予境外追逃追赃最大的帮助，《刑法修正案（十一）》将"自洗钱"行为单独入罪，转移不法资产属于洗钱罪的行为方式，洗钱罪的入罪门槛被大大降

---

① 邱陵：《反腐败国际合作从联合侦查向自主侦查路径转变探讨》，《法学杂志》2019 年第 4 期，第 82 页。

② 参见《专家解读〈中国反洗钱和反恐怖融资互评估报告〉：继续推动中国反洗钱和反恐怖融资工作向纵深发展》，http://www.pbc.gov.cn/fanxiqianju/135153/135296/3818353/index.html，最后访问日期：2023 年 8 月 26 日。

低。① 充足的法律保障和高效的行动计划彰显了金融情报交流机制建立的紧迫性。

签署情报与交流合作协议。《老挝人民民主共和国刑事诉讼法》（2004 年）第 11 编设置刑事司法国际合作，第 118 条约定老挝与外国开展刑事司法合作的依据。中老按照双方签订的协定开展刑事司法合作，或者在无协定的情况下根据国际公约开展刑事司法合作。《老挝人民民主共和国刑事诉讼法》（2017 年）第 272 条规定了刑事司法合作的范围。比较《老挝人民民主共和国刑事诉讼法》（2004 年）第 119 条，划定的司法协助范围进一步扩大，除了原有允许的人身、财产、判决执行，跨国执法合作外，还强调双方要互相收集犯罪信息、案件相关信息和材料，表明了老挝与他国开展国际刑事司法的过程中注重信息共享的积极态度。除原有的毒品领域的合作协议外，两国警务机关还要针对其他犯罪如电信诈骗、跨国买卖人口等设置情报与交流机制，定期安排高级情报和警务人员参加情报交流会，交换情报，互相磋商，共同解决相关犯罪问题。两国要大力引入云计算、大数据技术建立情报数据库，按照不同案件类型输入情报到数据库，数据库应与两国的航空公司、执法部门、边境口岸和海外使领馆相连接。

定期开展联合执法行动。中老要坚持守住中老缅泰四国联合巡逻的成果，定期巡逻，保证湄公河沿岸安宁。中老要不断探索其他领域的联合执法工作，定期加强周边陆地区域、边境水域的联合执法巡护管理。中国与老挝要重视举办执法成果表彰活动，集中销毁收缴的犯罪工具，这对违法犯罪人员有警示作用。对边境发案较高的地区，两国边境管控要采取车巡与人巡相结合、人巡与视频巡查相结合等形式，织密治安管控法网。中国与老挝高层保持定期会晤机制，根据需要确定大型联合执法行动时间和形式。中老两国应常派执法人员交流学习，互相借鉴执法经验，保持良好和密切的合作关系。

（二）设置简易引渡程序简化流程

当前，引渡的替代措施愈发有取代引渡的趋势。让引渡不再"坐冷板凳"可以考虑简化引渡程序。从客观层面来说，简化引渡程序也是缓解老挝承受国际社会舆论压力的必然选择。中老长期保持良好的司法合作关系，近几年为打击毒品和电信犯罪更是多次开展警务合作，为中老简化引渡程序奠定了基础。简化中老引渡程序是解决两国引渡使用率低的有效方法。中老都满足了简化引渡程序的条件。

---

① 参见《让赃款在境内藏不住转不出》，https：//www.ccdi.gov.cn/yaowenn/202202/t20220209_170366_m.html，最后访问日期：2023 年 8 月 26 日。

1. 精简国内审批流程

国内应设立统一部门进行审核引渡申请。根据案件轻重缓急，可以将案件分为不同的档次，由原来的各个相关部门会同审核，在能够实现引渡审查目的的情况下，改为分类审批的方式。或者国内可以组建集多机关职能为一体的部门，专门对引渡事项进行管理，但是这样的部门需要得到老挝国家层面的认可，老挝应明确表示愿意接收这个部门的引渡申请。

增加省级以下办案机关直接申请简易引渡的流程。在追逃追赃工作实践中可以发现，省级以下办案机关参与国际刑事司法合作程度不高，积极性不强，地方的追逃追赃的工作没有得到重视。[①]《引渡法》限定了引渡请求提出的主体，影响了省级以下办案机关直接参与的积极性。省级以下办案机关应借助简易引渡程序参与到国际刑事司法协助的工作中，逐步形成基层办案机关提出简易引渡申请、准备引渡材料，中央审批通过的快捷办理流程。

中国应针对简易引渡程序的特点重新设计引渡审批流程，缩短各部门的办理时间。引渡程序的不方便体现在环节多、各个环节耗费时间长。一方面，可以在设计简易引渡时简化至一个或两个专门部门进行审批，减少程序流转的时间。另一方面，采用简易引渡的案件应适用不同的时限要求，缩短审批时间。要在保证引渡请求得到基本司法审查的前提下，整合原有的审批流程，开辟一条短且快捷的新"通道"给简易引渡。

中国设置简易引渡程序应当结合认罪认罚从宽制度。自愿引渡可被认定为认罪认罚已经有司法案例支持。姚锦旗正是因为在引渡过程中积极配合，积极表达回国意愿，才大幅缩短了引渡时间。法院认为，姚锦旗在引渡程序中的积极表现可以被认定为自首，姚锦旗一案起刑点为十年以上有期徒刑，最后只判处六年有期徒刑，自首情节功不可没。[②] 有学者将"姚锦旗案"中的自愿引渡视为劝返的特殊类型，适用认罪认罚量刑规定。[③] 被请求引渡人希望尽快引渡回国，可以说是境外人员回国自首投案行为表现之一。简易引渡程序应当同时具备节约司法资源和鼓励投案自首的功能。对于被请求引渡人来说，有认罪认罚从宽制度的支持会更愿意回国接受审判。如果简易引渡程序的设计只从维护国家利益出发，简易引渡程序的使用率可能就会大打折扣。既然被请求引渡人愿意回国接受审判，就应结

---

① 黄风：《建立境外追逃追赃长效机制的几个法律问题》，《法学》2015 年第 3 期，第 6 页。

② 黄嵩、周颖佳：《国际追逃追赃案件中自首情节对量刑的重大影响——以黄海勇案、姚锦旗案为例》，《人民司法》2021 年第 31 期，第 19 页。

③ 郭晶：《外逃人员认罪认罚量刑减让规则研究》，《政治与法律》2022 年第 2 期，第 153 页。

合其在引渡中的表现认定为自首，按认罪认罚从宽处理。

2. 设置中老简易引渡程序

坚持相对宽松的引渡标准。老挝属于"零证据"引渡标准国家①，从目前《中华人民共和国和老挝人民民主共和国引渡条约》来看，老挝对于中国的引渡材料举证要求较宽，不要求提供被请求引渡人构成犯罪的证据，属于"零证据"引渡标准，这极大便利了中国向老挝申请引渡工作。中老引渡也在死刑不引渡上达成了共识，中老开展引渡并不受此原则限制。中老建立简易引渡程序时，也应当遵循正式引渡的惯例，不能在简易引渡程序中设置违背原有的"零证据""死刑可引渡"的引渡标准。

通过重新签订条约或补充协议建立简易引渡程序，实现繁简分流。统一采用烦琐的引渡程序不利于中国向老挝提出引渡请求，也落后于国际趋势。国际上对简化引渡程序是鼓励探索的态度，1995 年欧盟制定的《欧盟成员国间简易引渡程序公约》第 3 条、《联合国打击跨国有组织犯罪公约》第 16 条第 8 款和《联合国反腐败公约》第 44 条第 9 款都有简易引渡程序的规定，各国应尽快落实简化引渡程序和简化证据要求。美国 20 世纪 90 年代后签订的引渡条约都增加了简易引渡程序条款，《欧盟引渡公约》和《欧洲与美国引渡协议》也有简易引渡的条款。② 设置简易程序是时代发展的需要。简化引渡程序能够缩短引渡时间，去除程序的冗杂，方便及时打击犯罪，避免错失良机。除了中老两国达成简易引渡程序的意向外，中国还应对《引渡法》予以修改，以国内立法支持简易引渡程序的运行。

限制简易引渡程序的适用范围。一些国家和国际组织已经通过立法承认了简易引渡，又将简易引渡称为被引渡人同意引渡。③ 被引渡人自愿且同意被引渡，应作为请求国和被请求国启动简易程序的直接条件。确认被引渡人意愿后，由提出引渡的主管机关（如国家监委等）通知外交部向被请求国提出启用简易引渡程序的要求。除了被引渡人自愿且同意这一条件，中老还应总结实践经验，确定一些缉捕频率高、合作次数多以及法律关系简单的案件，整理简易引渡案件种类，例如毒品案件和诈骗案件，逐步推动这些案件统一适用简易引渡程序，以此提高中老的引渡率。

被请求引渡人在任何时候都可以作出同意简易引渡的意思表示。《欧盟成员国间简易引渡程序公约》规定临时羁押期、临时逮捕期以及成员国有特殊声明时在

---

① 赵远：《糯康案件所涉刑事管辖权暨国际刑事合作问题研究》，《法学杂志》2014 年第 6 期，第 136 页。
② 胡城军：《〈欧盟与美国引渡协议〉研究》，《武大法学评论》2019 年第 5 期，第 133 页。
③ 陈雷：《反腐败国际合作与追逃追赃实务教程》，中国方正出版社 2020 年版，第 79 - 80 页。

不同的条件下可以作出同意引渡的意思表示,然而国际上很多国家的规定比较宽泛,认为被请求引渡人可以在任何时候通知法院并作出同意引渡的意思表示。[①] 被请求引渡人在任何引渡的程序中都有可能改变意愿,只要被请求引渡人自愿且同意回国接受审判,都应当允许使用简易引渡程序,可以加快审查引渡程序的速度,提高引渡的效率。

被请求引渡人在老挝法官或合适的行政机关面前作同意的意思表示有效。《英国 2003 年引渡法》规定任何人可以在引渡决定未作出之前,在法官面前表示同意引渡的意愿,也可以在引渡案件未进入司法审查之前,向国务大臣表达同意引渡的意愿。如果案件到达老挝检察院或法院,被请求引渡人应当对老挝的法官作同意的意思表示,才可进入简易引渡程序。如果没有进入司法审查程序,引渡案件尚在外交部或老挝其他行政机关,则由相关行政机构通知老挝法院进入简易引渡程序。

运用简易程序不能直接免除司法审查。请求国仍然要提交引渡请求书,因为材料的提交是必需的,否则被请求国就无法开展审查工作,只是对审查的要求可以放宽至"大致审查"[②]。主要审查的内容包括引渡是不是可以被允许的,被请求引渡人是否与判决或通缉公告相一致。

(三) 对调查取证条约内容具体化

基于民刑混合的特点和呈现的突出问题,细化调查取证的规定要从两个方向解决:一是要增加取证方式和标准,解决刑民混合后调查取证行动指向不明的问题。二是完善证人保护制度,鼓励老挝方证人提供证词,提高老挝证人的出庭率。

1. 增加调查取证方式和标准

增加协同调查取证方式。协同调查取证可以由请求国派人到现场共同调查,保证调查取证的有效性。请求国前往被请求国调查,调查活动由请求国的主管机关主持。派员取证的方式得到了众多学者的支持,其他方式获取证据并不被禁止。[③] 实践中也有众多国家表示接受。[④] 但仍然不能有故意绕开正式程序,以规避请求国的法律的情形,如果有这种情况就影响了证据的有效性。[⑤] 在保证证据有效

---

① 黄风:《关于〈中华人民共和国引渡法〉修订的几个主要问题》,《吉林大学社会科学学报》2020 年第 4 期,第 6 页。

② 樊文:《德国的引渡制度:原则、结构与变化》,《环球评论》2016 年第 4 期,第 142 页

③ 冯俊伟:《域外取得的刑事证据之可采性》,《中国法学》2015 年第 4 期,第 262 页。

④ 黄风:《检察机关实施〈国际刑事司法协助法〉若干问题》,《国家检察官学院学报》2019 年第 4 期,第 168 页。

⑤ [瑞士] Sabine Gless:《涉外刑事案件之证据禁止》,王士帆译,《司法周刊》2013 年第 1647 期,第 1 - 23 页。

性的前提下，协同调查取证可以直接沟通，根据实际情况制定调查取证策略，避免申请国外协助调查取证流于形式。

通过远程技术获取证人证言，提高证词证言的可信度和采纳度。2021年浙江瑞安法院完成首例刑事案件视频取证司法协助，经最高人民法院通过外交途径与芬兰法院沟通协调，确定由芬兰法院提供问题清单，按照中国《刑事诉讼法》《国际刑事司法协助法》确定调查取证模式，聘请瑞安电台专业主持人为方言翻译，协调软件公司保证连线翻译顺畅。① 高科技增加了调查取证的途径，以往的取证虽然也能够成功，但委托取证效果差，从外国获取的证据无法发挥应有的作用。尽管派员取证比委托取证效果好，但是需要派人前往被请求国，往返也需要耗费不少人力物力。中老也可以在被请求国的法律框架下确定获取证人证言的新模式，一般流程为被请求国调取证据的负责人、翻译、负责刑事司法协助的中央机关以及其他参与刑事司法协助的人员通过软件平台监督取证，最后形成电子证据、电子签名传递到请求国。

明确刑事司法协助的取证范围，设计证据互认标准。中老双方应将调查取证的范围单独列举，根据目前科技发展和现实需要，扩大调查取证范围，明确双方有义务互相交换有关联的犯罪线索和情报。中老应尽快认可特殊侦查（调查）手段获取证据的合法性，将协助控制下交付纳入合作框架。控制下交付行为应当符合《联合国打击跨国有组织犯罪公约》第2条（i）款规定，主管当局必须是知情的。在主管当局监测之下将非法或可疑货物运出、通过或运入一国或多国领土的一种做法，目的是侦查犯罪和辨认犯罪人员。中老双方可以结合过往协助经验、合作范本和双方法律制度，整理通用的证据互认规则，保证证据"三性"，让中老互相调查取证真正实现有效、迅捷。

2. 完善证人保护制度

国内的证人保护制度一直处于空转的状态，实施的范围和成果都非常有限。② 外国证人保护制度要从保护责任主体、信息保护、保护范围、豁免权等方面入手逐步构建。

落实外国证人保护责任主体。责任主体一般确定为最先申请外国证人作证的办案机关，保护外国证人的责任一般由该办案机关承担，这样才能保证证人在事前、事中、事后均有指定的对象可以解决人身和财产困难。多个责任主体分阶段

---

① 参见《浙江瑞安法院完成首例刑事案件视频取证司法协助》，https://baijiahao.baidu.com/s? id = 1714768539966291134&wfr = spider&for = pc，最后访问日期：2023年8月26日。

② 韩旭、徐冉：《庭审实质化背景下证人保护制度实施问题研究》，《法治研究》2019年第6期，第151页。

保护或者共同负有保护外国证人的义务，后续容易出现阶段划分不清、职责不明、相互推诿责任的问题。为了解决多头主体、责任不清的问题，很多学者对国内的证人保护制度都提出建立专门的机构，也有学者提倡"谁需要谁保护，保护到底"。① 尚未分配好主体责任才导致多头主体、责任不清的问题。确定责任主体有利于追责，也能在一定程度上解决预防性措施不足的问题。外国证人语言不通，要在作证前做大量的准备工作，单一主体可以先行与证人、鉴定人协商，就证人的权利和义务、证人保护的措施和经济补偿达成合作协议。在签订合作协议时就确定负责保护外国证人的责任主体，能够给予外国证人前往中国作证的信心。坚持单一主体，负责到底的制度，还能避免发生证人完成阶段性任务后在衔接时被各机关互相推卸责任的情况。

要注重外国证人的信息保护。对特殊、敏感、有必要的案件，中国办案机关可以采用隐匿信息、模糊信息、虚构信息的方式减少证人身份的辨识度。保护证人信息的前提是证人身份真实，确为中国申请出庭作证的人员无误，鉴定人要符合资质，建议可以由中立的法院一方来审查证人的身份，也可以由老挝确定的主管机关派员和中国法院一起联合审查。应当在法院设置类似"湄公河案"中的特制视频室、磨砂玻璃等专门用于隐秘作证的场所和设备。当前庭审直播的兴起也拓展了证人的出庭方式，不必要求证人一定要到现场出庭，经过形象处理、声音处理等一些技术性遮掩后，证人可以远程出庭参与庭审。

适当扩大证人的保护范围。证人的保护范围一般是证人及其近亲属，但是部分不属于近亲属范畴的人却可以成为压制、打击报复证人的关键人员。证人保护的范畴应在原有的基础上予以扩大，增设证人自愿申请增加保护人员的方式，经审查保护的必要性后，增加为与证人相关联的保护对象。

尊重证人的豁免权。中国与老挝签订的双边条约原则上规定，不可以因为证人证词或其他诉讼行为采取强制措施。而"污点证人"被传唤作证也仅能作证，不能追诉证人、鉴定人入境前的犯罪。入境后的犯罪行为则不受豁免权约束。② 尊重国际原则是开展外国证人出庭作证的基础，否则在国际社会上容易使他国对请求国有背信弃义的印象。

（四）完善双边条约体系

由于未签订部分条约，中国与老挝只能在实践中探索，或者根据个案协商完

---

① 韩旭、徐冉：《庭审实质化背景下证人保护制度实施问题研究》，《法治研究》2019 年第 6 期，第 158 页。
② 黄风：《检察机关实施〈国际刑事司法协助法〉若干问题》，《国家检察官学院学报》2019 年第 4 期，第 169 页。

成刑事司法协助。目前中国与老挝日益增加的实践需要和成熟的合作条件，都对推动各项条约的签订提供了助力。

1. 签订承认和执行外国刑事判决条约

承认和执行外国刑事判决要与中国国情相符合。基于双方开展刑事司法合作的需求和良好的交往关系，双方可以签订有关的协定和补充条约肯定这项内容，或者双方还可以先通过个案探索，不断积累承认和执行外国刑事判决的实践经验。建立承认和执行外国刑事判决制度要满足三个条件。

首先，承认和执行外国刑事判决要以互惠原则和一事不再罚原则为基础。[①] 中国与老挝承认和执行对方判决时，要考虑互惠原则，坚持一事不再罚原则，既能提高合作效率，又能够体现尊重对方的国家主权利益，双方应当享有同样的权利和义务。

其次，选择附条件承认作为条约的拟定方向。学者曾提出过四种立法模式：第一种是只具有学术价值没有立法和实践意义的完全否认说，这种观点否认外国判决效力，否认一事不再理原则。第二种是积极承认说，犯罪人受到国外的有罪判决后，未执行的继续执行，执行完毕、免除刑事处罚或无罪判决的本国不再追诉。这种做法是大多数国家的立法模式，国际社会也对此予以肯定。第三种是事实承认说，只将外国刑事判决作为事实状态来对待，实践中没有办法像这类模式一样不理会外国刑事判决，因此也不具有可行性。第四种是附条件承认说，在法律层面上承认外国的刑事判决，但仍然保留拒绝承认和执行的权利。[②] 从学者的分析角度来看，只有第二种和第四种做法有可能在中国成功。本章认为，附条件承认是比较符合中国国情的选择。承认和执行外国刑事判决是各国开展国际刑事司法协助的趋势，但是中国应当审慎地保留拒绝承认和执行的权利，确保中国的司法主权不受侵害。

最后，要限制承认和执行的范围。1974 年《关于刑事判决国际效力的欧洲公约》列举了较为严苛的条件来规范外国刑事判决的承认和执行，这些条件包含了审查被请求判刑人的常住情况、国籍情况、有利于被判刑人原则、双重犯罪原则等。[③] 条约可以列举承认和执行的范围，也可以列举禁止承认和执行的范围，通过消极条件排斥不符合两国法律规定的执行行为。

---

① 高巍：《新时代跨境追逃追赃的理念与机制》，《法学杂志》2018 年第 6 期，第 119 - 120 页。
② 黄伯青：《试论附条件地承认和执行外国的刑事判决——以我国刑法第 10 条为视角》，《社会科学》2008 年第 9 期，第 96 - 98 页。
③ 王铮：《执行刑事判决中的国际司法合作》，《比较法研究》1997 年第 3 期，第 275 页。

2. 签订移管被判刑人条约

移管外国被判刑人是承认和执行外国刑事判决的一种主要形式，目前中国只和泰国签订了移管被判刑人条约。老挝与泰国国情相似，国际合作打击的犯罪类型大体一致，签订移管被判刑人条约有利于被判刑人服刑和缓解中国监狱管理的压力。

移管被判刑人条约的框架应包含：定义、一般原则、中央机关、适用范围、移管的条件、拒绝移管的情形、通知被判刑人、移管程序、所需文件、同意的核实、移管执行、管辖权保留、刑罚的执行、关于执行判决的信息、过境、费用等。

及时向符合移管条件的服刑人员提供信息。要尽可能通知、协助被判刑人了解移管被判刑人制度，加大宣传移管被判刑人制度的力度，对被判刑人的利益保护要实现最大化。[①] 对于非本国国籍、符合移管条件的被判刑人，要及时对他们宣讲两国之间达成的移管条约，保证被判刑人能够充分行使自己的权利。

设计具体程序时要确保被判刑人的自愿性，一是需要确保被判刑人或其合法代理人完全知晓移管的法律后果，二是确保其同意且必须是自愿的，三是需要以书面形式确认该同意。双方负有审查刑罚转换的义务，要求尽可能与原刑事判决一致，如果不能实现直接转换的，要依据互相尊重国家主权原则、有利于被判刑人原则、双重限制原则、禁止自由刑转换为财产刑原则。[②] 中国应健全被判刑人意愿核实机制，参考美国的移管经验，利用听证会实现确认移管被判刑人的意愿之目的。[③] 听证会参与方包括中国司法部负责移管事务的官员、老挝负责移管事务或监狱管理事务的官员、翻译、外交部工作人员等。

此外，还要增加异地追诉后及时请求他国移管被判刑人，以便异地追诉后被判刑人可以选择回国服刑，配合替代措施缴纳赃款，挽回损失。[④] 签订后要根据不同情形在实践中推进移管被判刑人条约。

3. 签订刑事诉讼移管条约

中国与老挝要开展刑事诉讼移管，可以先在双边条约中加入刑事诉讼移管内容，或者在互惠原则的基础上对个案采用刑事诉讼移管解决国家之间管辖权冲突的问题，尤其是只涉及老挝和中国的跨国案件，可以根据案件的实际情况达成单次的刑事诉讼移管协议，以此丰富两国的司法合作方式。当然，最直接的方法是

[①] 王柠：《美国被判刑人移管制度特点及对中国的启示》，《中国监狱学刊》2021年第5期，第158页。

[②] 敖博：《移管被判刑人合作中的刑罚转换》，《法律适用》2020年第1期，第130页。

[③] 王柠：《美国被判刑人移管制度特点及对中国的启示》，《中国监狱学刊》2021年第5期，第159页。

[④] 高一飞、韩利：《异地追诉的原理与机制》，《法治社会》2021年第5期，第98页。

依据共同签订的国际公约开展中老刑事诉讼移管。尤其要遵守"双重犯罪原则""视同原则",这关系到审判的公正性和合理性,要保证刑罚执行的适当性。此外还有一些国际通用的原则,比如说"政治犯不引渡原则""一事不再理原则"也要作为开展刑事诉讼移管的原则。

老挝进行刑事诉讼移管后,应尊重中国的最终裁决。在刑事诉讼移管的问题上,让渡自身管辖权的一方是开展刑事司法协助的一方,一般也是犯罪所在地国。中国向老挝请求刑事诉讼移管重点要解决的是老挝如何向中国转移刑事诉讼问题,就是刑事诉讼移入中国的问题。当老挝将刑事诉讼移转到中国后,中国开始审理移入案件时,应当有前往犯罪所在地国调查取证的权利,以便能保持案件公正审理。中国检察官有"终止诉讼"的权利,"终止诉讼"不违背"或起诉或引渡"原则。① 由于让渡自身管辖权是不可逆的行为,老挝务必要尊重中国行使正当的司法权利。

刑事诉讼移管的案件中老双方都应拥有管辖权。老挝作为刑事诉讼移管的请求国,应当具备管辖权,中国作为刑事诉讼移管的被请求国,也应当拥有管辖权,管辖权可以自国际条约或其他缘由产生②。也有学者认为,不要求被请求国拥有管辖权,要求双重管辖是一种限制,与创设的初衷违背,只要被控诉人与被请求国有联系,或者为了诉讼便利就可以进行刑事诉讼移管。③ 在目前中国仍然没有引入刑事诉讼移管制度的背景下,选择更为保守的双重管辖原则似更能为中老两国所接受。即使要解除双重管辖的限制,也应当在积累大量的实践经验后再探求新路径。

4. 签订资产追缴分享条约

为了鼓励老挝与中国刑事司法合作,中国可以结合老挝的实际情况,参考《中华人民共和国政府和加拿大政府关于分享和返还被追缴资产的协定》来提高追逃追赃的效率。中老需要建立具体的资产分享协定,建立好中国与老挝的资产分享协议框架,确定资产分享范围和比例、资产分享主管机关及其职能。

中国与老挝的资产分享范围可以设定为:请求国通过本国的生效追缴裁决初步确定资产范围,由请求国证明资产被侵占、非法获取的过程,被请求国审查通过后按国内程序追缴到的实际资产,即视为可分享的资产。《中加资产分享协定》

① 阮丹生、王卫东等:《检察机关刑事司法协助完善与发展》,《人民检察》2021 第 23 期,第 67 页。

② 于志刚、李怀胜:《关于刑事管辖权冲突及其解决模式的思考——全球化时代中国管辖权的应然立场》,《法学论坛》2017 年第 6 期,第 41 页。

③ 罗国强主编:《反腐败国际合作与展望》,法律出版社 2020 年版,第 24 页。

规定资产分享范围是依据资产的非法获取性和法院的生效追缴裁决来决定的。也有学者认为可供分享的资产并非没收的全部资产，而是扣除被害人损失赔偿，返还原合法所有人，扣除善意第三人合法资产，扣除合理费用后剩余的资产。[①] 采用这个观点会导致可分享的资产大幅度缩水，另外请求国还需要证明扣除费用的合理性，这会增加分享资产的难度。

中老对常态化合作的案件可采取固定比例分享，其他案件则可以沿用合作贡献因素来决定分享比例。国际上资产分享的比例分为固定比例、协商比例、分档设定比例三种。第一种是参考《中加资产分享协定》中的合作程度来确定分享比例；第二种是美国在实践中按协助的便利设置了三个档次标准，分别是：50% ~ 80%，40% ~ 50%，40%以下[②]；第三种是瑞士按照惯例犯罪资产50：50的比例进行分享。[③] 一些经常发生在中老两国之间，频繁需要合作打击的高频案件可以考虑采用固定比例分享。例如在毒品类案件中，中国与老挝可以实行固定比例分享，这是因为老挝掌握更多的犯罪情报和资源，也需要更多的动力打击毒品犯罪。而且两国打击毒品犯罪的频率高，每次都通过个案协商会耗费大量的时间在谈判上。其他的案件则需要具体问题具体分析，就可以沿用合作贡献因素来决定分享比例。

关于资产分享主管机关及其职能，有学者认为应让对外联系机关或办案机关专设追赃机关，或者直接设立中国—东盟反腐败国际追赃联络中心负责区域的资产联合调查、追缴和分享资产工作。[④] 也有学者建议联合有关机关建立一个分享决策委员会，保证决议公正。[⑤] 各位学者提出的建议核心是集中职能，落实责任。中国与老挝开展资产分享工作最便捷的方法是将刑事司法协助确定的中央机关司法部设为接管资产分享事宜的机关，内部可以设置专门的部门管理，统一开展调查、审查、协商、决议工作，但是可以由双方沟通后临时指定专人负责。

本章小结

中老并非两国交往不深、互信不足，而是缺乏主动了解老挝法律体系的动力。事实上，中国完全可以通过和老挝积极开展各项刑事司法协助，积累实践经验，进而促进东盟地区整体提升与中国开展刑事司法协助水平。中老刑事司法协助发

---

① 赵丹：《论我国犯罪资产分享制度的构建》，《上海法学研究》集刊2021年第11卷，第101页。

② 湖北省纪委监委协调指挥室编著：《反腐败国际追逃追赃理论与实践》，中国方正出版社2020年版，第166页。

③ 赵丹：《论我国犯罪资产分享制度的构建》，《上海法学研究》集刊2021年第11卷，第101页。

④ 黄树标：《中国—东盟反腐败国际追逃追赃的困境与出路》，《社会科学家》2021年第7期，第117页。

⑤ 赵丹：《论我国犯罪资产分享制度的构建》，《上海法学研究》集刊2021年第11卷，第101页。

展至今建立了较为成熟的合作框架，形成了特有的合作方式，合作深度也从倡导性建议和会议共识落实到实际行动。缉查是中老普遍采用的合作方式，因其效率高，方便快捷，成为开展中老刑事司法协助的替代措施。只是替代措施并非长久之计，目前中老合作依赖替代措施，中老刑事司法协助体系的自身缺陷仍未被关注。完善原有的刑事司法协助体系应当作为首要的改善方向，让缉捕等替代措施回归备选的位置。

本章介绍了中国向老挝请求刑事司法协助可能涉及的程序内容，根据中老目前的政治交往状况和国情尝试提出了一些刑事司法协助的问题和解决方案。为了减少老挝国情的不良影响，提高中老刑事司法协助的效率，可以通过合作执法机制间接约束老挝执法人员，为老挝执法人员提供基本的物质保障，减少老挝国情对其的负面影响。中国作为提出引渡请求的一方，要注重解决自身程序的冗杂和复杂性，减少引渡请求在国内程序的滞留时间。老挝作为接收引渡请求的一方，要在政治互信的基础上优化自身程序，加快审批和执行效率。早期签订的《中华人民共和国和老挝人民民主共和国关于民事和刑事司法协助的条约》应适时增补内容，要确定开展各项刑事司法协助的具体细则，避免因条约内容过于简要导致合作时主观因素占比过大。合作形式单一压缩了中国与老挝开展刑事司法协助的空间，拓展中老合作空间要完善双边条约体系，填补制度空白。中国与老挝已经具备足够的条件建立完善的刑事司法协助体系，应鼓励深化刑事司法协助。借助当前中老铁路和经济交往密切的优势，中国向老挝请求刑事司法协助的经验有望成为东盟其他地区的范本。

虽然在研究过程中已经穷尽寻找中老刑事司法协助相关文献的途径，但仍然受到刑事司法协助案件的不公开性所制约，没能够获取中国向老挝请求刑事司法协助的一手案卷资料。由于老挝没有建立专门的学术研究网站，因此还未能够获取老挝国内的纸质论文文献。中国向老挝请求刑事司法协助的研究需要更多的实践经验和学术交流，本章研究的对象相对宏观，其他具体制度引起的问题还需要留待学者进一步发掘、论证。

第九章
中国向缅甸请求刑事司法协助

缅甸联邦共和国（The Republic of the Union of Myanmar），以下简称"缅甸"，是东南亚国家联盟成员国之一。缅甸东北部与我国西藏自治区、云南省接壤，是东南亚陆地面积最大的国家，拥有约 5417 万的人口，共有 135 个民族，佛教徒占全国总人口的 85% 以上。① 缅甸经济发展水平较低，国内贫困人口占比接近三分之一，是联合国认定的最不发达国家之一。② 作为东南亚第二大天然气出口国，缅甸油气行业曾是吸引外资的主要行业之一，是缅甸政府的主要财政支柱。③ 但由于缅甸政局变化，欧盟对缅甸油气行业采取了经济制裁，多家外资公司撤出缅甸市场，给缅甸开展正常经济活动带来巨大影响和不确定性。

缅甸独立后，分别颁布了 1947 年《缅甸联邦宪法》、1974 年《缅甸社会主义联邦宪法》、2008 年《缅甸联邦共和国宪法》。《缅甸联邦共和国宪法》规定了缅甸国家名称为缅甸联邦共和国，是总统制的联邦制国家，政体为多党民主制度。总统既是国家元首，也是政府首脑。为防止利用宗教干预国家行政、司法，还规定了宗教神职人员不具有选举权。

缅甸有着悠久的历史，1044 年缅甸正式建立起统一的封建国家，经历了蒲甘、东吁和贡榜三个封建王朝。19 世纪，英国发动三次侵略战争后占领了缅甸全境，将缅甸划为英属印度的一个省，缅甸沦为了英国的殖民地。1942 年日本占领缅甸，后英国重新控制缅甸。1948 年 1 月 4 日，缅甸脱离英联邦宣布独立，建立了缅甸联邦。

---

① 参见《缅甸国家概况》，https：//www.mfa.gov.cn/web/gjhdq_ 676201/gj_ 676203/yz_ 676205/1206_ 676788/1206x0_ 676790/，最后访问日期：2024 年 8 月 7 日。

② 参见：https：//www.un.org/zh/conferences/least-developed-countries，最后访问日期：2023 年 9 月 15 日。

③ 参见李晨阳等主编《缅甸蓝皮书：缅甸国情报告（2020）》，社会科学文献出版社 2021 版，第 69 - 71 页。

中缅两国人民友好交往，民意相通，早在建立丝绸之路时，中缅两国就紧紧地联系在了一起。自 1950 年中缅正式建立了外交关系以来，刘少奇主席、周恩来总理、陈毅副总理等中华人民共和国成立初期的领导人都曾访缅，特别是周恩来总理九次访缅和吴奈温主席十二次访华，中缅多次互访被两国人民传为佳话，更升华了中缅的"胞波"（兄弟）友谊。① 自建交以来，两国各领域务实合作不断深化。

1954 年 4 月 22 日，两国签署了《中华人民共和国和缅甸联邦贸易协定》，② 其中规定了正式建立两国经济与贸易上的联系，掀开了两国经济领域合作的序幕。1958 年 2 月 21 日，两国签署了《中华人民共和国政府和缅甸联邦政府贸易协定》③，较 1954 年签订的贸易协定而言，1958 年的贸易协定增加了中缅两国互相为对方提供最大便利的条款。为了进一步促进两国经济发展、加强技术合作，1961 年 10 月 1 日，中缅签订《中华人民共和国政府和缅甸联邦政府经济技术合作协定》④，约定中国向缅甸提供无息、无条件贷款三千万英镑，并向缅甸提供派遣专家、提供设备等技术和物资援助。彼时，中国仍处于新中国建设时期，经济条件并不充裕，但中国仍向缅甸伸出援手，不仅是双方"胞波"情谊的体现，更是充分地彰显了中国负责任的大国担当。之后，中缅分别于 1979 年、1980 年签订经济技术合作协定，其中，中国共计向缅甸提供无息、无条件贷款一亿元人民币，为缅甸建设桥梁、工厂等八个基础设施项目。

2009 年 3 月 26 日，中缅签订《中华人民共和国政府与缅甸联邦政府关于中缅油气管道项目的合作协议》⑤，约定缅甸通过中缅天然气管道向中国供气 30 年，并由中国石油天然气集团具体执行。作为中缅两国建交 60 周年的重要成果和结晶，截至 2022 年 7 月 25 日，缅甸已向中国输送天然气 356.7 亿标方，原油 5135.99 万

---

① 参见《对外投资合同国别（地区）指南：缅甸（2022 年版）》，http://www. mofcom. gov. cn/dl/gbdqzn/upload/miandian. pdf，最后访问日期：2023 年 9 月 7 日。

② 参见《中华人民共和国和缅甸联邦贸易协定》，http://treaty. mfa. gov. cn/Treaty/web/detail1. jsp? objid =1531876381332，最后访问日期：2023 年 9 月 7 日。

③ 参见《中华人民共和国政府和缅甸联邦政府贸易协定》，http://treaty. mfa. gov. cn/Treaty/web/detail1. jsp? objid =1531876395590，最后访问日期：2023 年 9 月 7 日。

④ 参见《中华人民共和国政府和缅甸联邦政府经济技术合作协定》，http://treaty. mfa. gov. cn/Treaty/web/detail1. jsp? objid =1531876404330，最后访问日期：2023 年 9 月 7 日。

⑤ 参见《中华人民共和国政府与缅甸联邦政府关于中缅油气管道项目的合作协议》，http://treaty. mfa. gov. cn/Treaty/web/detail1. jsp? objid =1531876927266，最后访问日期：2023 年 9 月 7 日。

吨。① 中国从缅甸进口油气的同时，时刻不忘中缅深厚的"胞波"情谊，截至2019 年 12 月，中缅油气管道项目一共为缅甸社会贡献近 5 亿美元，缅甸当地每工作日用工累计达到 290 万人，投入 2700 多万美元在管道沿线支持教育、道路交通、电力、医疗、饮水、通信等公共基础设施建设。② 中缅天然气管道不仅能够有效分散我国油气能源进口风险，为保障国家能源安全作出重要贡献，更增加了中缅两国的贸易往来，为缅甸创造了更多的就业机会，极大地改善了管道沿线的基础设施建设，是新时代中缅"胞波"友谊的有力见证。

2020 年 1 月 17 日，习近平主席对缅甸进行国事访问，访问期间，中缅两国发表了《中华人民共和国和缅甸联邦共和国联合声明》。③ 声明指出，中缅一致同意构建中缅命运共同体，进一步推动两国立法机构、政党、地方之间开展友好往来，并加强在联合国、中国—东盟、澜沧江—湄公河合作等多边机制框架内的协调配合。构建中缅命运共同体，必将为中缅刑事司法领域合作注入源源不断的动力和活力。

中缅两国人民友好交往，民意相通，自 1950 年正式建立外交关系以来，中缅始终互信、互尊、互助。随着中缅经贸合作的不断推进，双方人员、经济的往来也日益频繁，然而，一些违法犯罪分子在中缅边境从事洗钱、贪污贿赂、经济诈骗、走私等经济违法犯罪活动，严重扰乱了边境地区的正常经济秩序，影响双边经济贸易的正常交往。④ 跨国犯罪严重侵犯我国公民的合法利益，中缅双方始终为遏制跨国犯罪而努力。为扭转缅北电信网络诈骗犯罪严峻复杂形势，中国积极与缅甸开展边境警务合作，2023 年 9 月 6 日，缅甸正式将 1207 名缅北涉诈犯罪嫌疑人移交中国。⑤ 此次移交行动，是中缅刑事司法合作中举世瞩目的成就，更是中国向外国请求刑事司法协助历史中移交人数最多、规模最大的一次壮举，向国内外展示了中缅两国团结合作、严打犯罪的坚定决心。在中缅命运共同体背景下，加强中国和缅甸在刑事司法方面合作，严厉打击跨国犯罪，保护中缅两国人民的生命、财产安全，是中缅两国面临的共同挑战。

---

① 参见《中缅油气管道累计向中国输送原油超 5000 万吨》，https：//www.chinanews.com.cn/cj/2022/07 – 27/9813504.shtml，最后访问日期：2023 年 9 月 7 日。

② 参见孙广勇：《中缅油气管道实现高质量合作》，《城市金融报》2020 年 1 月 21 日，第 6 版。

③ 参见《中华人民共和国和缅甸联邦共和国联合声明（全文）》，https：//www.gov.cn/xinwen/2020 – 01/18/content_ 5470512.htm，最后访问日期：2023 年 9 月 7 日。

④ 蒋人文：《中国与东盟经济自由贸易区跨国经济犯罪及其控制策略研究》，《河北法学》2008 年第 10 期，第 176 页。

⑤ 参见《1207 名缅北电信网络诈骗犯罪嫌疑人移交我方》，《云南日报》2023 年 9 月 9 日，第 4 版。

一、中国向缅甸请求刑事司法协助的历史与成绩

（一）中国向缅甸请求刑事司法协助的历史

1990 年 2 月，缅甸政府举行了销毁缴获毒品的行动，同时，我国政府也决定开展打击西南边境毒品活动专项行动。云南、西双版纳与缅甸第四特区举行会晤，就禁毒工作作了具体部署，并制定以"禁种、禁制、禁运、禁贩、禁吸、禁卖"为主要内容的"六年禁毒计划"。① 此次会晤中，中缅首次就共同打击边境毒品犯罪活动达成共识，为后续中国公安部首次访问缅甸作了铺垫。1990 年 8 月，中国公安部组成禁毒代表团首次访问缅甸，各方达成开展禁毒合作的意向。② 从此，中缅禁毒国际合作拉开了序幕。

2002 年 2 月 24 日，云南警官学院举办了首期缅甸联邦禁毒官员培训班。③ 此次培训受中国国家禁毒委和公安部的委托，是中国首次系统地为外国培训禁毒执法官员，中国以实际行动积极履行《中国的禁毒》白皮书中禁绝毒品造福人民的宣言，是中缅开展禁毒执法人员培训国际合作的新开端。

2004 年 7 月，中国最高人民检察院发起中国与东盟成员国总检察长会议，会议深入探讨了中国与东盟各成员国检察机关之间加强相互交流、深化执法合作，以建立有效的协调配合、打击区域有组织犯罪的机制。④ 缅甸作为东盟成员国参加了该会议。截至目前，中国—东盟成员国总检察长会议已经召开了十三届，为维护地区和谐稳定，促进区域繁荣发展作出了积极贡献。

2009 年 11 月，中国与东盟举办首届打击跨国犯罪部长级会议，并续签谅解备忘录，成为东盟对话伙伴中第一个与东盟在执法安全领域确立部长级合作机制的国家。⑤ 会议就证据收集、逃犯缉捕和遣返、犯罪收益的追缴与返还等打击跨国犯罪的国际合作方式进行了交流。

2011 年湄公河"10·5"惨案发生后，在中国的倡导下，2011 年 10 月 31 日，中老缅泰四国联合召开中老缅泰湄公河流域联合执法合作会议，发表了《中华人

---

① 参见李银、杨金高、简正午：《十年禁毒气象新——替代种植富边民》，《人民日报》2000 年 11 月 9 日，第 10 版。

② 参见刘晓林：《加强合作——禁绝毒品》，《人民日报海外版》2002 年 6 月 26 日，第 1 页。

③ 参见《我国首个为国外培训禁毒官员的培训班在云南开学》，https://news.sina.com.cn/c/2002-02-24/2354484078.html，最后访问日期：2023 年 9 月 7 日。

④ 参见《中国与东盟成员国总检察长会议联合声明》，《检察日报》2004 年 7 月 10 日，第 1 版。

⑤ 参见《"猎狐 2015"从东盟抓获 190 名嫌犯》，《法制日报》2015 年 10 月 23 日，第 5 版。

民共和国、老挝人民民主共和国、缅甸联邦共和国、泰王国关于湄公河流域执法安全合作的联合声明》。① 会议决定建立湄公河流域安全执法合作机制，对于危害湄公河流域安全的跨国犯罪活动，各国一致认为应采取一切有效措施有力维护湄公河流域地区和平与稳定。会后，中老缅泰四国执法部门先后抓获了糯康武装贩毒集团及"10·5"案件主犯，收集掌握了该集团的大量犯罪证据。② 此后，中老缅泰四国通过长期联合执法，毁灭性地打击了长期盘踞"金三角"地区的这一特大武装贩毒集团，有效地铲除了威胁湄公河流域安全的最大祸患。

为尽早启动湄公河联合巡逻执法，中老缅泰发布了作为过渡性安排的《中老缅泰湄公河联合巡逻执法部长级会议联合声明》。③ 联合声明明确在中国设立中老缅泰湄公河联合巡逻执法联合指挥部，由指挥部协调各国执法船艇及执法人员开展联合执法工作，该声明也是目前四国在湄公河流域开展联合巡逻执法最直接的法律依据。截至 2023 年 9 月，四国共进行了 132 次联合巡逻执法行动。④ 中老缅泰湄公河联合巡逻严厉打击和震慑了湄公河流域各类跨境违法犯罪活动，有效地扭转了相关犯罪高发态势。湄公河案中，中老缅泰四国不仅在颇具争议的案件管辖权上达成了共识，还建立了湄公河流域执法安全合作机制，有效地维护了湄公河流域的安全与稳定。从湄公河案开始，中国与缅甸开始意识到只有落实两国的国际刑事司法合作，才能够发挥刑事司法协助制度优势。2011 年后，中国向缅甸提出刑事司法合作的请求数量增加，定期合作打击跨国犯罪，从此，中缅刑事司法合作进入新的时期。

2012 年 5 月，中国公安部、云南省公安厅正式批准建立中缅边境瑞丽、腾冲、南伞，中老边境磨憨，中越边境天保、河口共 6 个边境禁毒联络官办公室。⑤ 由边境禁毒联络官办公室协调并组织实施国际禁毒合作。边境禁毒联络官机制有力地推动了中缅两国禁毒执法合作效率的提升，打击跨国毒品犯罪取得了显著成效。

2014 年 9 月，第一届中国—东盟警学论坛在广西南宁召开，东盟十国等代表

---

① 参见《中华人民共和国 老挝人民民主共和国 缅甸联邦共和国 泰王国关于湄公河流域执法安全合作的联合声明》，《人民日报》2011 年 11 月 1 日，第 2 版。

② 参见《"金三角"特大武装贩毒集团首犯糯康被中老警方联手抓获》，《人民公安报》2012 年 5 月 11 日，第 3 版。

③ 参见《中老缅泰湄公河联合巡逻执法部长级会议联合声明》，《人民日报》2011 年 11 月 30 日，第 21 版。

④ 参见《第 132 次中老缅泰湄公河联合巡逻执法行动启动》，《兰州日报》2023 年 8 月 23 日，第 8 版。

⑤ 参见《中缅强化边境禁毒协作机制　打击跨境毒品犯罪》，https://finance.ifeng.com/a/20140502/12250867_0.shtml，最后访问日期：2023 年 9 月 7 日。

共 120 余人出席会议。① 论坛围绕中国—东盟区域警务合作、打击跨国犯罪和警务信息交流这一主题，对湄公河流域的执法合作，打击跨国人口拐卖、毒品犯罪、电信诈骗犯罪，加强国际反恐警务合作等诸多方面进行了交流探讨。此后，中国—东盟警学论坛共举办了四届，对中缅进一步推动深化警务合作长效机制，共同维护地区安全与稳定发挥了积极作用。

2014 年 11 月，中国国家主席习近平赴布里斯班出席二十国集团（G20）领导人第九次峰会时，呼吁二十国集团成员在反腐追逃等方面加强合作，不断织密打击腐败犯罪联动网络。② 中国对腐败采取零容忍态度，向世界展示了反腐决心，为世界各国树立了榜样。

2019 年 10 月，中缅边境警务执法安全合作会谈在昆明举行。③ 会谈探讨了中缅共同推进边境执法安全合作机制建设与加强打击跨国犯罪、边境管理等事项。在中缅两国部长级执法合作框架下，中国云南各级公安机关与缅甸执法部门不断深化执法领域合作，切实维护了中缅边境的长治久安。

2020 年 12 月，中国驻缅甸大使馆与缅甸内政部举行中缅执法安全合作视频会议。④ 中缅两国就继续深化执法安全各领域合作、合力打击跨境犯罪达成共识，中缅将携手共建中缅命运共同体。

2021 年 12 月，云南警官学院举行 2021 年缅甸警务中文培训班开班仪式。⑤ 此次培训班共有 8 个培训专题，包括中国国情、中国警务制度、简单社交用语、犯罪调查用语、信息采集用语、社区警务用语、疫情防控相关用语、毒品犯罪调查用语。缅甸警务中文培训班作为中缅友好交流的桥梁，促进了双方务实合作，诠释和丰富了中缅命运共同体的内涵精神。

2022 年 7 月，第十八届中缅禁毒合作会议以视频方式顺利举行。⑥ 会议强调，"金三角"地区毒品形势影响甚广，中缅一致认为两国在禁毒领域互为最重要合作伙伴，应全力推动"金三角"地区毒品问题解决。中缅两国通力合作、密切配合，共同为推动全球及区域毒品治理作出了积极贡献。

---

① 参见《第一届中国—东盟警学论坛在南宁召开》，《人民公安报》2014 年 9 月 13 日，第 2 版。

② 参见陈治治：《织密全球反腐网　贪腐岂有避罪港》，《中国纪检监察报》2014 年 11 月 26 日，第 1 版。

③ 参见《中缅边境警务执法安全合作会谈举行》，《人民公安报》2019 年 10 月 25 日，第 4 版。

④ 参见《陈海大使同缅甸内政部部长梭突谈中缅执法安全合作》，http://mm.china-embassy.gov.cn/sgxw/202012/t20201229_1386602.htm，最后访问日期：2023 年 9 月 7 日。

⑤ 参见《云南警官学院举行 2021 年缅甸警务中文培训班开班仪式》，https://www.ynpc.edu.cn/site/ypoa/1070/info/2022/31106.html，最后访问日期：2023 年 9 月 7 日。

⑥ 参见《第 18 届中缅禁毒合作视频会议成功举行》，《中国禁毒报》2022 年 7 月 22 日，第 1 版。

2022 年 12 月，云南警官学院举行 2022 年东盟国家禁毒研讨班线上结业典礼，缅甸警察部队禁毒局、柬埔寨国家警察总署禁毒局、老挝公安部禁毒局及越南公安部的学员参加了此次研讨班线上培训。① 此次禁毒研讨班的举办，为中缅两国跨国执法交流合作注入新的动力，有利于中缅开展执法交流合作、共同提升执法水平，为维护两国社会稳定作出积极贡献。

2023 年 8 月，中老缅泰四国警方在泰国清迈联合举行赌博、诈骗及衍生的人口贩运、绑架、非法拘禁等犯罪的专项合作打击行动启动会。② 中老缅泰四国警方首次深度合作，在泰国清迈共同建立专项行动综合协调中心，还在犯罪高发地区建立了联合行动点，旨在严厉打击网络赌博、网络诈骗犯罪。同月，《中华人民共和国政府和缅甸联邦政府关于中缅边境管理与合作的协定》执行情况第 17 轮司局级会晤在北京举行。③ 中缅双方积极认可了《中华人民共和国政府和缅甸联邦政府关于中缅边境管理与合作的协定》的相关执行成果，并对促进边境事务合作机制升级等相关会议议题进行了探讨，并达成共同强化打击跨境电信诈骗合作的共识。

（二）中国向缅甸请求刑事司法协助的成绩

在刑事司法合作领域，中缅肩负着共同维护地区和平稳定的责任，积极开展刑事司法合作，在打击贩毒、洗钱、拐卖人口、诈骗等跨国刑事犯罪中取得重大成绩。就公开报道来看，中国向缅甸请求刑事司法协助主要是协同缉捕或引渡，此外，中国警方还通过电话等方式对滞留缅甸的涉案人员予以劝返。

首先，在引渡方面，中缅之间只能在《联合国打击跨国有组织犯罪公约》等国际公约和《大湄公河次区域反对拐卖人口区域合作谅解备忘录》《湄公河次区域合作反对拐卖人口进程联合宣言》等双边协定中进行。由于中缅并未签订任何实质性的引渡条约，双方进行司法协助的方式主要是通过政治与外交途径进行协商。如近年来国内外影响较大的湄公河惨案主犯翁篷，即是由中方倡导召开中老缅泰湄公河流域执法安全合作会议，并由时任公安部部长孟建柱与老、缅、泰三国领

---

① 参见《云南警官学院举行 2022 年东盟国家禁毒研讨班线上结业典礼》，https：//www. ynpc. edu. cn/site/ypoa/jyyw/info/2022/33093. html，最后访问日期：2023 年 9 月 7 日。

② 参见《中泰缅老四国警方启动合作打击赌诈集团专项联合行动》，《民主与法制时报》2023 年 8 月 23 日，第 1 版。

③ 参见《中缅举行〈边境管理与合作协定〉执行情况第 17 轮司局级会晤——就完善会晤机制、打击跨境电诈合作等达成共识》，https：//news. yunnan. cn/system/2023/08/31/032736859. shtml，最后访问日期：2023 年 9 月 7 日。

导人就案件侦办和安全合作问题进行商讨，通过交涉使缅甸方面将翁篓移交中方。① 我国还与缅甸地方进行司法协助，如2017年4月，缅甸佤邦按照与中国的司法合作协议，与中国警方展开打击电信诈骗联合行动，并将370名犯罪嫌疑人移交中国警方。② 随着中缅双方刑事司法合作的不断深入，通过公开报道检索发现，2023年8月至9月，相继从缅甸引渡犯罪嫌疑人1610名。引渡虽然程序烦琐，但其作为中缅联合打击犯罪的有力手段，彰显了中缅联合打击跨国犯罪的坚定决心和意志，在中缅刑事司法协助中发挥着重要作用。

其次，中缅警方协同缉捕，也是双方进行刑事司法协助的有效手段。2019年7月，北京和云南两地公安机关与缅甸警方通力合作，分别成立了境内、境外工作组，最终在中缅边境将犯罪嫌疑人刘某抓获。③ 2022年，我国江西警方、云南警方直接与缅甸警方进行协调，在缅甸境内将逃亡多年的犯罪嫌疑人卢某保抓获。④ 我国警方通过为缅甸警方提供嫌疑人信息，或者直接前往缅甸境内配合缅方直接实施抓捕，有力打击了跨境犯罪的嚣张气焰，捍卫了我国公民的合法权益。

国家监察体制改革以来，我国加大了对职务犯罪外逃人员的追逃追赃力度，2020年5月，在中央反腐败协调小组国际追逃追赃工作办公室统筹协调下，"红通人员"强涛、李建东在缅甸落网并被遣返回中国。⑤ 通过司法协助对职务犯罪外逃人员进行遣返，正是双方司法协助的重要内容，也是矢志不移同腐败进行斗争、坚定不移追逃追赃的应有之义。

与引渡、缉捕相比，对涉外人员进行劝返能够有效节省司法成本，避免烦琐的刑事司法协助程序。2020年，中国公安部开展劝返滞留缅北的非法出境人员和从事电信网络诈骗人员行动，惩治、劝返滞留缅北人员，取得了一定成效。⑥ 公开报道显示，江西、广东、广西、福建、浙江、贵州、四川等多地政府均已发布了

① 参见《洗冤伏枭录——湄公河"10·5"中国船员遇害案侦破全纪实》，《法制时报》2012年9月19日，第1版。

② 参见《370名中国人在缅甸涉电信诈骗 被一锅端》，https://www.guancha.cn/Neighbors/2017_04_05_402091_s.shtml，最后访问日期：2023年9月7日。

③ 参见《北京警方追捕近7年 成功自缅甸引渡涉毒嫌疑人》，https://www.chinanews.com/sh/2019/04-03/8799281.shtml，最后访问日期：2023年9月7日。

④ 参见《2022年全国首例！境外"钉子"逃犯被九江警方押解回国！》，https://www.jxzfw.gov.cn/2022/0518/2022051841071.html，最后访问日期：2023年9月7日。

⑤ 参见《"红通人员"强涛、李建东在缅甸落网并被遣返回国》，《射阳日报》2020年6月3日，第4版。

⑥ 参见郑良、王成、吴剑锋：《拯救非法出境搞电诈的年轻人，劝返只是"上半篇"》，《新华每日电讯》2022年3月31日，第11版。

公开劝返通告。2021 年，我国共劝返缅北诈骗窝点人员 5.4 万余人。① 中国对非法滞留缅北的人员进行公开劝返，明确逾期不归的惩戒措施，对相关人员产生了强大的震慑力。

此外，中缅在执法合作方面也取得了显著成果。自 2021 年中老缅泰湄公河联合巡逻执法联合指挥部成立以来，各国取得了显著成果。截至 2021 年 11 月，中老缅泰四方在湄公河边境地区通力合作，共破获跨境犯罪案件 2513 起，缴获各类毒品 12 吨，抓获涉毒犯罪嫌疑人 2064 人、涉偷渡和网络犯罪嫌疑人 2626 人。② 2021 年，中国与缅甸等东南亚国家开展会晤、会谈 33 次，联合开展禁毒执法 26 次、扫毒行动 6 次，多次向老挝、缅甸等有关国家援助捐赠价值 300 余万元的缉毒执法装备。③ 中老缅泰湄公河联合巡逻执法行动的开展，使打击湄公河流域跨境犯罪工作成为常态，有力地震慑了犯罪分子，有效地维护了湄公河流域的地区稳定，为湄公河流域地区人民带来了福祉。中缅联合开展禁毒执法，推进和完善了边境禁毒协作机制，有力打击了毒品跨国犯罪。边境联络官办公室机制是两国交流犯罪情报、协调行动，共同打击边境地区跨国犯罪的机制。④ 自 1996 年中国与缅甸建立了边境联络官办公室机制起，中缅两国不断推进在边境执法、犯罪情报沟通的合作，进一步建立完善了长期有效的工作会晤机制，为共同打击毒品犯罪提供有效务实的保障。中国积极利用边境联络官办公室机制，积极推动与缅甸等东南亚国家开展禁毒双边、多边会谈，取得了重大成果。

综上所述，近年来，我国与缅甸在刑事司法协助方面取得了较为丰硕的成果，尽管尚未签署明确的引渡协议，但双方依然通过外交、警务协作等途径，对涉案人员进行引渡、缉捕、强制遣返与劝返，在增进双边互信的同时，有力打击了跨境违法犯罪行为。

二、中国向缅甸请求刑事司法协助的依据

除了两国参加的中国—东盟区域性国际文件（参见绪论）以外，还有以下内容作为中国与缅甸开展刑事司法协助的依据。

---

① 参见袁猛：《忠诚使命，倾心书写新时代公安答卷》，《人民公安报》2021 年 9 月 18 日，第 4 版。
② 参见《中老缅泰联合打击跨境犯罪专项行动成果显著——破获跨境犯罪案件 2513 起，缴获各类毒品 12 吨》，《云南信息报》2021 年 12 月 1 日，第 7 版。
③ 参见《国家禁毒办：　"金三角"是我国毒品总根源与东南亚多国联合开展禁毒执法》，http：//www.cb.com.cn/index/show/jj/cv/cv135354572067，最后访问日期：2023 年 9 月 7 日。
④ 参见封顺、郑先武：《中缅跨境安全复合体及其治理》，《国际安全研究》2016 年第 5 期，第 138 页。

（一）两国共同加入的国际公约

中国与缅甸共同加入的国际公约参见下表：

表9－1　中国与缅甸共同加入的国际公约

序号	国际公约名称	中国加入的时间	缅甸加入的时间
1	《联合国禁止非法贩运麻醉药品和精神药物公约》	1989年10月25日	1995年10月12日
2	《联合国打击跨国有组织犯罪公约》	2003年9月23日	2004年3月30日
3	《关于防止和惩处侵害应受国际保护人员包括外交代表的罪行的公约》	1987年8月5日	2004年6月4日

注：表中资料来源于联合国公约网：https：//treaties. un. org。

（二）两国签订的双边条约及其他双边文件

1960年1月，中缅两国签订了《中华人民共和国政府和缅甸联邦政府关于两国边界问题的协定》，对两国具体边界进行了界定。① 作为中国与邻国签署的第一个领土双边条约，该条约有利于解决中缅边界争议，巩固和进一步发展了中缅两国的友好关系。

2001年12月，中国公安部和缅甸联邦内政部订立《中华人民共和国公安部和缅甸联邦内政部边防合作议定书》，就共同加强执法和打击边境地区跨国犯罪活动订立了具体条款。② 议定书规定当一方在边境地区发现犯罪嫌疑人或罪犯的活动踪迹时，应立即通知另一方并请求抓捕、移交；一方在本国境内处理犯罪案件时，如在调查方面需要对方合作，可就该事项请求对方提供合作。该议定书实质上具有了司法协助的内涵，但合作地区、协助方式等都较为狭隘。

2007年11月，中国和缅甸两国在缅甸新首都内比都正式签署了《罂粟替代种植的行动方案》。③《罂粟替代种植的行动方案》的签署加强了罂粟替代种植与地区发展方面的具体合作，有利于从根本上禁绝毒品，深度促进了中缅双边禁毒合作。

2008年11月，中缅两国签署了《中华人民共和国政府和缅甸联邦政府关于加强打击拐卖人口犯罪合作谅解备忘录》，为中缅后续进行打击拐卖人口合作奠定了

---

① 参见《中华人民共和国政府和缅甸联邦政府关于两国边界问题的协定》 （已失效），http：//treaty. mfa. gov. cn/web/detail1. jsp？objid＝1531876399623，最后访问日期：2023年9月7日。

② 参见《中华人民共和国公安部和缅甸联邦内政部边防合作议定书》，http：//treaty. mfa. gov. cn/web/detail1. jsp？objid＝1531876993443，最后访问日期：2023年9月7日。

③ 参见《中缅签署罂粟替代种植行动方案》，《北京青年报》2007年11月21日，第3版。

坚实的基础。① 中国随后在云南省瑞丽、陇川、南伞相继建立了边境打拐联络官办公室。在此基础上，两国执法部门建立了定期的会晤机制，加强情报共享，在情报信息交流、案件侦查协作等方面进行了多次合作，取得丰硕的成果。

（三）两国国内法

中国国内法已经在绪论统一进行论述，在此不再赘述。缅甸涉及国际刑事司法协助的国内法主要有以下内容。

2004 年缅甸颁布了《缅甸联邦共和国刑事事项互助法》，该法向缅甸联邦共和国为国际公约、区域协定的缔约国、已签订双边协定的国家或将在刑事案件的侦查、起诉和司法程序方面提供相互协助的国家提供刑事诉讼协助。该法分为九章：第一章对该法涉及的名词及适用国家进行了规定；第二章规定了该法的立法目的；第三章规定了缅甸提供司法协助的中央机关组成及职权；第四章明确了请求国请求缅甸司法协助的程序；第五章规定了搜查、扣押、控制、发布限制令及没收证物的具体程序；第六章规定了向缅甸请求安排证人作证或者协助调查的具体流程；第七章规定了司法协助中缅甸联邦政府的职能；第八章规定了司法协助的费用承担事项；第九章规定了缅甸部分国内机关的职责等杂项。

2017 年缅甸颁布《缅甸联邦共和国引渡法》，替代了 1904 年英国殖民时期的《缅甸引渡法》。《缅甸联邦共和国引渡法》是缅甸联邦共和国与引渡条约国、引渡地区协议缔约国、国际公约成员国以及达成双边协定的引渡请求国之间的引渡适用法，该法共分七章：第一章明确了该法的适用国及所涉名词；第二章说明了制定该法的目的；第三章规定了请求国请求引渡应符合的具体条件；第四章规定了请求国向缅甸请求引渡的程序；第五章明确了合议庭的成立要求及其工作职责；第六章对缅甸向被请求国请求引渡的程序进行了规定；第七章是总则，规定了引渡费用承担及相关部门职责等。此外，《缅甸联邦共和国引渡法》的附录一规定了不应视为政治性犯罪的犯罪目录"白名单"，附表一规定了请求国请求缅甸引渡的文书模板，附表二是被请求引渡人的个人信息模板，除了常规的个人信息之外，还包括牙齿、耳朵、手指、胡须等便于辨认的外貌特征。

三、中国向缅甸请求刑事司法协助的程序

中国向缅甸请求刑事司法协助的程序共分为两个部分，第一部分是引渡请求的提出、接收和处理，第二部分是其他刑事司法协助请求的提出、接收和处理。

---

① 参见《第三个中缅打击拐卖人口犯罪联络官办公室挂牌》，《人民公安报》2013 年 5 月 16 日，第 1 版。

中国向缅甸提出引渡请求、缅甸接收和处理的法律依据是《中华人民共和国引渡法》和《缅甸联邦共和国引渡法》。中国向缅甸提出资产没收、被判刑人移交等其他刑事司法协助请求的依据是《国际刑事司法协助法》，缅甸审查、执行外国刑事司法协助请求主要涉及《缅甸联邦共和国刑事事项互助法》。

（一）刑事司法协助请求的提出

为了保障国际刑事司法协助的正常进行，《国际刑事司法协助法》对国际刑事司法协助的提出、接收、处理程序和管理机构都作出了明确规定。《国际刑事司法协助法》第9条规定，办案机关需要向外国请求刑事司法协助的，应当制作刑事司法协助请求书并附相关材料。国家监察委员会、最高人民法院、最高人民检察院、公安部、国家安全部等开展国际刑事司法协助的主管机关，审核向外国提出的刑事司法协助请求。司法部等对外联系机关负责刑事司法协助请求的提出。

《缅甸联邦共和国刑事事项互助法》第10条规定，缅甸所缔约的国际公约、区域协定、双边协定，其中的缔约国，应直接向中央机关请求协助。缅甸中央机关是指根据《缅甸联邦共和国刑事事项互助法》为在各国刑事事项中提供相互协助而成立的中央机关。司法部等对外联系机关应当向缅甸中央机关提出刑事司法协助的请求。

《国际刑事司法协助法》在第10条中规定了我国向外国提出司法协助请求的相关规范和适用的语言文字。由于中国与缅甸没有签订刑事司法协助条约，请求书的相关规范和适用语言文字应当依照《国际刑事司法协助法》第13条的规定。如被请求国缅甸有特殊要求的，在不违反中国法律的基本原则的情况下，可以按照缅甸的特殊要求提出。

《缅甸联邦共和国刑事事项互助法》第12条对国际刑事司法协助请求书的内容作了规定。中国向缅甸提出刑事司法协助请求书应使用英语或者缅甸语。刑事司法协助请求书内容应包括提出请求的机关的名称，陈述书（列明诉讼性质、案情摘要），诉讼当事人及其他与执行请求有关人员的身份、住址和国籍。请求书还应包含提供协助的内容、期限、保密执行声明。请求书还应说明缅甸方应当披露的资料与提供的证据，并摘录中国请求刑事司法协助的有关法律、规定和程序及其理由，包括在中国进行侦查、起诉和审判程序的人的姓名、职责与其他必要资料。在紧急情况下，中国可通过电话、传真、电子邮件或包括计算机网络在内的其他电子方式口头提出刑事司法协助请求，并立即将请求书正本送交缅甸中央机关。

（二）缅甸对我国刑事司法协助请求的接收、处理

缅甸中央机关在收到刑事司法协助请求后，可以要求中国提供必要的补充资料和证据，也可以要求会见中国指派的机关，在决定是否进行调查时可以要求中国提供必要的证据。《缅甸联邦共和国刑事事项互助法》第 15 条对刑事司法协助请求的接收标准作出了规定。如果缅甸中央机关在收到中国刑事司法协助请求书后，认为符合下列要求的，可批准该请求书：（1）罪行是指根据任何现行法律可判处监禁一年及以上的罪行；（2）没有违反《缅甸联邦共和国刑事事项互助法》第 18 条的规定；（3）符合中央机关规定的形式、条款、方式；（4）缅甸提供协助的必要费用已经中缅两国协商。

《缅甸联邦共和国刑事事项互助法》第 18 条规定了缅甸拒绝提供司法协助的具体情形。有下列情形之一的，缅甸中央机关可以全部或者部分拒绝提供司法协助：（1）不符合《缅甸联邦共和国刑事事项互助法》规定；（2）侵犯国家主权、安全、法律、秩序或公共利益；（3）可能侵犯当事人的种族、性别、宗教、国籍、族裔出身、政治观点或个人立场；（4）根据缅甸现行法律，禁止对所请求协助的罪行及类似罪行进行调查、起诉、审判；（5）属于根据 1959 年《国防服务法》提起诉讼的军事性质罪行；（6）请求协助的事项违反缅甸法律；（7）属于国际公约中缅甸所保留的事项。

缅甸中央机关如拒绝提供司法协助，应向中国说明理由。如果中国的请求干扰了缅甸正在进行的侦察、起诉、审判，缅甸可以与中国协商后推迟全部或部分刑事司法协助。《缅甸联邦共和国刑事事项互助法》第 22 条规定司法协助过程中请求国的保密义务。中国请求缅甸提供协助后，缅甸方所提交的资料和证据中，如需保密，缅甸中央机关应通知中国进行保密。如果不打算将全部文件、记录和财产移交给中国，缅甸中央机关应在司法协助完成后立即将文件、记录和财产移交给缅甸联邦。

国家之间相互无偿提供刑事司法协助是国际刑事司法协助实践中的惯例。《缅甸联邦共和国刑事事项互助法》第 37、38 条对刑事司法协助的费用负担作出了规定。缅甸在执行被请求事项的任务时，如果中缅两国之间没有具体协议，一般费用应由缅甸负担。超过普通费用或特殊性质费用的费用，应由中缅两国按照事先商定的条件承担。请求缅甸联邦援助或提供援助的费用由缅甸联邦承担的，经政府批准，由有关政府部门或组织承担。但《缅甸联邦共和国刑事事项互助法》并未明确具体费用的承担部门。

四、中国向缅甸请求刑事司法协助的内容

引渡是我国向缅甸请求刑事司法协助中的重要组成部分，为了有效打击跨国犯罪，加强国际合作，2017 年缅甸通过了《缅甸联邦共和国引渡法》，自此中缅的引渡程序有了新的法律依据。《缅甸联邦共和国刑事事项互助法》第 11 条规定了缅甸可提供的刑事司法协助事项：具体包括调查取证，文书送达，查封、扣押、冻结、没收涉案财物，查明地址、人员；还包括获取信息、文件、记录和专家意见等案件证据，提供文件和记录的正本或核证副本等案件证据，披露犯罪嫌疑人的住址、证物的地点和其他必要的资料，以及中央同意协助的其他事项。

（一）向缅甸请求批准、执行引渡

为了保障引渡的正常进行，《引渡法》对引渡请求的提出、接收、处理程序和管理机构都作出了明确规定。中国外交部为指定的进行引渡的联系机关。《引渡法》第 47 条规定了国内办案机关提出引渡请求的程序。国内办案机关应当分别向其直属的国内最高级别机关提出意见书（例如高级法院应向最高人民法院提出申请书），最高人民法院、最高人民检察院、公安部、国家安全部、司法部分别会同外交部审核同意后，由外交部向外国提出引渡请求。《缅甸联邦共和国引渡法》第 7 条规定缅甸外交部为引渡请求文书的接收部门。中国外交部应通过外交途径向缅甸外交部提交缅文或英文的引渡请求书。

《引渡法》第 48 条设置了紧急程序。紧急情况下，可以通过外交途径或者缅甸同意的其他途径，请求缅甸对有关人员先行采取强制措施。《缅甸联邦共和国引渡法》第 5 条规定了引渡的条件。中国向缅甸请求引渡应符合下述条件：根据缅甸和中国现行法律，被请求引渡人均构成犯罪并且均可判处两年以上有期徒刑及其他更重刑罚的；被请求引渡人因其他犯罪已被判处有期徒刑的，须已完成服刑。《引渡法》在第 49 条中规定了我国向外国提出引渡请求的文书规范。由于中国与缅甸没有签订引渡条约，可以参照《引渡法》第 2 章第 2 节、第 4 节和第 7 节的规定提出。如被请求国缅甸有特殊要求的，在不违反中国法律的基本原则的情况下，可以按照缅甸的特殊要求提出。

《缅甸联邦共和国引渡法》第 7 条规定了引渡请求书的文书内容。引渡请求书应包含被请求引渡人的个人基础信息，包括姓名、外貌特征、国籍、住址、照片、DNA 及指纹。引渡请求书应当列明首次报案编号、法院立案编号及案情摘要，附上侦查和起诉需要的文件证据、逮捕证原件或核证副本，列明请求国联系单位、联系人姓名及完整联系地址。请求书应说明请求国行使司法审判权的法律依据以

及被请求引渡人处于缅甸联邦共和国境内的事实及证据。除此之外，请求书还应附有《缅甸联邦共和国引渡法》附表一、附表二规定的材料。

《缅甸联邦共和国引渡法》附表一列举了引渡请求书应当包含的案件材料，包括：（1）请求引渡事件的案件摘要及性质；（2）执行的法律、条款；（3）请求执行的事项；（4）执行期限（紧急事项须注明）；（5）请求国请求引渡的法律、规定、案例摘要以及理由；（6）请求国负责案件侦查、起诉和审判的官员的姓名、部门及职责；（7）其他事项。《缅甸联邦共和国引渡法》附表二规定了请求书应附带被请求引渡人的个人信息，包括被请求引渡人的姓名、外号、国籍、职业、父母姓名、籍贯、经常居住地、出生年月、民族、宗教信仰、身高、外貌特征等被请求引渡人的基本信息以及其他有助于辨别身份、查找该人的情况。

缅甸外交部在接收中国引渡请求书后，应递交给内政部进行审核。内政部对中国引渡请求书是否符合《缅甸联邦共和国引渡法》第 7 条的规定进行审核，如有必要补充的，由缅甸外交部返回中国并要求提供必要的补充资料和补充证据。如缅甸外交部将请求书返回之日起 30 日内，中国未提交必要的补充资料和补充证据，缅甸外交部应通知中国该项引渡请求已终止。如中国仍需请求引渡的，应重新向缅甸外交部提交引渡请求书。

《缅甸联邦共和国引渡法》第 6 条规定了拒绝引渡的情形。有以下情形之一的，缅甸应拒绝引渡：（1）被请求引渡人为缅甸公民的；（2）被请求引渡的犯罪属于军事犯罪；（3）引渡请求所指的犯罪已在其他国家的法院作出终审判决，且被请求引渡人已执行判决或犯罪已赦免；（4）被请求引渡人可能因其民族、宗教、国籍、政治见解或者身份等原因而被提起刑事诉讼或者执行刑罚；（5）被请求引渡人可能受到不公正待遇的；（6）政治性犯罪；（7）引渡请求所指的全部或部分犯罪发生在缅甸联邦共和国管辖领域内；（8）被请求引渡人可能会因引渡请求所指犯罪之前所犯的其他犯罪而被引渡到其他第三国的；（9）被请求引渡人可能在请求国遭受酷刑或者其他残忍、不人道或者有辱人格的待遇或者处罚的。缅甸法律明确规定，全部或部分犯罪发生在缅甸联邦共和国管辖领域内的，缅甸应拒绝引渡，但结合两国刑事司法协助的实践而言，此条并未实际适用。

《缅甸联邦共和国引渡法》附录一规定了不应视为政治性犯罪的犯罪目录。缅甸对于政治性犯罪进行了白名单式的规定，即逐一列举不应视为政治性犯罪的犯罪，包括《缅甸联邦共和国刑法典》规定的故意杀人罪、过失致人死亡罪、疏忽大意致人死亡罪、抢劫杀人罪、重大伤害罪、非法限制罪、非法拘禁罪、绑架罪、诱骗罪、奴隶贩卖或处置罪、非法强制劳动罪、强奸罪、敲诈勒索罪，以及上述犯罪的共犯。除了《缅甸联邦共和国刑法》之外，白名单上还列举了其他法律规定的犯罪，包括《缅甸联邦共和国反人口贩卖法》《缅甸联邦共和国反贪污法》《缅甸联邦共和国反恐法》《缅甸联邦共和国反洗钱法》《缅甸联邦共和国毒品与精神药品法》规定的犯罪，以及政府规定的不应视为政治性犯罪的犯罪。

《缅甸联邦共和国引渡法》第 10 条规定了两国或两国以上同时请求引渡，缅甸决定准予引渡的考虑因素。两国或两国以上同时请求引渡的，内政部与相关部委决定准予引渡应综合考虑以下因素：（1）现行条约义务；（2）犯罪地点及时间；（3）收到引渡请求的先后顺序；（4）被请求引渡人与被害人的国籍；（5）被请求引渡人和被害人的经常居住地；（6）被请求引渡人二次引渡回本国的可能性；（7）是否为进行起诉、审判或执行刑罚等原因而请求引渡；（8）犯罪的严重程度。

《缅甸联邦共和国引渡法》第 11、12、13 条规定了处理引渡请求的流程。缅甸内政部根据上述规定，审查中国引渡请求书后，应向缅甸最高检察院征求法律意见，并将缅甸最高检察院、内政部的意见一并向缅甸总统提交。缅甸总统收到上述资料后，作出拒绝引渡请求的决定或者召开听证会。如缅甸总统决定拒绝引渡请求的，缅甸内政部应即刻通过缅甸外交部通知中国。如缅甸总统决定召开听证会的，内政部应将该决定上报缅甸联邦政府并抄送联邦最高检察院，以便成立合议庭，对中国引渡请求申请进行听证。

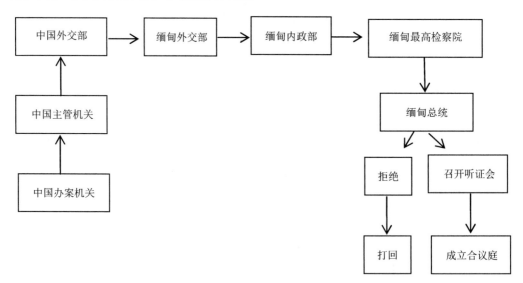

图 9 - 1　中国向缅甸请求引渡流程图

《缅甸联邦共和国引渡法》第 5 章规定了合议庭的成立及其工作职责。缅甸联邦政府收到缅甸总统召开听证会的决定后，应成立合议庭。合议庭人数、结构可按需调整，一般为 5 人合议庭，内政部副部长为主席、4 位缅甸公民为陪审员，对引渡请求申请进行听证。

《缅甸联邦共和国引渡法》第 15 条规定了合议庭的职责。合议庭审查中国引渡请求书涉及的案件卷宗后，发现有必要补充的，或举行听证时，认为有需要再次补充提供证据材料，均应通过缅甸内政部通知缅甸外交部。召开引渡听证会时，合议庭应通知缅甸警察部队将被请求引渡人带至合议庭进行引渡审判；被请求引渡人因其他犯罪被羁押的，应同时通知缅甸警察部队和监狱部将此人带至合议庭现场。被请求引渡人到合议庭现场后，合议庭应讯问、审查及确认此人是否为被请求引渡人。此外，合议庭还应向被请求引渡人说明引渡法律和情况，并询问被请求引渡人是否同意引渡，如同意引渡的，应询问其同意引渡的原因。如被请求引渡人反对按程序进行引渡听证的，合议庭应当予以记录，并作出准予引渡被请求引渡人的裁定。

为了保障被请求引渡人的基本权利，合议庭应说明其有权聘请辩护律师或要求合议庭为其指定辩护律师。必要情况下，合议庭可以聘请翻译、传唤相关人员参与听证。在引渡听证中，合议庭应当遵守现行法律、规定，还应考虑引渡的原因、现行外交政策、国籍、被请求引渡人的辩护权和其他相关情况。合议庭应考虑是否应当引渡被请求引渡人，不能指控被请求引渡人是否犯罪，不允许提出证据反驳被请求引渡人涉嫌被要求引渡的罪行的指控。如决定准予引渡的，合议庭应告知被请求引渡人有权向联邦政府上诉。引渡听证结束后，合议庭应将其裁决上报联邦政府、内政部、外交部和联邦最高检察院，在联邦法庭决定解散合议庭之前，合议庭均需履行工作职责。

《缅甸联邦共和国引渡法》第 16 条规定了缅甸警察部队的职责。缅甸警察部队收到将被请求引渡人带至合议庭进行引渡审判的通知后，被请求引渡人被羁押的，应将其带至合议庭参加听证；被请求引渡人尚未被逮捕的，应逮捕并将其带至合议庭参加听证；被请求引渡人因其他犯罪被羁押的，应通知合议庭并将此人从监狱带至合议庭现场。

《缅甸联邦共和国宪法》第 21 条规定，未经法院批准，对犯罪嫌疑人采取的强制措施不超过 24 小时。在执行引渡请求过程中，如有必要拘留被请求引渡人 24 小时以上的，缅甸警察部队须向法官申请拘留令状。法官审查案件后，可下达每次不超过 14 日的拘留令状，直至引渡执行完毕为止。如 60 日内尚未逮捕到被请求引渡人的，缅甸警察部队应向合议庭报告。合议庭收到未能逮捕被请求引渡人的报告后，应向内政部报告案件结案情况。内政部收到合议庭报告后，应向缅甸总统报告，并通过缅甸外交部尽快将终止引渡执行情况通知中国。如后续逮捕到被请求引渡人的，缅甸警察部队应向合议庭、内政部报告。

《缅甸联邦共和国引渡法》第19、20条规定了被请求引渡人的上诉权及缅甸政府对上诉的决定。被请求引渡人可在合议庭作出裁决之日起7日内，就合议庭裁决向缅甸联邦政府上诉，缅甸联邦政府可决定维持原判、改判、撤销判决、发回重审。《缅甸联邦共和国引渡法》第22条规定了缅甸拒绝引渡后应追究被请求引渡人刑事责任。对不引渡案件的被请求引渡人，缅甸内政部、相关政府部门、政府机构应依据缅甸现行法律继续追究其刑事责任。但是并没有规定追究刑事责任的期限，在实践中，被请求引渡人有逃避法律制裁的风险。

《缅甸联邦共和国引渡法》第23条规定了引渡决定的后续处理。缅甸内政部将引渡决定提交总统批准后，通过缅甸外交部通知中国外交部。如缅甸总统批准引渡的，缅甸内政部应通过缅甸外交部通知中国接收被请求引渡人，并将羁押于警察局或监狱的被请求引渡人移交给中国。中国自收到接收被请求引渡人通知之日起30日内，未能接收被请求引渡人的，除有充分正当事由且已通知缅甸的情况下，缅甸内政部有权根据缅甸现行法律继续追究被请求引渡人的刑事责任。中国主动联系缅甸请求移交的，缅甸内政部应与中国外交部协商。缅甸总统决定批准、拒绝或暂停引渡的决定。引渡费用由中国承担。

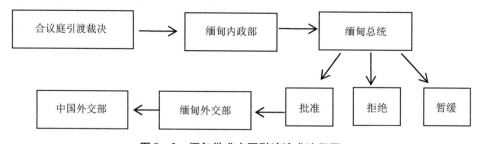

图9-2 缅甸批准中国引渡请求流程图

（二）向缅甸请求查封、扣押、冻结、没收涉案财物

《国际刑事司法协助法》第39、47条规定了办案机关请求外国协助查封、扣押、冻结、没收、返还涉案财物的一般规定。中国办案机关需要缅甸协助查封、扣押、冻结、没收、返还涉案财物的，应当制作刑事司法协助请求书并附相关材料，经其国内最高所属主管机关审核同意后，对外联系机关及时向外国提出请求。请求缅甸将违法所得及其他涉案财物返还中国或者返还被害人的，可以在向外国提出没收请求时一并提出，也可以单独提出。如缅甸对于协助执行中国查封、扣押、冻结、没收、返还涉案财物的请求有特殊要求的，在不违反中国法律的基本原则的情况下，可以同意；需要由司法机关作出同意决定的，由人民法院作出。

《国际刑事司法协助法》第 40、48 条规定了向外国请求查封、扣押、冻结、没收、返还涉案财物的请求书及所附材料的相关规范。我国办案机关在制作查封、扣押、冻结、没收、返还涉案财物的请求书时应当列明涉案财物的权属证明、名称、特性、外形和数量、地点等基本信息以及其他有助于查找案涉财物的情况。资金或者其他金融资产存放在金融机构中的,应当载明金融机构的名称、地址和账户信息。此外,请求书还应当附有相关法律文书的副本,有关查封、扣押、冻结、没收、返还涉案财物以及利害关系人权利保障的法律规定。如其他有助于执行请求的材料,也应一并附上。

《缅甸联邦共和国刑事事项互助法》第 25 条是缅甸中央机关收到外国查封、扣押、冻结、没收涉案财物请求的一般规定。对于中国查封、扣押、冻结、没收涉案财物的请求,缅甸中央机关经审查后如准许,应指示有关政府部门和组织依照现行法律进行。如果一个人没有参与请求书涉及的犯罪,且能够证明自己系善意、对价受让并占有应被扣押或者被没收的涉案财物,其仍享有该财产的所有权。但《缅甸联邦共和国刑事事项互助法》中,没有对财物的定义进行界定,对冻结、扣押或没收的财产的管理或处置也没有明确和具体的指导方针。《国际刑事司法协助法》第 41 条规定期限届满后需要继续申请查封、扣押、冻结涉案财物的,应当再次向外国提出申请。中国办案机关决定解除查封、扣押、冻结的,应当及时通知缅甸中央机关。

《缅甸联邦共和国刑事事项互助法》第 26 条赋予了中央机关管理查封、扣押、冻结、没收的财产的权利。如果请求国与缅甸之间没有双边协议,没收的财产应归缅甸所有。此条规定非常笼统,只有在两国缔结了引渡双边协议时,才能分享没收的财产。在没有双边协议的情况下,被没收的财产将归缅甸所有。在没有双边协议的情况下,中国请求缅甸分享没收财产没有法律依据。

《国际刑事司法协助法》第 49 条规定了外国协助没收、返还财物后的移交、分享机制。缅甸协助没收、返还违法所得及其他涉案财物或提出分享请求的,移交问题和分享的数额、比例,均由对外联系机关会同主管机关与缅甸中央机关协商确定。

(三) 向缅甸请求安排证人作证或者协助调查

《国际刑事司法协助法》第 31 条规定了办案机关可以请求外国协助安排证人、鉴定人作证或者协助调查。中国办案机关需要缅甸协助安排证人、鉴定人来中国作证或者协助调查的,应当制作刑事司法协助请求书并附相关材料,经其国内最高所属主管机关审核同意后,对外联系机关及时向外国提出请求。证人、鉴定人可以选择来中国或者通过视频、音频作证或协助调查。

《国际刑事司法协助法》第 32 条规定了向外国请求协助安排证人、鉴定人作证或者协助调查的请求书及所附材料的相关规范。我国办案机关在制作安排证人、鉴定人作证或者协助调查请求书时应当列明证人、鉴定人的姓名、性别、住址、身份信息、联系方式和有助于确认证人、鉴定人的其他资料。请求书还应当说明作证或者协助调查的目的、必要性、时间和地点等基本信息，以及证人、鉴定人的权利和义务。此外，请求书还应当说明中国对证人、鉴定人的保护措施、补助，增强境外证人、鉴定人的配合程度。

《缅甸联邦共和国刑事事项互助法》第 28 条规定了缅甸中央机关收到请求安排证人作证或者协助调查的请求后的相关事宜。如证人、鉴定人同意到中国提供证词、陈述或专家意见，缅甸中央机关许可的，则缅甸中央机关应通知有关政府部门和组织为该证人、鉴定人安排出国作证、协助调查等相关事宜。《缅甸联邦共和国刑事事项互助法》第 30 条规定证人、鉴定人有拒绝作证、协助调查的权利。如根据缅甸现行法律，该证人、鉴定人被禁止提供证词、陈述或专家意见，他可以以此拒绝为中国的刑事诉讼程序作证、协助调查。

《国际刑事司法协助法》第 33 条规定了来我国作证或者协助调查的证人、鉴定人入境前实施的犯罪不受追诉且人身自由不受限制。该条款也对来我国作证或者协助调查的证人、鉴定人犯罪不受追诉和人身自由不受限制的权利进行了限制，如证人、鉴定人在条约规定的期限内或者被通知无需继续停留后十五日内没有离境或入境后实施违法犯罪而被采取强制措施，不受追诉和人身自由不受限制的条款则不再适用。该条款在《公安机关办理刑事案件程序》第 382 条也有涉及。

《国际刑事司法协助法》第 35 条规定了请求移送在押人员作证或者协助调查的具体事项。缅甸来中国作证或者协助调查的人员系在押人员的，由对外联系机关会同主管机关与缅甸就移交在押人员的相关事项事先达成协议，中国依法对被移交的人员予以羁押，并在作证或者协助调查结束后及时将其送回缅甸。《缅甸联邦共和国刑事事项互助法》第 28 条也对移送在押人员作证或者协助调查的具体事项作出了规定。如果被请求移送的人是在押人员的，则通知相关政府部门和组织作出安排，安全地移送被请求移送人，并根据双边协议将其送回。

《缅甸联邦共和国刑事事项互助法》第 29 条规定了被请求移送在押人员作证、协助调查的时间应计算在羁押期限内。缅甸在押人员在中国境内的时间，包括转运的时间，应计算在在押人员的羁押期限内。如缅甸未通知释放该在押人员，缅甸中央机关在移送在押人员时，应将其羁押至在中国作证、协助调查的事项完成后将其运回缅甸。此外，如果中国请求缅甸中央机关移交在缅甸过境或途经缅甸的在押人员提供作证、协助调查，缅甸中央机关应通知相关政府部门和组织，在缅甸境内保障在押人员的安全。

《国际刑事司法协助法》第 34 条规定来华作证的证人、鉴定人都应给予补助。在实践中，由司法协助请求国支付证人、鉴定人的交通费、住宿费、伙食费、误工费等必要费用是国际刑事司法协助的惯例，也是提高境外证人、鉴定人对我国刑事诉讼程序配合度的基础。

五、中国向缅甸请求刑事司法协助的障碍

（一）缺乏双边刑事司法协助条约、引渡条约

缅甸至今没有与任何东南亚国家签订刑事司法协助条约或引渡条约。虽然中国和缅甸都参加了《联合国反腐败公约》《联合国打击跨国有组织犯罪公约》等一系列国际公约，但缅甸保留了《联合国打击跨国有组织犯罪公约》第 16 条规定，不受引渡规定的约束。其他打击犯罪的国际公约中，缅甸也未表示可以将国际公约作为双边司法协助的依据。即使中国依据国际公约请求缅甸开展刑事司法协助，可以合作打击的犯罪也有限。虽然缅甸在禁毒等专项领域签订了一系列谅解备忘录、联合声明等具有法律性质的文件，但这些文件的法律效力不高，对双方也没有实质的法律约束力。通过公开报道检索，截至 2023 年 9 月，2023 年度中缅就共同打击跨国犯罪合作事宜进行了五次交谈①，缅甸也多次表示愿加强刑事司法协助合作，严厉打击违法犯罪活动，维护两国民众安全和利益。但目前仍未签订双边刑事司法协助条约，中国向缅甸请求刑事司法协助实践中，缅甸难免以未签订双边刑事司法协助条约为由拒绝协助。

国际刑事司法协助对于被请求国来说，是一种义务。对被请求国来说，如果其缔结或参加了具有刑事司法协助内容的条约，就必须予以协助。相反，如果一国请求另一国提供国际刑事司法协助，而被请求国并未加入具有刑事司法协助内容的国际条约或者保留了刑事司法协助相关条款，则可以拒绝提供协助。当前中

---

① 参见《驻缅甸大使陈海会见缅甸国家管理委员会副主席梭温》，http：//mm. china-embassy. gov. cn/chn/sgxw/202304/t20230428_ 11068778. htm，最后访问日期：2023 年 9 月 7 日；《陈海大使就打击电信诈骗等犯罪活动再次约谈缅甸副总理兼内政部部长梭突》，http：//mm. china-embassy. gov. cn/chn/sgxw/202305/t20230531 _ 11086505. htm，最后访问日期：2023 年 9 月 7 日；《陈海大使就打击电信诈骗等犯罪活动同缅甸外长丹穗进行协调》，http：//mm. china-embassy. gov. cn/chn/sgxw/202307/t20230725_ 11117685. htm，最后访问日期：2023 年 9 月 7 日；《中国驻缅甸使馆同中缅媒体共话"一带一路"倡议十周年》，http：//mm. china-embassy. gov. cn/chn/sgxw/202308/t20230824_ 11131948. htm，最后访问日期：2023 年 9 月 7 日。

缅两国并未签订引渡、刑事司法协助的双边条约，一定程度上放纵了对犯罪分子的惩罚，严重阻碍了中国向缅甸请求刑事司法协助的开展。2004 年颁布的《缅甸联邦共和国刑事事项互助法》是缅甸接收、处理外国刑事司法协助请求的重要法律依据，但其内容欠缺完备性。

表 9－2　　中国与缅甸刑事司法协助内容对比分析

对比事项	具体内容
《国际刑事司法协助法》规定的刑事司法协助事项	1. 协助送达文书 2. 协助调查取证 3. 协助安排证人作证或协助调查 4. 协助查封、扣押、冻结涉案财物 5. 协助没收、返还违法所得及其他涉案财物 6. 移管被判刑人
《缅甸联邦共和国刑事事项互助法》协助事项	1. 协助查封、扣押、冻结、没收涉案财物，发布限制令 2. 协助安排证人作证或协助调查
《缅甸联邦共和国刑事事项互助法》缺失的刑事司法协助内容	1. 协助送达文书 2. 协助调查取证 3. 协助返还违法所得及其他涉案财物 4. 移管被判刑人

从上表可以看出，《缅甸联邦共和国刑事事项互助法》规定的刑事司法协助事项仅限于协助查封、扣押、冻结、没收涉案财物，发布限制令，协助安排证人作证或协助调查，提供协助的事项较少。对于协助送达文书、调查取证、返还违法所得及其他涉案财物、移管被判刑人的刑事司法协助事项，目前还处于立法空白阶段。在请求刑事司法协助中，请求国只能请求条约中规定的协助事项，被请求国通常也只就条约中规定的协助事项提供协助。超出条约规定的事项，被请求国就有权拒绝提供协助。刑事司法协助立法存在的缺陷无疑对中国向缅甸请求刑事司法协助产生不利影响。在缺乏刑事司法协助双边条约的情况之下，长期以来，中国和缅甸共同打击犯罪更多是通过警务执法合作，刑事司法协助具体行动的法律依据不明，不能有效地打击犯罪，影响中缅刑事司法协助的深入发展。

（二）中缅之间缺乏多元化的司法协助机制

中国向缅甸请求刑事司法协助更多是依据共同参加的国际公约和互惠原则进行，刑事司法协助机制单一，缺乏刑事诉讼移管、外国刑事判决的承认和执行、被判刑人移管、资产分享等开展刑事司法协助的制度，在一定程度上放纵了对犯罪分子的惩罚，严重阻碍了中国向缅甸请求刑事司法协助的开展。

中缅之间刑事诉讼移管条约的缺失，阻碍了中缅推进刑事司法协助的进程。刑事诉讼移管是指一国或数国将由本国管辖的刑事案件移交给该另一国审理，并为此向该另一国提供必要的司法协助。① 近年来，国际社会在国际刑事司法合作中越来越重视刑事诉讼移管，我国已经加入的《联合国禁止非法贩运麻醉药品和精神药物公约》《联合国打击跨国有组织犯罪公约》《联合国反腐败公约》都含有关于刑事诉讼移管的条款。刑事诉讼移管是为弥补引渡制度天然存在的缺陷而形成的一种制度，可以有效解决本国公民不引渡原则在引渡条约中设置的限制，在一定意义上，刑事诉讼移管制度的建立也是对中缅引渡制度的完善。引渡制度的缺陷之一是遵循本国国民不引渡原则。当被请求引渡人是缅甸国民的，缅甸应当拒绝引渡。虽然《缅甸联邦共和国刑事事项互助法》规定了或引渡或起诉的国际原则，但对缅甸国内拒绝引渡后的追究被请求引渡人的期限却没有规定，实践中存在被请求引渡人逃脱法网的现象。《缅甸联邦共和国引渡法》规定引渡请求所指的全部或部分犯罪发生在缅甸联邦共和国管辖领域内的，缅甸应该拒绝引渡。《缅甸联邦共和国引渡法》规定的本国国民不引渡原则与本国管辖内犯罪不引渡原则，严重阻碍了中国向缅甸请求刑事司法协助的发展，也不利于中缅两国共同打击跨国犯罪的合作。

中缅之间缺乏承认和执行外国刑事判决机制，直接影响了缅甸对中国违法所得没收、缺席判决、移管被判刑人等制度的执行。承认和执行外国的刑事判决，是指为共同打击犯罪和实现司法公正，有关各国赋予对方国家司法机关宣告的刑事处罚裁决以与本国刑事处罚裁决相同的法律效力。② 本国国民在国外犯罪的，依据属人原则本国拥有刑事管辖权，而犯罪地国家也可以依据属地原则对该人进行管辖，这就产生了国籍国与犯罪地国双重管辖的问题。③ 鉴于中缅之前没有签订双边刑事司法协助条约，《缅甸联邦共和国刑事事项互助法》也没有对承认和执行外国刑事判决进行规定，而缅甸执行违法所得没收、缺席判决、移管被判刑人等刑事司法协助事项需要以承认中国刑事判决为前提，因此中缅承认和执行外国刑事判决机制的缺失，阻碍了中缅推进刑事司法协助的进程。

中缅之间未能达成移管被判刑人条约，也是当前双方司法合作的缺失之处。被判刑人移管，是指一国将在本国判刑的外国公民移交给其国籍国或经常居所地

---

① 参见黄风：《国际形式司法合作的规则与实践》，北京大学出版社 2008 年版，第 181 页。
② 参见黄风等：《国际刑法学》，中国人民大学出版社 2007 年版，第 341 页。
③ 参见黄风等：《国际刑事司法合作：研究与文献》，中国政法大学出版社 2009 年版，第 194 页。

国。① 被判刑人因此可在其熟悉的环境中服刑并改造，体现了刑事程序中的人文关怀。诸多国际移管条约和部分国家的法律中都明文规定了有利于被判刑人的宗旨。例如，《联合国关于移管外国囚犯的示范协定》和《欧洲移管被判刑人公约》都规定，移管被判刑人应以有利于被移管人融入、重返社会为目的。虽然《国际刑事司法协助法》中规定了移管被判刑人的内容，但《缅甸联邦共和国刑事事项互助法》对此并没有规定。部分在缅甸被追究刑事责任的中国籍犯人，其语言文化、饮食习惯、宗教信仰等诸多方面都与缅甸本国犯人格格不入，改造过程中难免遇到挫折与困难，与《联合国关于移管外国囚犯的示范协定》有利于被判刑人的宗旨相背离。

中缅之间还缺乏资产分享制度，资产分享制度的缺失使缅方丧失了积极提供协助的动力，影响了中国向缅甸请求刑事司法协助的进行。资产分享即对于跨国没收的犯罪资产，在扣除必要费用后，资产流出国应与提供了必要条件或便利的国家就所追回的资产或收益进行的分割或共享。② 在中国与缅甸刑事司法协助实践中，中国向缅甸请求刑事司法协助的次数远远多于缅甸向中国请求的次数，缅甸一般都处于被动协助的地位。缅甸为了执行中国请求协助的事项，动用了本国为数不多的司法资源。但缅甸协助完成后，一般协助费用由缅甸负担，只有超过普通费用或特殊性质费用的费用，才由中缅两国按照事先商定的条件承担，缅甸一般得不到任何的额外利益。虽然无偿提供刑事司法协助是国际惯例，但随着跨国犯罪日趋严重，司法协助请求日趋增加，缅甸得不到任何的额外利益，协助中国没收犯罪资产还会影响缅甸的经济，这打击了缅甸积极提供协助的动力，影响了中国向缅甸请求刑事司法协助的进行。

六、中国向缅甸请求刑事司法协助的完善建议

为了解决中国向缅甸请求刑事司法协助的障碍，首先是加快中缅双边刑事司法协助条约、引渡条约的签署，为中国向缅甸请求刑事司法协助提供具体的法律依据与行动指南；其次是拓宽中缅之间的刑事司法合作方式，采取签订承认和执行外国刑事判决条约、移管被判刑人条约、刑事诉讼移管条约、资产分享协定等措施；最后是充分利用联合执法机制。

（一）签订中缅双边刑事司法协助条约、引渡条约

自 2010 年 1 月 1 日中国—东盟自由贸易区正式全面启动开始，中国与缅甸等

---

① 参见黄风等：《国际刑事司法合作：研究与文献》，中国政法大学出版社 2009 年版，第 157 – 158 页。
② 参见解彬著：《境外追赃刑事法律问题研究》，中国政法大学出版社 2016 年版，第 139 页。

东盟国家的双边贸易往来日益紧密，双方经济贸易得到了较好的发展，但中缅在刑事司法协助事项上，仍有较明显的短板。随着中缅两国之间的跨国犯罪逐渐增多，社会危害性日益增大，单凭借中国或缅甸任何一国的司法力量都不足以打击当前及今后的犯罪。在没有双边刑事司法协助条约、引渡条约的情况下，缅甸难免拒绝中国请求的打击跨国犯罪的协助，使两国司法机关共同打击跨国犯罪更是难上加难。《缅甸联邦共和国刑事事项互助法》第11条规定了缅甸可提供的刑事司法协助事项，具体包括调查取证，文书送达，查封、扣押、冻结、没收涉案财物，查明地址、人员，获取信息、文件、记录和专家意见，提供文件和记录的正本或核证副本，披露犯罪嫌疑人的住址、证物的地点和其他必要的资料，以及中央同意协助的其他事项。但在其具体条款中，只规定了协助查封、扣押、冻结、没收涉案财物，发布限制令与协助安排证人作证或协助调查。而对于第11条规定的其他缅甸可提供的刑事司法协助事项，条款中却没有规定的事项，存在法律适用不明的问题。因此，签署中缅双边刑事司法协助条约、引渡条约已成为双方推进刑事司法合作的应有之义。

对于中缅刑事司法协助事项，应当采取最广义的刑事司法协助种类，包括引渡、域外送达文书和调查取证、刑事诉讼移转管辖、外国刑事判决的承认和执行以及其他刑事司法协助形式等。我国同东盟国家的刑事司法协助条约为中缅双方未来签署条约提供了方向。之前司法协助的领域大都局限于起诉以及侦查环节，例如文书送达，协助调查取证，协助冻结、扣押或没收财产等，但对于被判刑人移管、刑事诉讼的移交、判决的承认和执行等审判以及刑罚执行环节则较少规定。为了共同打击跨国犯罪，中缅签订的双边刑事司法协助条约、引渡条约应尽量包含最广义的刑事司法协助事项。[①] 中缅双方应当主动在更多领域谋求多层次、多环节的合作，在刑事司法协助的范围、途径、费用等内容上达成共识。

（二）拓宽中缅刑事司法协助方式

目前，中国和缅甸之间尚未签订刑事司法协助条约和引渡条约，虽然中国可以依据国际公约、互惠原则请求缅甸提供刑事司法协助，但《缅甸联邦共和国引渡法》规定了互惠原则、双重犯罪原则等前置条件，并受到死刑不引渡、政治犯不引渡、本国领域内犯罪不引渡等原则的限制，引渡合作往往不能顺利实现。对

[①] 最广义刑事司法协助事项包括：1.协助提供犯罪情报；2.协助逮捕犯罪嫌疑人；3.协助进行特殊侦查措施；4.协助获取证人证言；5.协助提供物证、书证、鉴定意见；6.协助辨认犯罪嫌疑人；7.协助进行勘验、检查；8.协助查询、扣押、冻结财产；9.协助没收犯罪所得；10.刑事诉讼移管；11.协助交换法律文件；12.外国证人保护；13.协助送达文书；14.移管被判刑人；15.引渡；16.承认和执行外国判决。

此，应当积极拓宽中缅刑事司法协助方式，以刑事诉讼移管、外国刑事判决的承认和执行、被判刑人移管、资产分享等协助方式，发挥引渡替代措施的作用。

推动中缅签订刑事诉讼移管条约。近年来，国际社会在国际刑事司法合作中越来越重视刑事诉讼移管，虽然中国的国内法律并没有刑事诉讼移管的明确规定，但我国已经加入的《联合国禁止非法贩运麻醉药品和精神药物公约》《联合国打击跨国有组织犯罪公约》《联合国反腐败公约》都含有关于刑事诉讼移管的条款。中缅之间签订刑事诉讼移管也利于实现司法公正。当一国享有管辖权且查清、审理案件更有利时，另一享有管辖权国可以通过刑事诉讼移管的方式，更好地打击犯罪和预防犯罪。[1] 20 世纪 90 年代中期的"中俄列车大劫案"就是外国向中国移管刑事诉讼的典型，有利于调查案件事实、打击和震慑犯罪行为。中缅之间跨国犯罪频发，为了加大对跨国犯罪的打击力度，中缅双方可在平等协商的基础上签订中缅刑事诉讼移管条约，弥补中缅双方在刑事诉讼移管制度方面的空白，丰富两国的司法合作方式。除此之外，中缅双方应深入探讨刑事诉讼移管的原则、程序、效力等问题。

推动中缅签订相互承认和执行外国刑事判决条约。刑事判决的承认和执行实质是一国赋予的刑事判决有与本国相同的法律效力，以实现司法公正和共同打击犯罪的目的。[2]《中华人民共和国刑法》第 10 条规定，凡在中国领域外犯罪，依照本法应当负刑事责任的，虽然经过外国审判，仍然可以依照本法追究，但是在外国已经受过刑罚处罚的，可以免除或者减轻处罚。《缅甸联邦共和国刑法典》第 1 章也对属地原则和属人原则进行了规定。这体现了中缅两国国家主权的平等。根据国家主权平等原则，中缅两国分别在本国的管辖范围内，按照本国意志独立自主行使司法管辖权，追究刑事责任。任何平等主权国家应该相互尊重彼此主权，中国没有强迫缅甸承认和执行中国刑事判决的权利，缅甸也没有必须承认和执行中国刑事判决的义务。但中缅两国是山水相连的友好邻邦，两国各领域务实合作不断深化，缅甸作为中国的重要邻国、东盟国家的重要成员国，基于双方开展刑事司法合作的需求和良好的交往关系，根据互惠原则，签订相互承认和执行外国刑事判决条约是最佳选择。

推动中缅签订移管被判刑人条约。移管外国被判刑人是承认和执行外国刑事判决的一种主要形式，《国际刑事司法协助法》中规定了移管被判刑人的内容，但

---

① 参见黄风：《国际形式司法合作的规则与实践》，北京大学出版社 2008 年版，第 182 页，

② 参见梅传强主编：《东盟国家刑法研究》，厦门大学出版社 2017 年版，第 191 页。

《缅甸联邦共和国刑事事项互助法》对此并没有规定。被判刑人移管的内容包括两个方面：一方面是移交，即由判刑国将被判刑人移交给其国籍国或居留国；另一方面是监管，即由接收国对被判刑人执行刑罚。[①]因此，中缅移管被判刑人条约的程序应有以下内容：一是征求被判刑人的意见并进行审核，如果被判刑人不同意移管，那么中缅之间就不能对其实施移管，对于被判刑人移管的意愿，判刑国和执刑国都应对其进行核实。二是提出请求，判刑国和执刑国均可向对方提出移管请求。三是审查移管被判刑人决定，判刑国或执刑国在向对方国家提出移管请求之前或接到对方国家提出的移管请求后，都应进行审查。审查后，应尽快作出决定，并及时通知对方。如决定移管被判刑人的，判刑国和执刑国应对移交的时间、地点、方式以及其他相关事宜进行协商，并按约定的时间、地点、方式进行移交。四是接收被移管的被判刑人，接收地点通常为双方的边境口岸、机场、监狱等。至于移管的费用，可以参考《中华人民共和国和葡萄牙共和国关于移管被判刑人的条约》第 17 条第 1 款的规定，被判刑人移交之前产生的费用，应由费用产生地的一方负责；执行移交和在移管被判刑人之后继续执行刑罚所产生的费用，应由执行方负担。

推动中缅签订资产追缴分享条约。中缅之间所涉及的跨国犯罪，多涉及电信诈骗案件和毒品案件，其中必然会涉及大量犯罪所得。缅甸经济实力较弱，我国可以适当将追缴所得的分配天平向缅方倾斜，并给予其必要的经济援助，以提高缅方参与执法合作的积极性。中缅共同加入的《联合国禁止非法贩运麻醉药品和精神药物公约》《联合国打击跨国有组织犯罪公约》《联合国反腐败公约》都对资产追缴分享机制进行了规定，为中缅进行资产追缴分享提供了法律依据。《国际刑事司法协助法》第 49 条第 2 款对资产追缴分享机制作出了规定：对于请求外国协助没收、返还违法所得及其他涉案财物，外国提出分享请求的，分享的数额或者比例，由对外联系机关会同主管机关与外国协商确定。但《缅甸联邦共和国刑事事项互助法》对资产追缴分享机制并没有规定。为此，中国应积极与缅甸进行协商，结合缅甸的实际情况，签订资产追缴分享条约。

（三）充分利用执法协作机制

中缅双方警务执法部门开展执法协作活动，共同应对跨国犯罪行为，是双方刑事司法合作的重要形式。自 1990 年中缅开展禁毒国际合作以来，双方的执法合作活动不断深入，相继构建了边境联络官办公室机制（BLO 机制），中国与东盟成

---

① 参见叶良芳：《国际刑法基本理论研究》，浙江大学出版社 2018 年版，第 243 页。

员国总检察长会议机制，湄公河联合执法巡逻、湄公河次区域六国打击跨国拐卖犯罪合作等双边协作执法机制。警务执法协作机制的构建有利于解决双方之间因刑事司法协助而产生的烦琐程序问题，能够更为有效地打击跨国犯罪，维护中缅双方的共同利益。因此，充分利用执法协作机制，保持双方执法部门的密切联系，是推进双方刑事司法领域合作的应有之义。

推进中缅双方常态化执法信息共享。双方应在前期已经构建的湄公河联合执法巡逻等执法机制的基础上，保持两国执法部门的密切联系，实时进行沟通，一方发现相关犯罪线索时，如有涉及对方的事项，应当及时将相关信息与对方共享，共同制定侦查、抓捕方案，并及时按照相关程序将抓获的犯罪嫌疑人移交对方处理。

构建行之有效的执法合作机构，规范和简化程序。2017 年，我国在昆明与包括缅甸在内的各成员国挂牌成立了澜沧江—湄公河综合执法安全合作中心，该中心致力于统筹协调本地区预防、打击跨国违法犯罪，融合交流情报信息，开展专项治理联合行动，加强执法能力建设。① 中缅及相关各方应当增强执法协作意识，充分利用好现有的执法资源，并在此基础之上对执法程序进行完善，明确双方合作的具体事项、执法权限和审批机关，畅通执法运行渠道。

针对猖獗的跨国电信诈骗犯罪予以专项打击。近年来缅甸边境地区长期盘踞电信网络诈骗团伙，严重侵害中国公民利益，中国民众对此深恶痛绝。跨国电信诈骗犯罪行为具有管辖权适用冲突、调查取证困难等特点，更需要中缅双方开展双边执法合作，协力打击。双方应就此构建专项执法协调机制，建立常设性专项警务合作机构。在具体工作中，首先，应当明确双方的管辖权限、适用法律等基础性问题。其次，通过大数据共享、信息情报交流等方式，将双方掌握的诈骗犯罪分子的信息上传至共享平台，从而对缅北地区的诈骗窝点进行摸排，并由中方执法人员指导或直接前往缅甸协助当地警方对诈骗窝点进行收网。最后，由双方根据管辖协定协商确定对抓获的犯罪嫌疑人予以追诉。

积极利用国际刑警组织的资源。中缅双方均是国际刑警组织的成员，国际刑警组织为双方提供了一个执法合作的平台，如前文所述，我国公安部通过国际刑警组织发布红色通缉令，我国公安机关与缅甸执法机关通力合作，在较短时间内将犯罪分子缉捕并遣返。② 双方应在国际刑警组织的框架内，充分利用国际刑警组

---

① 参见《澜沧江—湄公河综合执法安全合作中心启动运行》，《法治周刊》2017 年 12 月 31 日，第 01 版。

② 参见《"红通人员"强涛、李建东在缅甸落网并被遣返回国》，《射阳日报》2020 年 6 月 3 日，第 4 版。

织的执法资源和数据信息，将国际刑警组织的资源与双方现有的合作机制融会贯通，借助国际刑警组织的红色通缉令，对相关人员进行引渡、缉捕、强制遣返。

加强中缅双方执法人员的交流合作。外警培训一直以来是我国开展国际执法交流的重要途径。公开报道显示，云南警官学院长期以来承担着援外培训工作，已为全球73个国家累计承办中高级警务执法培训班164期，培训外籍警官3300余人，培训内容从禁毒专业拓展到侦查、打击经济犯罪、治安管理与信息网络安全等专业，并于2014年率先在全国警察高等院校中获批招收国际警务硕士研究生。①2022年10月31日，云南警官学院承办缅甸打击网络和电信诈骗培训班。② 缅甸受制于自身经济条件和国内政治环境，警务执法人员的素质水平与执法能力均存在较大的不足，通过对缅甸相关执法人员进行培训的方式，能够传授我国在犯罪治理领域的经验，提高缅甸执法人员的业务水平，为双方在共同执法领域的合作提供有力保障。

本章小结

中缅两国人民自古就以"胞波"相称，有着两千多年的友好交往史。继1948年1月缅甸脱离英联邦宣布独立和1949年10月中华人民共和国成立后，中缅友好关系进入了历史的新篇章。近年来，中国与缅甸在经济、政治、文化等领域的交流与合作不断加强的同时，现实实际需要也迫切期盼两国在刑事司法协助领域有进一步的发展。2020年，习近平总书记对缅甸进行国事访问前指出："当前，单边主义、保护主义抬头，双方要加强在联合国、东亚合作、澜沧江—湄公河合作等多边机制框架内的协调配合。"③ 因此，在经济全球化、区域一体化深入发展的新形势下，如何加强中国和缅甸的刑事司法合作，更好地打击贩毒、走私、贩卖人口等犯罪，进一步促进区域经济发展，是中国与缅甸所面临的共同课题。为解决中国向缅甸提起刑事司法协助的障碍，需要在多方面作出努力。

---

① 参见《中国驻缅甸大使馆经济商务参赞出席我院缅甸打击网络和电信诈骗培训班线上开班仪式》，https：//www.ynpc.edu.cn/site/ypoa/1070/info/2022/33272.html，最后访问日期：2023年9月7日。

② 参见《中国驻缅甸大使馆经济商务参赞出席我院缅甸打击网络和电信诈骗培训班线上开班仪式》，https：//www.ynpc.edu.cn/site/ypoa/1070/info/2022/33272.html，最后访问日期：2023年9月7日。

③ 习近平：《续写千年胞波情谊的崭新篇章》，《人民日报》2020年1月17日，第1版。

第十章
中国向柬埔寨请求刑事司法协助

柬埔寨王国（the Kingdom of Cambodia，以下简称"柬埔寨"），位于中南半岛南部，与越南、泰国和老挝毗邻，是东盟成员国之一。柬埔寨面积约 18 万平方公里，人口约 1600 万，高棉族占总人口 80%，华人华侨约 110 万。① 柬埔寨经济发展水平较低，是传统农业国，工业基础薄弱，依赖外援外资；贫困人口约占总人口的 17.8%；实行对外开放和自由市场经济政策。据柬政府统计，2023 年国内生产总值约 321.7 亿美元，同比增长 5.6%，人均 1917 美元，通胀率 2.5%。②

在历史上，柬埔寨很长时间都是法国殖民地，直到 1953 年 11 月 9 日，柬埔寨才摆脱法国殖民统治宣告独立。柬埔寨的国体是君主立宪制，实行多党制和自由市场经济，立法、行政、司法三权分立。国王是终身制国家元首、武装力量最高统帅、国家统一和永存的象征，有权宣布大赦，在首相建议并征得国会主席同意后有权解散国会。③

中柬两国有着悠久的传统友谊。1956 年 2 月 18 日，中柬双方签订了《中华人民共和国国务院总理周恩来与柬埔寨王国首相诺罗敦·西哈努克亲王联合声明》。1958 年 7 月 19 日，两国正式建交。长期以来，中国几代领导人与柬埔寨太皇西哈努克建立了深厚的友谊，为两国关系的长期稳定发展奠定了坚实的基础。1955 年 4 月，周恩来总理与时任柬埔寨政府首脑西哈努克在万隆亚非会议上结识。20 世纪 50 至 60 年代，周恩来总理、刘少奇主席曾多次率团访柬。西哈努克曾 6 次访华。20 世纪 70 至 80 年代，西哈努克两次在华长期逗留，领导柬埔寨人民反抗外来侵

---

① 《柬埔寨国家概况》，https://www.mfa.gov.cn/web/gjhdq_676201/gj_676203/yz_676205/1206_676572/1206x0_676574/，最后访问日期：2024 年 7 月 16 日。

② 《柬埔寨国家概况》，https://www.mfa.gov.cn/web/gjhdq_676201/gj_676203/yz_676205/1206_676572/1206x0_676574/，最后访问日期：2024 年 7 月 16 日。

③ 《柬埔寨国家概况》，https://www.mfa.gov.cn/web/gjhdq_676201/gj_676203/yz_676205/1206_676572/1206x0_676574/，最后访问日期：2024 年 7 月 16 日。

略、维护国家独立和主权的斗争，得到中国政府和人民的大力支持。①

1964 年 10 月 5 日，中柬两国签署《中华人民共和国和柬埔寨王国联合公报》，进一步加强中柬两国友好合作的关系。2000 年 11 月 13 日，两国签署《中华人民共和国和柬埔寨王国关于双边合作框架的联合声明》，就两国业已存在的友好合作关系进一步加强。2008 年 11 月 4 日，中柬两国签署《中华人民共和国政府和柬埔寨王国政府关于禁止非法贩运和滥用麻醉药品、精神药物和易制毒化学品的合作谅解备忘录》，加强两国在预防和打击非法贩运麻醉药品和精神药物及非法转移、使用易制毒化学品方面的犯罪的合作。2010 年 12 月，两国建立全面战略合作伙伴关系。2019 年 4 月，两国签署《构建中柬命运共同体行动计划》，双边关系进入新的发展阶段。

双方高层互访频繁。2022 年 2 月，柬埔寨国王西哈莫尼来华出席北京冬奥会开幕式。3 月，国家主席习近平同柬埔寨首相洪森通电话。3 月至 4 月，西哈莫尼国王和莫尼列太后来华查体休养。4 月，中共中央政治局委员、中央外事工作委员会办公室主任杨洁篪在北京会见柬埔寨驻华大使凯·西索达。5 月，王毅国务委员兼外长同柬埔寨副首相兼外交与国际合作部大臣布拉索昆举行视频会晤。7 月，王毅国务委员兼外长在澜湄合作第七次外长会期间会见布拉索昆副首相兼外交与国际合作部大臣，同柬埔寨副首相贺南洪以视频方式共同主持中柬政府间协调委员会第六次会议。8 月，中共中央政治局委员、全国人大常委会副委员长王晨同柬埔寨国会第一副主席钱业举行视频会晤；王毅国务委员兼外长访问柬埔寨；西哈莫尼国王和莫尼列太后来华查体休养。9 月，国家副主席王岐山出席纪念柬埔寨太皇西哈努克诞辰 100 周年招待会。11 月，李克强总理赴柬埔寨出席东亚合作领导人系列会议并对柬埔寨进行正式访问。2023 年 2 月，柬埔寨首相洪森对中国进行正式访问。应中华人民共和国国务院总理李强邀请，柬埔寨王国首相洪玛奈亲王于 2023 年 9 月 14 日至 16 日对中华人民共和国进行正式访问，两国签署了最新的《中华人民共和国政府和柬埔寨王国政府联合公报》，不断深化两国国家及地方警察在打击跨境赌博、电信诈骗等执法领域的务实合作和能力建设。②

随着中柬两国在政治、经济、文化领域合作关系的不断加深，两国之间开展刑事司法协助的现实需要也越发迫切。为进一步遏制跨境电信网络诈骗犯罪多发

---

① 《中国同柬埔寨的关系》，https://www.mfa.gov.cn/web/gjhdq_676201/gj_676203/yz_676205/1206_676572/sbgx_676576/，最后访问日期：2024 年 7 月 16 日。

② 《中华人民共和国政府和柬埔寨王国政府联合公报》，《人民日报》2023 年 09 月 17 日，第 2 版。

高发态势，最大限度切断与境外诈骗集团勾结的境内犯罪链条，根据常态化挂牌督办工作机制，最高人民检察院、公安部继续联合挂牌督办第三批 5 起特大跨境电信网络诈骗案件。其中的重庆沙坪坝"5·11"电信网络诈骗案的犯罪集团就位于柬埔寨境内，查明的涉案金额人民币近 6 亿元。公安机关已抓获犯罪嫌疑人 180 余名。① 但该犯罪集团仍在柬埔寨境内活跃，对国内民众持续实施诈骗危害活动。

本章旨在梳理中柬两国在刑事司法协助领域的历史，寻找两国继续加强刑事司法合作的基础，探究阻碍两国加强合作的原因并提出完善措施，加强中柬两国在刑事司法协助领域内的合作。

一、中国向柬埔寨请求刑事司法协助的历史与成绩

中柬两国的刑事司法合作主要是通过共同参加或缔约的国际公约、双边协定以及实践中的执法合作案例来开展。

（一）中国向柬埔寨请求刑事司法协助的历史

为了更好地梳理中柬两国的刑事司法合作历史，笔者将中柬之间的刑事司法合作历程分为三个阶段：萌芽期、发展期、繁荣期。

1. 萌芽期（1956—2000 年）

柬埔寨自 1953 年 11 月 9 日正式宣布独立后就积极谋求与中国开展全方位的合作，主要可体现在双方共同发表的联合声明、共同参加的重要会议、共同签署的公约等方面。1993 年，中国、缅甸、老挝、泰国和联合国禁毒署（现联合国毒品和犯罪问题办公室，UNODC）东亚和太平洋地区中心共同签署《大湄公河次区域禁毒合作谅解备忘录》（以下简称 MOU）。1995 年 5 月，第一届 MOU 部长级会议在北京举行，接纳越南和柬埔寨为签字国，并通过《北京宣言》和《次区域禁毒行动计划》，确定以联合国援助禁毒合作项目的形式开展区域合作。1999 年 2 月 9 日，中国与柬埔寨在北京签订了《中华人民共和国与柬埔寨王国引渡条约》。

2. 发展期（2001—2015 年）

在这一期间，双方针对各类跨国犯罪签署了相关谅解备忘录、举行了国际会议，并深入推进了跨国执法合作。2000 年 6 月，中国参加了联合国机构间湄公河

---

① 《依法从重打击境外电信网络诈骗和境内协同犯罪人员　最高检、公安部启动第三批 5 起特大跨境电信网络诈骗犯罪案件联合挂牌督办》，https://www.spp.gov.cn/xwfbh/wsfbt/202309/t20230912_627903.shtml#1，最后访问日期：2023 年 9 月 16 日；周文冲：《重庆警方破获特大跨境电信网络诈骗案　涉案金额超 6 亿元》，http://www.xinhuanet.com/legal/20240802/13991bba815541be84d940e891b2b303/c.html，最后访问日期：2024 年 8 月 10 日。

次区域反拐项目（UNIAP）。2004 年 10 月，中国派出代表团参加了湄公河次区域反对拐卖部长级打拐会议，会间中柬等国签署了《湄公河次区域反对拐卖人口合作谅解备忘录》。2007 年 12 月，中柬等国共同签署了《湄公河次区域合作反对拐卖人口进程联合宣言》。① 2000 年 10 月，在泰国曼谷举行了第一届东盟和中国禁毒合作国际会议，柬埔寨、中国出席了会议。2000 年 10 月 13 日，中国与柬埔寨签订了《中华人民共和国最高人民检察院和柬埔寨王国司法部合作协议》。② 2002 年 11 月 4 日，中柬等国会同其他东盟国家共同发表了《中国与东盟关于非传统安全领域合作联合宣言》。2004 年 1 月 10 日，中柬等国共同签署了《中华人民共和国政府和东南亚国家联盟成员国政府非传统安全领域合作谅解备忘录》。③ 2004 年 7 月 7 日至 9 日，第一届中国—东盟成员国总检察长会议在中国云南省昆明市举行。该会议的主题为"加强刑事司法协助合作，有效打击跨国有组织犯罪"，会议发表了《中国—东盟成员国总检察长会议联合声明》。④ 2006 年 4 月 8 日，中柬双方签署了《中华人民共和国政府和柬埔寨王国政府关于打击跨国犯罪的合作协议》。⑤ 2007 年 12 月 7 日，中柬双方签署了《中华人民共和国最高人民检察院和柬埔寨王国总检察院关于加强检察人员培训与业务交流的合作谅解备忘录》。⑥ 2007 年 7 月 17 日，由公安部国际合作局、浙江省公安厅主办，浙江警察学院承办的"中国—东盟执法管理研讨会"在杭州举行。⑦ 2008 年 11 月 5 日至 6 日，中柬双方出席了大湄公河次区域六国合作反拐进程第六次高官会议。⑧ 2009 年 11 月 17 日至 18 日，首届东盟与中国（10 + 1）打击跨国犯罪部长级会议在柬埔寨北部古城暹粒市举

---

① 罗艳华：《打击人口贩卖：中国是国际合作的积极践行者》，《人民日报海外版》2017 年 07 月 13 日，第 2 版。

② 《中华人民共和国最高人民检察院和柬埔寨王国司法部合作协议》，http：//www. ca-pgc. org/xdxy/201612/t20161212_ 1909913. shtml，最后访问日期：2022 年 6 月 16 日。

③ 《中国与东盟国家签署非传统安全领域合作备忘录》，https：//www. chinanews. com. cn/n/2004 - 01 - 10/26/390195. html，最后访问日期：2022 年 6 月 15 日。

④ 《第一届中国—东盟成员国总检察长会议情况》，http：//www. ca-pgc. org/ljhy/201612/t20161209_ 1909564. shtml，最后访问日期：2022 年 6 月 16 日。

⑤ 《中国和柬埔寨签署一系列合作协议和文件》，http：//news. enorth. com. cn/system/2006/04/08/001276248. shtml，最后访问日期：2022 年 6 月 15 日。

⑥ 《中华人民共和国最高人民检察院和柬埔寨王国总检察院关于加强检察人员培训与业务交流的合作谅解备忘录》，http：//www. ca-pgc. org/xdxy/201612/t20161212_ 1910218. shtml，最后访问日期：2022 年 6 月 15 日。

⑦ 《中国—东盟执法管理研讨会在浙江杭州举行》，https：//www. mps. gov. cn/n2253534/n4904351/c5040095/content. html，最后访问日期：2022 年 6 月 20 日。

⑧ 《大湄公河次区域六国合作反拐第六次高官会议总结》，https：//www. docin. com/p-674585344. html，最后访问日期：2022 年 6 月 20 日。

行，同时也举行了第四届东盟与中日韩（10 + 3）打击跨国犯罪部长级会议。①
2010 年 5 月 24 日至 28 日，东盟警察组织在柬埔寨首都金边举行第三十届东盟国家
警察首长会议。② 2013 年 12 月 5 日，中央纪委副书记李玉赋会见由柬埔寨反腐败
委员会副国务秘书因占托率领的柬埔寨纪检监察干部研修团。③ 2015 年 11 月 25
日，第九届中国—东盟成员国总检察长会议以"国际追逃追赃合作"为主题在南
宁开幕。④

3. 繁荣期（2016 年至今）

中柬刑事司法合作的繁荣期主要是针对以往开展的司法合作实践进行总结，
这一阶段更多体现在双方执法人员的合作交流会议，以及司法实践。2016 年 11 月
9 日至 10 日，以"加强国际合作，有效打击跨国犯罪"为主题的第十届中国—东
盟成员国总检察长会议在老挝万象召开。⑤ 中国最高人民检察院检察长曹建明在会
中指出，当前的跨国有组织犯罪受到国际政治因素的影响，跨国毒品犯罪和跨国
拐卖人口犯罪又有快速蔓延之势，严重威胁中国与东盟之间的区域稳定。中国和
东盟各国应当加强执法人员之间的交流，促进信息共享。中国与东盟各国的检察
机关应当在司法协助过程中加强各个环节，在侦查技巧、联合调查、协作抓捕、
共同审讯等方面深入研讨和交流经验，帮助提升各国检察机关打击跨国犯罪的执
法水平，提高各国司法合作的流畅性；各国还应创新便捷合作机制，加强合作机
构、人员和资金的保障，不断拓展新的合作渠道。⑥ 此次会议，有助于中柬两国审
视双方司法合作过程中的不足，探讨建立新的司法合作机制。

2017 年 10 月 10 日上午，柬埔寨高级检察官研修班在位于广西南宁的中国—
东盟成员国检察官交流培训基地开班，此次研修班旨在巩固和促进两国检察机关
以及检察官培训机构之间的良好关系，增进彼此了解和加深友谊，夯实两国司法

---

① 《首届东盟与中国和第四届东盟与中日韩打击跨国犯罪部长级会议召开》，《人民公安报》2009 年 11 月
19 日，第 01 版。

② 《第 30 届东盟国家警察局局长会议召开》，《人民公安报》2010 年 5 月 26 日，第 01 版。

③ 《李玉赋会见柬埔寨纪检监察干部研修团》，http：//cpc. people. com. cn/n/2013/1211/c117005-
23812163. html，最后访问日期：2023 年 6 月 20 日。

④ 李阳：《第九届中国—东盟成员国总检察长会议在南宁开幕》，《人民法院报》2015 年 11 月 26 日，第 1
版。

⑤ 《第十届中国—东盟成员国总检察长会议情况》，http：//www. ca-pgc. org/ljhy/201612/t20161209_
1909601. shtml，最后访问日期：2022 年 6 月 20 日。

⑥ 简闻之：《紧密携手打击跨国贩卖毒品和人口犯罪　共同维护本地区社会安定和公民安全》，《检察日报》
2016 年 11 月 11 日，第 01 版。

及检察合作，打击跨国犯罪，共同维护两国经济社会的和谐稳定。[①] 柬埔寨高级检察官研修班的顺利开班为此后柬埔寨定期派送检察官到中国参加检察业务交流及执法培训打下良好基础，研修班的内容主要包括中国司法制度及司法改革、中国反腐败法律制度、中国公诉制度等。

2018 年 9 月 21 日，为增进与东盟国家检察机关的交流合作，更有效地服务"一带一路"建设，应缅甸和柬埔寨总检察院邀请，并经报最高人民检察院和广西壮族自治区党委批准，自治区检察院党组成员、副检察长罗绍华率广西检察业务专家代表团一行 6 人，赴缅甸和柬埔寨进行为期 7 天的访问和交流活动。[②] 在柬期间，检察业务专家们充分展示了具有中国特色的检察制度，并与柬埔寨检察官员们就具有中国特色的公诉制度、公益诉讼制度和检察监督制度展开深入的交流。柬方在对中国法治建设表示赞赏的同时，更希望以后能经常展开执法交流合作，共同为"一带一路"的建设提供力量。

2019 年 11 月 7 日，第十二届中国—东盟成员国总检察长会议在柬埔寨暹粒开幕。本次会议的主题是"检察官在打击地区人口贩运中的作用"，充分表明了人口贩卖犯罪的社会危害，不利于中国与东盟各国的共同繁荣发展。张军检察长在会中就打击跨境贩卖妇女儿童犯罪提出三点建议：一是要开展联合行动，并公布打击跨境贩卖妇女儿童犯罪的典型案件；二是完善司法协助机制，细化协作内容，提高办案效率；三是进行业务共同培训，加强各国边境地区检察人员交流培训，相互学习、借鉴办案经验，研究解决司法实践中的问题，共同提高东盟各国检察官业务能力和水平。[③] 柬埔寨首相洪森也表示了应继续发挥中国—东盟成员国总检察长会议机制的作用，加快构建中柬双方执法信息交流合作平台，为中柬两国人民营造一个稳定的美好生活环境。

2020 年 11 月 12 日，中国同东盟各国签署了《落实中国—东盟面向和平与繁荣的战略伙伴关系联合宣言的行动计划（2021—2025）》。这一计划表明各方在打击跨国犯罪和应对其他非传统安全问题及反腐合作问题上，应继续加强执法信息共享，交流经验和分享最佳实践，鼓励相互间达成双边法律安排，并有效落实

---

① 邹筱溪、周银强：《柬埔寨高级检察官研修班在南宁开班》，《广西日报》2017 年 10 月 11 日，第 5 版。

② 邓铁军、邓光明：《广西首次组织业务专家赴缅甸柬埔寨开展交流与"送课上门"活动》，《检察日报》2018 年 09 月 21 日，第 02 版。

③ 简闻之：《第十二届中国—东盟成员国总检察长会议闭幕》，《检察日报》2019 年 11 月 08 日，第 01 版。

《中国—东盟全面加强反腐败有效合作联合声明》。①

2021 年 6 月 3 日，中柬执法合作年工作总结会议通过视频形式举行。会中，中柬双方充分肯定了习近平主席和洪森首相 2019 年 1 月就中柬执法合作年达成的重要共识，并表示双方应继续深化执法合作，积极开展中柬联合严打犯罪专项行动，严厉打击跨境拐卖妇女儿童犯罪、电信诈骗、贩毒等犯罪活动，充分发挥中柬执法合作协调办公室作用，积极探索执法信息共享平台的搭建，促进中柬双方的执法合作项目的开展。②

（二）中国向柬埔寨请求刑事司法协助取得的成绩

中国和柬埔寨是两个互帮互助、患难见真情的国家。中柬两国在打击跨国犯罪和境外追逃追赃等刑事司法合作领域有着共同的目标。两国在 2010 年建立了全面战略合作伙伴关系，2019 年签署中柬构建命运共同体行动计划，2020 年签署自由贸易协定，这充分体现了中柬两国的友好关系。双方在互相尊重主权的基础上，积极开展刑事司法合作，在打击跨国犯罪、拐卖人口、电信诈骗、毒品犯罪、走私犯罪等合作中取得了重大成绩。

在境外追逃方面，中柬双方积极合作，截至 2022 年，中国向柬埔寨请求刑事司法协助抓捕外逃柬埔寨的犯罪分子共 8 人，抓获的时间跨度从最早的 2004 年到最近的 2020 年，追逃的方式主要采取缉捕、遣返和劝返。采用缉捕方式抓捕外逃犯罪分子 4 人③，劝返 1 人④，遣返 3 人⑤。2019 年从柬埔寨缉捕和遣返的 4 名职务犯罪嫌疑人，是国家监察委员会成立后，首次统筹各机关以双边执法合作方式展开的境外抓捕行动，体现了追逃追赃的法治思维和法治方式，充分展现了深化国家监察体制的改革成果。

---

① 《落实中国—东盟面向和平与繁荣的战略伙伴关系联合宣言的行动计划（2021—2025）》，https：//www. thepaper. cn/newsDetail_ forward_ 9973980，最后访问日期：2022 年 6 月 30 日。

② 《中柬执法合作年工作总结会议举行，王小洪与柬埔寨警察总监奈萨文出席并致辞》，https：//www. thepaper. cn/newsDetail_ forward_ 12976327，最后访问日期：2022 年 6 月 30 日。

③ 《挪用公款炒股损失千万，外逃七年终落"天网"——北京市追逃办缉捕"百名红通人员"孙新纪实》，http：//m. ccdi. gov. cn/content/e2/1b/16267. html，最后访问日期：2023 年 1 月 6 日；《上海外逃贪官杨忠万终难逃法网 被押解回沪》，http：//news. sohu. com/2004/05/19/37/news220183750. shtml，最后访问日期：2023 年 1 月 6 日；赵杨：《广东：一周追回三名外逃国家工作人员》，《南方日报》2017 年 9 月 5 日，第 A10 版；汪子芳：《温州"猎狐行动"2014 收官战，从柬埔寨抓回外贸公司的陈老板》，《钱江晚报》2015 年 1 月 3 日，第 1 版。

④ 《浙江一外逃柬埔寨嫌犯主动投案自首，感慨"我要回国保命"》，https：//www. thepaper. cn/newsDetail_ forward_ 6769682，最后访问日期：2023 年 1 月 6 日。

⑤ 柴雅欣、侯颗：《一体推进追逃防逃追赃工作》，《中国纪检监察报》2020 年 1 月 6 日，第 1 版；《使命在肩敢担当 攻坚克难勇争先——广东省反腐败国际追逃追赃工作综述》，http：//www. gzjjjc. gov. cn/ljgzw/xwzx/ttyw/content/post_ 144762. html，最后访问日期：2023 年 1 月 6 日。

随着中柬经贸合作的不断推进，双方人员、经济的往来也日益频繁，在信息技术的高速发展和中柬地理位置相近的背景之下，中柬之间跨境电信网络诈骗犯罪频发。据有关新闻报道记载，中柬共同打击电信诈骗的首次合作是在2013年，由公安部率领江苏、安徽警方组成的工作组赴柬埔寨开展执法合作，成功摧毁了特大跨国电信诈骗案，共抓获了51名中国籍犯罪分子，涉案金额上亿。[1] 往后，中柬警方继续保持紧密合作，在打击跨国电信诈骗合作中取得重大成绩。例如，在2015年10月初，公安部派去柬埔寨的工作组就与当地警方合作，成功摧毁在柬的2个电信诈骗窝点，抓获嫌犯168人。[2] 2017年，四川警方与柬埔寨当地警方配合，在柬泰交界的波贝口岸抓获了122名涉嫌电信诈骗的中国籍人员。[3] 仅在2019年前9个月中，就在柬埔寨抓获中国籍犯罪嫌疑人近千人，严厉打击了跨境网络赌博和电信诈骗犯罪。[4] 在2023年年初，中柬合作打击电信诈骗犯罪取得了最新成果，中柬双方通过警务合作，成功抓捕了9名电信网络诈骗的幕后组织者，并顺利将9名犯罪嫌疑人移交了我国。[5] 中柬警方这次对电信诈骗集团幕后组织者的抓捕行动，表明了中柬执法合作更上一台阶。

为了提高中柬双方共同打击跨国犯罪的效率，中柬两国最高领导人共同将2019年确定为中柬执法合作年，并于9月27日在柬埔寨首都金边正式设立中柬执法合作协调办公室，这是中国警方在全球设立的首个双边警务合作中心，[6] 为中柬执法合作提供了一个便捷交流的平台。在执法合作年中的前9个月，中柬警方合作共在柬抓获中国籍犯罪嫌疑人近千人，其中涉网络赌博335人、电信诈骗155人。[7]

在中柬联合打击毒品犯罪案件中，仅在2021年底，中方会同柬方连续破获几起跨国制贩毒大要案件，先后在柬埔寨打掉规模性制毒工厂，抓获犯罪嫌疑人46

---

[1] 《中柬摧毁特大跨国电信诈骗集团　51名嫌犯押解回国》，https：//www.chinanews.com.cn/fz/2013/09-12/5279499.shtml，最后访问日期：2023年1月6日。

[2] 付丹迪、宋奇波：《公安部跨国打击电信诈骗，北京警方包机押解90名嫌犯回国》，https：//www.thepaper.cn/newsDetail_forward_1395020，最后访问日期：2023年1月6日。

[3] 杜玉全：《四川警方跨国抓骗　122名中国籍嫌疑人被抓获，成都商报记者直击现场》，《成都商报》2017年8月23日，第10版。

[4] 《中柬两国警方联手捣毁多个网络赌博电信诈骗犯罪窝点　抓获犯罪嫌疑人近千人》，http：//k.sina.com.cn/article_1887344341_707e96d502000oqy5.html，最后访问日期：2023年1月6日。

[5] 《公安部深入推进"拔钉"行动　9名诈骗集团幕后组织者被押解回国》，http：//society.people.com.cn/n1/2023/0111/c1008-32604345.html，最后访问日期：2023年1月11日。

[6] 《中柬执法合作协调办公室在金边正式成立》，https：//www.chinanews.com.cn/gj/2019/09-28/8967801.shtml，最后访问日期：2023年1月6日。

[7] 邵克、邢燕：《中柬执法合作年：已捣毁多个网络赌博电诈窝点，抓嫌犯近千人》，https：//www.thepaper.cn/newsDetail_forward_4475488，最后访问日期：2023年1月6日。

名，缴获毒品 2.95 吨、市值近 17 亿元。① 2016 年，上海海关查获约 1.1 吨的可卡因走私案，在国家禁毒委的统一部署下，一支由公安部禁毒局、海关总署缉私局、上海市公安局、上海海关缉私局派员组成的缉毒工作组，于 11 月 23 日紧急赶赴柬埔寨开展跨境控制下交付行动与执法合作，并成功抓捕了该案接货人。②

在打击其他跨国犯罪中，2020 年专案组远赴柬埔寨积极协调当地执法部门，协同联动打击，成功抓获吴某等 19 名犯罪嫌疑人，捣毁制假流水线 6 条，查获假冒各类知名品牌香烟 100 万条、制假设备 36 台。③ 2019 年 1 月，公安部组织上海公安机关赴柬埔寨开展工作，协助柬警方先后抓获施某某、王某某等 13 名制假犯罪嫌疑人，捣毁生产、仓储窝点 2 处，缴获制假流水线 3 条，以及一大批制假设备和假冒国产品牌卷烟。④

为了中柬在刑事司法合作的关系更加牢固，中柬双方积极协商并签署了相应的文件。如在 2016 年，中柬双方领导人在金边会见并共同发表了《中华人民共和国和柬埔寨王国联合声明》，表明中柬是互信的好朋友、肝胆相照的好伙伴、休戚相关的命运共同体。除此之外，中柬还共同签署了《关于加强合作预防和打击拐卖人口的协定》《关于开展国内安全执法领域情报信息交流合作的谅解备忘录》《关于监察领域合作的谅解备忘录》等合作文件。

综上所述，中柬两国在刑事司法协助方面成绩巨大。但是，鉴于中国与柬埔寨之间尚未签订双边刑事司法协助条约，双方在开展刑事司法协助时存在法律依据适用不明确、程序冗杂、耗时长的缺点。中柬在打击跨国犯罪方面，基本是通过双方或多方的警务交流合作开展；在追逃追赃方面，中方更多的是采取刑事司法协助的代替措施，如缉捕或劝返等方式进行。

二、中国向柬埔寨请求刑事司法协助的依据

除了两国参加的中国—东盟区域性国际文件（参见绪论）以外，还有以下内容作为中国与柬埔寨开展刑事司法协助的依据。

---

① 阚纯裕：《2021 年公安机关共破获毒品犯罪案件 5.4 万起　缴获毒品 27 吨》，https：//news.cctv.com/2022/01/19/ARTIIUPEGM5rFMG5ExaVWw8W220119.shtml，最后访问日期：2023 年 1 月 6 日。
② 杨帆：《冻鱼下藏毒 1.1 吨！上海海关查获近年全国最大可卡因走私案》，https：//www.thepaper.cn/newsDetail_forward_1715002，最后访问日期：2023 年 1 月 6 日。
③ 朱奕奕：《跨国假烟犯罪团伙归案：涉案 4 亿余元，查获成品假烟上百万条》，https：//www.thepaper.cn/newsDetail_forward_9573709，最后访问日期：2023 年 1 月 6 日。
④ 邵克：《2019 年度全国公安机关"猎狐行动"十大典型案例发布》，https：//www.thepaper.cn/newsDetail_forward_7409149，最后访问日期：2023 年 1 月 6 日。

（一）两国共同加入的国际公约

中国与柬埔寨共同加入的国际公约参见下表：

表 10 - 1　中国与柬埔寨共同加入的国际公约

序号	名称	中国加入时间	柬埔寨加入时间
1	《1971 年精神药物公约》	1985 年 8 月 23 日	1975 年 11 月 21 日
2	《关于防止和惩处侵害应受国际保护人员包括外交代表的罪行的公约》	1987 年 8 月 5 日	2006 年 7 月 27 日
3	《反对劫持人质国际公约》	1992 年 12 月 28 日	2006 年 7 月 27 日
4	《禁止酷刑和其他残忍、不人道或有辱人格的待遇或处罚公约》	1988 年 10 月 4 日	1992 年 10 月 15 日
5	《联合国禁止非法贩运麻醉药品和精神药物公约》	1989 年 10 月 25 日	2005 年 7 月 7 日
6	《制止恐怖主义爆炸的国际公约》	2001 年 11 月 13 日	2006 年 7 月 31 日
7	《制止向恐怖主义提供资助的国际公约》	2006 年 4 月 19 日	2005 年 12 月 12 日
8	《联合国打击跨国有组织犯罪公约》	2003 年 9 月 23 日	2005 年 12 月 12 日
9	《联合国打击跨国有组织犯罪公约关于预防、禁止和惩治贩运人口特别是妇女和儿童行为的补充议定书》	2009 年 12 月 26 日	2007 年 7 月 2 日
10	《联合国打击跨国有组织犯罪公约关于打击非法制造和贩运枪支及其零部件和弹药的补充议定书》	2002 年 12 月 9 日	2005 年 12 月 12 日
11	《联合国反腐败公约》	2005 年 10 月 27 日	2007 年 9 月 5 日
12	《制止核恐怖主义行为国际公约》	2010 年 8 月 28 日	2006 年 12 月 7 日

注：表中资料来源于联合国公约网：https：//treaties. un. org。

（二）两国签订的双边条约及其他双边文件

《中华人民共和国与柬埔寨王国引渡条约》（1999 年 2 月 9 日签订，以下简称《中柬引渡条约》）。《中柬引渡条约》是中柬两国首个有关刑事司法合作方面的双边条约，为两国往后的刑事司法合作提供了坚实的法律基础，是双方开展刑事司法协助的重要法律依据，该引渡条约全文共 22 条，分别就引渡义务、可引渡的犯罪、应当拒绝引渡的理由、可以拒绝引渡的理由、国民的引渡、联系途径、引渡请求及所需文件、补充材料、临时羁押、对于请求的决定、移交被请求引渡人、推迟移交和临时移交、数国提出的引渡请求、特定规则、移交财物、过境、通报结果、协助和费用、与多边公约的关系、争议的解决等内容达成一致。

《中华人民共和国最高人民检察院和柬埔寨王国司法部合作协议》（2000 年 10 月）。中柬双方根据检察工作开展的需要，在各自职权范围内不断加强司法协助合作、人员交流培训、法律文件及工作信息交换。①

《中华人民共和国和柬埔寨王国关于双边合作框架的联合声明》（2000 年 11 月 13 日签署）。中柬双方表示同意根据双边引渡条约和有关国际公约进行密切合作，打击跨国有组织犯罪、毒品走私、洗钱、非法移民和一方公民在另一方国土上的犯罪活动。

《中华人民共和国政府和柬埔寨王国政府关于打击跨国犯罪的合作协议》（2006 年 4 月 8 日签署）。这项协议体现了中柬两国对非传统安全领域合作的重视，加强双边合作，维护共同利益，为中柬双方开展打击跨国犯罪的执法活动提供规范指引。

《关于加强检察人员培训与业务交流的合作谅解备忘录》（2007 年 12 月 7 日签署）。该备忘录由中华人民共和国最高人民检察院和柬埔寨王国总检察院所签订，全文共 7 条，双方根据两国检察工作的实际需要，在平等互利的原则下，就检察人员的业务培训与业务交流达成备忘录。旨在加强中柬两国检察业务的交流与合作，以减少在打击跨国有组织犯罪过程中的障碍。

《中华人民共和国政府和柬埔寨王国政府关于禁止非法贩运和滥用麻醉药品、精神药物和易制毒化学品的合作谅解备忘录》（2008 年 11 月 4 日签署）。该备忘录全文共 16 条，分别就非法贩运麻醉药品和精神药物及非法转移、使用易制毒化学品方面的违法犯罪行为的犯罪情报交换、侦查和抓捕、控制下交付等问题进行合作约定。

《中华人民共和国公安部和柬埔寨王国内政部合作谅解备忘录》（2008 年 11 月 30 日签署）。该备忘录旨在巩固两国之间的友好关系，加强执法领域的合作，在互相尊重主权的基础上，双方就合作范围、情报信息交流、经验交流、执法合作、技术装备合作、人员培训合作、通过国际刑警组织的合作、合作方式、保密措施、合作请求的拒绝、费用承担等内容达成谅解。

《中华人民共和国和柬埔寨王国联合声明》（2012 年 4 月 2 日发表）。在这份联合声明中双方一致表示要进一步深化两国执法安全领域合作，加强执法部门高层

---

① 《中华人民共和国最高人民检察院和柬埔寨王国司法部合作协议》，http：//www.ca-pgc.org/xdxy/201612/t20161212_ 1909913. shtml，最后访问日期：2022 年 6 月 16 日。

互访和业务团组交流，推进在打击跨国拐卖人口犯罪和电信诈骗犯罪、打击恐怖主义、禁毒、执法能力建设领域以及在案件协查等方面的高效、务实合作，共同维护两国国内安全和社会稳定，为本地区的和平与安宁作贡献。[①]

《中华人民共和国和柬埔寨王国关于构建新时代中柬命运共同体的联合声明》（2023 年 2 月 12 日发表）。柬埔寨首相洪森亲王应邀对中华人民共和国进行正式访问，访问期间，双方同意从政治、产能、农业、能源、安全和人文六大领域入手，打造中柬"钻石六边"合作架构：双方同意加强两国执法官员情报交换与分享合作，深化打击跨境犯罪，反恐，防范"颜色革命"，禁毒，打击电信网络诈骗、非法跨境赌博、拐卖人口等领域合作，加强执法能力建设等方面合作。持续加强中柬执法合作协调办公室建设，支持其在两国执法合作中发挥好统筹协调作用。[②]

（三）两国国内法

中国国内法已经在绪论统一进行论述，在此不再赘述。

柬埔寨人民于 1953 年 11 月 9 日摆脱法国的殖民统治，完成了国家的独立。独立之初，柬埔寨继承了殖民国法国的大陆法系传统。1970 年，柬埔寨国内发生政变，新的政体郎诺政权取代了原来的民主政权，国内常年的战乱导致法律体系的建设停留在起步的阶段。1975—1979 年期间又称为红色高棉时期，新政权废除了前柬埔寨的相关法律和条约，导致柬埔寨的司法体系完全崩溃。

1993 年 2 月 8 日，柬埔寨颁布了第一部刑事诉讼法典——《柬埔寨王国刑事诉讼法典》（于颁布之日起实施，以下简称《柬埔寨刑事诉讼法典》），全文 238 条，共 7 个部分，分别为：第一部分总则、第二部分司法警察、第三部分省级公共检察部门、第四部分预审法官、第五部分省级或地方法院、第六部分上诉法院、第七部分最高法院。[③] 2007 年 8 月 20 日，柬埔寨颁布了最新的刑事诉讼法典，对篇章结构进行了调整，全文总共 612 条，一共 11 个部分，分别为：第一部分刑事及民事诉讼、第二部分当局起诉、第三部分调查和讯问的权力、第四部分警察询问和讯问、第五部分预审法官询问和讯问、第六部分审判、第七部分最高法院、第八部分执行程序、第九部分独立程序、第十部分过渡性条款、第十一部分最后条款。《柬埔寨刑事诉讼法典》在独立程序部分中介绍了有关引渡的程序规定。

---

① 《中华人民共和国和柬埔寨王国联合声明（全文）》，https：//www.chinanews.com/gn/2012/04 - 02/3793741.shtml，最后访问日期：2023 年 1 月 6 日。

② 《中华人民共和国和柬埔寨王国关于构建新时代中柬命运共同体的联合声明》，《人民日报》2023 年 2 月 12 日，第 002 版。

③ 参见张吉喜等：《东盟国家刑事诉讼法研究》，厦门大学出版社 2019 年版，第 42 页。

2010 年 4 月 17 日，柬埔寨发布了《柬埔寨王国反腐败法》（于发布之日开始实施，以下简称《柬埔寨反腐败法》），共 9 章，57 条。《柬埔寨反腐败法》第 51 条规定了有关刑事司法协助的内容。

为了更好地与外国开展刑事案件相关诉讼以及冻结、扣押和没收财产方面的司法协助，加强刑事司法国际合作，2020 年 6 月 27 日，柬埔寨颁布了《柬埔寨王国刑事司法协助法》（于颁布之日开始实施，以下简称《柬埔寨刑事司法协助法》）。广义的刑事司法协助包括引渡和遣返等措施。柬埔寨与外国进行引渡协助时，除了严格按照有关双边条约的规定进行外，还会参照《柬埔寨反腐败法》对外国提出的引渡请求进行审查。

三、中国向柬埔寨请求刑事司法协助的程序

中国向柬埔寨请求刑事司法协助的程序主要涉及刑事司法协助请求的提出、接收和处理。中国向柬埔寨请求刑事司法协助涉及的法律有《国际刑事司法协助法》《引渡法》《柬埔寨刑事诉讼法典》《中柬引渡条约》《柬埔寨反腐败法》《柬埔寨刑事司法协助法》等。

（一）中国向柬埔寨请求刑事司法协助的提出

按照《国际刑事司法协助法》第 2 条的规定，刑事司法协助请求的提出仅适用狭义上的定义，不包括引渡请求。《国际刑事司法协助法》第 5 条规定了中国向外国提出刑事司法协助请求的机关。中国与柬埔寨之间尚未签订有关刑事司法协助的双边条约，因此应当由中国司法部提出刑事司法协助的请求，并由外交部转递该请求给柬埔寨。依据《柬埔寨刑事司法协助法》第 7 条规定，请求国应直接或通过外交渠道向中央机关转交请求。柬埔寨主管刑事司法协助的中央机关是司法部。根据《国际刑事司法协助法》第 6 条的规定，中国国际刑事司法协助的主管机关有国家监察委员会、最高人民法院、最高人民检察院、公安部、国家安全部等部门，负责审核各个办案机关报请上来的刑事司法协助请求，同时也负责审查外国向中国提出的刑事司法协助请求。

《国际刑事司法协助法》第 13 条规定了中国向外国提出刑事司法协助的请求书的内容。请求书应当包括以下内容：请求机关的名称，案件性质、涉案人员基本信息及犯罪事实，本案适用的法律规定，请求的事项和目的，请求的事项与案件之间的关联性，希望请求得以执行的期限，其他必要的信息或者附加的要求。因为中柬之间还没有签订相关的刑事司法协助条约，中国应当作出互惠的承诺。

中国外交部向柬埔寨外交部或司法部转递刑事司法协助请求书后，柬埔寨司

法部将着重审查请求书的内容。《柬埔寨刑事司法协助法》第8条规定了请求国向柬埔寨提出的请求的内容：一是进行检察调查、指控、司法调查、审判或执行与请求有关的刑事诉讼的当局的名称，以及能够答复与请求有关的询问的个人的详细资料；二是刑事案件的特点说明，包括事实摘要、罪行名称和适用的刑罚，并附有相关法律文本；三是对请求协助的目的和寻求协助的类型的说明。

（二）　柬埔寨对中国刑事司法协助请求的接收与处理

柬埔寨对中国提出的刑事司法协助请求书的接收。如果柬埔寨司法部认为请求书中包含的信息和文件不足，可以要求中国提供额外的相关信息和文件。申请和与申请有关的文件应以高棉语和英语书面形式提出。

《柬埔寨刑事司法协助法》第10条规定了应当拒绝请求国请求的情形：一是请求的执行影响到柬埔寨的主权、国家安全、公共秩序或其他重要的公共利益；二是请求涉及对某人进行政治犯罪的起诉、指控、司法调查或审判；三是请求涉及对军事犯罪的起诉、指控、司法调查或审判；四是有充分、可靠的理由相信，提出请求的目的是以种族、宗教、性别、民族、国籍或政治观点为由对某人进行起诉调查、指控、司法调查或审判；五是有充分、可靠的理由相信，如果请求得到执行，该人将遭遇酷刑。还规定了可以拒绝请求的情形：一是涉及检察机关对某人的调查、指控、司法调查或审判的请求，该行为发生在柬埔寨境内，根据柬埔寨法律不被视为犯罪；如果请求国提出的事实根据柬埔寨的法律规定被视为犯罪，则不执行本规定，即使罪行的类型可能有不同的定义；罪行的名称、术语的使用、定义或罪行特征的确定不尽相同；请求国法律规定的确定罪行的要素与柬埔寨法律规定的要素不同。二是提供协助会对柬埔寨的资源造成过度的负担。三是提供协助可能会影响柬埔寨与刑事案件有关的检察调查或诉讼程序。四是在所有情况下都有适当的理由不批准请求。五是有充分、可靠的理由相信，如果该请求得到执行，该人将被处以死刑，而请求国没有承诺不适用死刑，或者即使决定处罚也不会执行。六是请求涉及对某一罪行的起诉调查、指控、司法调查或审判，但该人已在柬埔寨或外国被宣告无罪或被赦免，或已服满刑期。七是请求涉及对某一罪行的起诉调查、指控、司法调查或审判，但根据柬埔寨法律已超过时效。

《柬埔寨刑事司法协助法》第11条规定了对请求国请求的审查和决定程序。如果请求国的请求满足了《柬埔寨刑事司法协助法》规定的可以执行的要求，中央机关应适用后续程序，将请求转交给执行机关执行。如果某项请求不符合本法规定的要求，导致该请求无法执行，中央机关应通知请求国。如果某项请求因缺乏信息而无法执行，中央机关应要求请求国提供补充信息。即使收到了请求国的补充资料，但根据《柬埔寨刑事司法协助法》，该请求仍无法执行，中央机关应将拒绝该请求的情况通知请求国。

四、中国向柬埔寨请求刑事司法协助的内容

根据广义的刑事司法协助含义，中国向柬埔寨提出的刑事司法协助包括了引渡请求。因此中国向柬埔寨请求刑事司法协助的具体内容主要涉及向柬埔寨请求送达文书和调查取证，向柬埔寨请求安排证人作证或者协助调查，向柬埔寨请求查封、扣押、冻结涉案财物，向柬埔寨请求没收、返还违法所得及其他涉案财物，向柬埔寨请求批准、执行引渡。

（一）送达文书和调查取证

《国际刑事司法协助法》第3章第20、21条对向外国请求送达文书作了详细规定。向柬埔寨送达传票、通知书、起诉书、判决书和其他司法文书的应由具体的办案机关制作刑事司法协助请求书并附相关材料，经所属主管机关审核同意后，由外交部及时向柬埔寨提出请求。请求书应当载明受送达人的姓名或者名称、送达的地址以及需要告知受送达人的相关权利和义务。《柬埔寨刑事司法协助法》第24条对接收、执行请求国提出的刑事司法协助请求作了规定。柬埔寨在收到请求国送达法院文件的请求后，中央机关应将该请求转交主管执行机关，该机关应执行该请求并向中央机关提供执行的结果。主管执行机关传递法院文件的结果应以中央机关确定的形式和手续报告，除非柬埔寨与请求国之间有关于刑事事项法律互助的条约另有规定。中央机关应向请求国转递法院文件的证据。如果无法转送文件，中央机关应通知请求国，并说明无法转送文件的原因。《柬埔寨刑事司法协助法》第6条对执行机关作了规定，刑事司法协助请求的执行机关是市/省一审法院和市/省一审法院所属的检察院，根据每个协助请求的案件由中央机关决定。

中国向柬埔寨请求调查取证的，同样需要制作刑事司法协助请求书，并经主管机关审核同意后，由对外联系机关向柬埔寨提出请求。《国际刑事司法协助法》第25条对中国向外国提出调查取证的刑事司法协助请求作了规定。调查取证的内容包括：查找、辨认有关人员；查询、核实涉案财物、金融账户信息；获取并提供有关人员的证言或者陈述；获取并提供有关文件、记录、电子数据和物品；获取并提供鉴定意见；勘验或者检查场所、物品、人身、尸体；搜查人身、物品、住所和其他有关场所；其他事项。在请求柬埔寨协助调查取证时，办案机关可以同时请求在执行请求时派员到场。《国际刑事司法协助法》第26条对制作调查取证请求书的要求作了规定。调查取证的请求书及所附材料应当根据需要载明下列

事项：被调查人的姓名、性别、住址、身份信息、联系方式和有助于确认被调查人的其他资料；需要向被调查人提问的问题；需要查找、辨认人员的姓名、性别、住址、身份信息、联系方式、外表和行为特征以及有助于查找、辨认的其他资料；需要查询、核实的涉案财物的权属、地点、特性、外形和数量等具体信息；需要查询、核实的金融账户相关信息；需要获取的有关文件、记录、电子数据和物品的持有人、地点、特性、外形和数量等具体信息；需要鉴定的对象的具体信息；需要勘验或者检查的场所、物品等的具体信息；需要搜查的对象的具体信息；有助于执行请求的其他材料。《国际刑事司法协助法》第 27 条规定了调查取证结束后的程序。在调查取证结束后，被请求国要求归还其提供的证据材料或者物品的，办案机关应当尽快通过对外联系机关归还。

虽然中柬双方尚未签订有关双边刑事司法协助条约，但《柬埔寨刑事司法协助法》规定了柬埔寨在收到中国的调查取证请求的作为义务。柬埔寨有关执行主管机构在收到司法部关于获取某人的陈述的请求后，应当查明该人的位置，并要求该人按照请求国的要求提供陈述。如果该人拒绝提供陈述，执行机关应向司法部报告，然后司法部应向请求国提供这一信息。在完成请求的执行工作后，执行机关应将获取陈述或证据的书面记录转交给中央机关，以便进一步处理。《柬埔寨刑事司法协助法》第 22 条对请求国请求调查有关柬埔寨政府部门的信息作了规定。如果向柬埔寨请求调查取证的信息是在柬方政府机关控制之下的，应当由控制该文件信息的机关综合考察该信息是否涉密，如认为不能提供该文件或信息，或根据特定要求可以提供的，应将提供请求的文件或信息的理由或要求通知中央机关。

（二）安排证人作证或协助调查

中国可以向柬埔寨请求安排证人、鉴定人来华作证，或者通过电子信息网络平台远程作证。《国际刑事司法协助法》第 5 章第 1 节对中国向柬埔寨请求安排证人作证作了详细规定。在形式要求上，向柬埔寨请求安排证人作证或协助调查同样须严格按照《国际刑事司法协助法》制作刑事司法协助请求书。《国际刑事司法协助法》第 33 条对来华作证的柬埔寨公民的人身自由限制作了规定。在具体内容要求上，确保来华作证或者协助调查的证人、鉴定人在离境前，其入境前实施的犯罪不受追诉，除因入境后实施违法犯罪而被采取强制措施的以外，其人身自由不受限制。对已经完成作证或协助调查的人规定了离境期限，即在无需请求其继续作证或协助调查后 15 天内必须离境，除非存在不可抗力的事由。《国际刑事司法协助法》第 34 条保障了来华作证的证人的正当权利，对来华作证或者协助调查的证人、鉴定人给予一定的补助，由办案机关承担。

关于来华作证或者协助调查的人员系在押人员的，中方和柬方应当就移交在押人员的相关事项事先达成协议。《国际刑事司法协助法》第 35 条对来华作证或者协助调查的人员作了相关规定。主管机关和办案机关应当遵守中柬双方约定的协议内容，依法对被移交的人员予以羁押，并在作证或者协助调查结束后及时将其送回柬埔寨。《柬埔寨刑事司法协助法》对请求国请求移交在押人员作证或协助调查作了相关规定。在收到中方提出的移交在押人员作证或协助调查的请求书后，中央机关司法部认为有必要移交的，应将该请求转交主管执行机关。但移交在押人员的应符合相关情况：一是在押人员同意移交；二是中方应保证在押人员的人身安全，不得对其入境前实施的犯罪（包括在中方境内实施或在境外实施侵犯中华人民共和国或公民的犯罪）进行起诉；三是作证或协助调查结束后将在押人员安全送回柬方境内。《柬埔寨刑事司法协助法》第 25 条规定了证人或鉴定人享有拒绝出庭的免责权利，证人或鉴定人不会因为拒绝或不遵守传票的规定而在柬埔寨承担刑事和民事责任。

（三）查封、扣押、冻结涉案财物

中国向柬埔寨请求查封、扣押、冻结涉案财物，首先应当制作刑事司法协助请求书并附相关材料，经所属主管机关审核同意后，由对外联系机关（外交部）及时向柬埔寨提出请求。《国际刑事司法协助法》第 40 条对刑事司法协助请求书的制作及所附材料要求作了规定：需要载明查封、扣押、冻结的涉案财物的权属证明、名称、特性、外形和数量及所在地点；附相关法律文书副本；附保障查封、扣押、冻结的涉案财物利害关系人的法律规定；其他材料。《国际刑事司法协助法》第 44 条对再次查封作了规定。被请求国确定的查封、扣押、冻结涉案财物届满后，请求国的办案机关认为被请求国有必要继续查封、扣押、冻结涉案财物的，应当按照先前的程序再次向被请求国发出。为保证利害关系人的正当权利，请求国办案机关决定解除查封、扣押、冻结涉案财物的，应当及时通知被请求国。

柬埔寨对请求国提出的查封、扣押、冻结涉案财物的请求的审核比较严格。柬埔寨中央机关在收到请求国提出的查封、扣押、冻结涉案财物的请求后，只负责审核其形式要件，具体内容要件的审核应将请求书转交市/省一级的主管法院，决定是否冻结或扣押该财产。《柬埔寨刑事司法协助法》第 30 条对请求国提出的冻结或扣押请求的审查和决定程序作了规定。冻结或扣押请求国提出的涉案财物，应由主管的初审法院进行裁决，裁决决定由院长作出并附相应的理由。具备以下情况的，初审法院应当作出冻结或扣押财产的裁决。一是根据柬埔寨的法律，该财产应被冻结或扣押；二是有合理的理由相信该财产可能被出售、转让或隐藏。初审法院作出的冻结或扣押财产的裁决，应在初审法院的信息板上公布，并通知相关人员，必要时应通过媒体或视听通信手段予以公布。

涉案财产的利害关系人对被查封、扣押和冻结的财产享有异议的权利。为了保护利害关系人的正当权利，规定了被冻结或扣押财产的利害关系人可以在裁决通知之日起 15 日内向初审法院提出异议，要求撤销该裁决。有证据证明其没有违反柬埔寨关于冻结或扣押的法律规定或可能出售、转让或隐藏冻结和扣押的涉案财产的，初审法院应撤销该裁决，该裁决为最终裁决。如果初审法院驳回利害关系人提出的异议的，利害关系人可以在驳回之日起 1 个月内就初审法院的冻结或扣押财产的裁决向上诉法院提出上诉，上诉法院的裁决为最终裁决。如果一审法院裁定拒绝请求国的请求，该裁决为最终裁决，并应立即报告中央机关，以便中央机关及时向请求国反馈结果。

（四）没收、返还违法所得及其他涉案财物

中国向柬埔寨请求没收、返还违法所得及其他涉案财物的程序同样需要参照《国际刑事司法协助法》有关规定。《国际刑事司法协助法》第 47 条规定了请求提出的程序，即办案机关制作请求没收、返还违法所得及其他涉案财物的请求书，层报主管机关进行审核，交由对外联系机关向柬埔寨中央机关司法部提出，没收的请求与返还违法所得的请求可以一并提出也可以单独提出。请求没收、返还违法所得及其他涉案财物和请求查封、扣押、冻结涉案财物请求书内容基本一致，请求没收、返还违法所得及其他涉案财物的请求书中增加了一条没收、返还的理由和相关权属证明。

《柬埔寨刑事司法协助法》第 31 条对请求国提出的没收、返还违法所得及其他涉案财物的请求的接收和处理作了详细规定。柬埔寨中央主管机关接收请求国提出的没收、返还违法所得及其他涉案财物请求后，首先审核请求国提出的没收请求是否是其法院作出的终局裁决，是则应将该请求转交有管辖权的初审法院，以裁定没收财产；否则应拒绝接收该请求。初审法院在收到请求后，应举行听证会，审查和检查证据，并听取所有相关方的证词。如果请求国提出的请求符合柬埔寨的法律，且请求国的法院对案件判决没收财产是有管辖权的，则柬埔寨初审法院应根据请求国的请求作出没收财产的裁决决定。如果请求国法院作出的没收判决不符合刑事司法程序的基本原则，或请求国判决的执行严重影响柬埔寨的公共秩序，法院应驳回请求并报告中央主管机关。

柬埔寨中央主管机关负责对没收财产的管理。初审法院作出没收裁决的决定并执行没收财产后应转交中央主管机关司法部进行管理和处理。柬埔寨在将没收的财产转移给请求国时应先扣除转移所必要的所有费用。必要时，中央主管机关应依现行程序管理及变卖没收之非现金财产抵消转移没收财产的必要费用。如果没收的财产存在危害人身、其他财产和环境的可能，中央主管机关有权要求作出没收裁决的初审法院进行销毁。《国际刑事司法协助法》第49条对被请求国提出分享请求作了规定。对于请求柬埔寨协助没收、返还违法所得及其他涉案财物，柬埔寨提出分享请求的，分享的数额或者比例，由对外联系机关外交部会同主管机关与柬埔寨协商确定。

（五）向柬埔寨请求批准、执行引渡

我国《引渡法》第4条规定了中国向外国提出引渡的联系机关。中国向柬埔寨请求引渡的联系机关是外交部。我国《引渡法》第47条规定了中国向外国提出引渡的机关。中国向柬埔寨请求引渡，首先应由负责有关案件的审判、检察、公安、国安（国家安全）和监狱管理机关分别向最高人民法院、最高人民检察院、国家安全部、司法部提出引渡意见书，然后由最高人民法院、最高人民检察院、国家安全部、司法部分别会同外交部审核。我国《引渡法》第48条规定了先行强制措施的紧急程序。在紧急情况之下，中国可以向柬埔寨请求对有关人员先行采取强制措施。

《中柬引渡条约》第2条规定了关于中国向柬埔寨请求引渡的范围。中国向柬埔寨提出引渡请求应当符合以下条件：被请求引渡人所犯之罪根据中柬双方的法律可判处一年以上徒刑或者更重刑罚的；已被请求国法院判处徒刑或者其他形式的监禁，尚未执行的刑期至少还有六个月的；犯罪的定义、犯罪名称，以及犯罪构成要素的差别不影响引渡；被请求引渡人存在多项犯罪事实的，被请求国如果已同意就某一项犯罪予以引渡时，其他犯罪满足除《中柬引渡条约》第2条第1、2款规定的刑期或拘禁期之外的全部其他引渡条件的，也可以引渡。除此之外，《中柬引渡条约》规定了中柬双方都必须遵守坚持政治犯不引渡、军事犯不引渡、本国国民不引渡原则。《中柬引渡条约》还规定中柬双方对以下犯罪应该拒绝引渡：被请求引渡人是因宗教、种族、国际或政治见解而提起刑事诉讼或刑罚执行；超出追诉时效；在提出引渡请求前，被请求引渡人已被被请求国就同一犯罪作出判决的；请求国的判决是缺席判决，被请求引渡人没有得到有关审判的通知安排辩护的机会，且被请求人丧失重新审理机会的。《柬埔寨刑事诉讼法典》第574条规定了柬埔寨可以拒绝引渡的情形：被请求引渡人的犯罪行为发生在柬埔寨并受其法院审判的，柬埔寨可以拒绝引渡。《柬埔寨刑事诉讼法典》第573条第2款对

"政治犯不引渡"作了例外规定。对于任何导致生命危险、侵犯身体完整或个人自由的暴力行为,不得考虑行为的政治性。即柬埔寨对于那些带有严重威胁他人生命健康或人身自由的政治属性犯罪,可以接受引渡。

中国向柬埔寨请求引渡的请求书应当严格按照《中柬引渡条约》制定。《中柬引渡条约》第 7 条规定了请求书的相关内容。首先,引渡请求应当以书面形式提出;请求书中应当包含有关被请求引渡人的身份证明、可能所在地点、所犯的罪名及对该罪所处何种刑罚、关于该罪的追诉时效的法律规定。其次,引渡请求是涉及提起诉讼的,应当附有中方主管机关签发的逮捕证的副本,并附有可以证明该被请求引渡人与逮捕证上的人一致的证据。再次,对已被判定为有罪的人请求引渡的,应当附有中方生效判决书的副本或已执行刑罚的情况说明,以及可以证明被请求引渡人是生效判决书所指之人的证据;如果被请求引渡人是在缺席审判下被判定为有罪的,应当附有可以为该人获得重新审理的法律方式说明。最后,请求书应有中方主管机关的签署和盖章,并附有柬埔寨的文字或英文译文。《柬埔寨刑事诉讼法典》第 580 条对请求国提出的引渡请求证据材料作了规定。中国向柬埔寨提出的引渡请求应得到证据证明。证据证明材料应包括:足够识别被请求引渡的人的证据文件,被请求引渡人被指控事实的报告,关于这种行为的法律文本,如判决书的副本。所有文件应正式签字盖章并放在密封的信封内,如果不是高棉语、英语或法语文本,应附上认证翻译成以上三种语言之一的文件。

在紧急情况下,中国可以请求柬埔寨临时羁押被请求引渡人。临时羁押请求既可以通过外交部提出也可以通过国际刑警组织提出。柬方应随时反馈中方关于临时羁押的情况。临时羁押受到严格的时间限制,中国应当在柬方羁押被请求引渡人的 60 日内,将引渡请求书及相关证明文件送到柬方主管机关,否则临时羁押的被请求引渡人有可能被释放。《柬埔寨刑事诉讼法典》第 581 条对临时羁押作了规定。中国若是提出对被请求引渡人实施临时羁押措施的,被请求引渡人被临时羁押起 2 个月内,应当向柬埔寨政府提交被请求引渡人被指控犯罪事实的法律文本,以及足以识别被请求引渡人的文件。否则,被逮捕的人员应被自动释放。《柬埔寨刑事诉讼法典》第 587 条赋予被请求引渡人请求保释的权利。被请求引渡人可以请求保释,保释请求应采取书面方式提交给调查分庭。调查分庭在听取被请求引渡人的声明、检察长的结论和代理律师的意见后应作出决定。

引渡请求的接收和处理体现为被请求国对请求国引渡请求的审查。《中柬引渡条约》第 10 条规定了被请求国对请求的决定程序。

柬埔寨外交部负责接收中方提出的引渡请求。《柬埔寨刑事诉讼法典》规定柬埔寨外交部负责接收中国提出的引渡请求书及相关证据并进行形式审查后，由柬埔寨外交部部长转交司法部部长。

柬埔寨司法部部长负责审核请求是否符合规定。在司法部部长审核中方的引渡请求后，再将其请求提交给首都金边的驻上诉法院检察长。

首都金边驻上诉法院检察长批准后可以下令逮捕并羁押被请求引渡人。逮捕令应具备以下信息：被请求引渡人的身份；提出审前逮捕的请求国名称；发出此类命令的法官的姓名和头衔；该命令应由检察长注明日期并签字。逮捕令可以在柬埔寨全境范围内执行。《柬埔寨刑事诉讼法典》第 583 条对听取被请求引渡人陈述作了规定。应在最短的时间内将被逮捕的被请求引渡人带至主管检察官面前，主管检察官应当听取被请求引渡人的陈述。如果主管检察官决定将被请求引渡人移送到金边的监狱，被请求引渡人可以要求金边驻上诉法院检察长听取自己的陈述。

金边驻上诉法院调查分庭负责审判有关引渡的案件。主管检察长应当向金边驻上诉法院调查分庭提交案卷。《柬埔寨刑事诉讼法典》第 585 条对被请求引渡人出席法庭的相关权利作了规定。被请求引渡人出席调查分庭时可以由其选择的律师或根据法律任命的律师陪同。审理应在封闭的地方进行，调查分庭认为如有必要，可以聘请翻译人员。在听取被请求引渡人的声明、检察长结论和代理律师的意见后，调查分庭应作出是否引渡的判决。《柬埔寨刑事诉讼法典》第 578 条规定了引渡请求执行的中止事由。如果被请求引渡人正在被柬埔寨的法院审判，则引渡程序应当暂停，或者法院判决尚未执行，引渡也应暂停。对审判结论，由外交部通知是否接收外国引渡请求的决定，完全或部分拒绝引渡请求的，柬埔寨都应告知相关理由。

柬埔寨皇家政府负责引渡的执行。《柬埔寨刑事诉讼法典》第 587 条对引渡的执行作了规定，如果调查分庭同意引渡，司法部部长可将案件提交皇家政府，由后者发布引渡的命令。引渡命令发出后，被引渡人应被交付请求国。引渡费用由请求国承担，被引渡人在柬埔寨以外的安全保障由请求国承担。如果请求国在通知下达引渡命令后 30 日内不能启动相关引渡手续，被引渡人将被释放。如果调查分庭提出反对意见，柬埔寨政府不得向请求国交付被引渡人。被引渡人应当被立即释放，除非他（她）还涉及其他案件。

五、中国向柬埔寨请求刑事司法协助的障碍

中国向柬埔寨请求刑事司法协助存在较大困境，如中柬双方尚未签署刑事司法协助的双边条约、柬埔寨法治建设水平影响司法合作的开展、中柬引渡程序繁

杂、司法协助合作机制单一等。

（一）缺乏刑事司法协助双边条约

刑事司法协助本质上是一种"委托"关系，即请求国向被请求国请求代为实施一定执法行为，进而实现本国的刑事司法管辖权。刑事司法协助中的"协助"表明了在刑事司法协助过程中，双方的地位是不平等的，请求国常常处于被动的一方。即使在具备刑事司法协助双边条约的前提下，由于各国的司法资源不同，被请求国在缺乏直接利害关系的前提下，对请求国提出的请求往往会缺乏执行的积极性。而当前中柬两国尚未签订有关刑事司法协助的双边条约，这将成为中柬两国开展刑事司法协助的最大障碍。了解柬埔寨刑事司法协助法律是加快中柬刑事司法协助双边条约签署的前提。2020年《柬埔寨刑事司法协助法》是柬埔寨处理外国刑事司法协助请求的重要法律依据。中柬两国的刑事司法协助事项大致相同，但在移管被判刑人协助事项上却有所不同，中国将其写入了刑事司法协助法之中，而柬埔寨却没有，这必然会对两国的刑事司法协助产生影响。

表 10 - 2　中国与柬埔寨刑事司法协助内容对比分析

对比事项	具体内容
《国际刑事司法协助法》协助事项	1. 刑事司法协助请求的提出、接收和处理协助 2. 送达文书协助 3. 调查取证协助 4. 证人作证或者协助调查协助 5. 查封、扣押、冻结涉案财物协助 6. 没收、返还违法所得及其他涉案财物协助 7. 移管被判刑人协助
《柬埔寨刑事司法协助法》协助事项	1. 与获取陈述和证据有关的协助 2. 与搜查和扣押有关的协助 3. 与提供国家机构控制下的文件和信息有关的协助 4. 与送达法院文件有关的协助 5. 与移交被拘留者以便在请求国作证或协助检察机关调查有关的协助 6. 与确定人员位置有关的协助 7. 与冻结、扣押和没收财产有关的协助

从上表可以看出，除了与移管被判刑人有关的协助，中国与柬埔寨在刑事司法协助事项上具有高度相似性。这表明了中柬两国具有签订刑事司法协助双边条约的良好基础。当然，双边条约的签订需要充分考虑各种因素，需要双方共同协商努力。在没有刑事司法协助双边条约的情况之下，中柬双方在打击跨国犯罪和

开展追逃追赃行动时，更多的是依据国际条约，容易导致法律依据比较抽象，打击行动不能有效开展。在经济社会快速发展的时代，腐败犯罪和跨国犯罪的形式日益多变，为了更好地开展中柬之间的追逃追赃行动，亟须双方签署刑事司法协助双边条约。

（二）中柬双方引渡法律不完善

中国与柬埔寨在 1999 年签署了《中柬引渡条约》，该条约就引渡的基本原则进行了协商约定。柬埔寨虽然没有专门的引渡法，但引渡的程序主要在《柬埔寨刑事诉讼法典》中得以体现，《柬埔寨刑事司法协助法》和《柬埔寨反腐败法》也对此有所规定，然而在程序方面基本遵循《柬埔寨刑事诉讼法典》的规定。中国向柬埔寨提出引渡请求首先需要经过国内多个机关的多道程序，然后才将引渡请求提交至柬埔寨有关机关，该请求的审核和执行也必须经过柬埔寨多个机关以及各种程序的审查。

第一，中柬双方对彼此的引渡请求的提出与审核都需经过烦琐的程序。中国向柬埔寨请求引渡需要经过多个机关和多重程序。我国《引渡法》中关于中国向外国请求引渡涉及七个机关。负责有关案件引渡的主管机关需要将引渡请求意见书及相关证明材料，分别移送最高人民法院、最高人民检察院、公安部、国家安全部、司法部，接着由这些机关会同外交部审核同意后，由外交部向柬埔寨提出引渡请求。柬埔寨外交部在接到中国外交部提出的引渡请求后，审核形式要求后把该请求转给司法部，司法部将核实该请求的真实性。经核实后，司法部可要求上诉法院总检察长对在柬埔寨境内的有关人员发出逮捕或拘留令。在逮捕或拘留被请求引渡人后，检察长应当向金边上诉法院调查分庭提交案卷。最后由上诉法院调查分庭作出是否引渡的决定，并通知司法部。如果是作出同意引渡的决定，司法部应将案件交给皇家政府来执行引渡。在司法实践中，中国向柬埔寨请求引渡的流程如下图：

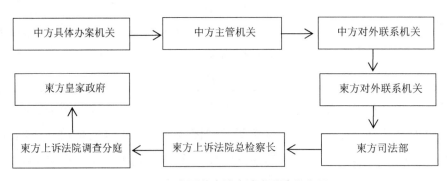

图 10 - 1　中国向柬埔寨请求引渡程序图

中国采取引渡措施要经过多个机关，而且各个机关对引渡请求的审查时间并没有相应的法律规定限制，再加上中柬之间的法律差异，只会增加整个引渡的所耗费的时间和其他成本。

第二，中柬双方的引渡法律不完善。首先，中国的《引渡法》已颁布了20多年，其中的许多规定已不再适应新的形势发展，不足以应对新问题的出现。如缺乏简易引渡程序和缺乏主管机关代表请求国参加引渡诉讼的规定。① 简易引渡程序是指在被请求引渡人同意自愿接收引渡的前提之下，被请求国可以简化许多一般程序，将被请求引渡人快速地交给请求国。目前，简易引渡程序早已受到许多国家和国际公约所规定和推崇。② 简易引渡程序的价值主要体现在提高国家司法合作的效率上，减少各个机关在材料审查和文书送达上的不必要时间。虽然中国的《引渡法》还没将简易引渡程序纳入其中，但是在司法实践中，中国与莱索托、纳米比亚、墨西哥等国家所签署的双边引渡条约中已经有关于简易引渡程序的表述。③ 因此，简易引渡程序应当尽快写入《引渡法》。在主管机关代表请求国参加引渡诉讼的问题上，中国的《引渡法》并没有对外国向其提出的引渡请求规定中国的主管机关可以代表请求国参加引渡诉讼，而中国与柬埔寨的引渡条约中却规定了被请求国应当代表请求国参加引渡诉讼④。这种做法与国家刑事司法合作实践不符，不仅会阻碍中国与柬埔寨开展引渡的工作，还会影响中国在国际上的形象，降低其他国家与中国开展刑事司法合作的积极性。

其次，柬埔寨缺乏专门的引渡立法。柬埔寨关于引渡的法律分散于《柬埔寨刑事诉讼法典》和《柬埔寨反腐败法》之中，没有专门的法律对引渡程序进行规定、对主管机关的具体职责进行划分。《中柬引渡条约》中约定了移交财物的相关规定，但是柬埔寨国内没有关于引渡移交财物的程序和负责机关的法律规定，在中国向其提交引渡请求后，很容易造成国内机关管理职责不清、相互推诿的情况。《柬埔寨刑事司法协助法》和相关的引渡法律存在一定冲突，如《中柬引渡条约》

①　参见黄风、陶琳琳：《关于〈中华人民共和国引渡法〉修订的几个主要问题》，《吉林大学社会科学学报》2020年第4期，第5—12页。

②　如《新西兰1999年引渡法》第28条第1款；1995年欧盟制定的《欧盟成员国间简易引渡程序公约》第3条；《联合国打击跨国有组织犯罪公约》第16条第8款；《联合国反腐败公约》第44条第9款。

③　《中国和莱索托引渡条约》第11条："在符合其法律的情况下，被请求国可将同意被引渡人的被请求引渡人引渡给请求国。"《中国和纳米比亚引渡条约》第10条："在符合其法律的情况下，被请求国可以将同意被引渡的被请求引渡人引渡给请求国。"《中国和墨西哥引渡条约》第13条："如果被请求引渡人告知被请求国主管机关同意被引渡，被请求国可以采取其他法律允许的措施以加快引渡。"《中国和秘鲁引渡条约》第13条规定："如果被请求引渡人同意被移交给请求国，被请求国可以在其法律允许的范围内尽快移交该人，而无需任何后续程序。"

④　《中华人民共和国和柬埔寨王国引渡条约》第18条规定："被请求国应代表请求国出庭。"

中并没有关于"死刑犯不引渡"的规定，而《柬埔寨刑事司法协助法》却在第 10 条①中将其规定为应当拒绝请求国刑事司法协助请求的情形。在这种定义之下，柬埔寨对于中国向其请求引渡"死刑犯"时，柬埔寨可能拒绝。

正是因为中柬之间引渡程序的烦琐以及尚未签署双边刑事司法协助条约的缺陷，导致了《中柬引渡条约》的边缘化，使得追逃追赃行动更多地采取引渡替代措施来进行。虽然缉捕和遣返等手段可以极大地提升中柬两国打击逃犯的效率，但引渡作为一种正式的国际追逃手段，可以最大程度地保障被引渡人的人权。未来，中柬两国应继续加强引渡条约的完善，在强调保障人权的前提下提高引渡的效率。

（三）司法协助合作机制单一

目前，中柬之间在刑事司法协助方面的双边条约仅有《中柬引渡条约》。鉴于引渡条约的适用范围较窄，中柬两国在刑事司法合作方面更多地依赖于共同参加的国际公约和互惠原则。然而，基于国际公约和互惠原则开展刑事司法协助，由于缺乏详细的指导规范，往往导致刑事司法协助的实际操作性不足。

在国际社会上，有一些比较受欢迎的刑事司法合作制度，如刑事诉讼转移管辖、被判刑人移管、资产分享等，这些制度在中柬两国之间并未得到充分应用，这对双方的刑事司法合作效果产生了重要影响。

中柬之间缺乏刑事诉讼转移管辖条约，影响刑事司法协助开展的效率。刑事诉讼转移管辖是指"一国的司法主管机关，应有管辖权的他国有关主管机关之请求，对在他国犯有某种罪行的本国公民进行追诉的一种司法合作制度"②。我国《刑法》第 7 条规定的属人管辖原则采用的是无限管辖权③，一定程度上导致了我国在开展刑事司法协助打击犯罪的司法实践中出现我国与他国的定罪量刑的冲突，以及对犯罪的重复评价。

中柬之间缺乏移管被判刑人的双边条约。移管被判刑人是指将在一国领域内服刑的被判刑人移交其国籍国继续执行刑罚的一种合作方式。④ 中国在 2018 年颁布的《国际刑事司法协助法》中明确规定了移管被判刑人的内容，这是对现实需

---

① 《柬埔寨王国刑事司法协助法》第 10 条第 5 款："有充分、可靠的理由相信，如果该请求得到执行，该人将被处以死刑，而请求国没有承诺不适用死刑，或者即使决定处罚也不会执行。"
② 赵秉志主编：《新编国际刑法学》，中国人民大学出版社 2004 年版，第 419 页。
③ 无限的属人管辖权是指，无论本国公民在本国领域外犯何种罪行都应当接受本国司法权的管辖。
④ 参见王斯彤、杨明：《中国与东盟各国移管被判刑人制度的探索与完善》，《法制与经济》2022 年第 5 期，第 9 页。

求的回应。截至目前，中国已与 16 个国家签署了双边移管被判刑人条约。① 然而，目前中国只是与东盟国家中的泰国签署了双边移管被判刑人条约，这在很大程度上影响了中国与东盟地区在刑事司法协助领域的合作。此外，我国《刑法》第 10 条规定了关于对外国刑事判决的消极承认，允许我国行使审判权来重新审理他国已作出的刑事判决并决定是否执行。这与国际上通行的"一事不再罚"原则相冲突，可能成为中国与其他国家开展刑事司法协助的一大障碍。

中柬之间缺乏资产分享制度，可能会降低柬埔寨协助中国进行追赃的积极性。建立资产分享制度对于境外追赃至关重要，因为境外追赃的前提是犯罪资产所在国的协助，以便实施对犯罪资产的没收。② 现实中，绝大多数的犯罪分子会通过投资项目或者离岸金融等隐蔽手段转移犯罪所得，这无疑会增加办案机关的追查难度。对于经济发展水平低的柬埔寨而言，协助中国进行犯罪资产的查封、扣押和冻结会耗费极大的人力和物力，从而极大地降低了柬埔寨协助中国的积极性。这一现象需要在追赃合作中进行平衡，以确保双方都能够获得实际的合作效益。

中柬之间建立资产分享制度具有国际法和国内法依据。首先，中柬两国都是《联合国禁止非法贩运麻醉药品和精神药物公约》《联合国打击跨国有组织犯罪公约》《联合国反腐败公约》的缔约国，这些国际公约都不同程度地提及了资产分享的规定。③ 其次，中国在 2018 年颁布的《国际刑事司法协助法》第 49 条和第 54 条中规定了资产分享，明确双方可以就资产分享比例或分配比例进行协商；另外，中国在 2007 年颁布的《中华人民共和国禁毒法》也涉及了犯罪资产分享的规定④。柬埔寨在 2020 年颁布的《柬埔寨刑事司法协助法》第 43 条提到了"如果提供法律协助产生的费用对柬埔寨王国构成沉重负担，柬埔寨王国应要求请求国分摊费

① 16 个国家分别是：乌克兰、俄罗斯、西班牙、葡萄牙、韩国、澳大利亚、哈萨克斯坦、蒙古、泰国、吉尔吉斯斯坦、伊朗、塔吉克斯坦、阿塞拜疆、比利时、巴基斯坦、哥伦比亚。

② 参见商浩文：《境外追赃中犯罪资产分享制度研究》，《中国法学》2022 年第 5 期，第 288 页。

③ 《联合国禁止非法贩运麻醉药品和精神药物公约》第 5 条第 5 款："缔约国按本条规定依另一缔约国的请求采取行动时，该缔约国可特别考虑就下述事项缔结协定：（1）将这类收益和财产的价值，或变卖这类收益或财产所得的款项，或其中相当一部分，捐给专门从事打击非法贩运及滥用麻醉药品和精神药物的政府间机构；（2）按照本国法律、行政程序或专门缔结的双边或多边协定，定期地或逐案地与其他缔约国分享这类收益或财产或由变卖这类收益或财产所得的款项。"《联合国打击跨国有组织犯罪公约》第 14 条第 3 款："（1）将与这类犯罪所得或财产价值相当的款项，或变卖这类犯罪所得或财产所获款项，或这类款项的一部分捐给根据本公约第三十条第二款（3）项所指定的账户和专门从事打击有组织犯罪工作的政府间机构；（2）根据本国法律或行政程序，经常地或逐案地与其他缔约国分享这类犯罪所得或财产或变卖这类犯罪所得或财产所获款项。"《联合国反腐败公约》第 57 条第 5 款："在适当的情况下，缔约国还可以特别考虑就所没收财产的最后处分逐案订立协定或者可以共同接受的安排。"

④ 《禁毒法》第 57 条："通过禁毒国际合作破获毒品犯罪案件的，中华人民共和国政府可以与有关国家分享查获的非法所得、由非法所得获得的收益以及供毒品犯罪使用的财物或者财物变卖所得的款项。"

用"。考虑到柬埔寨的经济发展水平和司法建设程度，请求国对于没收、返还违法所得的协助可能会给柬埔寨的财政带来巨大负担。因此，这条规定也显示了柬埔寨希望与其他国家建立资产分享制度的意愿。

总的来说，中柬之间建立资产分享制度将会带来双赢的局面。中国能够追加赃款，柬埔寨能够通过协助中国开展追赃行动而获得一定的经济收益，进而将这部分收益用于司法改革，从而提升国内的法治建设水平，同时在国际上树立良好的形象。

六、中国向柬埔寨请求刑事司法协助的完善建议

目前，中国与柬埔寨之间的刑事司法协助存在的问题，将会严重阻碍两国刑事司法合作的开展。为了尽快解决目前存在的问题，首先是要加快中柬刑事司法协助双边条约的签署，为中柬开展司法协助提供具体的法律依据；其次是要完善中柬之间的引渡条约，简化引渡程序，引渡程序的繁杂是导致引渡边缘化的主要原因之一；最后是拓宽中柬之间的刑事司法合作方式，加快签署移管被判刑人条约、刑事诉讼转移管辖条约和建立资产分享制度。

（一）签订双边刑事司法协助条约

中柬之间缺乏刑事司法协助双边条约，是阻碍双方开展刑事司法协助的主要困难之一。目前中国与东盟中的老挝、越南、马来西亚、印度尼西亚、泰国、菲律宾6个国家已签署了双边刑事司法协助条约。通过对已有的双边刑事司法条约进行比较分析，可以为中柬刑事司法协助条约的大致内容的拟定提供参考。

表 10 - 3　中国与东盟国家已签署的刑事司法协助条约内容对比

条约名称	具体内容
《中华人民共和国和泰王国关于刑事司法协助的条约》	1. 送达刑事诉讼文书；2. 在被请求国获取人员的证言或者陈述；3. 提供文件、记录和证据物品；4. 获取和提供鉴定结论；5. 查找和辨认人员；6. 进行司法勘验或者检查场所或者物品；7. 为作证的目的，移交在押人员或者安排其他人员在请求国出庭；8. 查询、搜查、冻结和扣押；9. 采取措施查找、冻结、扣押和没收犯罪所得；10. 通报刑事判决或裁定和提供犯罪记录；11. 交换法律资料；12. 不违背被请求国法律的其他形式的协助 不适用于：1. 对人员的引渡；2. 执行请求国所作出的刑事判决、裁定或者决定，但是被请求国法律和本条约允许的除外；3. 移管被判刑人以便服刑；4. 刑事诉讼的转移；5. 逮捕令的执行

（续表）

条约名称	具体内容
《中华人民共和国和越南社会主义共和国关于民事和刑事司法协助的条约》	1. 送达文书；2. 调查取证；3. 证人与鉴定人的出庭与保护；4. 赃款赃物的移交；5. 刑事判决的通报；6. 交换资料和认证的免除
《中华人民共和国和老挝人民民主共和国关于民事和刑事司法协助的条约》	1. 送达文书和调查取证；2. 赃款赃物的移交；3. 刑事判决的通报；4. 承认和执行刑事案件中关于民事损害赔偿和诉讼费的裁决；5. 交换资料和认证的免除
《中华人民共和国政府和马来西亚政府关于刑事司法协助的条约》	1. 协助获取证据；2. 查找和辨认相关人员；3. 协助作证或者协助刑事侦查；4. 协助搜查和扣押涉案物品；5. 协助对物品、人身、场所等进行勘验检查；6. 查找、限制、辨认、扣押及没收违法所得及犯罪工具；7. 协助送达文书；8. 不违背被请求国法律的其他形式的协助 不适用于：1. 对人员的引渡，包括为引渡目的的逮捕和拘留人员；2. 在被请求国执行请求国所作出的刑事判决，但是本条约和被请求国法律许可的除外；3. 移管被判刑人以便服刑；4. 刑事诉讼的转移
《中华人民共和国和印度尼西亚共和国关于刑事司法协助的条约》	1. 调取证据和获取有关人员的陈述；2. 提供法律文件和其他有关司法记录；3. 查找和辨认人员；4. 执行搜查和扣押请求，并移交书证和物证；5. 采取措施移交犯罪所得；6. 争取有关人员同意作证或者协助请求国进行调查，若该人员在押，安排将其临时移交给请求国；7. 送达文书；8. 进行鉴定人鉴定，以及通报刑事诉讼结果。第4条第2款：在拒绝同意协助请求前，被请求国应考虑是否可以提供附加必要条件的协助。如果请求国接受附加条件的协助，应遵循这些条件
《中华人民共和国和菲律宾共和国关于刑事司法协助的条约》	1. 送达文书；2. 辨认或者查找人员；3. 获取证据、物品或者文件；4. 获取人员的证言或者陈述；5. 执行搜查和扣押的请求；6. 便利人员作证；7. 暂时移交在押人员以便作证；8. 获取司法或者官方记录的原件或者副本；9. 追查、限制、追缴和没收犯罪活动收益和工具，包括限制处分或者冻结被指称与刑事事项有关的财产；10. 提供和交换法律资料、文件和记录；11. 借出证物；12. 获取和提供鉴定结论；13. 进行司法勘验或者检查场所或者物品；14. 通报刑事诉讼结果和提供犯罪记录；15. 符合本条约宗旨且不违反请求国法律的其他形式的协助 不适用于：1. 对人员的引渡；2. 执行请求国所作出的刑事判决、裁定或者决定，但是被请求国法律和本条约允许的除外

通过上表对中国与东盟国家已签订的刑事司法协助条约的协助事项进行分析，可以看出，根据不同国家的国情以及他们与中国的关系，刑事司法协助的事项有多有少，但实质内容基本相同。其中与老挝和越南签订的刑事司法协助条约内容相对较少，与泰国、菲律宾、马来西亚之间签订的刑事司法协助内容比较丰富，但基本都对承认和执行外国生效判决、移管被判刑人、刑事诉讼转移管辖等内容进行了排除适用。

柬埔寨的国情与老挝和越南比较相近，国内经济生产总值比较低，法治建设水平还处于起步阶段。因此，中柬之间在协商签订双边刑事司法协助条约时，可以借鉴与老挝和越南签订的刑事司法协助条约。

首先，可以将文书送达，协助调查取证，辨认或者查找人员，协助冻结、扣押或没收财产，刑事判决的通报，交换资料和认证的免除这几项作为条约中协助的主要事项。因为柬埔寨的刑事司法协助法也对这些事项作了大致规定，双方都有国内法的依据作为基础，谈判协商的可能性就更大。

其次，根据理论上的国际刑事司法协助事项，① 并通过比较中国与其他东盟国家的刑事司法协助条约，不难看出其协助形式比较单一的问题，缺乏协助提供犯罪情报，协助逮捕嫌犯，协助控制下交付、秘密侦查等重要协助事项。鉴于已签订的双边刑事司法协助条约更多的是关于诉讼前的程序性事项。因此，中柬双方应在互相尊重主权的基础上平等协商，尽可能地将协助提供犯罪情报和协助控制下交付、秘密侦查也纳入双边刑事司法协助条约之中。

协助提供犯罪情报对于打击跨国犯罪而言十分重要，犯罪情报的及时沟通互换可以有效阻止犯罪分子的外逃以及财产的转移。将协助提供犯罪情报纳入刑事司法协助条约之中具有现实基础。2019 年 9 月 27 日，中国和柬埔寨达成共识在金边设立了中柬执法合作协调办公室，不断提升中柬之间执法合作的效率和共同打击跨国犯罪的水平。② 中柬执法合作协调办公室的建立是基于中柬之间跨国犯罪案件频发的现实需要。近年来，中柬之间的网络赌博犯罪、电信诈骗犯罪、贩卖人口犯罪多发，导致两国需要经常沟通交流犯罪情报，便于打击犯罪。通过在刑事

---

① 马进保：《国际犯罪与国际刑事司法协助》，法律出版社 1999 年版，第 2-4 页。司法协助主要事项："1. 引渡；2. 协助提供犯罪情报；3. 协助逮捕嫌犯；4. 协助控制下交付、秘密侦查；5. 在被请求国获取人员的证言或者陈述；6. 提供文件、记录和证据物品；7. 获取和提供鉴定结论；8. 查找和辨认人员；9. 进行司法勘验或者检查场所或者物品；10. 查询、搜查、冻结和扣押；11. 采取措施查找、冻结、扣押和没收犯罪所得；12. 诉讼移管；13. 外国证人保护；14. 交换法律资料；15. 通报刑事判决或裁定和提供犯罪记录；16. 移管被判刑人；17. 承认和执行外国刑事判决。"

② 《中柬执法合作协调办公室在金边正式成立》，http://www.xinhuanet.com/world/2019-09/28/c_1125052518.htm，最后访问日期：2022 年 12 月 26 日。

司法协助条约中对犯罪情报协助合作的内容和范围、协助方式、情报交流的渠道或方式进行明确，可以极大提高中柬双方合作打击跨国犯罪的效率。

协助控制下交付、秘密侦查在《联合国打击跨国有组织犯罪公约》和《联合国反腐败公约》中都有规定。[①] 中国和柬埔寨都是这两个公约的缔约国，再基于现实中洗钱、走私、贩卖人口以及贩毒的隐蔽性和有组织性等特点，中柬之间应将协助控制下交付、秘密侦查也纳入中柬刑事司法协助双边条约商讨之中。同时，在中柬之间具备的友好司法合作和外交关系的背景之下，中柬之间往往通过缉捕的方式追捕逃犯，因此有必要在未来签订的中柬刑事司法协助双边条约中对缉捕手段进行程序化的规定，[②] 使得合作内容更加具体化和合法化。

总之，未来中柬刑事司法协助双边条约的商讨签订应当在互相尊重主权、平等协商的基础上进行，还要考虑到现实犯罪情况的变化，尽可能地增加刑事司法协助的内容，不断加深中柬之间的刑事司法合作。

（二）我国适时修改《引渡法》

中国的《引渡法》颁布的时间已超过 20 年，该法中的某些规定已经滞后于现实引渡的需要，应当及时进行修改更新。

其一，应当增加简易引渡程序。虽然中国已与许多国家签订了关于简易引渡程序的双边条约，但是由于缺乏国内法对简易引渡程序的规定，最终导致这些简易引渡条款常处于虚置的状态。[③] 因此，有必要在《引渡法》中增设简易引渡的规定，以便未来与柬埔寨签订有关简易引渡程序的条约。

关于简易引渡的适用范围，被请求引渡人有权在正式引渡请求作出前表示同意。简易引渡可以很大程度上节约双方的司法资源，对双方都有利。为保障这种高效性，各国对被请求引渡人作出同意被引渡的时间有不同的规定。[④]《欧盟成员

---

①　《联合国打击跨国有组织犯罪公约》第 2 条第 9 款："'控制下交付'系指在主管当局知情并由其进行监测的情况下允许非法或可疑货物运出、通过或运入一国或多国领土的一种做法，其目的在于侦查某项犯罪并辨认参与该项犯罪的人员。"《联合国反腐败公约》第 50 条第 1 款："为有效地打击腐败，各缔约国均……允许其主管机关在其领域内酌情使用控制下交付和在其认为适当时使用诸如电子或者其他监视形式和特工行动等其他特殊侦查手段。"

②　参见王秀梅：《反腐败追逃追赃合作的立法与实践》，《中国人民公安大学出版社》2021 版，第 153 页。

③　参见常秀娇：《论我国简易引渡程序的设立——结合〈中国和秘鲁引渡条约〉第 13 条分析》，《天津市财贸管理干部学院学报》2012 年第 1 期，第 91 页。

④　如《新西兰 1999 年引渡法》第 28 条第 1 款规定："某人可以在任何时候通知法院他（她）同意因引渡请求所针对的可引渡犯罪而被移交给引渡请求国。"

国间简化引渡程序公约解释性报告》中对被请求引渡人的同意时间点分为三种情况。① 由此可见，欧洲国家对简易引渡适用的同意时间规定比较宽泛。为了达成通过引渡程序抓捕外逃犯罪分子的目的，我国《引渡法》在设置简易引渡程序适用范围时，应当放宽限制，只要被请求引渡人在引渡决定正式作出前，都有权表示同意引渡。同时，为了防止被请求引渡人的反复无常，应当规定同意引渡应采取书面形式作出，一经作出就具有不可撤销性。

关于被请求引渡人同意引渡的意思表达，应规定为被请求引渡人向负责引渡案件的主管机关作出意思表示即可。《英国 2003 年引渡法》规定了被请求引渡人有权在引渡决定正式作出前，向法官作出同意引渡的意思表示，或在案件还没到达司法审查阶段时，向行政主管机关作出同意的意思表示。② 同时，在审查被请求引渡人作出同意引渡的意思表达时，应当注重审查被请求引渡人在作出同意引渡时是否已被充分告知其享有的权利和同意引渡的后果。在审查被请求引渡人同意引渡的真实性时，可以通过考察被请求引渡人是否同意移交涉案财物作为意思表达真实性的标准之一。③ 防止外逃的犯罪分子达成"牺牲一人，造福全家"的目的，以自己回国自首换取亲朋好友对赃款的享受。

被请求引渡人同意引渡后，可以省略国务院对引渡请求的行政审查。我国对引渡的审查采用双重审查制度，即司法审查和行政审查。传统意义上的引渡审查程序首先是要经过外交部对请求国提出的引渡请求进行形式审查，然后转交给最高人民检察院、最高人民法院进行司法审查。此外，最高人民法院还会指定某个高级人民法院对请求国的引渡请求进行司法审查并作出裁定，然后由最高人民法院对高级人民法院作出的裁定进行复核。最后，引渡案件还需经过国务院的行政审查，以决定是否执行引渡。

由此可见，传统意义上的引渡程序相当烦琐。设置简易引渡程序后，我们可以大幅度减少对请求书和材料审核的时间。只要被请求引渡人同意引渡，即使请求国所提交的文件和材料未能完全满足引渡条约中的规定，也可以引渡。④ 有的国

---

① 《欧盟成员国间简化引渡程序公约解释性报告》："一是在被逮捕时（或在被逮捕后 10 天内）可以表示同意引渡，且未因其他理由在被请求国受到通缉或拘留；二是在受到逮捕羁押的 10 天期限后，在 1957 年 12 月 13 日《欧洲引渡公约》第 16 条规定的 40 天期限届满之前，且在提出引渡请求书提交之前，可以表示同意引渡；三是有关成员国在批准《公约》时作出相关声明：在提出正式引渡请求后，被请求引渡人同意引渡，而不论该请求之前是否存在临时逮捕的情况。"

② 《英国 2003 年引渡法》第 127 条第 4 款。

③ 参见常秀娇：《论我国简易引渡程序的设立——结合〈中国和秘鲁引渡条约〉第 13 条分析》，《天津市财贸管理干部学院学报》2012 年第 1 期，第 90 页。

④ 《加拿大与意大利引渡条约》第 10 条。

家甚至不需要通过正式的引渡程序，也不需要采取书面形式提交引渡请求书。① 然而，为了确保简易引渡的合法、准确，请求国同样应当向被请求国提供必要的文件和材料。《欧盟成员国间简易引渡程序公约》第 4 条规定："即使在实行简易引渡情况下，请求国同样应当向被请求国提供关于被请求引渡人身份、请求逮捕的机关、逮捕令或者判决书、案情概要以及相关的法律规定等文件和材料。"因此，我国可以通过设置简易引渡程序，省略最高人民法院的复核步骤以及国务院的行政审查，只要被请求引渡人同意引渡并且符合引渡条约中的基本原则规定即可。

其二，增加我国主管机关可以代表请求国参加引渡诉讼的规定。公平正义的审判应当包括控、辩、审三方在场参加诉讼。引渡诉讼同样要保证这三方当场参加诉讼的权利，控方是引渡请求国、辩方是被请求引渡人、审方是请求国的法院。然而，现实中由于主权国家司法权豁免的问题，控方一般由被请求国的主管机关代表引渡请求国进行诉讼。世界上许多国家都在自己的引渡法中规定了代表请求国参加引渡诉讼的不同形式。② 如根据美国的法律，"审理引渡请求案件时联邦检察官代表请求国的利益，作为请求国引渡请求案件的诉讼代理人，进行出庭辩论、提出证据资料等诉讼行为"③。中国和柬埔寨签订的双边引渡条约中规定了"被请求国应代表请求国出庭"④，《柬埔寨刑事诉讼法典》关于引渡部分的条文规定，外交部在收到请求国的引渡请求后，将其转交给司法部进行司法审查，然后再转交到首都金边的驻上诉法院检察长，由其代表请求国进行诉讼⑤。驻上诉法院检察长还有权下令对被请求引渡人进行逮捕羁押。⑥ 但是，我国的《引渡法》却没有关于相应机关代表引渡请求国进行诉讼支持引渡请求的规定，这可能会对中柬之间引渡合作造成阻碍。

因此，我国《引渡法》有必要增设检察机关可以代表请求国参加引渡诉讼的规定。将检察机关作为代表请求国参加诉讼的主体，一是基于我国刑事诉讼中检察机关作为控诉机关的职责，二是符合许多国家在引渡法中将检察机关作为代表请求国的作为引渡诉讼的控方的实践。⑦ 我国外交部在收到请求国的引渡请求后，

---

①　《澳大利亚与荷兰引渡条约》第 5 条第 3 款。

②　《日本引渡法》第 8 条规定："东京高等检察厅根据法务大臣的命令，向东京高等法院提出关于司法审查的申请，并提交有关的引渡请求以及支持该请求的文件和材料。"

③　参见董书丽：《美国引渡司法审查制度简况》，《中国司法》2011 年第 3 期，第 110 页。

④　《中国与柬埔寨王国引渡条约》第 18 条。

⑤　《柬埔寨王国刑事诉讼法典》第 580 条。

⑥　《柬埔寨王国刑事诉讼法典》第 581 条。

⑦　参见黄风：《关于〈中华人民共和国引渡法〉修订的几个主要问题》，《吉林大学社会科学学报》2020 年第 4 期，第 9 页。

将其引渡请求书及相关材料转交最高人民检察院进行司法审查，属于我国司法机关管辖或应起诉的，再由最高人民检察院代表请求国向最高人民法院提出引渡请求。为确保检察机关的效率，还可以考虑赋予其他机关协助检察机关代表请求国支持引渡请求的相关职能。

我国《引渡法》增设简易引渡程序和检察机关可以代表引渡请求国支持引渡诉讼的规定，是对国际普遍通行的引渡规则的靠拢，也是基于现实追逃追赃的需要。中国和柬埔寨之间引渡所存在的问题也体现在其他东盟国家上，《引渡法》的修改可以积极地推动外国与中国开展引渡合作。

（三）拓宽中柬司法合作形式

鉴于中柬之间尚未签订刑事司法协助的双边条约，而双方的引渡条约的适用又处于边缘化的情况。中柬之间开展追逃追赃的司法合作更多地采取引渡的替代措施，如劝返、遣返等。但是劝返和遣返尚未有相应的法律予以规范，法律定位模糊且所耗费的时间也很长，极易出现变数。① 除了要对我国的《引渡法》予以修改外，还需拓宽中柬之间开展追逃追赃的司法合作的形式，如刑事诉讼转移管辖条约、移管被判刑人条约、资产分享制度。

其一，积极推动中柬之间签订刑事诉讼转移管辖条约。中国的国内法虽然还没有关于刑事诉讼转移管辖的明确规定，但是在中国参加的国际公约和签订的双边条约中早已有所规定。如《联合国反腐败公约》第 47 条明确将刑事诉讼转移管辖作为国际刑事司法合作的一项重要制度。② 中国与土耳其、希腊等国的双边司法协助条约中也将刑事诉讼转移管辖纳入其中。③ 除此之外，在司法实践中也有过相应的案例，如 20 世纪 90 年代的"中俄列车大劫案"④，这是中俄关于刑事诉讼转移管辖十分成功的案例，解决了管辖权冲突的问题并有效打击了跨国犯罪，为中俄未来的刑事司法合作奠定了坚实基础。这些国际公约和司法案例能够为中柬之间签订刑事诉讼转移管辖条约提供重要的指导意义。

刑事诉讼转移管辖有利于实现公正司法，有助于实现诉讼节俭原则。⑤ 刑事诉讼转移管辖条约不仅可以有效解决本国公民不引渡原则在引渡条约中设置的限制，

---

① 参见王晓东、庄慧娟：《反腐败国际追逃追赃中的引渡》，《法律适用》2022 年第 4 期，第 118 页。

② 《联合国反腐败公约》第 47 条："缔约国如果认为相互移交诉讼有利于正当司法，特别是在涉及数国管辖权时，为了使起诉集中，应当考虑相互移交诉讼的可能性，以便对根据本公约确立的犯罪进行刑事诉讼。"

③ 《中华人民共和国和希腊共和国关于民事和刑事司法协助的协定》第 28 条；《中华人民共和国和土耳其共和国关于民事、商事和刑事司法协助的协定》第 28 条；《中华人民共和国和白俄罗斯共和国引渡条约》第 5 条。

④ 郇习顶：《国家间刑事诉讼转移管辖基础探讨》，《江苏警官学院学报》2011 年第 3 期，第 33 页。

⑤ 黄风：《国际刑事司法合作中的规则与实践》，北京大学出版社 2008 年版，第 182 页。

还可以通过遵循国际法优先原则，一定程度上避免我国《刑法》关于属人管辖的规定带来的引渡困难。中柬引渡条约中约定的本国国民不引渡原则，严重阻碍了中柬之间打击跨国犯罪的现实需要。基于中国与柬埔寨打击跨国犯罪的现状和柬埔寨国内法院案件积压严重的现象，中柬之间积极推动双边刑事诉讼转移管辖条约的签订，一方面既可以缓解柬方司法人员短缺、法院积案严重的问题，另一方面又可以提高中国向柬埔寨请求刑事司法协助的效率。由此可见，中柬之间签订刑事诉讼转移管辖条约既能满足两国对于打击犯罪的现实需要，又能为柬埔寨的司法机关减轻办案负担，提高工作效率。

刑事诉讼转移管辖条约内容的确定需要中柬两国积极沟通协商，首先在移管条件上，除了应遵循国际上通行的双重犯罪原则、一罪不再罚原则、政治犯例外原则外，还可以就其他条件进行协商，如是否可以将财税犯罪排除在刑事诉讼转移管辖之外①。被追诉人的移管条件可以借鉴《关于刑事诉讼转移管辖的欧洲公约》进行协商拟定。② 在刑事诉讼转移管辖的程序问题上，中柬双方应对刑事诉讼转移管辖提出的方式、对被移管的犯罪嫌疑人或被告人的临时羁押时间、犯罪被害人的权利保护等问题进行积极磋商。在刑事诉讼转移管辖的效力上，中柬之间应当在刑事诉讼转移管辖条约中尽量明确对移出国和移入国的约束效力，如请求国在向被请求国提出刑事诉讼转移管辖请求，在没有得到被请求国明确答复之前，应当对案件进行暂时搁置，但是可以对案件继续开展必要的调查。③ 鉴于中柬之间跨国犯罪的日益猖獗，而双方尚未签订刑事司法协助的双边条约，中柬可以通过个案的刑事诉讼转移管辖，逐步推动双方关于刑事诉讼转移管辖法律的制定与完善。

其二，积极促成中柬之间移管被判刑人条约的签订。移管被判刑人具有特别的价值：一是可以体现人道主义精神，让被判刑人可以回到自己国家熟悉的环境服刑，有利于其家属探亲进而更好地达到教育改造作用；二是有助于减轻监狱超负荷的情况；④ 三是促进中柬两国刑事司法合作，被判刑人的成功移管在一定程度上代表了中柬双方对对方司法裁判结果的认可，从而加深在刑事司法协助领域的合作。此外，移管被判刑人还能有效规避我国《刑法》第 10 条对外国刑事判决的

---

① 参见成良文：《刑事司法协助》，法律出版社 2003 年版，第 123 页。

② 参见赵秉志：《国际刑事司法协助专题整理》，中国人民公安大学出版社 2007 年版，第 87 页。

③ 参见黄风：《国际刑事司法合作中的规则与实践》，北京大学出版社 2008 年版，第 189 页。

④ 《鉴于人满为患！今年前 9 月柬埔寨 1 万多囚犯获释》，https://www.163.com/dy/article/HJVNOJI60534H0ZS.html，最后访问日期：2023 年 8 月 22 日。

消极承认所带来的影响。

我国与许多国家已签订了移管被判刑人的双边条约，但其内容过于宽泛不易操作，且呈现出"移出"多而"移入"少的不对称局面。自 1997 年至今，我国已"移出"了 80 名外籍犯人，但直到 2016 年，我国才成功移入第一例在俄罗斯被判刑的中国籍犯人。① 为此，首先，应当在我国国内法中完善移管被判刑人的相关程序，明确我国对"移入"式被判刑人的审查和决定标准，明确刑罚转换的执行机关以及移管后执行刑罚的法律依据。② 其次，积极与柬埔寨协商并签订移管被判刑人条约。移管被判刑人可以体现国家之间相互信任的程度，移管被判刑人条约一般不会为缔约国设定必须移管的义务，反而是表达缔约国在最大范围内的合作意愿。③ 中柬之间签订移管被判刑人条约正是对中柬两国多年以来的友好互信关系的充分体现。参考《中华人民共和国和泰王国关于移管被判刑人的条约》的基本框架，中柬移管被判刑人条约的内容应当包括：定义、一般原则、中央机关、适用范围、移管的条件、拒绝移管的情形、通知被判刑人、移管程序、所需文件、同意的核实、移管执行、管辖权保留、刑罚的执行、关于执行判决的信息、过境、费用等。但是应当注重对相关内容进行细化，如将请求和答复的表达方式规定为书面形式或者通过信息技术传递的方式，尽可能地提高效率。此外，中柬之间的移管被判刑人条约必须坚持互相尊重主权和管辖权原则、有利于被判刑人原则。这些基本原则贯穿于整个移管活动，是刚性的，是任何时候都不可变更的。④ 移管条件可以从基本原则中延伸得出，如被移管人同意则是从有利于被判刑人原则中所延伸出来的。

其三，积极推动中柬之间建立资产追缴分享机制。在正式建立资产分享机制之前，中柬可以通过个案协定模式进行犯罪资产追缴的分享。通过个案协商的方式，可以就特定犯罪案件的资产分享范围、比例、具体程序等达成实际的共识，为正式建立资产分享机制奠定坚实基础。个案协商的方式在国际公约中也早有规定，如《联合国禁止非法贩运麻醉药品和精神药物公约》第 5 条第 5 款和《联合

---

① 参见商希雪：《关于移管被判刑人法律适用问题的思考》，《公安学研究》2019 年第 1 期，第 74 页。

② 参见黄风：《我国移入式被判刑人移管法律制度的若干问题研究》，《法商研究》2012 年第 1 期，第 124 – 130 页。

③ 参见黄风、赵林娜：《国际刑事司法合作：研究与文献》，中国政法大学出版社 2009 年版，第 163 – 164 页。

④ 参见黄风、赵林娜：《国际刑事司法合作：研究与文献》，中国政法大学出版社 2009 年版，第 164 页。

国打击跨国有组织犯罪公约》第 14 条第 3 款，① 为还没签订资产分享双边协议的国家之间开展资产分享提供依据。早在 2015 年的中国—东盟成员国总检察长会议中，柬方就提到了中柬之间应在遣返腐败犯罪嫌疑人和资产返回问题上，共同制定整体战略。② 在建立资产分享机制时，中方应为柬方提供相应的技术和资金支持，并加强双方司法人员的培训与经验分享，保证信息的及时沟通和共享。

　　未来，构建资产分享的机制或签订关于资产分享的双边协议。首先，要明确资产分享的范围。国际上对可供分享的资产一般是将办案的合理成本、善意第三人合法财产、被害人财产进行扣除后再进行协商确定具体可分享的财产。然而，鉴于柬埔寨法治建设水平以及国内经济发展的现实情况，中国向柬埔寨提出的追赃请求必然会耗费大量的人力、物力和财力，从而可能降低其积极合作的意愿。因此，中柬资产分享的范围可以根据案件的贡献度进行适度扩大。

　　其次，对于资产分享的比例问题。美国资产分享的比例将其划分为三个层次，分别是重大协助、实质性帮助、提供便利性协助并分别对应一定的比例。③ 这种分档次的分享比例可以有效激发被请求国的合作积极性。中柬之间建立资产分享机制可以借鉴这种模式，适度提高分享比例，以进一步促进两国司法合作的积极性。

　　最后，关于资产分享的主体机关，《国际刑事司法协助法》第 49 条和第 54 条规定了对外联系机关会同主管机关与外国协商确定。我国与外国签订的许多双边条约中都规定司法部作为对外联系机关，但中柬之间尚未签订有刑事司法协助的双边条约，只能通过外交途径联系。这无疑是降低了资产分享的效率，需要尽快通过签订司法协助双边条约或个案协商来解决。主管机关是资产分享的决定机关，《国际刑事司法协助法》第 6 条规定国家监察委员会、最高人民法院、最高人民检察院、公安部、国家安全部等部门是决定刑事司法协助的部门。涉及的部门比较广泛，又鉴于资产的没收是分享的前提，将资产分享的主管机关确定为具有法定没收违法所得职责的机构似乎是合理的选择。④

----

　　① 《联合国禁止非法贩运麻醉药品和精神药物公约》第 5 条第 5 款："按照本国法律、行政程序或专门缔结的双边或多边协定，定期地或逐案地与其他缔约国分享这类收益或财产或由变卖这类收益或财产所得的款项。"《联合国打击跨国有组织犯罪公约》第 14 条第 3 款："根据本国法律或行政程序，经常地或逐案地与其他缔约国分享这类犯罪所得或财产或变卖这类犯罪所得或财产所获款项。"

　　② 王治国、戴佳、邓铁军：《手拉手开展务实检察合作，肩并肩打击跨国腐败犯罪》，《检察日报》2015 年 11 月 27 日，第 2 版。

　　③ 参见李海滢：《资产分享：独辟中国反腐败刑事司法协助的一条蹊径》，《刑法论丛》2018 年第 4 卷，第 100－111 页。

　　④ 参见商浩文：《境外追赃中犯罪资产分享制度研究》，《中国法学》2022 年第 5 期，第 301 页。

罚没资产和资产的分享涉及方方面面，需要完善国内的相关协调机制，如相关的银行、金融机构以及外汇管理部门应积极配合主管机关开展资产分享工作。在组织机制方面，可以考虑借鉴域外发达国家的经验，设立相应的资产分享部门或资产分享专项基金账户，以提高对犯罪资产没收和分享的效率。如美国在司法部之下设立了"资产没收基金"、英国设立了"扣押资产基金"、澳大利亚政府设立了"被罚没财产账户"等。① 这些经验可以为我国在资产分享方面提供有益的参考。

本章小结

中柬两国在政治、经济以及文化交流日益繁荣的背景之下，双方之间的跨国犯罪也日益频发。在打击跨国犯罪活动中，双方采取的合作方式比较依赖于缉捕这类刑事司法协助的替代措施。而在追逃追赃层面，又因为《中柬引渡条约》所规定的程序比较复杂，更多的是采取遣返、劝返等引渡替代措施。尽管在实践之中，这些替代措施具有便捷性、高效性，但是其法律定位不是很明确，缺乏相应的法律依据，不利于中柬之间刑事司法合作的深入发展。因此，最为关键的举措是积极推动中柬双方签订刑事司法协助的双边条约，为双方刑事司法合作提供明确的法律依据。这样的条约将为双方提供更有力的法律工具，有助于更加有序和有效地开展跨国犯罪打击合作。

本章主要介绍了中国向柬埔寨请求刑事司法协助的主要内容和程序。对于中国向柬埔寨请求刑事司法协助所存在的问题提出了一些完善建议。从中国作为请求国一方出发，需要对国内的引渡法进行相应的完善，简化引渡程序，同时也要在对等基础上，积极为他国向中国提出引渡请求提供便利。从柬埔寨作为刑事司法协助的被请求国出发，则需要积极推动双方签订刑事司法协助的双边条约，在互相尊重主权的前提之下，尽可能地拓宽司法协助条约的内容。同时，柬埔寨自身也要积极推动国内法律的修改，积极开展司法改革，积极参与司法执法合作交流论坛，提高国内司法执法人员的专业水平。当前，中柬之间的司法合作形式单一，严重阻碍了双方刑事司法合作的深入发展，应通过个案探索积极推动中柬刑事司法协助体系的完善。

---

① 参见张磊：《国际刑事司法协助热点问题研究》，中国人民公安大学出版社 2012 年版，第 111 页。